农村金融创新团队系列丛书

农村金融发展报告

罗剑朝　等著

中国金融出版社

责任编辑：孔德蕴　王素娟

责任校对：刘　明

责任印制：丁淮宾

图书在版编目（CIP）数据

农村金融发展报告（Nongcun Jinrong Fazhan Baogao）/罗剑朝等著.
—北京：中国金融出版社，2015.7
（农村金融创新团队系列丛书）
ISBN 978 - 7 - 5049 - 7950 - 6

Ⅰ.①农⋯　Ⅱ.①罗⋯　Ⅲ.①农村金融—研究报告—中国
Ⅳ.①F832.35

中国版本图书馆 CIP 数据核字（2015）第 103330 号

出版
发行　中国金融出版社

社址　北京市丰台区益泽路 2 号
市场开发部　（010）63266347，63805472，63439533（传真）
网上书店　http://www.chinafph.com
　　　　　　（010）63286832，63365686（传真）
读者服务部　（010）66070833，62568380
邮编　100071
经销　新华书店
印刷　北京松源印刷有限公司
尺寸　169 毫米×239 毫米
印张　27.75
字数　440 千
版次　2015 年 7 月第 1 版
印次　2015 年 7 月第 1 次印刷
定价　50.00 元
ISBN 978 - 7 - 5049 - 7950 - 6/F. 7510
如出现印装错误本社负责调换　联系电话（010）63263947

农村金融创新团队系列丛书
编委会

序言一

　　农村金融是农村经济发展的"润滑剂",农村金融市场是农村市场体系的核心。党和国家历来重视农村金融发展,党的十八届三中全会明确提出了扩大金融业对内对外开放,在加强监管的前提下,允许具备条件的民间资本依法发起设立中小型银行等金融机构,进一步发展普惠金融,鼓励金融创新,丰富农村金融市场层次和产品,同时赋予农民对承包地占有、使用、收益、流转及承包经营权抵押、担保权能,为下一步农村金融改革指明了方向。2004—2014年连续11个中央"一号文件"从不同角度提出了加快农村金融改革、完善农村金融服务、推动农村金融制度创新,这些农村金融改革创新的政策、决定对建立现代农村金融市场体系、完善农村金融服务、提升农村金融市场效率起到了积极的推动作用。但是,当前农村金融发展现状距离发展现代农业、建设社会主义新农村和全面建成小康社会的目标要求仍有较大差距,突出表现在:农村金融有效供给不足且资金外流严重、农村金融需求抑制、市场竞争不充分、市场效率低下、担保抵押物缺乏等,农村金融无法有效满足当前农村发展、农业增产和农民增收的现实需要。进一步推动农村金融改革、缓解农村金融抑制、加快农村金融深化、鼓励农村金融创新以及提升农村金融服务效率,任重道远。

　　根据世界各国经济发展的经验,在城市化进程中,伴随着各类生产要素不断向城市和非农产业的流动,农村和农业必然会发生深刻的变化。改革开放以来,中国经济取得了举世瞩目的成就,农村经济体制改革极大地调动了亿万农民的积极性,经济活力显著增强。经济快速发展的同时,城乡发展不平衡、城乡收入差距扩大、农村经济落后等问题也日渐凸显,"三农"问题则是对这些突出矛盾的集中概括。"三农"问题事关国家的发展、安全、稳定和综合国力的提升,历来是党和政府工作的重中之重。金融是现代经济的核心,农村金融发展对农村经济发展至关重要,解决"三农"问题离不开农村金融支持。由于中国农村金融不合理的制度安排,农村金融抑制现象严重,农村金融与农村经济并未形成互动共生、协调发展的局面，农村金融资源配置功能并未真正得到发挥，滞后的农村金融在一定程度上抑制了农村经济的发展。

1978 年改革开放至今，农村金融改革的步伐不断加快，经历了农村金融市场组织的多元化和竞争状态的初步形成、分工协作的农村金融体系框架构建、农村信用社主体地位的形成，以及探索试点开放农村金融市场的增量改革四个阶段。农村金融改革取得初步成效，多层次、多元化、广覆盖的农村金融体系基本形成，农村金融供求矛盾逐步缓解，农村金融服务水平显著提高，农村金融机构的经营效率明显提升，农村信用环境得到有效改善。然而，农村金融仍然是农村经济体系中最为薄弱的环节，资金约束仍然是制约现代农业发展和新农村建设的主要的"瓶颈"。在统筹城乡发展、加快建设社会主义新农村以及推进现代农业发展的大背景下，农村金融如何适应农村及农业环境的快速变化、如何形成"多层次、广覆盖、可持续"的农村金融体系、如何破解农村"抵押难、担保难、贷款难"的困境，推动农村金融更好地为农村经济发展服务，让改革的红利惠及 6.5 亿农民，依然是需要研究和解决的重大课题。

可喜的是，在西北农林科技大学，以罗剑朝教授为带头人的科研创新团队，2011 年 12 月以"西部地区农村金融市场配置效率、供求均衡与产权抵押融资模式研究"为主攻方向，申报并获批教育部"长江学者和创新团队发展计划"创新团队项目（项目编号：IRT1176）。近 3 年来，该团队紧紧围绕农村金融这一主题，对农村金融领域的相关问题进行长期、深入调查和分析，先后奔赴陕西、宁夏等地开展实地调研 10 余次，实地调查农户 5 000 余户、涉农企业 500 余家，走访各类农村金融机构 50 余家，获得了大量的实地调研数据和第一手材料。同时，还与中国人民银行西安分行、中国人民银行宁夏分行、陕西农村信用社联合社、杨凌示范区金融工作办公室、杨凌示范区农村商业银行、高陵县农村产权交易中心等机构签订了合作协议，目前已拥有杨凌、高陵和宁夏同心、平罗 4 个农村金融研究固定观察点。针对调查数据和资料，该团队对西部地区农村金融问题展开了系统深入的研究，通过对西部地区农村金融市场开放度与配置效率评价、金融市场供求均衡、农村产权抵押融资试验模式等的研究，提出以农村产权抵押融资、产业链融资为突破口的农村金融工具与金融模式的创新方案，进而形成"可复制、易推广、广覆盖"的现代农村金融体系，能够为提高农村金融市场配置效率及农村金融改革政策的制定和实施提供依据。本项目调查研究取得了比较丰硕的科研成果，其中一部分纳入本套系列丛书以专著的形式出版。虽然其中的部分观点可能还有待探讨和商榷，但作者敏锐的观察视角、务实的研究作风、扎实的逻辑推导、可靠的数据基础，使得研究成果极具原创性和启发性，这些成果的出版，必然会对深刻认识农村金融现实、把握农村金融的运作规律提供有益的依据参考和借鉴。

实现全面建成小康社会的宏伟目标，最繁重、最艰巨的任务在农村。要解决农村发展问题，需要一大批学者投入到农村问题的研究当中，以"忧劳兴国"的精神深入农村，深刻观察和认识农村，以创新的思维发现和分析农村经济发展中的问题，把握农村经济发展的规律，揭示农业、农村、农民问题的真谛，以扎实的研究结论为决策部门提供参考，积极推动农村经济又好又快发展，以不辱时代赋予的历史使命。

我相信，此套农村金融创新团队系列丛书的出版，对于完善西部地区农村金融体系、提高西部地区农村金融市场配置效率，推动西部地区农村经济社会发展具有重要意义。同时我也期待此套丛书的出版，能够引起相关政策的制定者、研究者和实践者对西部地区农村金融及农村金融改革问题的关注、积极参与和探索，共同推进西部地区农村金融改革的创新和金融市场配置效率的提高。

是为序。

中央财经领导小组办公室副主任、研究员　韩俊

二〇一五年三月二十六日

序言二

　　金融是现代经济的核心，农村金融是现代金融体系的重要组成部分，是中国农业现代化的关键。当前，我国人均国民生产总值（GDP）已超过4 000美元，总量超过日本，成为世界第二大经济体。如何在新的发展阶段特别是在工业化、信息化、城镇化深入发展中同步推进农业现代化，构建起由市场配置各种要素、公共资源均衡覆盖、经济社会协调发展的新型工农关系、城乡关系，破解推进农业现代化的金融难题和资金"瓶颈"，是实现"中国梦"绕不过去的难题。

　　改革开放以来，党中央、国务院先后制定并出台了一系列促进农业和农村发展的政策与文件，在农村金融领域进行了深入地探索，特别是党的十八大、十八届三中全会提出"完善金融市场体系"、"发展普惠金融"、"赋予农民对承包地占有、使用、收益、流转及承包经营权抵押、担保权能"，农村金融产品与服务方式创新变化，农户和农村中小企业金融满足度逐步提高，农村金融引领和推动农村经济社会发展的新格局正在形成。但是，客观地说，农村信贷约束，资金外流，农村金融供给与需求不相适应、不匹配等问题依然存在，高效率的农村资本形成机制还没有形成，农村金融与农村经济良性互动发展的新机制尚待建立，农村金融依然是我国经济社会发展的一块短板，主要表现在以下几个方面：

　　1. 金融需求不满足与资金外流并存。据调查，农户从正规金融机构获得的信贷服务占30%左右，农村中小企业贷款满足度不到10%。同时，在中西部地区，县域金融机构存贷差较大，资金外流估计在15%～20%。农村资金并未得到有效利用，农村金融促进储蓄有效转化为投资的内生机制并没有形成。

　　2. 农村金融需求具有层次性、差异性与动态性，不同类型农户和中小企业金融需求存在不同，多层次的农村金融机构与农村金融需求主体供求对接的有效机制尚待形成。农户资金需求具有生产性、生活性并重且以生活性为主的特点，农村中小企业多属小规模民营企业，对小额信贷需求强烈，加之都没有符合金融机构要求的抵（质）押品，正规金融服务"断层"现象依然存在。

3. 农村金融市场供求结构性矛盾突出，市场垄断、过度竞争与供给不足同时并存。从供给角度看，农村金融的供给主体以农业银行、农村信用社、邮储银行等正规金融为主，其基本特征是资金的机会成本较高、管理规范，要求的担保条件比较严格；从需求的角度看，农村金融需求主体的收入、资产水平较低，借贷所能产生的利润水平不高，且其金融交易的信息不足。尽管存在着借款意愿和贷款供给，但供求双方的交易却很难达成，金融交易水平较低。因此，要消除这种结构性供求失衡，就要充分考虑不同供给与需求主体的特点及他们之间达成交易可能性，采取更加积极的宏观政策与规范，建立多层次、全方位、高效率、供求均衡的现代农村金融体系。

必须改变用城市金融推动农村金融的理念和做法，以及单方面强调金融机构的调整、重组和监管的政策，从全方位满足"三农"金融需求和充分发挥农村金融功能的视角，建立农村金融供求均衡的、竞争与合作有效耦合的现代农村金融体系。按照农村金融供求均衡理念，对农村金融机构服务"三农"和农村中小企业做适当市场细分，实现四个"有效对接"，推进农村金融均衡发展。

第一，实现正规金融供给与农业产业化龙头企业金融需求的有效对接。由于农村正规金融机构的商业信贷供给与农业产业化龙头企业的金融需求相适应，正规金融机构的商业信贷交易费用较高，交易规模较大，客户不能过于分散，担保条件要求严格，而龙头企业在很大程度上已参与到了城市经济的市场分工中，在利润水平及担保资格都能够符合正规金融机构要求的情况下，有些企业甚至能够得到政府的隐性担保，加之建立有相对完善的会计信息系统，能够提供其经营状况的财务信息，信贷信息不对称现象也能有所缓解，因此，二者具有相互对接的可行性。尽管农村正规金融发展存在诸多问题，但从其本身特点以及龙头企业发展角度看，实现正规金融供给与龙头企业金融需求对接具有必然性。所以，中国农业银行应定位为农村高端商业银行，在坚持商业化经营的前提下，加大对农业产业化龙头企业的支持力度，主要满足大规模的资金需求。通过政策引导，把农业银行在农村吸收的存款拿出一定比例用于农业信贷，把农业银行办成全面支持农业和农村经济发展的综合性银行。

第二，实现正规中小金融机构的信贷供给与市场型农户、乡镇企业、中小型民营企业金融需求的有效对接。由于正规中小型金融机构的小额信贷与市场型农户、乡镇企业、中小型民营企业的金融需求相适应，市场型农户、乡镇企业、中小型民营企业的金融需求主要用于扩大再生产，所需要的资金数额相对较大，借贷风险较大，不易从非正规金融机构获得贷款；由于其自身在资产水平方面存在的有限性，它们不能像龙头企业那样，从正规金融机构获得商业贷款。而正规中小型金融机构，尤其是农村商业银行、农村合作银行、村镇银行等，相对于大银行，在成本控制上存在较大优势，而且较易了解市场型农户、乡镇企业、中小型民营企业的生产经营状况，可根据其还款的信誉状况来控制贷款额度，降低金融风险；中小型金融机构倾向于通过市场交易过程，发放面向中小企业的贷款，按市场利率取得更高收益，市场型农户、乡镇企业、中小型民营企业是以市场为导向的，接受市场利率，也倾向于通过市场交易过程获得贷款，二者之间交易易于达成。另外，正规中小金融机构具有一定优势：其资金"取之当地、用之当地"；员工是融入到社区生活的成员，熟悉本地客户；组织架构灵活简单，能有效解决信息不对称问题；贷款方式以"零售"为主，成本低廉、创新速度快；决策灵活，能更好地提供金融服务，二者之间实现金融交易对接具有必然性。目前，农村正规中小型金融机构发展较为迅速，应继续鼓励和引导农村商业银行、农村合作银行、村镇银行发展，构建起民营的、独资的、合伙的、外资的正规中小型金融机构，大力开展涉农金融业务。

第三，实现正规金融、非正规金融机构的小额信贷供给与温饱型农户金融需求的有效对接。农村小额信贷，主要指农村信用合作社等正规金融机构、非正规金融机构提供的农户小额信贷，是以农户的信誉状况为根据，在核定的期限内向农户发放的无抵押或少抵押担保的贷款。正规金融机构、非正规金融机构的小额信贷供给与温饱型农户金融需求相适应，它们之间的交易对接具有充分的可行性。目前，温饱型农户占整个农户的40%~50%，他们的借贷需求并不高，还贷能力较强，二者之间的信贷交易易于达成。农信社和其他非正规金融机构的比较优势决定其生存空间在农村，从国外银行业的发展情况看，即使服务于弱势群体，也有盈利和发展空间。农信社应牢固树立服务"三农"的宗旨，通过建立良好的公司治理机制、科学的内部激励机制，切实发挥农村金融主力军作用；适应农村温饱型农户金融需求的特点，建立和完善以信用为基础的信贷交易机制，提高农户贷款覆盖面；通过农户小额信贷、联户贷款等方式，不断增加对温饱型农户的信贷支持力度。当前，农户小额信贷存在的问题主要有：资金缺口大、贷款使用方向单一、贷款期限无法适应农业生产周期的需要、小额信贷额度低等。针对这些问题，应采取措施逐步扩大无抵押贷款和联保贷款业务；尝试打破农户小额信贷期限管理的限制，合理确定贷款期限；尝试分等级确定农户的授信额度，适当提高贷款额；拓展农信社小额信贷的领域，由单纯的农业生产扩大到农户的生产、生活、消费、养殖、加工、运输、助学等方面，扩大到农村工业、建筑业、餐饮业、娱乐业等领域。

第四，实现非正规金融机构的小额信贷与温饱型、贫困型农户金融需求的有效对接。民间自由借贷的机会成本相对较低，加上共有的社区信息、共同的价值观、生产交易等社会关系，且可接受的担保物品种类灵活，甚至担保品市场价值不高也能够较好地制约违约，与温饱型、贫困型农户信贷交易易于达成，实现二者之间的有效对接具有必然性。发达地区的非正规金融，其交易规模较大、参与者组织化程度较高，以专业放贷组织和广大民营企业为主，交易方式规范，具备良好的契约信用，对这类非正规金融可予以合法化，使其交易、信用关系及产权形式等非正式制度得到法律的认可和保护，并使其成为农村金融市场的重要参与者和竞争者；欠发达地区的非正规金融，其规模较小，参与者大多是分散的温饱型、贫困型农户，资金主要用于农户生产和生活需要，对此类非正规金融应给予鼓励和合理引导，防止其转化成"高利贷"。同时，积极发展小规模的资金互助组织，通过社员入股方式把资金集中起来实行互助，可以有效解决农民短期融资困难。应鼓励和允许条件成熟的地方通过吸引民间资本、社会资本、外资发展民间借贷，使其在法律框架内开展小额信贷金融服务。

总之，由于商业金融在很大程度上不能完全适应农村发展的实际需求，上述市场细分和四个"有效对接"在不同地区可实现不同形式组合，不同对接之间也可实现适当组合，哪种对接多一点、哪种对接少一点，可根据情况区别对待，其判断标准是以金融资本效率为先，有效率的"有效对接"就优先发展。

为了实现以上四个"有效对接"，还必须采取以下配套政策：一是建立新型农村贷款抵押担保机制，分担农业信贷风险。在全面总结农户联保、小组担保、担保公司代为担保等成功经验的基础上，积极探索农村土地使用权抵押担保、农业生物资产（包括农作物收获权、动物活体等）、农业知识产权和专利、大型农业设施、设备抵押担保等新型农村贷款抵押担保方式，降低农贷抵押担保限制性门槛，鼓励引导商业担保机构开展农村抵押担保业务。二是深化政策性金融改革，引导农业发展银行将更多资金投向农村基础设施领域。通过发行农业金融债券、建立农业发展基金、进行境外融资等途径，拓展农业发展银行资金来源，统一国家支农资金的管理，增加农业政策性贷款种类，把农业政策性金融机构办成真正的服务农村基础设施等公共物品、准公共物品投融资的银行。三是建立政府主导的政策性农业保险制度。运用政府和市场相结合的方式，制定统一的农业保险制度框架，允许各种符合资格的保险机构在总框架中经营农业保险和再保险业务，并给予适当财政补贴和税收优惠。四是加强农村金融立法，完善农村金融法律和监管制度。目前，农村金融发展法律体系滞后，亟须加以完善。建议在《中华人民共和国公司法》、《中华人民共和国商业银行法》中增加农村金融准入条款，制定《民间借贷法》，将暗流涌动的农村民间金融纳入法制化轨道。适当修改《中华人民共和国银行业监督管理法》，鼓励农村金融机构充分竞争，防范农村金融风险；以法律形式明晰农业银行支农责任，督促其履行法定义务，确认其正当要求权；明确农业发展银行开展商业性金融业务范围，拓展农村基础设施业务，以法律形式分别规制其商业性、政策性业务，对政策性业务进行补贴；限制邮储银行高昂的利率浮动，加强对其利率执行情况的监督、检查力度。制定《金融机构破产法》，建立农村金融市场退出机制，形成公平、公正的农村金融市场竞争环境。制定《农村合作金融法》，规范农村合作金融机构性质、治理结构、监管办法，促进农村信用社等农村合作金融机构规范运行。

教育部 2011 年度"长江学者和创新团队发展计划"

创新团队（IRT 1176）带头人

西北农林科技大学经管学院教授、博士生导师

西北农林科技大学农村金融研究所所长

二〇一五年三月二十八日

目 录

1 ◎ 我国农村小型金融机构运行绩效评估与
支持政策研究/1

1.1 农村小型金融机构现状与趋势/1

1.1.1 农村小型金融机构运行的现状与主要特征/2

1.1.2 农村小型金融机构存在的问题/8

1.1.3 农村小型金融机构对农村金融服务的影响及
对农村经济发展的贡献/12

1.1.4 新兴市场国家（地区）推行农村小型金融
机构的经验/16

1.1.5 农村小型金融机构演进趋势/18

1.1.6 小结/22

1.2 农村小型金融机构绩效影响因素分析/23

1.2.1 文献回顾/23

1.2.2 数据来源/25

1.2.3 研究方法/25

1.2.4 变量释义及统计性描述/27

1.2.5 实证及结果分析/28

1.2.6 小结/34

1.3 农村小型金融机构绩效评价/35

1.3.1 研究方法与数据来源/35

1.3.2 农村小型金融机构绩效评价/37

1.3.3 农村小型金融机构支农绩效评价/42

1.3.4 小结/50

1.4 农村小型金融机构成功模式/52

    1.4.1 农村小型金融机构的典型案例分析/52

    1.4.2 农村小型金融机构成功模式以及主要经验/59

    1.4.3 小结/66

1.5 推进农村小型金融机构有序发展的政策建议与对策/67

    1.5.1 财政政策/67

    1.5.2 货币政策/68

    1.5.3 员工培训与人力政策/69

    1.5.4 农村小型金融机构的准入政策相对应的
        退出政策、激励与监管政策/72

    1.5.5 小结/74

2 ◎陕西农村合作金融机构中长期发展战略研究
  （2009—2010 年）/76

2.1 导论/76

    2.1.1 研究背景、目的及意义/76

    2.1.2 国内外研究现状分析/81

    2.1.3 研究思路与方法/83

    2.1.4 研究内容/84

    2.1.5 编制依据/85

2.2 陕西省农村合作金融机构发展现状与机遇/86

    2.2.1 陕西省农村合作金融机构发展历程及发展现状/86

    2.2.2 陕西省农村合作金融机构发展趋势及预测/90

    2.2.3 陕西省农村合作金融机构面临的机遇和挑战/92

2.3 国内外农村合作金融发展改革的实践与启示/99

    2.3.1 国外农村金融与农村信用合作发展的
        主要经验和趋势/99

    2.3.2 国内代表性省份（地区）的改革实践/102

    2.3.3 对陕西省农村合作金融机构改革发展的若干启示/104

2.4　陕西省农村合作金融机构发展的总体思路与目标/105

2.4.1　指导思想/105

2.4.2　基本原则/106

2.4.3　发展思路/108

2.4.4　整体目标和分阶段目标/108

2.5　陕西省农村合作金融机构的发展重点与主要任务/114

2.5.1　推进产权改革与股权结构调整/114

2.5.2　逐步完善法人治理结构/116

2.5.3　切实转换经营机制/117

2.5.4　着力抓好金融业务创新和内部业务整合/118

2.5.5　加强风险管理控制/122

2.5.6　努力提升结算体系电子化建设水平/123

2.5.7　改革考核机制与激励机制/124

2.5.8　继续深化人事制度改革/125

2.5.9　促进产品创新和品牌创建/126

2.6　陕西省农村合作金融机构发展规划实施的
主要措施和保障机制/127

2.6.1　陕西省农村合作金融机构发展规划
实施的主要措施/127

2.6.2　陕西省农村合作金融机构发展规划
实施的保障机制/131

3　◎陕西省村镇银行运行绩效评价与支持政策研究/135

3.1　陕西省村镇银行发展现状/135

3.1.1　陕西省村镇银行机构概况/135

3.1.2　陕西省村镇银行业务开展情况/137

3.2　陕西省村镇银行支农绩效实证分析/138

3.2.1　陕西省村镇银行经营比率分析/138

3.2.2　陕西省村镇银行支农绩效实证分析/146

3.2.3 陕西省村镇银行"鲇鱼效应"分析/155

3.2.4 陕西省村镇银行客户贷款意愿影响因素分析/157

3.2.5 陕西省村镇银行运行绩效评价/177

3.3 陕西省村镇银行运行中存在的突出问题与面临的挑战/186

3.3.1 村镇银行规模过小/186

3.3.2 高级人才缺乏,人员素质不高/187

3.3.3 市场认知度低,资金来源有限/187

3.3.4 服务体系不健全,业务形式单一/188

3.3.5 村镇银行的定位与政策的执行情况存在偏差/189

3.3.6 针对村镇银行的财政补贴和税收优惠政策实施不到位/190

3.3.7 风险分散控制机制缺乏/190

3.3.8 村镇银行的经营成本较高/191

3.4 推进陕西省村镇银行发展的支持政策建议与对策/191

3.4.1 适时增资扩股,扩大规模/191

3.4.2 吸收培养专业人才,提高从业人员素质/192

3.4.3 加大宣传,提高品牌形象/192

3.4.4 积极开展业务创新/193

3.4.5 立足"三农",做大做强/193

3.4.6 加大对村镇银行的财税优惠力度/194

3.4.7 建立完善的内部控制制度,降低村镇银行经营风险/194

3.4.8 着力降低村镇银行经营成本/195

4 ◎陕西省农村金融产品供给与需求的非均衡研究/196

4.1 导论/196

4.1.1 研究背景及意义/196

4.1.2 国内外研究动态/204

4.1.3 基本概念界定/209

4.1.4 研究目标/211

4.1.5　技术路线/212

4.1.6　研究方法/213

4.1.7　可能的创新之处/214

4.2　陕西省农村金融产品供给与需求现状、存在问题/215

4.2.1　陕西省农村金融产品供给现状/216

4.2.2　陕西省农村金融产品供给存在的问题/222

4.2.3　陕西省农村金融产品需求现状/225

4.2.4　陕西省农村金融产品需求存在问题/228

4.2.5　陕西省农村金融产品供求对接机制及其
　　　　非均衡存在的问题/230

4.2.6　小结/232

4.3　陕西省农村金融产品供给与需求非均衡表现及其影响/232

4.3.1　正规金融农村金融产品供给与需求非均衡分析/233

4.3.2　民间金融农村金融产品供给与需求非均衡分析/243

4.3.3　陕西省农村金融产品供给与需求非均衡的影响/248

4.3.4　小结/254

4.4　陕西省农村金融产品供给与需求的非均衡形成
　　　机制分析/255

4.4.1　陕西省农村金融产品供给与需求非均衡
　　　　形成机制分析/256

4.4.2　陕西省农村金融产品供给与需求的非均
　　　　衡成因分析/263

4.4.3　小结/265

4.5　陕西省农村金融产品供给与需求的非均衡典型案例分析/266

4.5.1　陕北地区农村金融产品供给与需求的非均衡
　　　　案例分析——以榆林为例/266

4.5.2　关中地区农村金融产品供给与需求的非均衡
　　　　案例分析——以杨凌示范区为例/270

4.5.3　陕南地区农村金融产品供给与需求的非均衡
　　　　案例分析——以商洛为例/274

4.5.4　小结/278

4.6 促进陕西省农村金融产品供给与需求均衡化
    演进的对策建议/279

　　4.6.1 培育有效金融需求/279

　　4.6.2 创新农村金融产品/281

　　4.6.3 积极培育农村金融内生性组织/282

　　4.6.4 总结农村产权抵押融资试验经验，促进融资模式
        "可复制、易推广"/283

　　4.6.5 扩大农业保险覆盖面/285

　　4.6.6 优化农村金融生态环境/286

　　4.6.7 小结/288

5 ◎杨凌农村商业银行发展规划（2011—2013 年）/289

5.1 背景/289

　　5.1.1 国家支持发展"三农"金融，建设杨凌全国农村
        金融改革创新试验区，推动农村金融创新/289

　　5.1.2 杨凌农村信用联社发展态势喜人/290

　　5.1.3 杨凌区域经济优势/291

5.2 基础条件/292

　　5.2.1 机构网点/292

　　5.2.2 员工队伍/293

　　5.2.3 经营管理情况/293

　　5.2.4 金融科技发展情况/294

　　5.2.5 内控及风险防范情况/294

5.3 战略规划/295

　　5.3.1 总体战略目标/295

　　5.3.2 具体经营目标/295

5.4 实施方案/300

　　5.4.1 完善公司治理/300

　　5.4.2 开拓目标市场/301

5.4.3　提高管理水平/302

5.4.4　强化风险控制/303

5.4.5　加强员工队伍建设/304

5.4.6　资本运作实现跨区域经营/305

5.4.7　深化信息技术改革/306

5.4.8　加强企业文化建设/307

6 ◎杨凌农村商业银行设立村镇银行发展规划
（2013—2018 年）/308

6.1　背景、可行性和必要性/308

6.1.1　背景/308

6.1.2　必要性/310

6.1.3　可行性/312

6.2　发展思路和主要目标/316

6.2.1　发展思路/316

6.2.2　基本原则/318

6.2.3　主要目标/319

6.2.4　重点任务/326

6.3　发展步骤与发展计划/332

6.4　分年度设立具体计划/333

6.4.1　2013 年设立村镇银行计划/333

6.4.2　2014—2018 年设立村镇银行计划/347

6.5　保障措施/350

6.5.1　加强组织领导/350

6.5.2　注重规划引导/350

6.5.3　强化队伍监督管理/351

6.5.4　加大扶持力度/353

6.5.5　优化发展环境/354

7 | ◎杨凌示范区农村产权抵押融资试验与
支持政策研究/357

7.1 农村产权抵押融资的可行性和必要性/357

7.1.1 农村产权抵押融资的可行性分析/357

7.1.2 农村产权抵押融资的必要性分析/363

7.2 杨凌示范区农村产权抵押融资的特点、操作流程与
现有扶持政策/367

7.2.1 杨凌示范区农村产权抵押融资的模式类型及特点/367

7.2.2 杨凌示范区农村产权抵押融资模式操作流程/370

7.2.3 现有扶持政策与存在的问题/374

7.3 杨凌示范区农村产权抵押融资与中部六省和
东北三省农村金融产品与服务方式创新的比较分析/379

7.3.1 中部六省和东北三省农村金融产品与服务方式/379

7.3.2 与杨凌示范区农村产权抵押融资比较分析/386

7.3.3 杨凌示范区农村产权抵押融资模式优化方案/389

7.4 杨凌示范区农村产权抵押融资模式创新：土地
银行模式/392

7.4.1 我国农村土地银行的基本情况与实践经验/392

7.4.2 杨凌示范区农村产权抵押融资模式构想：
土地银行模式/398

7.5 杨凌示范区农村产权抵押融资后续政策支持体系/403

7.5.1 扩大农业保险覆盖面/404

7.5.2 加快推进农村产权流转体系建设/404

7.5.3 构建农村产权抵押贷款激励机制/404

7.5.4 完善产权制度、建立确权、产权价值评估机构/405

7.5.5 健全农村产权抵押融资法律法规及配套措施/405

◎**参考文献**/406

◎**后记**/421

1　我国农村小型金融机构
运行绩效评估与支持政策研究

1.1　农村小型金融机构现状与趋势

本研究所论及的我国农村小型金融机构，是指村镇银行、小额贷款公司和农村资金互助社三类金融机构，也即国际上所指的微型金融机构（Microfinance Institutions，MFIs）。它是一种特殊的金融机构，以不同于正规金融机构的风险管理技术，为"正规"金融体系之外的小企业、贫困人口提供金融服务，开展小额贷款、储蓄、保险、汇款等业务。微型金融的雏形是小额信贷，起源于1976年孟加拉国穆罕默德·尤努斯创办的格莱珉银行（Grameen Bank）项目。需要指出的是，以往文献中时常有以下两种混淆：一种是小额贷款公司和贷款公司的混淆。前者由民间资本发起，地方金融办负责监管，机构数目众多，规模庞大；后者由商业银行发起，银监会严格监管，机构数目很少，队伍较小。另一种是NGO（Non – Government Organization）性质的扶贫资金互助社和社区银行性质的资金互助社的混淆。前者由地方政府或者民政部门等批准设立；后者由银监会负责监管。

自2006年12月银监会调整放宽农村地区银行业金融机构准入政策以来，在农村地区逐渐成立了村镇银行、农村资金互助社和小额贷款公司等农村小型金融机构。2007年3月，村镇银行在四川、内蒙古等六省区的成立，标志着农村小型金融机构在我国的兴起。截至2011年底，全国共发起设立786家新型农村金融机构，其中，村镇银行726家（已开业635家），贷款公司10家，农村资金互助社50家（已开业46家）；473家分布在中西部地区，占60.2%，313家分布在东部地区，占39.8%。新型农村金融机构累计吸引各类资本369亿元，各项贷款余额1 316亿元，其中小企业贷款余额620亿元，农户贷款余额432亿元，两者合计占各项贷款余额的80%。[①] 可以预见，农

---

① 中国银行业监督管理委员会统计调查司. 中国银行业监督管理委员会年报（2008—2011年），http://www.cbrc.gov.cn/chinese/home/docViewPage/110007.html.

村小型金融机构将在我国蓬勃发展。因此，总结国际微型金融机构的专业经验，把握其发展趋势具有很强的理论和实践意义。

1.1.1 农村小型金融机构运行的现状与主要特征

我国农村中小金融机构规模较小，但数量众多，其总资产负债规模约占全国银行业的11%。经过2006年、2007年和2009年三次政策大调整，我国农村小型金融机构在机构数量、资本规模、服务网点覆盖范围、业务增量、发展速度和经营水平等方面都有很大进展（如表1-1所示）。

表1-1　　　　　　　2007—2010年我国小型金融机构统计数据

单位：人、万元、个

指标名称	2007年	2008年	2009年	2010年
法人机构数	31	107	187	383
营业网点数	31	114	233	493
少于三人（含）的营业网点数	0	4	3	8
金融机构从业人员数	0	1 726	3 728	9 898
各项贷款余额	22 605.50	341 584.81	1 879 938	5 934 305.99
农业贷款余额	0	166 125.24	974 499	3 004 513.65
农户贷款余额	16 707.15	118 345.54	581 721.60	1 929 413.93
小企业贷款余额	5 037.75	142 160.50	905 626.40	2 852 499.29
不良贷款余额	0	598	1 560.28	7 397.27
各项存款余额	43 229.34	647 137.35	2 655 174	7 763 046.87
储蓄存款余额	0	212 411	769 881.20	2 176 737.56
获得贷款的企业数	0	1 388	5 946	11 612
获得贷款的农户数	0	18 558	54 305	110 100

资料来源：中国银行业监督管理委员会统计调查司：《中国银行业监督管理委员会年报（2008—2011年）》。

一、村镇银行发展现状与特征

村镇银行是指经中国银行业监督管理委员会依据有关法律、法规批准，由境内外金融机构、境内非金融机构企业法人、境内自然人出资，在农村地区设立的主要为当地农民、农业和农村经济发展提供金融服务的银行业金融机构。村镇银行可经营吸收公众存款，发放短期、中期和长期贷款，办理国内结算，办理票据承兑与贴现，从事同业拆借，从事银行卡业务，代理发行、代理兑付、承销政府债券，代理收付款项及代理保险业务以及经银行业监督管理机构批准的其他业务，同时，村镇银行还可代理政策性银行、商业银行和保险公司、证券公司等金融机构的业务。

　　随着银监会《村镇银行管理暂行规定》和《村镇银行组建审批工作指引》等六项配套文件的出台，村镇银行作为一种小型的金融机构开始在我国发展起来。自 2007 年 3 月 1 日我国第一家村镇银行——四川仪陇惠民村镇银行开业至今，我国村镇银行首先在第一批试点地区四川、青海、甘肃、内蒙古、吉林和湖北六个地区建立，目前已发展到全国 31 个省份。我国村镇银行运行情况如表 1 - 2 所示。

表 1 - 2　　　　　　　　2007—2010 年我国村镇银行统计数据

单位：人、万元、个

指标名称	2007 年	2008 年	2009 年	2010 年
法人机构数	19	91	137	329
营业网点数	19	98	182	437
少于三人（含）的营业网点数	0	1	1	6
金融机构从业人员数	0	1 629	3 435	9 446
各项贷款余额	20 383.46	332 274.6	1 797 591.9	5 783 075.81
农业贷款余额	0	160 978.6	946 166.7	2 955 174.05
农户贷款余额	14 834.11	111 462.9	550 572.3	1 854 665.75
小企业贷款余额	4 688.75	141 228.5	886 273.4	2 821 730.29
不良贷款余额	0	587	1 385.28	7 085.27
各项存款余额	41 754.26	628 750.35	2 630 829.2	7 723 931.93
储蓄存款余额	0	205 102.01	760 008.27	2 154 954.74
获得贷款的企业数	0	1 247	5 600	1 100
获得贷款的农户数	0	15 079	50 057	100 430

　　资料来源：中国银行业监督管理委员会统计调查司；《中国银行业监督管理委员会年报（2008—2011 年）》。

1. 机构数量：在农村小型金融机构中，我国村镇银行数量比较多。从 2007 年开始，成立了 19 家村镇银行，2010 年已发展到 329 家。截至 2012 年底，我国已有 799 家村镇银行挂牌营业。

2. 发展速度：在 2007 年到 2010 年这四年里，我国村镇银行机构数量从 19 家发展到 329 家，增长 17 倍；营业网点由 19 个发展到 437 个，增长 23 倍；而机构从业人员从无发展到 9 446 人。由此可见，随着我国农村小型金融机构由试点进一步向全国 31 个省市全面推行，我国村镇银行数量逐步增加，其发展速度也不断加快。

3. 网点分布：截至 2011 年底，村镇银行在东中西部的分布比例为 1.23∶1.37∶1。经济欠发达地区的村镇银行机构网点过少，由此可见，村镇银行的设立、发展与区域内经济发展程度息息相关。

4. 资本规模：2007 年，我国已成立村镇银行 19 家，总注册资本达 2 亿多元。截至 2011 年 5 月末，资产总额 1 492.6 亿元，负债总额 1 217.9 亿元，所有者权益 274.7 亿元。截至 2011 年 3 月末，加权平均资本充足率 30.5%。

5. 业务水平：全国村镇银行各项贷款余额 2007—2010 年分别为：20 383.46 万元、332 274.6 万元、1 797 591.86 万元、5 783 075.81 万元，2010 年较 2007 年增加了 283.71 倍。对应的存款余额分别为：41 754.26 万元、628 750.35 万元、2 630 829.22 万元、7 723 931.931 万元，2010 年较 2007 年增加了 184.99 倍。储蓄存款余额从 2007 年的基本为 0 快速增长到 2010 年的 2 154 954.74 万元。

6. 服务能力：2010 年获得贷款的企业和获得贷款的农户数分别为 1 100 家和 100 430 家。服务农业企业在 2009 年达到最多，达到 5 600 家。村镇银行为贷款抵押物严重缺乏而又急需资金资助的农村小微企业和农户提供了有力的金融支持。

当前我国村镇银行的发展还属于起步阶段，主要有以下特点：一是网点覆盖面仍较窄，发展速度较为迟缓。二是传统金融机构及民间资本参与度不高。三是村镇银行的注册资本较低且东西部差距明显。据统计，2007 年早期设立的村镇银行的注册资本规模普遍较小，此后，随着村镇银行的发展，其注册资本都有了大幅度提高，目前注册资本在 1 000 万元以下的村镇银行有 9 家，全都位于西部地区，而注册资本 1 亿元以上的村镇银行大多位于东部地区，少数位于中西部地区。

二、小额贷款公司发展现状与特征

小额贷款公司是企业法人，有独立的法人财产，享有法人财产权，以全部财产对其债务承担民事责任。小额贷款公司应遵守国家法律、行政法规，执行国家金融方针和政策，执行金融企业财务准则和会计制度，依法接受各级政府及相关部门的监督管理。小额贷款公司应执行国家金融方针和政策，在法律、法规规定的范围内开展业务，自主经营，自负盈亏，自我约束，自担风险，其合法的经营活动受法律保护，不受任何单位和个人的干涉。小额贷款公司组织形式为有限责任公司或股份有限公司。有限责任公司应由 50 个以下股东出资设立；股份有限公司应有 2～200 名发起人，其中须有半数以上的发起人在中国境内有住所。小额贷款公司的注册资本来源应真实合法，全部为实收货币资本，由出资人或发起人一次足额缴纳。有限责任公司的注册资本不得低于 500 万元，股份有限公司的注册资本不得低于 1 000 万元。单一自然人、企业法人、其他社会组织及其关联方持有的股份，不得超过小额贷款公司注册资本总额的 10%。

小额贷款公司作为农村金融市场的新生力量，是有别于传统金融理论的一种以服务"三农"和小企业为宗旨，从事小额放贷和融资活动的农村小型金融组织。总体上看，自 2005 年发起设立小额贷款公司以来，其在全国范围内得到了较快发展，增加了农村地区金融供给，这在一定程度上有效解决了以往正规金融机构难以辐射的弱势群体的资金需求问题。2008 年以来的发展情况如表 1－3 所示。

表 1－3　　　　　2008—2013 年我国小额贷款公司数据　单位：万人、亿元

年份	机构数目	从业人数	实收资本	贷款余额	增长额度
2008	500	—	—	—	—
2009	1 091	—	—	542	—
2010	2 614	2.78	1 781	1 975	1 202
2011	4 248	4.71	3 319	3 915	1 935
2012	6 080	6.23	5 147	5 921	2 005
2013	>6 000	6.5	—	>6 000	—

资料来源：根据中国人民银行发布数据整理。

小额贷款公司的运行现状涉及发展规模、业务状况和盈利情况，其总体情况如下：

1. 机构规模大。央行资料显示，截至 2012 年 12 月我国共设立了 6 080 家小额贷款公司，从业人员 70 343 人，贷款余额 5 921.38 亿元，实收资本高达 5 146.97 亿元。

2. 发展迅速。相比 2011 年，2012 年我国小额贷款公司的数量增加了 1 901 家，增幅为 56.5%；贷款余额增加了 2 018 亿元，增幅达 70.19%。

3. 小额贷款公司的资本规模与结构状况堪忧。"只贷不存"的性质决定了小额贷款公司资金来源受限，进而限制其资本规模，而规模的限制势必会影响其进一步发展。并且小额贷款公司的现有股东的持股比例也不合法，不少小额贷款公司的自然人股东持股比例自设立起就远高于 10%，违背了国家关于小额贷款公司的设立规定，致使运行风险增大。以关中为例，各小额贷款公司的最大股东均为商业股份公司或有限责任公司，其持股比例平均为 1/3，且无金融机构持股，这直接表明正规金融机构对小额贷款公司持不支持态度。

4. 业务上，小额贷款公司提供了个人贷款、农户联保贷款、小企业贷款、个体户生产经营贷款等贷款业务，贷款种类涉及的对象较广。但在实际操作中比例失衡，涉及"三农"的业务不多，缺乏业务和产品创新。

与正规银行相比，小额贷款公司的贷款更为便捷、迅速，适合中小企业、个体工商户的资金需求。与民间借贷相比，小额贷款更加规范、贷款利息可双方协商，其主要特征如下：一是"小"。资本金小，机构队伍小，贷款额度小。二是"少"。少法律政策支撑，少融资渠道，少金融风险安全保护，处于自生自灭的市场环境中。三是"多"。在全国范围内，对小额贷款公司进行监管的机构有银监局、中国人民银行和地方金融办等，监督机构多且不统一，而对其管理相对较少。四是"活"。机构的运作方式灵活，业务操作简便，且拥有审批链条简短的优势。五是"高"。由于其贷款对象主要针对农户和农村中小企业，所以其面临的信用风险和市场风险等都较高。

三、农村资金互助社发展现状与特征

农村资金互助社是指经银行业监督管理机构批准，由乡镇、行政村农民和农村小企业自愿入股组成，为社员提供存款、贷款、结算等业务的社区互助性银行业金融业务。作为近年来在农村出现的一种小型合作经济组织形式，政府管理部门和学术界对"农村资金互助社"内涵缺乏统一的界定，尚待深化认识。从金融机构部门来看，农村资金互助社是"社区互助性银行业金融机构"。在扶贫部门所开展的贫困村资金互助的扶贫工作中，将农村资金互助社界定为"非营利性的互助合作组织"。当前，以上两种互助合作组织都存在且管理混乱。其中，宁夏同心县以村为单位成立的农村土地承包经营流转合作社兼具上述两种合作社模式，既有扶贫互助性质又有市场经营的成分。全国情况如表1-4所示，机构数量少，发展速度慢。2010年我国农村资金互助社仅37家，2011年实际营业的仅46家。资金来源复杂且规模受限。各项贷款数量2010年仅29 679.87万元，较小额贷款公司131 158.8万元少，各项存款余额较村镇银行少。

　　根据农村资金互助社的基本内涵及其服务对象、开展活动和组织功能等，农村资金互助社具有以下五方面基本特征：（1）组织功能的互助性。农村资金互助社虽有不同的发展模式，但其生存和发展的基础是社员的资金互助性，互助性是农民资金互助社组建的出发点和归属。（2）内部管理的民主性。农村资金互助社是农民在发展现代农业生产中，为了获取低成本的融资渠道，遵循自愿、自主原则将分散的资金以入股的方式集中起来，实行民主管理、互助互利的微型农村合作金融组织。（3）组织运行的社区封闭性。农村资金互助社的运行具有较强的社区封闭性，从而确保了组织服务的互助性和组织运行的安全性。（4）资金获取的经济便捷性。农村资金互助社大大简化了贷前调查、贷时审查、贷后检查及抵押担保等诸多环节，实现了真正意义上的随到随贷，缩短了资金使用的时滞，方便了农户。（5）风险监管的严密可控性。农村资金互助社在"熟人社会"的农村基层社区，以血缘、地缘、业缘为纽带，扎根农村、服务农民，服务对象固定，人际关系紧密，组织对贷款农户的信用状况和资金用途了解程度高，能有效防范因信息不对称而形成的信贷风险。同时，农村资金互助社内部对于资金的管理与运行也制定了一系列的监督管理与约束机制，从而有效地保证了资金运行的严密可控性。

表 1－4　　　　　　　2007—2010 年我国农村资金互助社数据

单位：人、万元、个

指标名称	2007 年	2008 年	2009 年	2010 年
法人机构数	8	10	14	37
营业网点数	8	10	15	37
少于三人（含）的营业网点数	0	3	2	2
金融机构从业人员数	0	52	79	246
各项贷款余额	985.93	3 809.68	7 831	29 679.87
农业贷款余额	0	922.64	2 868	15 446.48
农户贷款余额	845.93	2 834.64	7 506	26 083.26
小企业贷款余额	140	66	8	778
不良贷款余额	0	9	0	1
各项存款余额	1 475.08	1 8387	24 345	53 690.94
储蓄存款余额	0	7 308.99	9 873	29 501.22
获得贷款的企业数	0	6	4	12
获得贷款的农户数	0	1 557	1 231	4 083

资料来源：中国银行业监督管理委员会统计调查司：《中国银行业监督管理委员会年报（2008—2011 年)》。

1.1.2　农村小型金融机构存在的问题

村镇银行、小额贷款公司和农村资金互助社作为当前农村金融体系的三大小型金融机构，在近五年的发展历程中都普遍有机构规模壮大、发展速度快、贷款目标聚焦"三农"、业务进步快等特点，但是，作为成分残缺的农村金融市场中的新兴小型金融机构，它们客观上也存在诸如资本金不足、人才缺乏、风险大、运作难、政策缺位、监管不力、分布不均、目标异位等缺陷，具体如下。

一、村镇银行发展存在的问题

我国村镇银行尽管有较大发展，但相对于农村金融市场的大中商业银行来说，还有其致命的弱点：

1. 村镇银行的市场定位偏离目标。服务"三农"是村镇银行的设立初衷，"三农"贷款普遍具有收益低、风险大的特点，这使一些村镇银行没能坚持服务"三农"的宗旨，逐渐将主要业务集中在为县域非农中小企业服务，这在某种程度上偏离了当时设立村镇银行的初衷。

2. 社会公信度欠缺，吸储困难。农民、县域居民和企业对农村小型金融机构的认知程度比较低，农村信用社、中国邮政储蓄银行和中国农业银行事实上都是以国家信用作隐性担保来开展业务的，大部分农民更偏向于将闲置资金存入国有银行、农村信用社和邮政储蓄银行等老牌银行。对于新近设立的村镇银行，虽然能以更优惠的利率向农村市场发放贷款，但由于进入农村市场较晚，市场信息和管理经验不足，老百姓对其仍然心存顾虑。

3. 差异化金融工具创新性不足。截至目前，我国村镇银行普遍缺乏必要的竞争性小型金融工具。资料显示，5 年来我国村镇银行市场业务基本上停留在存款和贷款的银行原始业务的经营水平上，中间业务并没有开展起来，同时大多数村镇银行的结算系统运行不顺畅，银行卡业务难以推行，影响了其业务的可持续发展。这相对于日益市场化、全球化、多元化、纵深化的其他大中商业银行来说几乎没有市场竞争可言。

4. 经营规模小，营业网点少，经营成本较高。村镇银行的规模较小，不能够实现规模效应。由于缺乏社会公信度，且村镇银行的对象是农民和农村企业，导致其吸存成本和放贷成本都要比其他商业银行高，其贷款审查的范围较大，进一步增加了经营成本。同时，受资金规模的限制，村镇银行网点较少，现代化手段缺乏，对绝大多数农村居民缺少吸引力。

5. 专业人才严重缺乏。村镇银行在职工招聘等各方面遭遇较大的"瓶颈"，缺乏高学历的专业人才，而经验不足及业务素质不高的从业人员存在着很大的操作风险，导致大多村镇银行迟迟不能开展一些对专业要求较高、风险较大的业务，如贴现、债权承销。同时，由于业务量较大，每笔业务金额较少，村镇银行的人力、物力又有限，贷款业务中的贷前调查、贷款审查、贷后跟踪管理等工作很不到位，会出现一人多职的情况，极易诱发道德风险。

6. 不良贷款较多，信用风险防范不足。2008—2010 年我国村镇银行统计数据显示，在已开展的主要业务中，贷款业务的比重最大，是村镇银行最主要的盈利来源，而贷款业务主要来自对农户、农村中小企业的小额无抵押贷款。与非农产业不同，农业生产具有较大的风险，生产过程的每一环节，都容易受到自然条件的影响和制约。因此，当贷款获得者无法取得预期的收入时，村镇银行面临贷款的信用风险较大。

7. 缺乏强有力的政策支持、法律支撑和监管规范。首先，必要的财税政策扶持力度不够。财政部和国家税务局先后出台一系列扶持财税政策，但总体来说，财税政策扶持的广度和深度不够。其次，货币政策支持乏力，人民银行对支农再贷款的政策支持涉及较少，存款准备金率水平也有待进一步降低。最后，目前我国村镇银行的发展没有专项法律法规进行保障规制，监管上存在一定的缺位滞后。

二、小额贷款公司存在的问题

小额贷款公司的运行具有一定效率，对当地农村金融市场的发展起到了一定作用。而另一方面，小额贷款公司在运行中也存在着一些问题，具体如下：

1. 资金来源匮乏，资本规模较小。小额贷款公司区别于银行类金融机构的最主要特征是"只贷不存"，这使小额贷款公司丧失了吸储这一重要资金来源渠道。资金来源的缺失，严重限制了小额贷款公司后续营运资金的供给，进而导致资金周转率和利润率降低。

2. 政策性目标发生偏离，资金流出"三农"领域明显。小额贷款公司设立的目标是坚持为"三农"经济发展服务，为"三农"和农村微小企业提供小额贷款服务，扩大农村金融服务覆盖面，弥补农村金融供给不足。但小额贷款公司在实际运作过程中，提供的贷款更多地投向了企业和个体工商户，而"三农"贷款的比例低。

3. 市场认知度不高，发展规模受限。小额贷款公司属于新设立金融机构，机构少、规模小。由贷款总额较少、农户贷款率低也能从侧面看出，公众特别是农民对其认知度和信任度不高，主动上门办理的客户较少。而且，小额贷款公司由于自身性质和盈利性目标的原因，其贷款利率普遍较高，部分农民无论是在心理还是经济承受力方面都不能接受，从而不愿到小额贷款公司办理贷款业务，使公司规模的发展受到了来自需求方面的限制；小额贷款公司资金来源的匮乏，限制了其资本规模，从而使其贷款规模受到相应的限制，造成公司规模的发展在供给方面也受到了限制。

4. 机构和业务都存在区域分布的不均。人民银行资料显示，我国小额贷款公司机构数量分布明显偏向西部地区。截至2012年9月末，东部1 671家，中部1 244家，西部1 875家，东北地区839家。从业人数和资本业务偏向东部。截至2012年9月末，东部21 051人，中部14 138人，西部

20 384 人，东北地区 6 775 人。东部地区每家小额贷款公司的平均从业人数比中西部地区多。东部地区小额贷款公司的实收资本和贷款余额最多，实收资本是 2 220.54 亿元，贷款余额是 2 790.81 亿元，具体如表 1－5 所示。

表 1－5　　　　　　　　2012 年 9 月末小额贷款公司的区域分布

单位：家、人、亿元

指标名称	西部	中部	东部	合计
机构数量	1 875	1 244	1 671	5 629
从业人数	20 384	14 138	21 051	62 348
各机构平均从业人数	11	11	13	11
实收资本	1 303.76	799.83	2 220.54	4 657.25
贷款余额	1 385.61	865.28	2 790.81	5 329.86
平均实收资本	0.70	0.64	1.33	0.83
平均贷款余额	0.74	0.70	1.67	0.95

资料来源：中国人民银行：《小额贷款公司分地区情况统计表（2012 年 9 月）》。

三、农村资金互助社存在的问题

当前我国农村资金互助社因自身成分复杂而存在较多问题：

1. 法律地位和组织性质不明确。目前，虽然国务院及各相关部门出台了一些法律规章来促进和规范农村资金互助社的发展，但关于农村资金互助社的法律地位和组织性质的规定不明确、不统一。部分农村资金互助社没有取得金融许可证但已经在工商部门注册，具有营业执照，也具备法人地位，但按照银监会的规定，这些非正规的农村资金互助社是非法的，不具备经营资格，也不应具备法人地位。前后法律地位上的矛盾很容易导致这些农村资金互助社进行违法金融活动，容易引发潜在的金融风险。

2. 政策扶持力度不够。一是注册登记条件高。政府部门虽然出于控制风险要求，对于资金互助社这种微型金融组织的成立实施严格、繁杂的审批程序，用近乎现代化正规金融机构的标准来实施操作，在一定程度上造成资金互助社的组建成本和操作成本的加大，不利于农村资金互助社的成长壮大。二是缺少其他正规金融机构的支持，融资难。三是政府部门对农村资金互助社的宣传力度明显不够，社会公信力欠缺，这制约了农村资金互助社的发展壮大，也不利于其获得社会各界的资金捐助。

3. 资金来源渠道有限。农村资金互助社受经济条件和法律政策所限，只能吸收内部社员入股资金或存款，内部增资有限，同时由于不能吸收外部存款，也难以获得社会捐赠资金和其他正规金融机构的融资资金，只能采取入股和扩股方式进行增资，从而影响了资金规模的扩大，制约组织发展壮大和功能发挥。

4. 风险控制能力有限。一是农村资金互助社内部控制机制不健全。监事会形同虚设，信息披露不充分，互助资金使用的透明度也得不到应有的保证。个别地方为了扩大资金规模，变相非法吸储，带来了潜在的金融风险和社会风险。二是贷款资金面临自然风险和市场风险。社员贷款的主要用途除了家庭各种消费支出以外，基本都投向了农业生产和种植、养殖规模的扩大，由于农业、养殖业的弱质产业特性，易受自然灾害、气候及市场销售周期性影响，导致农村资金互助社的贷款资金也面临着自然风险和市场风险的冲击。三是放贷资金存在信用风险。农村资金互助社发放贷款时缺乏规范的借贷合同，不严谨的贷款合同增加了贷款违约的可能性和事后处理成本。同时，广大农村地区部分农户的信用观念较差是形成小额信贷信用风险的主观原因，信用观念差带来信贷违约的发生，而农村资金互助社缺乏有效的信用违约惩罚机制，对违反合约的社员的姑息将引起其他社员的效仿。

5. 金融监管体系不健全。有效的金融监管是防范金融危机、降低金融风险的主要措施之一，尽管农村资金互助社已被划归农村金融机构，但相关的金融监管并没及时跟上，存在较大漏洞。农村资金互助社无论在规模上还是各项制度完善方面都无法与农村商业银行相提并论，以商业银行的标准监管农村资金互助社过于严苛；农村资金互助社为达到商业银行的监管标准容易脱离互助合作性质，走上过度追求商业化的道路。

1.1.3 农村小型金融机构对农村金融服务的影响及对农村经济发展的贡献

我国当前农村金融体系的三大小型金融机构，村镇银行、小额贷款公司和农村资金互助社都以立足农村、服务"三农"、辐射农户和企业为主营业务导向。短短几年时间，各机构数量、规模、业务都有较快发展，服务水平和质量上都有明显提升，在农村金融服务体系的补充完善和农村经济的发展进步方面都作出了重大贡献，具体情况如下。

一、农村小型金融机构对农村金融服务的影响

通过农村小型金融机构的改革创新大大提升了农村金融服务的水平和质量。（1）加大涉农信贷投放力度，提高涉农信贷投放的针对性。截至2011年底，银行业金融机构涉农贷款余额14.6万亿元，占全部贷款的25.7%，同比增长24.9%，高于各项贷款平均增速8.8个百分点[①]。（2）推进农村金融服务均衡化建设。一是推进县域银行业金融机构网点建设。二是要求农村中小金融机构进一步强化"三农"市场定位，下沉经营管理重心，构建做实县域的经营机制，面向"三农"调整业务结构。三是积极稳妥培育村镇银行、贷款公司和农村资金互助社等三类农村小型金融机构，调整组建核准程序，鼓励按照区域挂钩的原则集约化组建村镇银行。四是继续推进金融机构空白乡镇全覆盖工作。（3）提高涉农金融业务发展质量。要求银行业金融机构积极借鉴国际微贷和农业供应链金融技术，推进有别于城市的涉农金融产品研发、客户营销、服务渠道、风险管理和考核机制建设（银监会年报，2011）。

为了更直观地比较我国农村金融体系中村镇银行、小额贷款公司和农村资金互助社这新三类金融机构的市场份额和对农村金融服务行业影响，我们通过计算农村金融体系中 H.H.I 指数（公式为：$H.H.I = \sum_{i=1}^{n} (X_i/X)^2$，其中，$X$ 代表市场的总规模，X_i 为 i 企业的规模，n 为该产业内的企业数）进行比较分析。

表1-6 我国农村金融市场 H. H. I 指数

年份	2008	2009	2010	2011
基于资产	0.239	0.212	0.207	0.205
基于负债	0.238	0.212	0.207	0.206

资料来源：根据2008—2011年《中国银行业监督管理委员会年报》、《中国农业发展银行年报》和《中国农业银行年报》有关农村金融机构的数据整理、计算而得。

数据显示，对于资产和负债来说，2008—2009年波动显著，分别为0.027和0.026；而2009—2011年间隔数据变化幅度很小。资产项为0.005

---

① 中国银行业监督管理委员会统计调查司. 中国银行业监督管理委员会年报（2008—2011年），http://www.cbrc.gov.cn/chinese/home/docViewPage/110007.html.

和 0.002，负债项对应为 0.05 和 0.01。可见，2009 年我国农村金融服务行业中金融机构有大的调整。H.H.I 指数递减就表明 2009 年有大量新的金融机构进入农村金融领域。这从图 1-1 中 2008—2009 年发展趋势急剧下滑现象，可以得到有力证明。

图 1-1 指数的变动，正好印证了我国 2009 年政策大力支持发展农村中小型金融机构（村镇银行、小额贷款公司和农村资金互助社），以完善我国农村金融市场体系，减少农村金融市场行业集中度，加大竞争，减少行业垄断，实行普惠制金融的改革。有关数据在前文已述，也可比较反映我国农村金融市场新三类金融机构在 2009 年飞速发展，如图 1-2 所示。

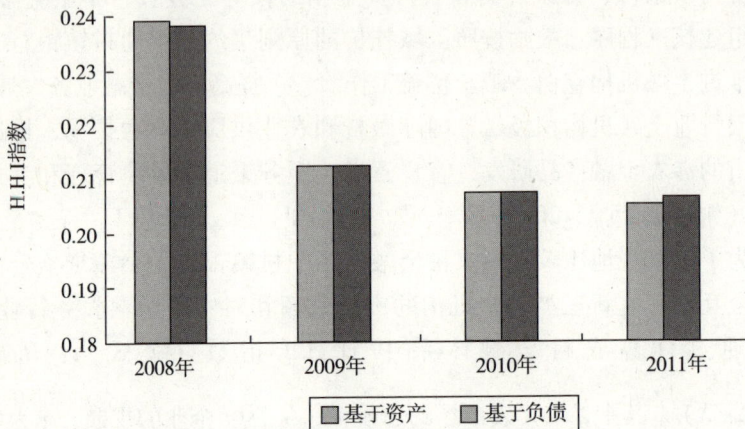

资料来源：根据 2008—2011 年《中国银行业监督管理委员会年报》、《中国农业发展银行年报》和《中国农业银行年报》有关农村金融机构的数据整理、计算而得。

图 1-1　我国农村金融市场 H. H. I 指数变动

图 1-2 直观地表明：我国农村金融市场新三类金融机构 2009 年较 2008 年有飞速发展，图中所示各类指标的趋势线都显著上扬。从图 1-2 中 2008—2009 年我国农村金融市场 H. H. I 指数急剧递减的变动趋势，就充分说明了当前我国农村金融市场中新三类金融机构快速成长对于农村金融服务均衡化的重大影响，即新三类金融机构的快速成长平衡了我国农村金融市场垄断和行业高度集中的负面影响。

二、农村小型金融机构对农村经济发展的贡献

金融机构将信贷资源用于支持实体经济科学发展，在推动经济结构优

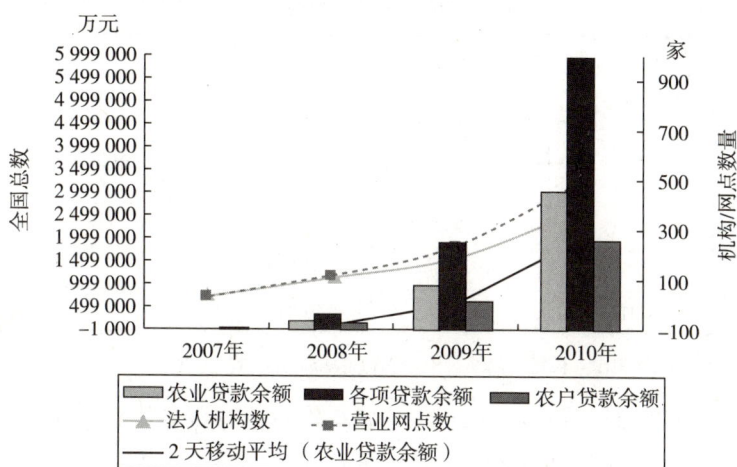

资料来源：中国银行业监督管理委员会统计调查司：《中国银行业监督管理委员会年报（2007—2011年）》。

图 1-2 2007—2010 年我国新三类金融机构发展趋势

化、促进区域协调发展、改善民生等方面发挥了积极作用。（1）支持关键行业发展和重点建设项目。（2）投资方向重点向"三农"倾斜和关注民生。（3）支持区域经济发展。引导银行业金融机构调整区域信贷投向，经济落后地区与发达地区之间信贷资源分配失衡情况有所改善。截至 2011 年底，中西部地区贷款余额同比增速较东部地区高 4.5 个百分点。（4）加大扶持小微企业。截至 2011 年底，小企业贷款顺利实现"两个不低于"目标。全国银行业金融机构小企业贷款余额与个人经营性贷款余额之和为 15 万亿元，占全部贷款余额的 27.3%。其中，农村小型金融机构的贡献功不可没（银监会年报，2011）。我国小额贷款公司应坚持"小额、分散"的原则，因地制宜地执行监管部门单笔贷款额度的规定，通过分散风险来保证资金的安全，以增强自身的可持续发展能力。这里的小额贷款并不是指 50 万元以下的贷款，各地对小额贷款公司小额贷款的界定不能趋于不变，应随着当地经济的发展不断进行调整。

农村小型金融机构内部各机构的市场份额和影响力在上面已有说明。为了更好地说明新三类金融机构对于农村经济发展的贡献，我们将其集中放到农村金融市场的大环境中去考量，如表 1-7 所示。

表 1-7　　　　　　　　　农村金融机构经济贡献度量　　单位：亿元、‰、%

年份	农村小型金融机构贷款总额①	农村金融机构涉农贷款总额②	全国各金融机构涉农贷款总额③	①/②	②/③
2007	2.26	23 600	61 200	0.1	38.56
2008	34.16	—	—	—	—
2009	187.99	31 000	91 400	6	33.91
2010	593.43	35 000	117 700	17	29.74
2011	1 316	—	146 000	—	—

资料来源：根据中国人民银行同期《中国农村金融服务报告》整理。

由表 1-7 数据可知：自 2007 年施行涉农金融服务统计以来，我国农村金融机构涉农贷款持续攀升，基本维持在三成左右。农村小型金融机构的贷款规模绝对值因成立时间短、资本和市场份额有限、政策支持和金融服务不到位的缘故而相对很低。但无论是从 2007—2010 年农村小型金融机构贷款额连年飞速上涨还是其在农村金融服务份额的持续攀升方面，都对农村经济社会发展作出了有力的贡献。更可喜的是照这样的发展趋势，我们完全有理由预期我国村镇银行、小额贷款公司和农村资金互助社等农村小型金融机构将会以几何级数高倍增长壮大，将对我国新农村建设、城镇化建设、农业现代化建设作出重大贡献。如果把金融机构的贷款看做投资项，农村小型金融机构 2007 年仅注资 2.26 亿元，而 2010 年则注资 593.43 亿元，四年间总共在农村金融市场投入各类生产、生活、建设资金高达 817.84 亿元。

资料表明：我国农村小型金融机构有 60% 以上分布在经济发展相对落后的中西部地区，对农户和农村小微企业发展过程中的资金渴求来说，是最简便、最实在、最有效的援助，为当地区域经济发展提供了有力的资金支持。总之，我国农村小型金融机构将为农村地区地方经济和"三农"提供日益丰富的、真实高效的资金支持，这充分展现普惠制金融对"三农"的润泽。

1.1.4　新兴市场国家（地区）推行农村小型金融机构的经验

我国农村小型金融改革取得突破性进展，逐步构建了以农村信用社、农村商业银行、村镇银行、小额贷款公司、农村资金互助合作社为主体的多元化农村金融机构体系。但当前我国农村金融服务仍然存在组织结构单一、支农力度不足等问题，尚需在改革发展中不断解决。对国外有关国家加强和改进农村金融服务的相关经验做法进行梳理，为促进我国农村金融发展、改进农村金融服务提供有益借鉴。新兴市场国家农村小型金融机构的代表主要有：孟加拉国的农村微型金融组织（GB 与 MFO），泰国的农业与农村合作组织银行，印度的多层次的农村金融服务体系。

孟加拉国农村地区的金融机构有三种主体：国有银行及金融发展机构、格莱珉银行（GB）和各种微型金融非政府组织（MFO）。其中，国有银行及金融发展机构是农村地区的正规金融机构，GB 和 MFO 的服务为微型金融，是非正规金融的组成部分，其覆盖率远高于正规金融。GB 和 MFO 共为约 25% 的农村家庭提供金融服务，而正规金融只为 5% 的农村家庭提供服务。GB 和 MFO 在孟加拉国农村金融服务中发挥着重要作用，是全世界金融缓解农村贫困的成功典范。

为加强农村金融服务，泰国政府于 1966 年成立农业与农村合作组织银行（BAAC），向农户提供专业化的信贷服务。BAAC 由财政部提供帮助和指导，其农村地区客户以大农场主和涉农企业为主，同时也为个体农民服务。由于 BAAC 贷款利率由政府控制，BAAC 在有限程度上依赖于政府补贴维持经营。BAAC 的服务覆盖泰国 90% 以上的农户，2008 年底，BAAC 贷款金额占全部农业信贷的一半，其中，单笔金额低于 1 200 美元的占 1/3 到 1/2，小额贷款的单笔平均额为 660 美元。

当前印度农村金融体系主要由三个部分组成。一是商业银行。商业银行是印度农村金融的主渠道，分为国有商业银行、私人商业银行和地区农村银行。地区农村银行是印度政府为解决农村地区商业银行机构网点少、农村金融服务不足问题而专门设立的。二是农村合作银行。其中一种是只为社员提供中短期贷款服务的农村合作银行，另一种是专门提供长期贷款服务的土地开发合作银行。三是国家农业农村发展银行。该行是印度支持农业发展的政策性银行，由印度政府和印度储备银行共同出资组建，其职能广泛，除提供支农信贷资金外，还承担向农村金融机构再融资及对地区农村银行和农村合作银行两类机构进行监管的职能。在政府一系列政策的推动下，印度金融机构普遍在广大农村地区建立了经营网络。其中，商业银行在农村地区设立 3 万多家分支机构，土地开发合作银行的农村分支机构超过 2 000 家，地区农村银行的农村分支机构达到 1.4 万多家。这些分支机构经营目的是满足印度农村金融服务需求。

综合来看，我国发展农村小型金融机构应吸收的国际成功经验有：准确把握市场定位，加强信贷风险控制，个性化及细致周到的服务，重视对员工队伍的专业化培训，信贷机制灵活，合理的贷款利率，政府大力支持。

我国发展农村小型金融机构应吸取国外的失败教训有：首先要防止政府部门对小额贷款过度干预，政府行为对农村信用的最大破坏莫过于对农业贷款的减免措施。这些出于良好愿望来帮助农民的贷款减免极大地破坏了农村的信用，往往要多年的时间才能恢复老百姓的信用观念。地方政府部门还可能在推行小额贷款过程中过多地干涉了银行机构在挑选贷款户、确定投资方向和投资项目的自主权力，这往往会造成项目的失败。其次，政策、机制环境要配套、协调。国际经验告诉我们，对小额信贷的大规模开展，有关部门要给予从政策到物质的支持。否则，按照商业化、市场化建立的农村小型金融机构，在资本逐利、商业化运作的过程中，很容易背离当初的政策导向，偏离服务"三农"的政策目标。

1.1.5　农村小型金融机构演进趋势

一、村镇银行的演进趋势

村镇银行作为一个新兴的农村金融机构，在农村金融需求得不到满足和金融供给不足的条件下，投资农村这个巨大的金融市场的回报是十分可观的，在国家政策的扶持和市场商业利益的驱动下，其发展势头良好，图 1-3 清晰地描述了这种快速的发展态势。

预测在未来，我国村镇银行将向以下趋势发展：（1）村镇银行控股制。根据《中国银行业监督管理委员会 2011 年报》，未来农村中小金融机构坚持股份制改革方向，大力推进以服务"三农"为根本目的、以做实县域为基本要求、以完善管理体制和经营机制为基础保障的结构性改革，预测未来村镇银行主要的组织架构将是控股制。（2）村镇银行发展将呈现两极化。经济决定金融，村镇银行所处县域经济环境决定了村镇银行的发展状况。就目前经济发展状态来看，未来中西部村镇银行发展仍将落后于东部地区，且在银监会实行的"准入挂钩政策"下将使处于东部发达地区村

镇银行与中部欠发达地区村镇银行的差距进一步拉大。（3）村镇银行业务
范围扩张，规模逐渐扩大。存贷规模的扩大是村镇银行最主要的利润来
源，是村镇银行发展的内在动力，因此，村镇银行要想生存和发展下去，
扩大业务规模是其必然选择。

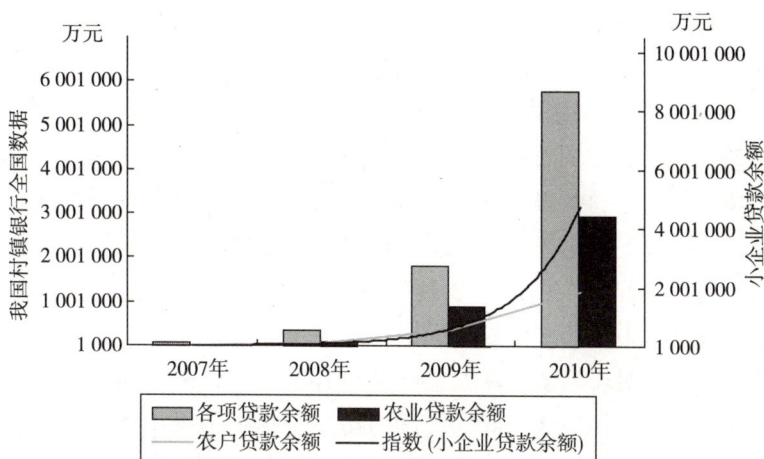

资料来源：中国银行业监督管理委员会统计调查司：《中国银行业监督管理委员会年报
（2007—2011 年）》。

图 1－3　村镇银行发展趋势图

二、小额贷款公司演进趋势

正如 Vinelli 研究结果那样，小额贷款公司在今后的运行中要得到可
持续发展，必须得在其资金保障方面下工夫。2009 年 6 月银监会发布
《小额贷款公司改制设立村镇银行暂行规定》，2012 年在温州等地试行深
度改革。可以预见，未来几年我国小额贷款公司会出现以下发展和扩张趋
势：第一，服务对象和地域的扩张。目前我国小额贷款公司一般都没有
或者很少设有分支机构，随着小额贷款公司进一步发展扩张，设立分支机
构会很普遍，其服务地域范围也将不断扩大，服务对象也将出现多元化，
一些富人和企业也会成为其服务对象。第二，服务和产品的扩张。小额
贷款公司通过提供不同种类的金融服务和产品来满足穷人的需要，同时也
提高机构自身的竞争力。穷人不仅需要信贷服务，还需要小额储蓄、小额
保险、抵押、小额租赁、咨询、培训等其他金融服务，这些需求必然诱发
小额贷款公司业务扩张。第三，资金来源和公司能力扩张。为了给更多

的穷人提供更多类型的产品和服务，小额贷款公司必须有坚实的资源基础。资源基础的扩张包括将自身由非正规金融机构转变成正规金融机构，从而可以吸收公众存款，追求财务上的可持续发展。目前，我国商业性小额贷款公司开始并将逐渐成为小额信贷的主要发展模式，在条件成熟的情况下还允许小额贷款公司转为村镇银行，这一方面是对我国过去小额信贷发展进行反思的结果，另一方面也是借鉴国际上"普惠制"农村金融新理念的产物。不过，我国小额贷款公司最现实的发展前景将还是金融公司（吴晓灵，2012）。

小额贷款公司的扩张已成为一种趋势（见图1-4），特别是在增加贷款人数、增设分支机构等方面表现明显。但在小额贷款公司转制为村镇银行方面，也存在着不少问题。要转制为村镇银行，需要满足许多基本条件。在转制过程中，股权问题就成了转制的最大障碍。特别是当小额贷款公司转变成村镇银行后，目标偏移问题更容易出现，将不利于解决我国长期以来存在的农民融资难问题。应该密切关注我国小额贷款公司在未来发展和扩张的过程中可能出现的目标偏移，这也是构建我国"普惠制"农村金融体系的基本要求。

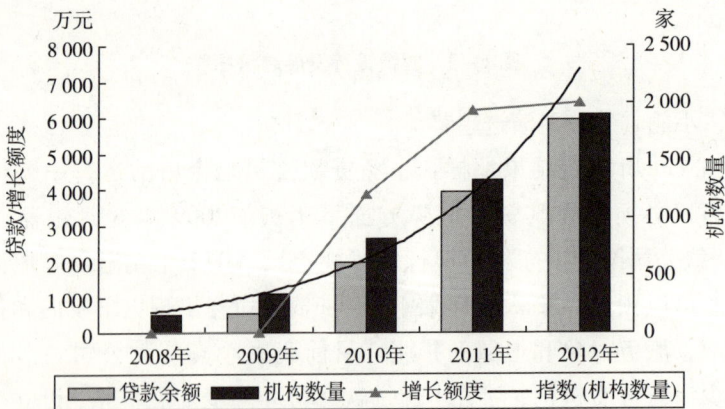

图1-4 小额贷款公司发展趋势图

资料来源：中国银行业监督管理委员会统计调查司：《中国银行业监督管理委员会年报（2007—2011年）》。

三、农村资金互助社演进趋势

农村资金互助社成分复杂，规模小、形式初级，但大力发展资金互助社可以推进农村金融改革的大战略。这是因为，一方面，资金互助社更贴近农户，可以满足被商业性金融机构排斥的农户的贷款需求；另一方面，通过参与资金互助社，农户们不但获得了更多的金融知识，而且在信贷交易中证明了自己的信誉。因此，农村资金互助社也起到了改进金融文化、培育客户的作用，从而降低了正规金融机构开展业务的成本。因此，农村资金互助社这种具有代表性的合作金融形式在中国农村金融发展中具有不可替代的作用。未来，我国农村资金互助社将会在制度、市场"双引擎"驱动下日趋规范化、市场化，其规模也必然逐步扩大，成为活跃在我国农村金融市场的一支有力的金融队伍（见图1-5）。但是，其先天的不足和监管缺位也将引起较长期的混乱和波动，加剧农村金融市场的风险。

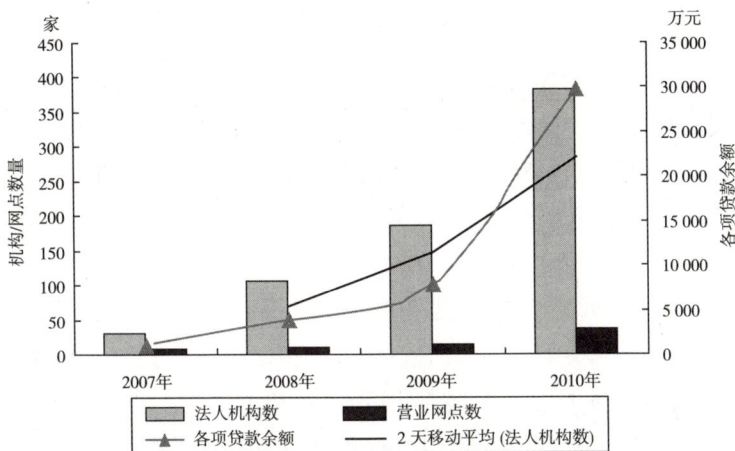

资料来源：中国银行业监督管理委员会统计调查司：《中国银行业监督管理委员会年报（2007—2011年）》。

图1-5 农村资金互助社发展趋势

总之，从2005年启动小额贷款公司，2006年计划试行农村小型金融机构改革以来，我国农村金融市场上，村镇银行、小额贷款公司和农村资金互助社等农村小型金融机构尽管各机构发展进度不一致，但总体都有较大发展，其中小额贷款公司机构数目发展最多，村镇银行业务发展最快，农村资金互助社在经历曲折中逐步发展。

未来发展总体趋势应该是我国农村新三类金融机构都会有较大发展，

但由于制度和市场双因素的作用各机构发展可能不同步。其中，村镇银行的前景乐观，未来县域金融市场的主流商业银行将是其理想取向。小额贷款公司将会历经奋斗而逐步地、不同程度地转化成地方银行机构或规范化、阳光化的金融机构，可以预期金融公司将是其直接晋级的第一步，农村资金互助社较长时间还将在混沌中发展进步，不远的将来或许成为介于农村和城市商业金融机构之间的民间资本主导的金融机构，如民营银行。

1.1.6　小结

在党的十八大惠农政策和新城镇化建设政策指引下，对农村金融市场小型金融机构发展状况、存在问题和未来趋势的及时总结，具有很强的理论和现实指导意义。理论上，有助于进一步加深对于农村金融理论的总结和提高。实践上，有助于更好地指导当前紧迫的农村"普惠制"金融的建设。

我国农村金融市场上村镇银行、小额贷款公司和农村资金互助社这三类农村小型金融机构，从无到有，都有较快、较好的发展和进步。其中，机构数量上，小额贷款公司发展最快，到 2012 年底已经有 6 080 家，村镇银行同期到达 799 家，农村资金互助社也有 50 多家。业务扩张上，银监会资料显示，农村小型金融机构的资产规模从 2007 年的 7.6 亿元，逐年增长，到 2011 年达到 2 474 亿元，与 2007 年相比，增长了 324.53 倍。负债规模从 2007 年的 4.6 亿元，逐年增长，到 2011 年达到 2 072 亿元，与 2007 年相比，增长了 449.43 倍。所有者权益规模从 2007 年的 3 亿元，到 2011 年达到 402 亿元，与 2007 年相比，增长了 133 倍。

此外，三类农村小型金融机构的共同特点表现在：服务"三农"，贷农贷小；业务灵活简便；贷款审批链条短；经营良好，不良贷款率低。当然，作为新生的农村金融机构，它们也有客观上的缺陷，比如机构规模小、抵御风险能力弱、市场认知度低、服务目标偏离、指出政策缺位、监管混乱和金融工具创新滞后等。

在这几年时间里，我国农村小型金融机构为农村地区的金融服务和农村经济社会发展都作出了很大贡献。其中，农村金融服务方面的贡献主要表现在：从机构建设上为农村金融市场发展增添了新的力量，平衡了市场结构。从量上为涉农金融服务注入了急需的大量资金，从质上为农村金融服务提供了层次性明显的金融产品。

农村小型金融机构对于农村地区经济社会发展的贡献主要表现在：对区域经济发展的推动和对农村重点行业的扶持，对农村公共设施基础建设的支持，对民生和扶贫工作的扶持，对新农村、新城镇化建设的支援和对农业现代化的促进等方面。

总之，我们有理由充分肯定我国农村小型金融机构几年来的发展进步和工作成效，有必要加大对其进行政策扶持、资金投入和有效监管，有信心通过国际经验的借鉴来完善和提高其发展绩效。

1.2 农村小型金融机构绩效影响因素分析

1.2.1 文献回顾

回顾国内外关于银行绩效的研究进展，目前主要集中在两个方面：一是探讨影响银行绩效的相关因素，二是绩效的测度方法。国内关于银行绩效这方面的研究起步较晚，基本上是吸收借鉴国外的研究方法对我国商业银行进行实证研究。下面，将从这两个方面回顾相关研究进行具体述评。

目前，在银行的绩效影响因素选取方面，国外相关的研究起步较早。Berger 和 Hannan 用美国 240 家银行样本数据检验，发现垄断、银行的规模效率与管理效率水平提高有助于银行获取高利润。此外，国内的学者也有很多相关的研究，秦宛顺、欧阳俊指出我国商业银行绩效水平主要取决于银行效率，市场结构与银行绩效水平之间并无显著的统计关系；而银行市场份额与规模效率显著负相关。何韧利用上海市银行业 1999—2003 年的相关数据，对该市银行业的市场结构、综合效率和经营绩效及其相互关系进行了实证研究。研究发现决定商业银行绩效水平的市场力假说和效率结构假说在上海银行业中都不成立，但是银行业的规模效率对银行绩效水平具有积极的作用。涂万春、陈奉先引入产权结构变量修正了传统的 SCP（结构—行为—绩效）分析框架，并基于该框架利用截面数据模型实证分析了2000—2004 年以产权改革为主导的中国银行业绩效的影响因素。赵胜民和卫韦选取风险调整的资产收益率（RAROA）、风险调整的净资产收益率（RAROE）作为绩效指标，建立一类新的回归模型，利用国内几家银行1995—2006 年的面板数据对我国银行绩效影响因素进行实证分析。闫丽华从股权集中度、资产结构和资本结构三个方面分析金融上市公司绩效的影响因素，并构建金融上市公司经营绩效的多元回归模型进行实证分析。林明指出市场结构、产权结构和行为结构是影响当前银行业绩效的三个主要因素。

已有的关于绩效的影响因素的研究，主要考虑了银行的规模、资产结构、资本结构等方面的影响，这类研究中影响因素的选取着重考虑了内生方面，忽略了外生因素对银行绩效的影响力。而市场结构和产权结构等因素引入，使得绩效评价体系相对完善，但衡量和测算方面有一定的难度，缺乏统一的标准。此外，影响因素中资本收益率、资产收益率改进为风险调整后的 RAROA 以及 RAROE，能更为全面地衡量经营的绩效情况，在实际中的应用更为合理和规范。

此外，国内外关于绩效测度的研究很多，但采用的方法也相对集中。国外的 Andrew C. Worthington 运用随机成本前沿法，研究了澳大利亚非银行金融机构效率的决定因素，结果表明，银行效率的增长来源于资产质量、人力素质和教育程度的改善。Mendes 和 Rebelo 在假说检验中开始使用非参数法（DEA）和随机前沿分析（SFA）两种方法测度银行 X 效率。我国的赵旭、凌亢运用 SFA 方法，在将超越对数成本函数中的残差项作为银行效率的近似值的基础上，用普通最小二乘法进一步对效率来源做了解释，以研究银行效率的决定因素。赵旭、蒋振声等在分析传统共谋假说（结构—行为—绩效理论）与有效结构假说的基础上，运用 DEA 综合效率研究了我国银行业市场结构与绩效之间的关系。结果表明，效率是影响银行绩效的重要决定因素，而市场集中度、市场份额与利润率负相关。张健华利用数据包络分析方法（DEA）的基本模型及其改进模型，第一次对我国三类商业银行 1997—2001 年的效率状况进行了全面分析。姚树洁、冯根福、姜春霞使用了 22 家银行 1995—2001 年的一组数据，利用随机前沿生产函数研究了所有制结构和硬预算约束对银行效率的影响，结果表明：非国有银行比国有银行效率高，面临硬预算约束的银行的绩效比国家和地方政府投入大量资本的银行好。郭妍运用 DEA 方法测算了我国 15 家有代表性的商业银行 1993—2002 年的技术效率、纯技术效率、规模技术效率值，结果显示国有银行效率值普遍低于非国有银行，并指出对国有银行效率影响较大的因素依次是：资本充足率、市场份额、资源配置能力。王西星利用先进回归技术——偏最小二乘法（PLS），借助 SAS 统计软件，建立水电企业经营绩效的回归模型，对影响经营绩效的因素进行了分析和研究。

在以上测度的方法选择上，已有的研究对于绩效的分析主要采用了随机前沿分析法（SFA）、数据包络分析法（DEA）以及回归分析等方法。参数方法如 SFA，考虑了随机误差对效率的干扰，得出的样本效率离散度较小，便于区分，可以方便地检验结果的显著性。缺点是该方法需定义效率方程的函数形式，而一旦所定义的函数形式不正确，就会在很大程度上影响所计算的效率值，并且所需统计数据较多，不易获得。而 DEA 方法能方便地对银行业的多投入和多产出效果进行评价，对我国实际情况有更多的适用性，所以相关的研究相对较多。

1.2.2　数据来源

本章数据由课题小组成员于 2012 年暑假分别对宁夏市同心县、渭南市、延安市安塞县、宝鸡市岐山县和商洛市洛南县调查整理所得，其中，渭南小额贷款公司 13 家，安塞、岐山和洛南村镇银行 4 家，宁夏农村资金互助社 3 家。

1.2.3　研究方法

一、层次分析法

层次分析法（Analytical Hierarchy Process，AHP）是一种定性和定量相结合的、系统化的、层次化的分析方法，它是将决策者的主观臆断与实践经验构建模型，并进行量化分析，该方法主要将复杂问题按支配关系进行分层，通过对比各层各要素之间的相对重要性，最终确定各要素相对重要性的次序，从而按次序做出最终选择。其具体操作如下。

1. 递阶层次评价模型的构建

通过深层次决策目标，将问题分为三个层次，即目标层、准则层和措施层（如图 1-6 所示）。在模型中，同一层次的要素对上层要素有一定的作用，同时支配下层各要素，每层中各要素所支配的要素不超过 9 个，这是由于过多的要素会造成两两比较的困难。

2. 判断矩阵的构造

从准则层开始，用一定的比较尺度两两对比同一层次的要素，构建判

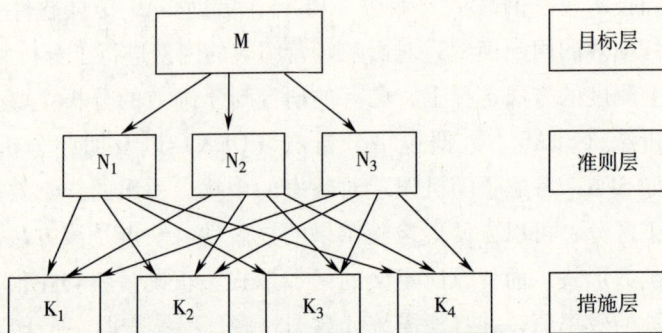

图 1 - 6　递阶层次评价模型

断矩阵 M，直到最后一层。$M = (m_{ij})_{n \times n}$，其中 $m_{ij} > 0, m_{ij} = 1/m_{ji}(i, j = 1, 2, \cdots, n)$。在矩阵 M 中，$m_{ij}$ 表示要素 i 与要素 j 对上一层要素的重要程度的比值，m_{ji} 表示要素 j 与要素 i 对上一层要素的重要程度的比值，并且 $m_{ij} = 1/m_{ji}$。而判断矩阵标度采用 Saaty 提出的 1 ~ 9 标度法，如表 1 - 8 所示。

表 1 - 8　判断矩阵标度及重要度释义

标度	1	3	5	7	9	2, 4, 6, 8
重要度释义	前者和后者重要性相同	前者比后者稍重要	前者比后者明显重要	前者比后者强烈重要	前者比后者极端重要	相邻判断的中间值

对于图 1 - 6 所示的递阶层次评价模型而言，N_1，N_2，N_3 可构成一个相对于要素 M 的判断矩阵 N：

$$N = \begin{array}{c} \\ N_1 \\ N_2 \\ N_3 \end{array} \begin{array}{c} M \quad N_1 \quad N_2 \quad N_3 \\ \begin{bmatrix} 1 & n_{12} & n_{13} \\ \dfrac{1}{n_{12}} & 1 & \dfrac{1}{n_{23}} \\ \dfrac{1}{n_{13}} & \dfrac{1}{n_{23}} & 1 \end{bmatrix} \end{array}$$

3. 一致性检验

由于在建立判断矩阵的过程中，人们对事物的认识往往具有一定的片面性，加之人的主观臆断时常会出现判断不一致的情况。为保证评价分析的有效性，需要对其进行一致性检验，方法如下：

（1）计算一致性指标 CI：$CI = (\lambda_{max} - n)/(n - 1)$，当 $\lambda_{max} = n$ 时，CI = 0，CI 为完全一致，CI 值越大，判断矩阵的一致性越差。通常满足 CI ≤ 0.1，判断矩阵的一致性就可以接受，否则重新进行两两比较判断。

（2）查找相应的平均一致性指标 RI，对于 1~9 阶矩阵，Saaty 给出了 RI 的值，如表 1-9 所示。

表 1-9　　　　　　　　　　　　随机一致性指标 **RI** 的取值

n	1	2	3	4	5	6	7	8	9
RI	0	0	0.58	0.90	1.12	1.24	1.32	1.41	1.45

（3）计算一致性比例：当 $CR = CI/RI$，当 CR < 0.1 时，则认为判断矩阵的一致性是可以接受的，否则要对判断矩阵作适当修正。

二、多元回归模型

多元回归模型一般是探讨多个变量之间关系的分析方法，按自变量和因变量的对应关系可划分为一个因变量对多个自变量的回归分析（简称"一对多"回归分析）及多个因变量对多个自变量的回归分析（简称"多对多"回归分析）。通过层次分析法得到了各农村小型金融机构绩效得分后，分析认为其除了受到 AHP 所选取指标的影响外，还受到其他内生因素与外生因素的影响，这些因素包括注册资本、市场结构、所处地区的经济情况以及区域等。同样，影响农村小型金融机构的绩效也是多方面的。因此，本章采用多元回归模型，试图寻找决定当前农村小型金融机构效率的关键因素。其模型设定如下：

$$Y = \beta_0 + \beta_1 X_1 + \beta_2 X_2 + \cdots + \beta_i X_i + \varepsilon$$

其中，Y 表示通过 AHP 方法得出的得分，X_i 表示的是解释向量，β_0、β_1、$\beta_2 \cdots \beta_i$ 为待估计参数，ε 为随机误差项。

1.2.4　变量释义及统计性描述

本章在分析农村小型金融机构绩效的影响因素时，将采用层次分析法（AHP）计算的综合绩效得分作为被解释变量；考虑到宏观经济环境、市场结构、银行规模因素，选取当地 GDP、经营区域、贷款市场占有率、注册资本、最大股东持股比、在职员工数作为解释变量构建多元回归模型。变量定义如表 1-10 所示。

表 1 – 10　　　　　农村小型金融机构绩效影响因素的选取、
释义及统计性描述

变量名称	变量定义	最小值	最大值	均值	标准差
绩效得分	层次分析法计算的绩效得分	0.54	0.99	0.68	0.10
当地 GDP（亿元）	2011 年机构所在区域 GDP	26.80	150.00	83.40	41.66
经营区域	机构所在区域： 1 = 县区，2 = 市区，3 = 乡镇	1.00	3.00	1.50	0.76
贷款市场占有率（%）	2011 年该机构贷款余额占经营区域内各金融机构贷款余额的比例	0.0018	0.2161	0.0751	0.0622
注册资本（万元）	成立时的注册资本（含增资扩股）	1 000	10 000	3 765	2 097.44
最大股东持股比例（%）	股份额最大的股东所持股份占股本总额的比例	0.01	0.80	0.34	0.18
在职员工总数（人）	2011 年机构全部员工数	5	34	12	6.42

注：表中绩效得分为下文的被解释变量，其余各项指标为解释变量。

1.2.5　实证及结果分析

一、农村小型金融机构综合绩效评价

1. 指标选取及统计性描述

对农村小型金融机构绩效水平的评价，包括行为绩效与结果绩效两类，行为绩效基于投入产出的技术效率进行评价，结果绩效则基于财务数据与业务数据进行评价。根据以往研究，本章拟构建二级指标体系，从安全性、流动性、盈利性、成长性来评定农村小型金融机构绩效水平，具体如表 1 – 11 所示。

表 1 – 11　　　　农村小型金融机构综合绩效指标（U）的选取、
定义及统计性描述

一级指标	二级指标	指标定义	方向	最小值	最大值	均值	标准差
安全性U_1	资本充足率 U_{11}	资本充足率 = 资本净额/加权风险资产期末总额	+	0.18%	2.45%	0.95%	0.41%
	不良贷款率[①]U_{12}	不良贷款率 = 不良贷款额/贷款总额	–	0.00%	0.46%	0.02%	0.11%

续表

一级指标	二级指标	指标定义	方向	最小值	最大值	均值	标准差
流动性 U_2	涉农贷款比例 U_{21}	涉农贷款比例 = 涉农贷款额/贷款总额	+	0.03%	1.00%	0.58%	0.29%
	可贷资金 U_{22}	100 万以下 = 0.1；100 万 ~ 500 万（含） = 0.3；500 万 ~ 1 000 万（含） = 0.5；1 000 万 ~ 5 000 万（含） = 0.7；5 000 万以上	+	0.10	0.90	0.65	0.23
盈利性 U_3	净利润 U_{31}	10 万以下 = 0.1；10 万 ~ 50 万（含） = 0.3；50 万 ~ 100 万（含） = 0.5；100 万 ~ 500 万（含） = 0.7；500 万以上	+	0.10	0.70	0.44	0.26
	利息收入 U_{32}	10 万以下 = 0.1；10 万 ~ 50 万（含） = 0.3；50 万 ~ 100 万（含） = 0.5；100 万 ~ 500 万（含） = 0.7；500 万以上	+	1.75	780.00	257.56	194.38
成长性 U_4	最大股东股权比例 U_{41}	股份额最大的股东所持股份占股本总额的比例	+	0.01%	0.80%	0.34%	0.18%
	从业人员受教育水平 U_{42}	本科及以上学历员工所占比例	+	0.00%	0.67%	0.17%	0.19%

注：由于所采用指标多为正指标且取值均为 0 ~ 1，指标值越接近于 1，其情况越好，鉴于该指标为逆指标，故将其调整为正指标，调整方法是"$U_{12} = 1 -$ 不良贷款率"。

2. 构建递阶层次评价模型（见图 1 - 7）

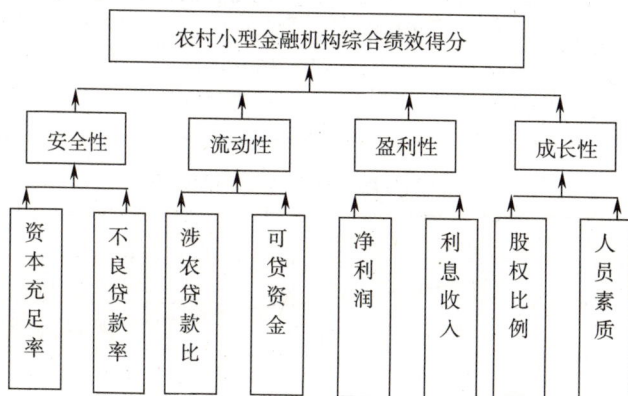

图 1 - 7 农村小型金融机构综合绩效递阶层次评价模型图

3. 构建判断矩阵

在构建判断矩阵之前，采用专家打分法对各指标重要性打分，其中金融领域学者 10 名，金融监管部门专家 5 名，农村小型金融机构管理层 5 名。通过专家评分法对各指标重要性打分后，采用 1~9 标度法对指标数据进行处理，构建判断矩阵，具体如表 1-12、表 1-13、表 1-14、表 1-15、表 1-16 所示。

表 1-12　　　　　　　　　安全性各指标判断矩阵

项目	资本充足率 U_{11}	不良贷款率 U_{12}
资本充足率 U_{11}	1	1
不良贷款率 U_{12}		1

表 1-13　　　　　　　　　流动性各指标判断矩阵

项目	涉农贷款比例 U_{21}	可贷资金 U_{22}
涉农贷款比例 U_{21}	1	1
可贷资金 U_{22}		1

表 1-14　　　　　　　　　盈利性各指标判断矩阵

项目	净利润 U_{31}	利息收入 U_{32}
净利润 U_{31}	1	2
利息收入 U_{32}		1

表 1-15　　　　　　　　　成长性各指标判断矩阵

项目	最大股东股权比例 U_{41}	从业人员受教育水平 U_{42}
最大股东股权比例 U_{41}	1	2
从业人员受教育水平 U_{42}		1

表 1-16　　　　　　农村小型金融机构各指标判断矩阵

项目	安全性 U_1	流动性 U_2	盈利性 U_3	成长性 U_4
安全性 U_1	1	2	2	2
流动性 U_2		1	1	2
盈利性 U_3			1	2
成长性 U_4				1

以上判断矩阵在 AHP yaahp 软件均通过一致性检验，即表 1 - 12、表 1 - 13、表 1 - 14、表 1 - 15、表 1 - 16 中，$C \cdot R$ 分别为 0.0000、0.0000、0.0000、0.0000、0.0226，均小于 0.1，通过一致性检验，说明权重合理。农村小型金融机构综合绩效评价体系指标权重详见表 1 - 17。

表 1 - 17　　　　农村小型金融机构综合绩效评价体系指标权重

一级指标	相对权重	二级指标	相对权重	最终权重
安全性 U_1	0.3976	资本充足率 U_{11}	0.5000	0.1988
		不良贷款率 U_{12}	0.5000	0.1988
流动性 U_2	0.2364	涉农贷款比例 U_{21}	0.5000	0.1182
		可贷资金 U_{22}	0.5000	0.1182
盈利性 U_3	0.1988	净利润 U_{31}	0.6667	0.1325
		利息收入 U_{32}	0.3333	0.0663
成长性 U_4	0.1672	最大股东股权比例 U_{41}	0.6667	0.1114
		从业人员受教育水平 U_{42}	0.3333	0.0557

由表 1 - 17 可以看出，在农村小型金融机构经营中安全性最为重要，其次是流动性和盈利性，说明农村小型金融机构在实际经营中最重要的特征是稳健。究其原因，农村小型金融机构由于成立时间较短，公众对其认知程度较低，面对农村合作金融机构长期垄断农村信贷市场的这一局面，竞争优势不明显，因此，作为经营货币资金的金融机构来说，稳健经营确保不被挤出市场是至关重要的。

4. 综合评价得分

由表 1 - 18 可以看出，农村小型金融机构综合绩效得分为 0.6818，处于中等偏上水平，其中，村镇银行综合绩效最优（0.7421），小额贷款公司次之（0.6930），资金互助社最差（0.5527）。

表 1 - 18　　　　农村小型金融机构综合绩效评价

样本类别		综合得分
村镇银行（A）	样本 A1	0.6559
	样本 A2	0.6146
	样本 A3	0.7095
	样本 A4	0.9921

样本类别		综合得分
小额贷款公司（B）	样本 B1	0.6954
	样本 B2	0.6132
	样本 B3	0.6759
	样本 B4	0.7616
	样本 B5	0.7060
	样本 B6	0.7024
	样本 B7	0.6754
	样本 B8	0.6493
	样本 B9	0.7191
	样本 B10	0.6292
	样本 B11	0.6908
	样本 B12	0.7142
	样本 B13	0.7760
资金互助社（C）	样本 C1	0.5741
	样本 C2	0.5415
	样本 C3	0.5425
村镇银行		0.7421
小额贷款公司		0.6930
资金互助社		0.5527
农村小型金融机构		0.6818

结合实地调查，不难发现原因所在。村镇银行在三类农村小型金融机构中发展比较早，先一步与客户建立了良好地互动关系，逐渐形成了稳定的客户群；其注册资本多、规模大，既有存款业务又有贷款业务，充足的资金量能够满足客户的多种业务需求；由董事会、监事会、理事会以及经营管理层构建的"三会一层"现代化企业管理制度，治理结构完善，专业化程度高，能够显著提升机构绩效。小额贷款公司只贷不存的规定使得业务发展受到了一定限制，但多地处市区或县城地理位置较好的地段，客户量较大；其业务重点多放在其他大型金融机构出于安全性考虑很少涉足的业务上，并且手续简便快捷，受到急需解决流动资金周转问题的中小企业的青睐；并且涉农业务比较少，放贷期限多为 3~6 个月，利率浮动多在基

准利率的 3 倍以上，从而收益率较高。农村资金互助社是一种社区互助性银行业机构，参与调查的资金互助社注册登记部门为当地民政部门，社员由当地农户和中小企业构成，面临的客户群相对较小，业务种类少且为保本微利，目的在于帮助农户脱贫致富和扶持企业发展，因而带有扶贫性质，绩效很低。

二、农村小型金融机构绩效影响因素分析

为充分论证影响农村小型金融机构绩效因素的重要性，本章运用普通最小二乘法进行回归分析。从回归结果看，可决系数较高，自变量对因变量具有较高解释度，模型整体拟合优度较好，具体如表 1 – 19 所示。

由表 1 – 19 可知，该回归模型的标准化回归方程为

$$Y = -0.024 X_1 + 0.194 X_2 - 0.463 X_3 + 0.499 X_4 + 1.293 X_5 + 0.003 X_6$$

表 1 – 19　　　农村小型金融机构绩效影响因素的线性回归结果

变量	标准化系数	标准误差	t 值（检验）	显著性
常数		0.082	4.558	0.001
当地 GDP（X_1）	-0.024	0.000	-0.169	0.868
经营区域（X_2）	0.194	0.024	1.013	0.329
贷款市场占有率（X_3）	-0.463 **	28.223	-2.570	0.023
注册资本（X_4）	0.499 ***	0.000	3.284	0.006
最大股东股权比例（X_5）	1.293 ***	0.116	6.056	0.000
在职员工总数（X_6）	0.003	0.002	0.022	0.983
可决系数（R – squared）	0.835			
对数似然值（Log likelihood）	36.753			
F 统计量（F – statistic）	11.001			
D – W 统计量	2.101			
样本数	20			

注：***代表在1%的置信水平上显著，**代表在5%的置信水平上显著，*代表在10%的置信水平上显著。

以上结果表明，当地 GDP、经营区域、在职员工数对绩效得分影响均不显著；在 5% 的显著水平上，贷款市场占有率与绩效得分负相关；在 1%

的显著水平上，注册资本、最大股东股权比例与绩效得分正相关。

在反映宏观经济环境的变量中，农村小型金融机构所处区域 GDP 与经营区域所在地（市区、县城、乡镇）对其绩效的影响均不显著，说明区域经济的快速发展并未带来农村小型金融机构的绩效的实质增长，这可能是由于市场结构的原因，经济增长的获益方多为具有竞争实力的参与者，作为农村小型金融机构的主要客户群的农户与农村中小企业并未得到实质的利益，自身发展乏力，从而导致了农村小型金融机构的收益较低。此外，虽然农村小型金融机构的经营应以服务所在区域为主，但出于分散业务区域、降低经营风险的考虑，已经悄然扩大经营区域的范围，因此所处区域位置并未对其绩效产生重大影响。

在反映市场结构的变量中，一般而言，企业市场占有率越高，说明其在市场上的垄断程度越高，可以凭借规模优势达到降低成本、提高利润的目的，然而对于农村小型金融机构，贷款市场占有率越高，绩效却越低。这可能是由于在成立初期，偏重于追求贷款规模的扩大，盲目招揽业务、抢占市场份额，导致其中存在可疑贷款或损失贷款，最终造成一定损失，从而降低了农村小型金融机构的绩效。

在反映银行规模的变量中，最大股东股权比例越高，说明股权集中度越高，存在极少数大股东持有大部分股份的现象。大多数研究表明，出于保护投资的需要，大股东往往会加强对经营决策者的激励和监督，一定程度上降低了其在做投资决策时的道德风险，从而对提升效率具有正向激励。因此，大股东股权比例越高，农村小型金融机构绩效越高。此外，注册资本是农村小型金融机构从事经营活动的物质基础，注册资本的多少直接反映其经营规模，往往是其实力大小的明证；注册资本越多，社会群体对其信赖程度就越高，从而起到了一种信用担保的作用，吸引更多的投资者参与业务活动，因此能对绩效起到正的激励作用。

1.2.6 小结

通过对陕西省和宁夏回族自治区的实地调查，运用层次分析法对农村小型金融机构综合绩效进行了评价，结果表明农村小型金融机构综合绩效整体处于中等偏上水平；其中，村镇银行综合绩效最优，小额贷款公司次之，农村资金互助社最差。此外，采用多元回归模型对综合绩效影响因素分析发现，贷款市场占有率与绩效得分负相关，注册资本、最大股东股权比例与绩效得分正相关，建议针对三类农村小型机构的不同发展状况与经营特点来提升绩效，从而促进农村小型金融机构的可持续发展。首先，对于村镇银行，应该贴近农户和小微企业，针对不同客户群开发金融产品，实行差异化竞争策略，以此赢得市场，实现可持续发展。其次，对于小额贷款公司，应该放宽小额贷款公司从其他金融机构融资的比例，使成熟的小额贷款公司转化为村镇银行，同时考虑允许小额贷款公司吸收企业及团体的存款的可能性。最后，对于农村资金互助社，作为带有扶贫性质的社区组织，要充分利用好圈层社会相对透明的特点，降低信用成本和人员成本，控制经营风险，从而提升综合绩效。

1.3 农村小型金融机构绩效评价

1.3.1 研究方法与数据来源

一、研究方法与模型

本章采用 DEA 模型评价西部地区农村小型金融机构运行和支农绩效。数据包络分析法是由 Charnes 和 Cooper 在 1978 年提出的一种评价决策单元相对有效性的系统分析方法。传统 CCR 模型假设对 n 个决策单元的效率进行比较，各个决策单元有 m 种投入变量和 s 种产出变量。评价西部地区农村金融市场的效率，假设有 m 种影响农村金融效率的投入要素，有 s 种反映农村金融效率的产出要素，有 n 个农村金融效率评价的决策单元。其中，第 j 个评价决策单元 DUM_j 的投入记为 $X_j = (x_{1j}, x_{2j}, \cdots, x_{mj})^T$，产出记为 $Y_j = (y_{1j}, y_{2j}, \cdots, y_{sj})^T$，$DUM_j$ 的效率评价指数为

$$h_j = \frac{u^T Y_j}{v^T X_j}, j = 1, 2, \cdots, n$$

总可适当选择权系数 u、v，使得 $h_j \leq 1$，以其为约束条件，构造 CCR 模型：

$$\max \frac{u^T Y_0}{v^T X_0} = h_0$$

$$s.t. \frac{u^T Y_j}{v^T X_j} \leq 1, u \geq 0, v \geq 0, j = 1, 2, \cdots, n$$

对上式进行 Charnes–Cooper 变换，通过得到的线性规划模型而产生的

对偶规划模型为：

$$\min\left[\theta - \varepsilon(e^T s^- + e^T s^+)\right]$$

$$s.t.\begin{cases} \sum_{j=1}^{n} \lambda_j x_j + s^+ = \theta x_0 \\ \sum_{j=1}^{n} \lambda_j y_j - s^- = y_0 \\ \lambda_j \geqslant 0, j = 1,2,\cdots,n \\ s^- \geqslant 0, s^+ \geqslant 0 \end{cases}$$

θ 是决策单元 DUM_j 的相对效率值，反映投入相对于产出的有效程度，且 $0 \leqslant \theta \leqslant 1$。当 $\theta = 1$，且 $s^+ = 0$、$s^- = 0$ 时，DUM_j 为有效的决策单元；当 $\theta = 1$，且 $s^+ > 0$ 或 $S^- > 0$ 时，DUM_j 为弱有效的决策单元；当 $\theta < 1$ 时，DUM_j 则是无效决策单元。

CCR 模型中的最优值可以判断 DUM 的规模收益情况，具体表现在：（1）如果存在 $\lambda^* (j = 1,2,\cdots,n)$ 使得 $\sum_{j=1}^{n} \lambda_i^* = 1$，则 DUM 的规模收益不变；（2）如果不存在 $\lambda^* (j = 1,2,\cdots,n)$ 使得 $\sum_{j=1}^{n} \lambda_j^* = 1$，若 $\sum_{j=1}^{n} \lambda_j^* = 1$，则 DUM 的规模收益递增；（3）如果不存在 $\lambda^* (j = 1,2,\cdots,n)$ 使得 $\sum_{j=1}^{n} \lambda_j^* = 1$，若 $\sum_{j=1}^{n} \lambda_j^* > 1$，则 DUM 的规模收益递减。

由于有很多的因素可能导致 DUM 存在规模报酬变化（VRS），因此，在固定的规模报酬的基础上，Banker（1984）在 CCR 模型上增加了一个凸性假设 $\sum_{j=1}^{n} \lambda_j^* = 1$，得到 BCC 模型。

通过执行 CRS 和 VRS DEA，可以获得厂商的规模效率。其关系可以表示为

$$TE_{CRS} = TE_{VRS} \times SE$$

其中，TE_{CRS} 表示规模收益不变的技术效率得分，TE_{VRS} 表示规模收益可变的技术效率得分，SE 表示规模效率得分。根据这些指标，本书对我国西部地区三类农村小型金融机构的运行绩效和支农绩效作整体评价。

二、数据来源

本章数据由课题小组成员于 2012 年暑假分别对宁夏吴忠市同心县、陕西省渭南市、延安市安塞县、宝鸡市岐山县和商洛市洛南县调查整理所得，其中，渭南小额贷款公司 14 家，安塞、岐山和洛南村镇银行 4 家，宁夏农村资金互助社 3 家。选取 2010—2012 年上半年相关数据指标，部分欠缺数据采用相关趋势进行拟合。

1.3.2　农村小型金融机构绩效评价

一、村镇银行指标与样本选择

吴少新等选取村镇银行职工人数、资本金和主营业务成本作为投入指标，主营业务收入、存款规模和净利润作为产出指标，结果表明，我国村镇银行的整体效率参差不齐，比较而言，资本实力较弱、存款规模低、主营业务盈利能力差的村镇银行经营效率低。于卫平等选取村镇银行营业费用、利息支出、可贷资金与职工人数作为投入指标；贷款余额、利息收入、净利润作为产出指标，结果表明 4 家样本村镇银行的 DEA 效率值均为 1，即这 4 家村镇银行均为有效单元，运行绩效良好。

村镇银行以经营存、贷款并办理转账结算为主要业务，为了突出反映村镇银行的经营效率，选取营业费用、可贷资金与职工人数作为投入指标；贷款余额、利息收入作为产出指标。不选取净利润作为产出指标，是因为调查的部分村镇银行成立时间较短，甚至还没实现盈利，导致净利润表现为负值，这将影响模型的有效性。为了充分了解陕西省村镇银行的发展现状，课题组对宝鸡岐山硕丰村镇银行（1）、安塞农银村镇银行（2）、安塞建信村镇银行（3）和洛南阳光村镇银行（4），这 4 家省内不同地区的村镇银行进行了调研。选取 4 家村镇银行 2010 年、2011 年度的投入产出数据作为样本进行对比研究，来评估村镇银行的经营效率。

二、村镇银行实证结果及分析

利用 DEA 方法的 BCC 模型，通过 DEAP2.1 软件分别计算出 4 家村镇银行各年度的综合技术效率、纯技术效率、规模效率，结果如表 1–20 所示。

表 1-20   4 家村镇银行运行效率值

公司	2010 年				2011 年			
	crste	vrste	scale		crste	vrste	scale	
1	1	1	1	—	1	1	1	—
2	0.719	1	0.719	irs	0.998	1	0.998	drs
3	0.480	1	0.480	irs	1	1	1	—
4	1	1	1		1	1	1	—
均值	0.8	1	0.8	—	1	1	1	

分析结果表明，2010 年 4 家村镇银行综合技术效率均值为 0.8，纯技术效率均值为 1，规模效率均值为 0.8。其中，样本 1、样本 4 村镇银行的 DEA 效率值均为 1，说明这 2 家村镇银行均为有效单元，运行绩效良好。样本 2、样本 3 村镇银行的综合技术效率值小于 1，这 2 家银行为非 DEA 有效，但纯技术效率值都达到 1，反映了综合技术效率的无效是由规模效率导致，且这 2 家村镇银行都处于规模收益递增阶段。由于样本 2、样本 3 分别成立于 2010 年 3 月和 2010 年 7 月，在短期内的投入产出没有达到最优状态。

2011 年 4 家村镇银行综合技术效率均值、纯技术效率均值、规模效率均值都达到 1，总体上达到了 DEA 有效。其中，样本 1、样本 3、样本 4 村镇银行的 DEA 效率值均为 1，说明这 3 家村镇银行均为有效单元，运行绩效良好。样本 2 村镇银行的综合技术效率值小于 1，并处于规模收益递减阶段，这家银行为非 DEA 有效。其中，纯技术效率值达到 1，反映了该机构运行的效率和管理水平达到 DEA 有效，综合技术效率的无效是由规模效率低下导致，应通过提高村镇银行的规模效率来提高综合技术效率。

通过分析结果对比可知，村镇银行的综合技术效率逐渐提高，近几年得到了迅猛发展，在解决农村金融市场供给不足、竞争不充分、体制不完善、服务缺失等方面起到了重要的作用。但是由于刚刚起步，其发展还面临着很多问题与挑战，突出表现在村镇银行规模过小。村镇银行的注册资本水平低，在县（市）设立的村镇银行注册资本不低于 300 万元，在乡（镇）设立的村镇银行注册资本不低于 100 万元。所调研的 4 家村镇银行注册资本都在 3 000 万元以内，而洛南阳光村镇银行的注册资本仅有 300

万元，银行规模过小，无法与其他农村银行类金融机构相抗衡。由于资本实力单薄，导致村镇银行抗风险能力较差。

三、小额贷款公司指标与样本选择

选择投入导向型 BCC 模型，对陕西省渭南地区 14 家小额贷款公司的运行效率进行测量。国外学者的研究一般使用以下一些投入产出指标。Qayyum 等使用的投入指标：信贷官员数和每一借款者的成本；产出指标：已支付的贷款。Bassem 选择的投入指标：员工数和总资产；产出指标：女性客户数和资产收益率。Hassan 等选择的投入指标：总财务费用、财务支出、贷款损失准备金、操作费用、人员；产出指标：总贷款组合、总资金、金融业务收益、主动借款者数量。国内学者研究选取的指标存在差异，王杰选择小额贷款公司的总资产、职工人数、地区人均 GDP 为投入指标；选择累计贷款总额、营业收入作为产出指标。于转利等选择投入指标为资产总额、贷款余额、信贷员数；产出指标为贷款客户数和还款率，对小额信贷机构的全要素生产率进行测算和分解。参照以往研究经验，文章选择投入指标为：小额贷款公司可贷资金、营业费用、员工人数；产出指标为贷款总额、利息收入、净利润。

本课题选取陕西渭南地区 14 家小额贷款公司作为研究样本。由于小额贷款公司名称较长，下文分别用公司 1～14 代表各小贷公司，即临渭区海博小额贷款公司（1）、临渭区航海小额贷款公司（2）、临渭区国欣小额贷款公司（3）、临渭区信达小额贷款公司（4）、富平县惠民小额贷款有限责任公司（5）、澄城县聚帮小额贷款公司（6）、澄城县汇鑫小额贷款有限责任公司（7）、蒲城融发小额贷款公司（8）、华县兴华小额贷款有限公司（9）、华县恒盛小额贷款公司（10）、大荔县东胜小额贷款有限公司（11）、大荔县胜达小额贷款公司（12）、潼关县聚邦小额贷款有限责任公司（13）、合阳县万源小额贷款有限责任公司（14）。由于小额贷款公司成立时间较短，故样本数据只选取这 14 家小额贷款公司 2011 年、2012 年上半年的投入产出数据，数据来自研究课题于 2012 年 7 月在渭南地区的实地问卷调查。

四、小额贷款公司实证结果及分析

采用 14 家小额贷款公司填写的问卷信息整理的数据进行 DEA 分析，得出以下结果，如表 1-21 所示。

表 1-21　　　　　　　　　14 家小额贷款公司运行效率值

年份 公司	2011				2012（上）			
	crste	vrste	scale		crste	vrste	scale	
1	1	1	1	—	0.644	0.952	0.676	irs
2	0.758	1	0.758	irs	0.32	0.853	0.375	irs
3	1	1	1	—	0.902	0.929	0.971	irs
4	1	1	1	—	0.67	0.687	0.976	drs
5	0.729	0.789	0.925	irs	0.516	1	0.516	irs
6	0.551	1	0.551	irs	0.469	0.758	0.618	irs
7	1	1	1	—	1	1	1	—
8	0.634	1	0.634	irs	1	1	1	—
9	0.936	1	0.936	irs	0.586	0.792	0.74	irs
10	0.648	1	0.648	irs	1	1	1	—
11	1	1	1	—	1	1	1	—
12	0.416	0.498	0.837	irs	0.524	0.618	0.847	irs
13	1	1	1	—	1	1	1	—
14	0.507	1	0.507	irs	0.554	0.934	0.594	irs
均值	0.799	0.949	0.843	—	0.727	0.894	0.808	

2011 年 14 家小额贷款公司综合技术效率均值是 0.799，纯技术效率均值是 0.949，规模效率均值是 0.843。有 6 家小额贷款公司达到最佳状态，处于技术效率有效前沿面上，技术效率、纯技术效率、规模效率都达到 1，其中临渭区有 3 家。除了样本 5、样本 12 小额贷款公司的纯技术效率没有达到 1，其余 12 家小额贷款公司的纯技术效率均达到 1，反映了这 12 家机构运行的效率和管理水平达到 DEA 有效。有 8 家小额贷款公司表现为规模报酬递增，说明可以通过扩大经营规模来提高综合技术效率。

2012 年上半年 14 家小额贷款公司综合技术效率均值是 0.727，纯技术效率均值是 0.894，规模效率均值是 0.808。有 5 家小额贷款公司达到最佳状态，处于技术效率有效前沿面上。临渭区的 4 家小额贷款公司运行绩效未达到最优，并且样本 4 处于规模报酬递减阶段，说明这家小额贷款公司可以通过控制投入要素数量、调整经营规模来提高综合技术效率。

总体来看，14 家小额贷款公司技术效率较低的原因是纯技术效率和规模效率较低。相对而言，规模效率低于纯技术效率，2012 年上半年的运行绩效相对 2011 年稍有下降。分析可知，规模较小是小额信贷机构效率低下的主要原因，并且管理等因素也对效率低下有影响。由表 1 - 21 数据计算可知，2011 年 DEA 有效的机构只占所研究机构的 42.86%，2012 年上半年 DEA 有效的机构占比 35.71%。这说明，渭南地区小额贷款公司的发展还处于不成熟阶段，资源的配置也没有达到最佳，市场良性竞争的环境还没有完全建立。因此，小额贷款公司应结合当地的经济状况，通过扩大经营规模来提高规模效率，控制经营风险，加强内部管理，以此实现综合技术效率的提高。

五、农村资金互助社指标与样本选择

在中国各地不断被复制和推广的农村资金互助社，其组织的基本形式和原理大同小异，即基于一定社区（村）、一定经济区域的全部或部分村民和小企业，按照一定规则出资，组成仅限于成员间不断借贷的信贷基金，满足成员的小额信贷资金需求。农村资金互助社，是一个以自主组织形式存在的可持续发展的民间金融机构。它利用合作社成员零散资金或暂时让渡的生产资金，通过余缺调剂解决成员的临时性资金短缺，或是满足成员发展个体工商业务的资金需求。参照以往研究经验，选择投入指标为：农村资金互助社可贷资金、营业费用、员工人数，产出指标为利息收入、净利润。

选取宁夏吴忠市同心县 3 家农村资金互助社作为研究样本，分别是河西镇上河湾村村级发展互助资金管理委员会（1），丁塘镇金家井村村级发展互助资金管理委员会（2），丁塘镇新华村村级发展互助资金管理委员会（3）。样本数据为这 3 家农村资金互助社 2010 年至 2012 年上半年的投入产出经济数据，数据来自于课题组成员 2012 年 7 月在宁夏同心县的实地问卷调查。

六、农村资金互助社实证结果及分析

以 3 家农村资金互助社的调查数据为基础数据，计算宁夏吴忠市同心县 3 家农村资金互助社 2010 年至 2012 年上半年期间的 Malmquist 指数及其分解，结果详见表 1 - 22。表中指标含义：effch 是技术效率变化指数，代表综合技术效率变化情况；techch 是技术变化指数，代表技术进步情况；pech 是纯技术效率变化指数，代表管理等纯技术效率变化情况；sech 是规模效率变化指数，代表规模效率变化情况；tfpch 是全要素生产率变化指数，代表全要素生产力情况，也就是总体生产力情况。

表 1-22　　　　　　3 家农村资金互助社全要素生产率

公司	effch	techch	pech	sech	tfpch
1	1.000	0.995	1.000	1.000	0.995
2	1.005	0.995	1.005	1.000	1.000
3	1.000	1.003	1.000	1.000	1.003
均值	1.002	0.998	1.002	1.000	0.999

3 家农村资金互助社中全要素生产力最高的是样本 3，其全要素生产率变化指数为 1.003，最低的是样本 1 全要素生产率变化指数为 0.995。总体来看，3 家农村资金互助社整体全要素生产率变化指数均值为 0.999，趋近于 1，主要是由于技术效率变化指数、纯技术效率变化指数大于 1，技术变化指数小于 1 引起的，即技术效率的提高促进农村资金互助社总体生产力提高。

样本 1 资金互助社的技术变化指数小于 1，导致其全要素生产率变化指数小于 1，说明该农村资金互助社总体生产力下降。样本 2 资金互助社的全要素生产率变化指数等于 1，说明该农村资金互助社总体生产力保持不变。样本 3 资金互助社的技术变化指数大于 1，从而其全要素生产率变化指数大于 1，说明该农村资金互助社总体生产力提高。3 家农村资金互助社的规模效率变化指数均为 1，代表现有规模效率保持有效的水平。

农村资金互助社不仅使农户获得了资金服务，满足了零星、小额的资金需求，填补了农村正规金融的不足，更重要的是农户有了负债意识、正确的金融意识，培育了农村信用文化，改善了农村金融生态。农村资金互助合作社的出现，有利于民间借贷行为由地下转为地上，将为民间融资行为提供可行的组织化通道。但其资金实力有限，作为一种有效调剂农户之间资金余缺的方式，政府应当鼓励自下而上的农民合作互助融资形式的发展以缓解农村资金供给不足。

1.3.3　农村小型金融机构支农绩效评价

一、数据指标及总体分析

受制于数据的可获得性，因此采用横截面数据进行效率评价，以使模型数据更加准确。调研对象为 21 家，其中小额贷款公司有 14 家，分别是海博、航海、国欣、信达、潼关聚邦、东胜、胜达、兴华、恒盛、万源、惠民、融发、澄城聚邦和汇鑫，村镇银行有 4 家，分别是阳光、硕丰、农银和建信，农村资金互助社有 3 家，分别是上河湾、金家井和新华。

表 1-23　　　　　　　　　　投入、产出指标定义

指标变量	指标定义	单位
投入变量		
农户贷款额	农村金融机构向农户贷款并且还未归还的额度	万元
贷款农户数	农村小型金融机构中贷款的农户数目	户
农户贷款笔数	农村小型金融机构向农户贷款的笔数	笔
产出指标		
农户贷款比例	农村小型金融机构贷给农户占总贷款额的比重	%
农户贷款便利程度	根据农户调查问卷样本中，基于基本满意及以上占总农户贷款的比例	%
农户贷款满意程度	根据农户调查问卷样本中，基于基本满意及以上占总农户贷款的比例	%

从总体支农效率来看在 21 家调查样本中，有 7 家的支农综合效率值为 1，其中小额贷款公司 4 家，分别是国欣、潼关聚邦、万源和融发；农村资金互助社 2 家，分别是金家井村和新华村；阳光村镇银行 1 家。这表明 7 家单位均为 DEA 有效，而且都处于规模收效不变阶段，相对于其他样本单位来说，它们按现有投入水平得到的支农产出水平是最优的。而支农综合

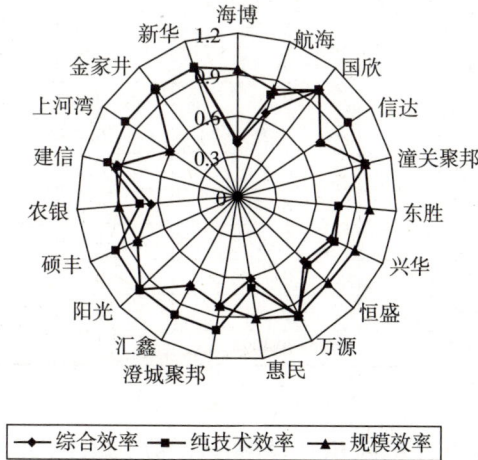

图 1-8　农村小型金融机构的支农效率雷达图

效率在 0.7 以下的有 6 家，分别是海博、航海、恒盛和惠民小额贷款公司，农银村镇银行和上河湾农村资金互助社，其中效率最低的是海博小额贷款公司，仅为 0.394，影响海博小额贷款公司总体支农效率的原因是支农技术效率，并且处于规模报酬递增阶段，表明可以从支农对象、支农层次和支农规模上进一步优化相关配置，可以使总体支农效率进一步提高。

二、小额贷款公司实证结果及分解分析

由表 1-24 中可知，2011—2012 年（上）渭南市 14 家小额贷款公司中，全市的支农综合效率差异较为明显，2012 年（上）最高效率指数为 1，而最低的却只有 0.244，远远低于全市的 0.492。2011 年全市的平均支农综合效率为 0.796，而 2012 年（上）的平均支农综合效率仅为 0.492，呈现较大幅度的下降，这也与理论预期相符，由于 2012 年只取上半年的调研数据，根据农业的季节性，支农产生的效益往往会在年底才能显现出来，因此，2012 年（上）的平均支农综合效率值并不能代表整体的效率，但可以肯定的是，年底的效率值为进一步提升（下同）。

表 1-24　　　　　　　　　　小额贷款公司支农综合效率

公司	2011 年	2012 年（上）	均值	排名
1	0.394	0.244	0.319	14
2	0.652	0.575	0.613	9
3	1.000	0.509	0.754	3
4	0.744	0.663	0.703	5
5	1.000	0.318	0.659	7
6	0.766	0.471	0.618	8
7	0.944	0.436	0.690	6
8	0.779	0.396	0.587	10
9	0.693	0.227	0.460	13
10	1.000	0.450	0.725	4
11	0.617	0.478	0.547	11
12	1.000	1.000	1.000	1
13	0.821	0.799	0.810	2
14	0.746	0.331	0.538	12
均值	0.796	0.492		

注：运用 DEAP2.1 软件运行 CCR 模型。

运用 DEAP2.1 软件运行 BCC 模型，计算出 2011—2012 年（上）14 家小额贷款公司的支农技术效率和支农规模效率，其结果见表 1-25、表 1-26。

表 1 - 25　　　　　　　　　　**小额贷款公司支农技术效率**

公司	2011 年	2012 年（上）	均值	排名
1	0.418	0.244	0.331	14
2	0.782	0.647	0.714	9
3	1.000	0.524	0.762	7
4	1.000	1.000	1.000	1
5	1.000	1.000	1.000	1
6	0.767	0.499	0.633	12
7	1.000	0.467	0.733	8
8	0.803	0.436	0.619	13
9	0.737	0.566	0.651	11
10	1.000	1.000	1.000	1
11	0.682	0.627	0.654	10
12	1.000	1.000	1.000	1
13	1.000	1.000	1.000	1
14	1.000	1.000	1.000	1
均值	0.871	0.715	—	—

注：运用 DEAP2.1 软件运行 BCC 模型。

表 1 - 26　　　　　　　　　　**小额贷款公司支农规模效率**

公司	2011 年		2012 年（上）		均值	排名
1	0.941	irs	1.000	—	0.970	4
2	0.834	irs	0.889	irs	0.861	7
3	1.000	—	0.971	irs	0.985	2
4	0.744	drs	0.663	drs	0.703	11
5	1.000	—	0.318	drs	0.659	13
6	1.000	—	0.944	irs	0.972	3
7	0.944	drs	0.934	drs	0.939	5
8	0.970	irs	0.907	irs	0.938	6
9	0.941	drs	0.400	drs	0.670	12
10	1.000	—	0.450	drs	0.725	10
11	0.904	drs	0.763	drs	0.833	8
12	1.000	—	1.000	—	1.000	1
13	0.821	drs	0.799	drs	0.810	9
14	0.746	drs	0.331	drs	0.538	14
均值	0.917	—	0.741	—	—	—

注：运用 DEAP2.1 软件运行 BCC 模型（drs 表示规模报酬递减；irs 表示规模报酬递增；—表示规模报酬不变）。

从表 1-25 中可知，2011—2012 年（上）小额贷款公司的支农技术效率大体上没有多大的降幅，其中 2011 年支农技术效率为 1 的小额贷款公司有 8 家，分别是样本 3、样本 4、样本 5、样本 7、样本 10、样本 12、样本 13 和样本 14，2012 年（上）支农技术效率为 1 的有 6 家，其中，样本 3 和样本 7 的效率下降，下降最为明显的是样本 7，仅为 0.467。从表 3-7 中得知，这两年来小额贷款公司的支农规模效率下降的幅度略微大于支农技术效率。其中，样本 12 达到最优状态，同时也处于规模报酬不变阶段，而样本 14 排名最低并且也处于规模报酬递减阶段。从表中还可以观测出，处于规模报酬递增阶段的小额贷款公司，其效率排名都较为靠前，而递减阶段的大部分都排名靠后。

理论上支农综合效率（TE）＝支农技术效率（PTE）×支农规模效率（SE），因此，可以进一步将小额贷款公司的支农综合效率分解为支农技术效率和支农规模效率来判断小额贷款公司支农低效的来源。支农技术效率是剔除规模影响后小额贷款公司的支农技术状况，可以近似地理解为小额贷款公司运用支农贷款的水平，而支农规模效率则可以帮助判断支农规模状态。通过比较支农技术效率和支农规模效率的相对大小，找出导致该小额贷款公司支农综合效率低下的原因。如果支农技术效率＜支农规模效率，那么导致支农综合效率低效的主要原因是支农技术效率；如果支农规模效率＜支农技术效率，那么导致支农综合效率低效的主要是支农规模效率（下同）。

由表 1-27 的统计中发现，2011—2012 年（上）样本 1、样本 2、样本 6、样本 8 和样本 11 的支农综合效率低效的原因是由支农技术效率低效所致，而样本 14 支农综合效率低效的原因是由支农规模效率低效所致。

表 1-27　　　　　　　小额贷款公司支农综合效率低效统计

年份	由支农技术效率引起	由支农规模效率引起	合计
2011	6	4	10
2012（上）	7	6	13

三、村镇银行实证结果及分解分析

由表 1-28 中可知，2010—2012 年（上）陕西省三地县村镇银行中，平均支农综合效率分别为 0.909、0.847、0.648，近三年来有一定幅度的下降，其中样本 15 支农综合效率指数最高，达到 1.000；而样本 17 的效率最低，三年分别为 0.769、0.645 和 0.407，远远低于平均水平。

表 1 - 28   村镇银行支农综合效率

年份	15	16	17	18	均值
2010	1.000	0.87	0.769	1.000	0.909
2011	1.000	0.813	0.645	0.930	0.847
2012（上）	1.000	0.484	0.407	0.701	0.648
均值	1.000	0.722	0.607	0.877	
排名	1	3	4	2	

从表 1 - 29、表 1 - 30 中可以看出，村镇银行支农技术效率和支农规模效率都有一定程度的下降，其中支农规模效率下降的程度要略微小于支农技术效率 9.2%，支农技术效率为 1 的为样本 15，且近三年来保持不变，样本 16 在 2011 年支农技术效率达到 1，但在 2012 年（上）有略微下降；支农规模效率为 1 且保持不变的仅有样本 15，并且达到规模报酬不变状态，样本 16、样本 17 和样本 18 却呈现规模报酬递减状态。

表 1 - 29   村镇银行支农技术效率

年份	15	16	17	18	均值
2010	1.000	0.870	1.000	1.000	0.967
2011	1.000	1.000	0.727	0.996	0.930
2012（上）	1.000	0.931	0.426	0.768	0.781
均值	1.000	0.933	0.717	0.921	
排名	1	2	4	3	

表 1 - 30   村镇银行支农规模效率

年份	15		16		17		18		均值
2010	1.000	—	1.000	—	0.769	drs	1.000	—	0.942
2011	1.000	—	0.813	drs	0.888	drs	0.933	irs	0.908
2012（上）	1.000	—	0.520	drs	0.957	drs	0.914	irs	0.848
均值	1.000		0.777		0.871		0.949		
排名	1		4		3		2		

从表 1 - 31 的统计中我们发现，2010 年支农综合效率低效主要是由支农技术效率所致的是样本 16，而由支农规模效率引起的是样本 17；2011

年支农综合效率低效主要是由支农技术效率所致的是样本 17，而由支农规模效率引起的是样本 16 和样本 18；2012 年支农综合效率低效主要是由支农技术效率所致的是样本 17 和样本 18，而由支农规模效率引起的是样本 16。

表 1 –31　　　　　　　村镇银行支农综合效率低效统计

年份	由支农技术效率引起	由支农规模效率引起	合计
2010	1	1	2
2011	1	2	3
2012（上）	2	1	3

四、农村资金互助社实证结果及分解分析

由表 1 –32 中可知，2010—2012 年（上）宁夏同心 3 地农村资金互助社中，支农综合效率幅度变化较大，都达到 0.7 以上，其中，样本 20 和样本 21 近两年来支农综合效率都为 1，而样本 19 的支农综合效率在 2010 年后就不断地降低且远远低于平均水平，2011 年为 0.6，2012 年（上）仅为 0.593。

表 1 –32　　　　　　　农村资金互助社支农综合效率

年份	19	20	21	均值
2010	1.000	0.596	0.627	0.741
2011	0.600	1.000	1.000	0.866
2012（上）	0.593	1.000	1.000	0.864
均值	0.731	0.865	0.876	
排名	3	2	1	

从表 1 –33、表 1 –34 中可知，宁夏同心 3 地农村资金互助社近两年来支农技术效率保持不变且达到最优状态为样本 20 和样本 21，而样本 19 在 2010 年后就呈现下降趋势主要是由于支农规模效率所引起的。

表 1 –33　　　　　　　农村资金互助社支农技术效率

年份	19	20	21	均值
2010	1.000	0.648	0.662	0.770
2011	1.000	1.000	1.000	1.000
2012（上）	1.000	1.000	1.000	1.000
均值	1.000	0.882	0.887	
排名	1	3	2	

表 1 – 34　　　　　　　　　　农村资金互助社支农规模效率

年份	19		20		21		均值
2010	1.000	—	0.919	irs	0.948	irs	0.955
2011	0.600	drs	1.000	—	1.000	—	0.866
2012（上）	0.593	drs	1.000	—	1.000	—	0.864
均值	0.731			0.973	0.982		
排名	3			2	1		

由表 1 – 35 中可知，所调查的农村资金互助社中 2010 年引起支农综合效率低效的主要是由支农技术效率引起的，而在 2011 年引起支农综合效率低效的主要是由规模效率引起的。

表 1 – 35　　　　　　　　农村资金互助社综合效率低效统计

年份	由支农技术效率引起	由支农规模效率引起	合计
2010	2	0	2
2011	0	1	1
2012（上）	0	1	1

五、支农结果分析

根据数据的可获得性，因此，选取数据更为全面的 2011 年进行进一步讨论，通过对 2011 年效率系数分析得出：有 7 家新金融机构的支农效率是有效的，而剩余的 14 个则是无效的。根据 21 个样本的投入等相关因素分析可知：

1. 投入模式并非农村小型金融机构支农效率的绝对决定因素，并且其投入模式存在较大差距。在支农效率有效的 7 家农村小型金融机构中，像样本 3、样本 5、样本 10 是属于高投入高效率的典型模式；样本 12、样本 15、样本 20 和样本 21 则是属于低投入高效率的典型模式；在支农效率无效的 14 家新金融机构中，投入模式也不尽相同，有的是低投入低效率一般模式如样本 19，但更多的却是高投入低效率的典型模式如样本 1、样本 9 和样本 16 等。

2. 农村公共产品供给的覆盖范围仍然偏小，理论上来讲农户距县城距离对农村小型金融机构支农效率有负向的影响，这一结论中在以上实证结果中得到了大部分的验证，即距县城距离越远，农村小型金融机构的支农效率就越低。这一结论反映出了农村公共产品供给的覆盖率较低的事实。

本团队所调查的农村小型金融机构主要覆盖在以县城为中心的区域内，对边远农村的辐射程度较低，远离县城的农民享受农村小型金融机构提供公共产品的机会比县城附近的农民低得多，以上结果显示7家新金融机构中支农效率有效的小额贷款公司有3家，占小额贷款公司的21.4%；村镇银行2家，占村镇银行的50%；农村资金互助社为2家，占农村资金互助社的66.7%。农村资金互助社的效率较高的原因是，在调查中我们发现所设立农村资金互助社在该村都有相应的驻办处，并且负责人是村里的干部或者是有较高文化的，有一定的号召力，农民办理相应的贷款直接就能从村里的驻办处获得，交易成本较低，从而效率较高。

1.3.4 小结

一、农村小型金融机构经营方面

中国农村正规金融供给严重不足，促进了农村自发金融创新。农村小型金融机构发展迅速，实际运行效率达到较高水平，实现了较好的盈利水平。但从实际调研情况得知：农村小型金融机构的资金短缺问题十分明显，由于自身规模较小，经营实力有限，很多机构都面临吸储难而发放贷款需求大的矛盾。

对村镇银行来说，小型机构便捷高效的服务吸引了很多有资金需求的农户和中小企业，而资金实力的有限使很多农村地区的信贷需求无法得到充分的满足。村镇银行大部分利润来自贷款提供的利息，这就使资产结构单一的金融机构面临更大的经营风险。小额贷款公司从数量上来看发展最为蓬勃，注册资本也通常高于其他两类农村金融机构。但是由于"只贷不存"的经营模式使得其放贷资金"先天不足"，而从其他金融机构融入资金的渠道不畅进一步加剧了资金不足的困境。农村资金互助社在满足成员的小额贷款需求方面的绩效显著，并且有财务可持续发展的能力，但其资金实力有限，因此在股权设置等方面需要完善，政府应该制定相应的法律法规，促进其更加规范化发展。

因此，为了提高农村小型金融机构的运行绩效，如何扩充农村小型金融机构的资金规模，扩大对农村地区信贷供给总量是下一步改革关注的方向，建议地方政府对农村小型金融机构发放的涉农贷款给予一定的贴息，以降低农村小型金融机构发放涉农贷款的成本支出，并且引导农村小型金融机构积极增加涉农信贷投放。对于村镇银行，一方面要积极进行金融创新，提供差异化服务，并将其营业网点逐步由县域扩展到乡、镇和村，扩大服务范围；另一方面，人民银行可以根据村镇银行服务农村的情况给其发放支农再贷款，以扩大村镇银行的资金实力。对于小额贷款公司，一方面应该使成熟的小额贷款公司转化为村镇银行；另一方面，随着农村金融体系的发展，应该放宽小额贷款公司从其他金融机构融资的比例，同时允许小额贷款公司吸收企业及团体的存款。对于农村资金互助社，要充分考虑资金互助社的经营现状，适当放宽利率限制。同时，资金互助社可以充当商业银行贷款的委托—代理中介，从中收取一定的服务费。

二、农村小型金融机构支农方面

《银监办关于做好 2013 年农村金融服务工作的通知》（银监办发［2013］51 号）中表示各银行业金融机构在有效执行稳健货币政策的前提下，要稳定、完善地向农业、农村和农民倾斜，将有限的信贷资源重点投放到"三农"领域中，确保涉农贷款增速不低于各项贷款平均增速，实现涉农信贷总量持续增加，充分发挥信贷资金对农业和农村经济发展的推动效应。这充分说明"三农"问题已经到了一个亟须解决的阶段，虽然文件中并未明确将新三类金融机构包括进来，但是作为县域经济的小型金融力量，要充分发挥自身优势，以服务"三农"为宗旨，明确自身定位，支持农村经济结构调整，不断推动农民和农村经济的发展。同时由于受到"三农"弱质性的影响，支农贷款是影响新三类金融机构支农效率的重要因素，新三类金融机构本身就存在着资金少、规模小和利率高的特点，农村产品由于外界的因素影响了其在市场的流转，就会造成不良贷款的累积，这会使得农村小型金融机构进一步减少支农贷款，势必会影响其对"三农"服务的质量，严重的还会影响金融机构的正常经营。一方面，新三类金融机构本身在不断创造出农村贷款产品的同时，不能盲目地追求规模、铺设网点，以防资金链条的过长导致自身无法正常周转；另一方面，农村本身也要实现农业的产业化和现代化，不断促进农村劳动分工与专业化。这样可以不断提高农业经营效益，降低农业生产风险从而实现农村经济的可持续增长，还能够提升支农层次，推进支农深度，为新三类金融机构提供良好的市场空间和功能空间，使其更好地为"三农"服务。

1.4 农村小型金融机构成功模式

1.4.1 农村小型金融机构的典型案例分析

农村小型金融机构的设立，填补了部分地区农村金融服务空白的现状，增加了农村金融供给，在一定程度上缓解了当地农村融资难的问题，进一步扩大设立农村小型金融机构、培育成熟的农村小型金融机构成长模式意义重大。本研究选取西部地区的陕西宝鸡岐山硕丰村镇银行、潼关县聚邦小额贷款有限责任公司、杨凌海洋小额贷款公司、同心县新华村扶贫资金互助社、内蒙古融达农村资金互助社 5 家农村小型金融机构解析农村小型金融机构的成功案例，探讨农村小型金融机构的成功之道。

一、陕西岐山硕丰村镇银行

宝鸡岐山硕丰村镇银行是陕西省成立的首家村镇银行。自 2008 年 11 月正式开业以来，一直致力于服务"三农"，始终坚持"支持'三农'、服务大众、造福民生"的办行宗旨，积极支持县域"三农"及小微企业发展。截至 2012 年各项存款余额 2.83 亿元，各项贷款余额 1.95 亿元，累收累放各项贷款 6 亿余元，各项业务稳健快速发展，有力地支持了县域经济发展，2011 年被岐山县委县政府评为"支持地方经济发展优秀金融机构"，探索出了一条适合农村小型金融机构成长的新路子。同时，岐山硕丰村镇银行于 2009 年 6 月开设了凤鸣镇支行、蔡家坡人民路分理处两家分支机构，2012 年又开设了五丈原支行，岐山硕丰村镇银行成为陕西首家开设分支机构的村镇银行。

1. 业务开展与产品创新

近年来，硕丰村镇银行专注农村金融服务，积极拓展金融业务，存、贷款余额稳步增加。在办理公众存款、发放短期、中长期贷款、国内结算、代理收付款项和保险业务等基础业务的同时，岐山硕丰村镇银行积极迎合市场需求进行产品创新，推出无须担保、无须抵押的"农家乐"小额信用贷款、农户联保贷款、农民工创业贷款、农户建房贷款等信贷产品，在满足农村客户需求、增加农村金融供给的同时，也赢得了农村客户的青睐，为自身发展赢得了宝贵的金融和客户资源。如表 1-36 所示，几年来，岐山硕丰村镇银行的资产总额、存款、贷款总额稳步增加，业务规模不断拓展，硕丰村镇银行取得了良好的发展业绩。其中，涉农贷款总额分别为30 万元、1 050 万元、7 724 万元、14 273 万元、17 901 万元，增长迅速。

表 1-36　　　　　　　岐山硕丰村镇银行主要指标统计　　　　单位：万元

指标	2008 年	2009 年	2010 年	2011 年	2012 年
资产规模	3 868	39 432	21 683	29 794	37 408
存款总额	3 360	9 048	16 312	23 534	28 252
贷款总额	190	5 809	9 724	16 032	19 501
涉农贷款总额	30	1 050	7 724	14 273	17 901
利润	-15	18	220	637	864

资料来源：根据陕西省宝鸡市岐山硕丰村镇银行调研数据整理而得。

2. 农户及农村中小企业贷款

岐山硕丰村镇银行，立足"三农"，服务"三农"，全力支持农村金融需求。如表 1-37、表 1-38 所示，几年来，硕丰村镇银行的农户及农村中小企业贷款余额不断增加，农户贷款占总贷款比重不断提高，获得贷款的农户数不断增多。此外，硕丰村镇银行还为 57 位农户发放了小额信用贷款，累计金额达 104.8 万元。岐山硕丰村镇银行积极按照国家加快农业产业化升级的要求，努力解决中小企业融资难问题，简化中小企业贷款手续，加大中小企业贷款投放力度，农村中小企业贷款余额逐年增加。

表 1-37　　　　　　岐山硕丰村镇银行农户贷款情况　　　单位：万元、%、户

指标	2008 年	2009 年	2010 年	2011 年	2012 年
农户贷款余额	60	3 175	4 189	6 545	10 105
农户贷款占总贷款比重	31. 58	54. 66	43. 08	40. 83	51. 82
获得贷款的农户数	2	262	460	327	405

资料来源：根据陕西省宝鸡市岐山硕丰村镇银行调研数据整理而得。

表 1-38　　　　　　岐山硕丰村镇银行中小企业贷款情况

单位：万元、户、%

指标	2008 年	2009 年	2010 年	2011 年	2012 年
中小企业贷款余额	130	2 634	5 535	9 487	9 396
获得贷款的中小企业数量	3	24	34	109	65
中小企业贷款占贷款总额比率	68. 42	45. 34	56. 92	59. 17	48. 18

资料来源：根据陕西省宝鸡市岐山硕丰村镇银行调研数据整理而得。

二、潼关县聚邦小额贷款有限责任公司

2012年底，渭南市小额贷款公司已达23家，资本金总计达12.025亿元，2012年10月末贷款余额11.96亿元。以潼关县聚邦小额贷款有限责任公司为例，介绍渭南市小额贷款公司运行情况。潼关县聚邦小额贷款有限责任公司于2011年1月7日取得陕西省金融办准予成立批复，于1月20日在潼关县工商局进行注册登记并取得营业执照，获准经营。16位股东筹集资金1亿元成立潼关县聚邦小额贷款公司筹备组，并于1月25日正式开业。作为经营小额贷款为主要业务的特殊企业，聚邦本着"瑞聚天下，协和万邦"的社会责任感，以服务支持潼关经济发展为目标，向"三农"及个人个体工商户、中小企业提供贷款服务；以"自主经营、自我约束、自担风险、共谋发展"为经营原则；以"便捷、灵活、高效"为特点，努力为繁荣县域金融市场、促进县域经济发展提供力所能及的金融支持。

1. 业务种类

为更好地支持当地农户及中小企业的发展，潼关县聚邦小额贷款有限责任公司开展信用贷款、担保贷款、质押贷款、抵押贷款四项贷款业务。其中，担保业务包括个人担保贷款、多户联保贷款与企业担保贷款，质押贷款业务指银行存单、黄金、白银质押，抵押业务包括固定资产抵押（房产）与动产抵押（合乎公司规定的设备）。

2. 经营情况

2011年成立以来，潼关县聚邦小额贷款有限责任公司累计发放涉农贷款260多笔，惠及农户80多户，累计放贷量已超亿元。潼关县聚邦小额贷款有限责任公司虽然是渭南市注册资金最大的小额贷款公司，其主要贷款对象为农户，并未涉及中小企业贷款相关项目，对农户一次性贷款的金额一般为3万元。农户信用贷款发放期平均为3天，农户非信用贷款发放期平均为5天，具体各项贷款经营情况如表1-39所示。

经过两年的发展，潼关县聚邦小额贷款有限责任公司盈利水平约翻了一番，盈利能力有所增强。2012年上半年涉农贷款总额已经超过了2011年全年水平，支农能力稳步上升。公司质押贷款额为0，可见，一般有固定资产的企业或者农户，在贷款时并非优先选择小额贷款公司，原因可能是其利率偏高所致。截至2011年公司加权平均利率近19%。

表 1 - 39 　　　　　潼关县聚邦小额贷款有限责任公司经营情况　　　单位：万元

指标	信用贷款	担保贷款	抵押贷款	贷款余额	涉农贷款	总资产	总收入
2011 年	2 540	6 428	1 598	10 566	7 638	10 622	951
2012 年 6 月末	2 990	6 269	1 628	10 887	8 621	10 946	892

资料来源：根据陕西省宝鸡市岐山硕丰村镇银行调研数据整理而得。

3. 风险控制

潼关县聚邦小额贷款有限责任公司严格执行《渭南市小额贷款公司合规经营"三统一"监管方案》，做到三个统一：

统一账表：设置总账、分户账、现金账、贷款分户账、重要空白凭证登记簿、固定资产登记簿、资产负债表、现金流量表等 15 项账表。

统一凭证：具备借据、贷款收回凭证、贷款利息收回凭证、现金收入传票、转账贷方传票等 11 项基本凭证和传票。

统一信贷资料：建立客户信贷档案（借款申请书、贷款调查报告、客户证件影像资料、借款人个人征信报告、担保人承诺书、审贷会审查意见表、客户谈话备忘录等）、借款合同、保证担保合同、抵押担保合同、质押担保合同。

三、同心县新华村扶贫资金互助社

同心县是国家级贫困县和回民自治县，经济发展水平相对落后，农业在经济总量中所占比重较高。虽然现阶段中央政府对于西北贫困地区和少数民族地区的农业投入力度在逐年加大，但这些地区农业发展仍然缓慢。同心县积极利用国家成立农村小型金融机构提升农村金融服务水平的契机，大力发展农村资金互助社，其中新华村扶贫资金互助社颇具代表性。

新华村扶贫资金互助社成立于 2009 年 11 月，注册资本金 50 万元，其中，财政扶贫资金 30 万元，吸纳社员互助金 20 万元，扶贫资金互助社由纯农户组成，经过几年的发展，取得了显著的成效。截至 2012 年 8 月底，新华村共有农户 465 户，其中加入扶贫资金互助社的有 167 户，入会率 35.9%，累计向 96 户农户发放贷款，占社员总数的 57.5%，共发放农户种养业贷款三轮 255 笔共计 153.17 万元。新华村扶贫资金互助社的成立有效缓解了项目村贫困群众发展生产资金短缺问题，提高了农民群众参与生产经营的积极性、主动性和创造性。广大参股农户充分利用借贷资金从事种植业、养殖业等农业产业化经营，取得了很好的经济效益。

表 1 - 40　　　　　　　新华村扶贫资金互助社运行情况　　单位：户、人、万元

指标	总户数	社员数	获得贷款户数	总贷款额	利息收入
2010 年	465	167	96	50	3
2011 年	465	167	83	51.05	3.063
2012 年上半年	465	167	76	52.12	—

资料来源：根据宁夏新华村扶贫资金互助社调研数据整理而得。

1. 新华村扶贫资金互助社管理体制

新华村扶贫资金互助社的业务主管部门是同心县扶贫开发办公室，负责业务指导和日常管理；扶贫资金互助社的注册登记机关是同心县民政局，负责监督管理。新华村扶贫资金互助社设有理事会和监事会，理事会由 5 人组成，理事长由村支书兼任，监事会由 3 人组成，平均受教育年限10.5 年，此外，还有日常工作人员 2 人。

2. 新华村扶贫资金互助社资金来源

新华村扶贫资金互助社的原始注册资金主要来自于财政资金和社员股金，同时采取把滚动发展中的部分盈利收入（贷款占用费、存放农村信用社利息）滚入本金的方式逐步增加"互助资金"总量。对于来自不同渠道的支农资金，当地政府与村委会在与相关部门协商同意后，也可以整合用于"互助资金"，使其发挥"集合"效应。财政资金是固定的，目前占扶贫资金互助社总资产的 60%，会员交纳的互助金随着会员的增多会不断增加。扶贫资金互助社的贷款占用费率较低（年占用费率6‰），总的占用费收入不高。互助社在信用社设立专户，财政资金存放在乡镇信用社，利息按普通存款利息给付。截至 2012 年 8 月，新华村扶贫资金互助社尚未收到任何社会资助，没有向金融机构贷款融资。

3. 新华村扶贫资金互助社资金运作及管理机制

（1）会员入会

扶贫互助资金协会会员为代表家庭的个人会员（每户限 1 人参加），常年居住在本村并且有能力使用和管理资金从事生产性经营活动，自愿加入互助协会并交纳基准互助金（每户不超过三股），每股 1 000 元（其中政府配股 600 元）。加入互助社后，会员要按照自愿原则，采取五户联保，或以 4 ~ 6 个社员为组担保。互助小组任一成员未能偿还借款或逾期未还时，其他成员不能获得借款，不能要求退还基准互助金，并且其他成员应

代替其偿还，其他成员代为偿还后有权向其追讨债务。

（2）会员借款发放

扶贫互助资金协会设立一般借款，会员通过互助小组担保的形式，可向互助协会申请用于生产性创收项目的借款，最高借款额度不得超过5 000元（第一次借款不得超过3 000元），月占用费率5‰（年占用费率6%），借款期限最长不超过12个月。在互助协会运作正常以后，设立特困借款。特困借款为个人借款，只限于本年度通过会员大会选出的特困户（不超过总户数的3%）。特困借款专用于特困户的生产创收活动，借款额度最高不超过2 000元，借款周期、还款方式和占用费率与一般借款相同。

（3）收益分配

扶贫资金互助社的收益包括贷款占用费、存放信用社的利息等。2010年利息收入3万元，2011年利息收入3.063万元，收益分配一般在年底结算完毕后进行。"互助资金"在运作中的盈利收益原则上按以下比例进行分配：35%滚入本金，40%用于农户入股分红，25%提取公积金用于"互助社"管理费支出。

四、内蒙古融达农村资金互助社

1. 融达农村资金互助社概况

融达农村资金互助社2007年5月12日在辽河镇查干村挂牌开业，注册资本30万元，由内蒙古自治区通辽市辽河镇查干村15名自然人共同发起建立，实行入股社员民主管理、为入股社员服务的农村资金互助组织，该社是我国少数民族地区设立的第一家农村资金互助社。目前共有从业人员7人，主要开办社员存款、贷款、结算、买卖政府债券、同业存放和代理业务，向其他银行金融机构融入资金，以及其他业务。截至2012年7月，融达农村资金互助社资产总额2 254.6万元，负债总额2 049.87万元，实收资本190.41万元，各项存款2 044.61万元，各项贷款1 124.5万元，实现利润13万元，资本充足率8.65%。融达农村资金互助社缓解了通辽市辽河镇农村地区金融服务覆盖率低、供给不足、竞争不充分等问题。

2. 存贷款规模快速增长，贷款增速快于存款增速

表1-41显示，融达农村资金互助社自开业以来存贷款规模快速增长，存款余额从2008年的557.39万元快速增长到2010年达到4 182.69万元，2011年下降到2 184.05万元，但仍是2008年的3.92倍，存款余额增长十

分明显；贷款余额从 2008 年的 469.40 万元快速增长到 2010 年的 2 795 万元，与同期存款下降类似，2011 年贷款余额下降到 2 180 万元，虽有下降，但仍然是 2008 年的 4.64 倍，贷款余额也呈现出较好的增长势头。

表 1-41　　2008—2011 年融达农村资金互助社的存贷款业务　单位：万元

年份	2008	2009	2010	2011
存款余额	557.39	1 912.26	4 182.69	2 184.05
贷款余额	469.40	1 392.80	2 795	2 180

资料来源：根据融达农村资金互助社监管报表整理。

3. 资产、负债和所有者权益规模增长迅速

表 1-42 显示，融达农村资金互助社的资产规模从 2008 年的 612.91 万元快速增长到 2010 年的 4 553.37 万元，但 2011 年出现大幅度下滑，下降到 2 538.91 万元，但仍是 2008 年的 4.14 倍。负债规模从 2008 年的 557.38 万元增长到 2010 年的 4 187.77 万元，但 2011 年急剧下降到 2 189.31 万元，相比于 2008 年仍然增长了 2.93 倍。所有者权益规模从 2008 年的 55.53 万元增长到 2010 年的 365.6 万元，但 2011 年略有下降，达到 349.60 万元，相比于 2008 年仍然增长了 5.30 倍。实收资本规模从 2008 年的 54.99 万元达到 2010 年的 364.32 万元，但 2011 年下降到 348.28 万元，相比于 2008 年仍然增长了 5.33 倍。

表 1-42　　2008—2011 年融达农村资金互助社的资产负债表项目

单位：万元

指标	2008 年	2009 年	2010 年	2011 年
资产	612.91	2 142.45	4 553.37	2 538.91
负债	557.38	1 917.28	4 187.77	2 189.31
所有者权益	55.53	225.17	365.6	349.60
实收资本	54.99	223.91	364.32	348.28

资料来源：根据融达农村资金互助社监管报表整理。

4. 融达农村资金互助社的财务概况

融达农村资金互助社年度利息收入、业务及管理费、净利润总体呈现出先上升后下降的趋势。表 1-43 显示，收入先增后减，2008 年融达农村资金互助社利息收入 87.79 万元，2009 年快速增加到 409.22 万元，从 2010 年急剧下降，2011 年降到 110.25 万元，比 2008 年的利息收入水平只

高出了 26 个百分点；业务及管理费先增后减，2008 年业务及管理费为
89.12 万元，2009 年快速增长到 353.87 万元，从 2010 年开始逐年下降，
2011 年降到 60.82 万元，与 2008 年相比，下降了 31.76%，业务及管理费
的快速下降一方面得益于其管理水平的提高，更多的原因在于其业务规模
的萎缩；利润水平低同样表现出先增后减的趋势，2008 年共实现净利润
0.54 万元，2009 年增加到 5.06 万元，但 2010 年却下降到 0.08 万元，
2011 年略有增加，相比 2008 年萎缩了近 60%。

表 1 - 43　　　　2008—2011 年融达农村资金互助社的利润表项目　　单位：万元

指标	2008 年	2009 年	2010 年	2011 年
本年利息收入	87.79	409.22	262.69	110.25
业务及管理费	89.12	353.87	231.32	60.82
净利润	0.54	5.06	0.08	0.22

资料来源：根据融达农村资金互助社监管报表整理。

5. 融达农村资金互助社的资金来源

表 1 - 44 显示，截至 2011 年底，融达农村资金互助社的资金来源主要
是存款、所有者权益两部分，分别占比为 86.02% 和 13.77%。融达农村资
金互助社没有从其他银行业金融机构融入资金，也没有获得社会捐赠资
金，资金来源渠道过于狭窄。

表 1 - 44　　　　2011 年底融达农村资金互助社的资金来源　单位：万元、%

项目	期末余额	占比
一、所有者权益	349.60	13.77
其中：实收资本	348.28	13.72
二、负债	2 189.31	86.23
其中：存款	2 184.05	86.02
三、合计	2 538.91	100.00

资料来源：根据融达农村资金互助社监管报表整理。

1.4.2　农村小型金融机构成功模式以及主要经验

一、农村小型金融机构成功模式

1. 岐山硕丰村镇银行成功模式

岐山硕丰村镇银行是陕西省设立的首家村镇银行，自开业以来，秉承

着"立足'三农'、服务'三农'"的经营理念，立足农村、农户需要；贷农贷小，全力支持当地农业经济发展，开辟了支持岐山硕丰村镇银行自身可持续发展的成功道路。其成功模式可概括为：全力服务农户、农村中小企业金融需求，做农村客户最贴心的银行；严把风险管控，经营风险可控；差异化竞争，填补市场空白；贷款授权，决策链条短。

（1）做农民最贴心的银行

岐山硕丰村镇银行的快速发展得益于其高效、优质的服务。作为农村小型金融机构，硕丰村镇银行在成立初期也面临群众认知度低、吸储困难等问题，硕丰村镇银行结合当地实际提出了"以服务求生存，以服务谋发展，以服务创效益"、"做咱农民最贴心的银行"、"做流程化服务好的特色银行"等理念，将优质文明服务作为核心竞争力来抓。几年来，硕丰村镇银行的农户贷款余额不断增加，农户贷款占总贷款比重不断提高，获得贷款的农户数不断增多。此外，硕丰村镇银行共为 57 位农户发放了小额信用贷款，累计金额 104.8 万元。同时，岐山硕丰村镇银行积极从农户需求出发，推出无须担保、无须抵押的"农家乐"小额信用贷款、农户联保贷款、农民工创业贷款、农户建房贷款等信贷产品，尽最大努力满足农户的资金需求，赢得了农户的信赖。

（2）大力支持中小、微小企业的发展

企业是市场经济的细胞，企业的活跃程度、经营绩效直接关系就业及国民收入。农村中小企业的存在，活跃了农村市场，增加了农村就业及农民收入，但是中小企业的资金需求往往难以从正规金融机构，尤其是难以从大型商业银行得到满足。硕丰村镇银行积极开拓农村中、小企业信贷市场，为农村中、小企业提供资金支持。几年来，硕丰村镇银行中、小企业贷款总额、贷款笔数不断增加，在为农村中、小企业提供贷款支持的同时，硕丰村镇银行也获得了丰厚的利润和大量的客户资源，由此也使得硕丰村镇银行获得了可持续发展的动力。

（3）严把风险管控，经营风险可控

银行是经营风险的机构，那么如何在经营风险的同时规避、化解风险，就成了银行的必修课。商业银行经营的"安全性、流动性、盈利性"原则，要求商业银行把"安全性"放在首位。村镇银行"船小好掉头"的另一面是抵御风险的能力较弱，风险管理对村镇银行至关重要。岐山硕丰村镇银行始终把风险管理放在至关重要的位置，严把风险管控关，确保经营风险可控。硕丰村镇银行建立了严格、完善的内部控制制度，设立风险预警管理部门，严格按照商业银行监管的要求监控存贷比、不良贷款比率、流动资金比率等指标，同时足额提取贷款损失准备金等，确保合法、合规经营。商业银行最大的资产业务就是其贷款业务，按照现代商业银行资产负债管理理念，对村镇银行而言负债业务的管理尤为重要。硕丰村镇银行在贷款风险管理方面，建立了严格的贷款审批制度，审贷分离，严格执行贷前调查、贷中审查、贷后检查的贷款"三查"制度，将贷款风险控制在最小范围内，截至目前，硕丰村镇银行并没有出现任何呆账、坏账，确保了银行资产的安全及流动性，在资产保值的基础上使资产增值成为可能。

（4）差异化竞争，填补市场空白

农村金融市场包括正规金融机构和非正规金融机构，既有农村信用社、邮政储蓄银行、农业银行等传统金融机构，也有民间金融，那么村镇银行如何在夹缝中求得生存，唯有立足自身实行差异化竞争策略，避免在寡占市场中和垄断寡头直接竞争，以此赢得市场，实现村镇银行的可持续发展。硕丰村镇银行在设立之初，立足"三农"，贷农贷小，灵活分散，避免和农村信用社等金融机构直接竞争，在赢得部分市场份额获得一定认可度后，逐步拓展业务范围，增强市场竞争力。

（5）贷款授权，决策链条短

硕丰村镇银行作为一级法人机构，自身决策链条短，贷款审批手续简单，审贷放款周期短，能够很好地满足农户及中小企业迫切的资金需求。硕丰村镇银行开设了四家分支机构，所有的贷款都提交到总行审贷委员会审核就会无形中增加贷款审批链条，增加总行负担，因此硕丰村镇银行采取了贷款授权制度，根据各分支行所在地的经济发展情况、分支行的业务水平和规模，给予分支行行长5万元或10万元的贷款审批权限，单笔贷款数额在贷款审批权限内的分支行行长可以自主决定，不需要上报总行审贷委员会，采用这种做法分支行获得了较大的经营自主权，同时缩短了贷款审批链条，缩短了客户办理业务的时间，赢得了客户的青睐。

2. 杨凌海洋小额贷款公司成功模式

杨凌海洋小额贷款公司是杨凌地区经营较为成功的贷款公司，成立以来大力支持县域中小企业及农户发展，赢得了市场认可。杨凌海洋小额贷款公司在开拓市场，支持"三农"方面的成功之道在于：差异化竞争，填补市场空白；贷款分散，风险较小；审贷严格，防患于未然。

（1）差异化竞争，填补市场空白

在农村金融市场中，中高端农户、中小企业基本已被农村信用社、农村商业银行、邮政储蓄银行瓜分殆尽，小额贷款公司作为农村小型金融机构，具有规模小、认知度低、人员稀少等劣势，而且农村金融市场相对复杂，农村中缺乏抵押物，资产流动性差，小额贷款公司如何在垄断寡头的夹缝中求得生存是小额贷款公司不得不面对的难题。杨凌海洋小额贷款公司在市场细分调研的基础上，把百万级以下尤其是40万元左右的中小企业以及养殖、种植等农业大户作为贷款营销的主要对象，这类客户相对于农信社等机构来说，贷款成本大，审贷周期长，手续复杂，杨凌海洋小额贷款公司选择这种客户群作为主营客户，很好地避免了竞争，与农村信用社、农村商业银行、邮政储蓄银行等农村金融机构形成了良好的合作局面，由此打开了农村市场。调查中发现，杨凌海洋小额贷款公司很少主动进行贷款营销，其原因就在于它们的差异化竞争策略，填补了市场空白，很多中小企业主动上门贷款，基本不需要进行贷款营销。

（2）贷款灵活分散，风险较小

杨凌海洋小额贷款公司本着"贷农贷小、灵活分散"的原则，坚持为农村客户提供信贷支持。杨凌海洋小额贷款公司的贷款基本全是周转贷款，贷款周期以3个月为主，半年及以上的贷款占比很低。同时，杨凌海洋小额贷款公司的贷款方式很灵活，中小企业及农户贷款很方便，这样比较容易赢得客户。贷款分散、额度较小，从另一个层面上降低了贷款风险，个别客户出现违约情况并不会影响到全局，小额贷款公司完全有能力承担贷款损失带来的风险。县域范围较小，贷款客户和小额贷款公司地域上较为接近，方便小额贷款公司掌握公司经营动态和贷款的利用情况，确保贷款安全。

（3）贷款"三查"，确保资产安全

对小额贷款公司而言，其注册资金较少，一般规模在3 000万～6 000万元，并且目前小额贷款公司虽然可通过商业银行、银行间债券市场等进行融资，但是渠道并不通畅，很少有小额贷款公司进行外部融资解决自身资金短缺的问题。自有资金少，资金杠杆比率小，必须确保每一分钱用到刀刃上，确保每一分钱都能获得最大的边际收益，确保每一分钱都安全可回收；确保资金安全最重要的是把好审贷关，严格执行贷款"三查"制度。杨凌海洋小额贷款公司在贷款方面，贷前调查，对申请贷款的客户进行实地调查，了解客户的社会信誉、资产规模、工商注册等情况，对其是否具有贷款资格、贷款额度多少和还款能力进行初步判断；贷中审查，审贷委员会对贷款调查人员提供的材料，进行审核、评定以及复测贷款风险，提出审核意见，确定贷款发放额度；贷后检查，检查贷款用途是否按照申请用途使用，检查贷款合同执行情况，对出现问题的贷款及时做出预警或停止贷款甚至提前收回贷款。通过贷款"三查"，确保贷款资金安全，使小额贷款公司能够经营安全并获得足够的利润。

3. 同心县新华村扶贫资金互助社成功模式

同心县新华村扶贫资金互助社成立于 2009 年 11 月，注册资本金 50 万元，其中财政扶贫资金 30 万元，吸纳社员互助金 20 万元，扶贫资金互助社由纯农户组成，该资金互助社具有扶贫性质。资金互助社相比于村镇银行、小额贷款公司其规模更小，而且金融专业化水平更低，缺少金融专业人才，成熟的资金互助社的成功经验更加具有指导意义。同心县新华村扶贫资金互助社的成功模式可以概括为：贷农贷小、灵活分散；人员精炼，成本较小；圈层社会，信用成本小；严控风险，经营安全。

（1）贷农贷小、灵活分散

同心县新华村扶贫资金互助社是服务社区的小型金融机构，其贷款对象仅限内部社员，其社员全部为当地的农户。资金互助社的资金全部投放到农户层面，很好地满足了农户的需求。资金互助社针对农户，贷款金额较小，主要满足农户的日常基本生产需求，贴近农户，贷款灵活，能够很好地满足社员的资金需要。同心县新华村扶贫资金互助社开设在农村之中，农民只需花费很少的时间就能很快捷地得到服务，相较于农村信用社、邮政储蓄银行等路途遥远、交通成本较高来说资金互助社对农民有很大的吸引力。

（2）人员精炼，成本较小

资金互助社经营范围局限在村域范围内，圈层社会，交通半径很小；信息相对较为透明对称，交易成本相对较低，那么对于资金互助社而言其运行成本则是其最主要的成本，而人员工资则是显性成本中最主要的部分。同心县新华村扶贫资金互助社结构简单，人员精炼，没有外聘人员，工作人员为当地的村支书、村会计等，工资极低并且更多的时候只是象征性地提取工资，而且工作人员的工作时间比较分散，社员紧急资金需求需要办理贷款而带来的额外工作不提取工资或提取很少的工资，这就为资金互助社节约了大量的成本，减轻了运营负担。

（3）圈层社会，信用成本小

圈层社会是农村不同于城市的一个重要特点。农村圈层结构，熟人社会，信息传递很快，而且农村人相对比较诚实朴素，狭小的村落使其更加注重自身的声誉，也基于此，农村的信用状况相对较好一些，农户在借贷资金之后基本会按时还款，即使暂时没有资金也会通过亲朋借贷等渠道确保资金的还付，以避免其声誉受损，因此，农村资金互助社的信用成本也就相对较低。同时，农村独有的信息沟通渠道和较小的村落，农户之间相互了解程度较深，尤其是农村中的村干部对本村农户基本情况更为了解，农村资金互助社的骨干成员是多位村干部，那么在发放贷款的时候，村干部就可以利用其掌握的农户信息决定放贷与否，减少了贷款中的道德风险和逆向选择，有利于确保信贷资金的安全。总体来说，农村的圈层结构、熟人社会减少了农村资金互助社的信用成本，减少了信贷过程中的道德风险和逆向选择。

（4）严控风险，经营安全

扶贫资金互助社的安全性与风险问题主要受农户还款意愿的影响，而农户还款意愿主要受社区信任和信用环境的影响。新华村扶贫资金互助社根据当地实际情况采取了以下几种风险控制措施：①设立监事会，负责监督资金运行和互助协会理事会的工作，监督借款的发放和回收过程；②贷款额度与期限限制，社员借用"互助资金"的额度一般最多3 000元，第一次借款期限最长一年，第二次借款时，视社员的信用度和项目情况可适当延长使用期，但须按规定由社员提出申请，经理事会批准后方可延期，延期时间不得超过2年，每户最高贷款金额为1万元；③五户组成互助联保小组，签订联保协议，小组所有成员对小组内某一成员的借款承担连带责任；④建立借款风险准备金，风险准备金从占用费滚入本金的部分中提取，并存入"互助社"资金专用账户。风险准备金的提留标准为当年收取的占用费滚入本金部分的 50%。新华村资金互助社通过采取以上措施，把风险控制在可控范围内，经营状况良好。

二、农村小型金融机构成功的主要经验

1. 立足"三农"、服务"三农"

农村小型金融机构之所以能够在农村站住脚跟并闯出一片天地，其根本原因就在于其"立足'三农'、服务'三农'"的立命之本。农村金融市场存在着巨大金融需求，原有农村金融市场供给主体，出于种种原因，对农村、农民的金融供给远远不能满足其需求，农村小型金融机构的设立，秉承"立足'三农'、服务'三农'"的宗旨，以农村、农民的利益为行动出发点，增加农村金融供给，为农村、农民增加融资渠道，以方便快捷的服务在老百姓口中赢得了良好的口碑，使其能够在短时间内获得农民的认可，为其进一步发展奠定了坚实的基础。

2. 方便快捷的服务方式

根据对目前运营良好的农村小型金融机构的调研发现，农村小型金融机构的服务链条短，方便快捷，能够在最短的时间内满足农户的资金需求，这也是其能够立足并取得较快发展的保证。农户最主要的金融服务需求是其贷款需求，谁能够在贷款上赢得农户，谁就能赢得农村金融市场的主导地位。农民资金需求具有突发性、季节性、时效性等特点，农忙时节的资金需求尤其大，但一般金融机构要求手续复杂、审贷链条长，往往等贷款下来农民的资金需求已经错过，农业投资也受到影响，农村小型金融机构贷款手续简单，不需要烦琐的审批过程，只要能够满足农村小型金融机构的要求就可以在最短时间内放款，一笔贷款从申请到放款最短可在 48 小时内办结，方便快捷的服务受到农户的普遍欢迎。

3. 完善的内部控制制度

农村金融市场隐藏着巨大的风险，农村小型金融机构自身规模小，实力弱，在面对风险时显得势单力薄。那么，农村小型金融机构如何管理风险使其能够在风险中求得生存、在风险中谋得发展呢？完善的内部控制制度无疑是重要的保证。调查发现，凡目前运行良好的农村小型金融机构都构筑了完善的风险防火墙，内部控制制度不仅非常正规完善而且执行到位，把风险有效地控制在可承受的范围之内。对于农村小型金融机构而言，其最大的风险来自于贷款资金的安全与否，完善的贷款"三查"制度，从源头、过程、结果予以全程跟踪，保证贷款资金的安全。同时，农村小型金融机构依据自身实际和当地经济状况建立了形式各异的贷款"三级审批"制度，并进行了适当的贷款权限授权，在确保信贷资金安全的前提下尽量缩短贷款流程、简化贷款手续，在满足客户资金需求的同时也保证了自身资金的安全。基于此，建立完善的内部控制机制是每一家农村小型金融机构必须慎重考虑和认真对待的关键问题。

1.4.3　小结

通过对岐山硕丰村镇银行、潼关县聚邦小额贷款有限责任公司、杨凌海洋小额贷款公司、同心县新华村扶贫资金互助社、融达农村资金互助社5家机构的典型案例解析和成功经验剖析，我们可以得出如下结论：（1）我国农村小型金融机构自成立以来取得了较好的发展成果，机构自身取得了很好的发展，资产规模逐步扩大，支农的深度和广度不断加大，增加了农村金融供给，为缓解农村融资难开辟了新的途径。（2）我国农村小型金融机构设立在广大农村及部分欠发达城镇地区，设立之初面临着规模小、社会认知度低、抗风险能力弱等问题，农村小型金融机构的根本立足、发展之道在于：立足"三农"，服务"三农"，离开"三农"的土壤农村小型金融机构便成为无源之水、无本之木难以延续，立足农村金融市场，贷农贷小，发挥"船小好掉头"的优势，积极利用自身扎根农村的区位优势和信息优势，避免和大型金融机构直接竞争，形成和农信社、农商行、邮政储蓄等优势互补、差异化竞争的竞合关系，从而使机构能够生存并延续下去。（3）农村小型金融机构要获得长远的发展，必须按照市场化的原则建立规范的现代企业管理制度，作为银行类或非银行类金融企业其业务经营实质是对风险的经营，因此必须建立完善的内部控制制度和风险防范化解机制，农村小型金融机构资产规模小，自身抵御风险的能力比较弱，加之贷款业务风险大，建立完善的内部控制制度和风险防范化解机制就尤为重要。（4）农村小型金融机构要想获得长久发展，必须立足当地经济发展状况、立足当地金融市场竞争情况，开发既符合市场需求又能有效避免直接竞争的差异化信贷产品，农户、农村最基本的金融需求是贷款需求，唯有通过贷款营销赢得客户才能逐步打开农村金融市场的大门，获得客户的认可、市场的认同。

农村小型金融机构的发展需内外兼修，不仅仅需要自身建立规范的现代企业制度、良好的风险管控措施、开发适销对路的信贷产品，而且还需要良好的外部环境作为保障。良好的宏观经济环境，强有力的财政、金融支持，完善的法律、法规保障，和谐的金融生态环境对农村小型金融机构的发展具有十分重要的意义。农村小型金融机构在运行中面临怎样的问题，这些问题该如何从宏观、微观层面得以有效地解决，将是我们下一章研究的主要内容。

1.5 推进农村小型金融机构有序发展的政策建议与对策

1.5.1 财政政策

推进农村小型金融机构有序发展不仅要依靠市场的发展，更需要政府的财政政策支持。农村小型金融机构对农户的信贷服务具有较强的政策性和普惠性，因此，应该在其设立和发展初期提供财政补贴和资金支持，执行更加优惠的税收政策。虽然，财政部和国家税务总局先后出台一系列扶持农村小型金融机构发展的财税政策，也取得了一定成效，但总体而言，对农村小型金融机构开展涉农信贷业务的财税政策扶持的广度和深度不够。财政部 2010 年出台的《关于农村金融有关税收政策的通知》（财税[2010] 4 号）中明确规定金融机构针对农户小额贷款的利息收入免征营业税，对农村信用社、村镇银行、农村资金互助社、由银行业机构全资发起设立的贷款公司、法人机构所在地在县及县以下地区的农村合作银行和农村商业银行的金融保险业收入减按 3% 的税率征收营业税，但按新政规定，只有单笔且该户贷款余额总额在 5 万元以下的小额农户贷款才适用减免税政策。农村信用社所得税暂时免征或减半征收，村镇银行则要全额上缴。财政部 2010 年颁布的《中央财政小型农村金融机构定向费用补贴资金管理暂行办法》（财金[2010] 42 号）中提到对上年贷款平均余额同比增长，且达到银监会监管标准要求的贷款公司和农村资金互助社，按其上年贷款平均余额的 2% 给予补贴。

在实地调研中发现，受访的村镇银行均享受到了减税政策；然而，在对陕西省渭南市金融办和其辖区内 4 家小额贷款公司走访调研中发现，小额贷款公司有别于农村信用社和村镇银行，并未享受到税收优惠政策，仍按 5% 计提营业税。调查中还发现，当地税务部门在征收各项税费时，税收优惠政策执行力度不足，对各家小额贷款公司的征收额度标准也有所不同，且根据各家公司的征收数额的大小和当年的征收总额存在私自"打折"和"抹零取整"现象。相对较重的税收标准，导致小额贷款公司支农惠农的积极性大大降低。此外，被调查的 4 家小额贷款公司没有加入人民银行征信体系，未能按照人民银行统计要求制作财务报表，所以无法准确统计核算其贷款余额，且未得到财政补贴。宁夏同心县的资金互助社是由国务院扶贫办和财政部发起，联合同心县民政局开展的一种扶贫项目，自成立起就享受到了国家的补贴。实际调研中我们了解到，资金互助社在每年年底将当年的利息收入自动转入下一年作为本金，所以并未产生相关税费。

对上述问题的建议有：一方面，继续加大对新三类机构的税收优惠力度。由于农村小型金融机构的经营成本较高，国家应继续调整农村小型金融机构营业税税率，如在农村小型金融机构经营的前三年内实行"零税率"政策，取消农村小型金融机构的营业税和企业所得税，后五年对营业税和所得税实行税率减半政策，以帮助降低其经营成本，保证农村小型金融机构可持续经营。同时，对于村镇银行和小额贷款公司、农村资金互助社不应实行税收的差别对待，尤其是对于小额贷款公司，应在当前基础上减少小额贷款公司税收种类，减轻其税收负担。另一方面，改变农村小型金融机构现有补贴标准，加大补贴范围，针对农村小型金融机构的涉农贷款业务，建议国家实施单项补贴计划，加大对农村小型金融机构的补贴力度，也应将地方监管部门纳入国家财政补贴范围内，降低监管成本。

1.5.2 货币政策

关于存贷款利率，相关政策中要求新三类机构中可以吸收存款的机构实行存款利率的上限控制，对新三类机构的贷款利率实行下限控制，利率下限为中国人民银行公布的同期同档次贷款基准利率的 0.9 倍。在《村镇银行管理暂行规定》、《贷款公司管理暂行规定》和《农村资金互助社管理暂行规定》中明确规定，村镇银行的发起方必须为境内外银行类金融机构，新三类机构均为独立企业法人，需要自负盈亏、自担风险。所以，村镇银行的利息收入对其能否正常盈利起着重要作用。本课题在对村镇银行调查时了解到，村镇银行经营成本比其他正规金融机构高，相比之下村镇银行的贷款利率略低。利率控制只会导致村镇银行经营成本进一步加大，间接提高了村镇银行的经营风险。以洛南县阳光村镇银行为例，在与银行信贷员走访贷款户时发现，许多贷款户的居住地距离机构所在地路途较远，最远的贷款户距离机构单程路程就竟达 50 公里，这对原本经营成本高的村镇银行来说无疑是雪上加霜。针对上述问题，建议应放开村镇银行的贷款利率限制，加快利率市场化改革，实行市场利率，以降低村镇银行的经营成本。

对农村小型金融机构执行的存款准备金率水平还可以进一步降低。中国人民银行和银监会颁布的《关于村镇银行、贷款公司、农村资金互助社、小额贷款公司有关政策的通知》中明确了农村小型金融机构的存款准备金率、存贷款利率和支付结算等的相关政策。《通知》中提到，村镇银行的存款准备金率比照当地农村信用社执行。然而，笔者在调研中发现，市场认知度低、业务种类少等因素导致村镇银行吸储较难，其存款额远远小于当地农村信用社。所以，以信用社的存款准备金率来要求村镇银行会导致村镇银行可贷金额大大减少，明显制约了村镇银行的发展，不能使其更好地服务"三农"。一些村镇银行没有加入中国人民银行的征信系统，导致其不能查询中国人民银行征信系统数据库中企业和个人的信用记录，在一定程度上限制了其贷款的投放，承受的信贷风险变大。针对上述问题，建议村镇银行的存款准备金率应该根据其自身的实际情况单独设置，由于农信社和村镇银行存款额差距较大，不应以农信社的存款准备金率标准来要求村镇银行。在西部欠发达地区的村镇银行，建议取消提取存款准备金。同时，人民银行针对农村小型金融机构，尤其是村镇银行和小额贷款公司，应降低其加入人民银行征信系统的收费标准，并提供人力和技术支持，帮助农村小型金融机构顺利加入人民银行征信体系，降低信贷风险。

1.5.3　员工培训与人力政策

人力资源对于金融业发展的重要性日益凸显，随着农村金融市场的不断改革与发展，农村金融机构对人力资源的要求明显提高。由于农村金融的特殊性，各机构从业人员不仅需要具备良好的专业基础和综合素质，而且需要对当地的人文、地理情况有一定程度的认知,以提升农村金融服务质量,推动农村信贷市场的稳定与良性发展。但是,目前农村金融机构的从业人员专业素质与业务能力明显不足,缺乏对农村金融市场环境的认知,这一现状已严重制约农村金融市场发展。由于受到政策、管理和运营经验等条件限制,农村小型金融机构与农村信用社相比,面临更加严重的人力资源短缺和人力资源专业技能薄弱等问题。因此,建立人力资源培养机制、完善薪资以及激励政策、提高员工的风险防范意识、创新选拔与任用机制、加大人才引进力度并且形成良好内部学习交流平台,是提升农村小型金融机构的支农能力和运营绩效的重要途径。

一、建立培训体系,完善人才培养机制

培养具备专业金融知识、熟悉当地人文、地理环境和农村金融市场的高素质人才是农村小型金融机构可持续发展的重要保证。目前,在农村小型金融机构人力资源的结构方面,大部分从业人员是由发起的金融机构直接调派,缺乏对当地金融环境和农村信贷市场的了解。另外,受到农村地区的经济环境以及金融服务现状的制约,部分员工需要在当地聘任临时上岗人员,整体业务素质不高、专业知识和技能欠缺、本土化融入不强是此类员工的一大特点。因此,建立并完善培训体系是提升农村小型金融机构金融服务效率和质量的重要途径。建立培训制度的首要任务和目标是使在职人员和即将入职人员充分了解现阶段机构所辖区域的金融发展特征及现状,从宏观角度把握整体服务环境以及未来需要努力的方向,使培训对象初步了解所辖地域的经济发展现状和农户与涉农企业的发展状况,明确其服务对象和目标客户群体。

强化员工专业知识与技能的培训与考核是完善人才培养机制的重要任务,建立健全员工培训制度是实现农村小型金融机构人力资源优化的基础和关键。对于管理层,应重视风险管理、财务管理、授信客户评估、小额信贷技术、金融产品创新等素质的提升。风险防范经验丰富且对本地情况熟悉的从业人员应该对新进人员和经验缺乏的从业人员积极提携和引导,分享其业务经验、传授专业知识。培训后的考核工作应被纳入人力资源部门的职能范围,部门工作人员应该根据考核结果及时总结培训中可能存在的问题,对培训效果进行及时、客观、有效地反馈,建立科学、合理、完整、灵活、有效的培训体系。我国可适当借鉴国内外农村金融机构相关的

人力资源培训制度，如孟加拉国格莱珉银行、印度国家农业农村发展银行和国内各类商业金融机构。这些机构都建立了相对完整、覆盖面广泛的培训体系，并充分结合农村金融以及机构所辖区域的特点和实际，对从业人员进行有针对性的培训。

二、提高从业人员风险防范意识，提升风险防范效率

农村小型金融机构的风险防范需要以提高从业人员的信贷风险防范意识为根本。机构从业人员对信贷风险的认知是信贷风险防范意识建立与加强的基础。因此，从业人员风险认知水平的提升是完善农村小型金融机构人力资源政策的一个重要方面。

农村小型金融机构应加强从业人员的职业道德教育，通过培训、宣传等方式增强其对农业信贷风险的认知。此外，通过基础教育和重点教育相结合的方式，对不同部门的工作人员在不同时段依据不同的工作性质和内容进行针对性的教育，并加强工作人员对风险的处理能力，这是提高从业人员金融服务质量与金融机构稳定发展的前提。

三、加大引进人才力度，优化人力资源结构

银行业的竞争，归根到底是人才的竞争，实现建立现代金融企业的目标，人才是关键因素。农村小型金融机构应该明确人力资源的重要性，通过大力引进先进人才，创新人力资源管理体制，不断优化人力资源结构。然而，在实地调研中发现人才匮乏是当前制约农村小型金融机构发展的突出问题，主要体现在具有专业知识和业务经验的从业人员偏少，具有管理经验和创新意识的管理人员缺乏。为此，建议农村小型金融机构管理层学习并汲取农行、农村信用社等金融机构先进的管理经验，并且从中吸纳有经验的管理者以及从业人员，利用其专业知识和专业技能提升农村小型金融机构整体服务水平、管理水平和运作效率。同时，农村小型金融机构可以招聘本地生源的财经类专业毕业生，这些学生具备一定的本土化认知和相关的专业知识。另外，建议农村小型金融机构在同等条件下选聘具有技术专长的人员担任董事、高管，通过先进的管理经验激发员工潜能，促进机构的健康、稳定发展。

建立健全人力资源选拔任用机制和用工激励机制是农村小型金融机构人力资源结构优化的重要条件之一。机构从业人员的选拔和任用应遵循竞争上岗制，坚持"公平竞争，择优录取"的原则，促成公平、科学和良性竞争的人员选拔和任用机制的形成。目前，多数金融机构对于从业人员的薪酬管理采用固定薪资制，但这种制度难以产生最佳激励作用，只有薪酬与绩效紧密结合才能充分调动员工的积极性。绩效工资的出现极大地丰富了薪酬的内涵与作用，演化出形式多样的薪酬管理体系。虽然绩效工资制度优势显著，但是制度对于员工激励功效的发挥须以绩效薪酬制度设计的合理性与适应性为前提，而科学合理的绩效评价指标体系的设计是实现绩效工资制整体合理性与适应性的重要保证。信贷业务的质量水平与农村小型金融机构运行情况呈正相关关系，因此，在农村小型金融机构设立绩效薪酬制度能够对信贷员产生激励作用，进而提高信贷员的工作效率和服务水平，推动农村小型金融机构的可持续发展。例如，对于信贷员的绩效考核不仅应该注重信贷业务完成的数量，更重要的是保证每笔业务的质量。因此，信贷部门主管应定期入基层了解农户对于授信的满意程度，以便对每位信贷员的业务完成情况做出客观评价，并以此作为制定薪资的重要标准。

1.5.4　农村小型金融机构的准入政策相对应的退出政策、激励与监管政策

农村小型金融机构的建立和成长对于改善、推进、弥补农村金融发展具有重要作用，有助于实现金融创新。我国要尽快完善农村小型金融体系，改进与农村小型金融机构的准入政策相对应的退出政策、激励与监管政策。

一、退出政策

金融机构退出是指金融机构的市场退出，是对金融机构终止存续状态的一种习惯性表述，是指停止办理金融业务，吊销金融营业许可证，取消其作为金融机构的资格。狭义的金融机构市场退出是指法律意义的金融企业破产机制，广义的金融机构市场退出的方式有接管方式、收购兼并方式、破产清算方式和行政关闭方式。金融机构的市场退出与我国经济体制改革的进程紧密相连，我国金融市场开放后，个别农村小型金融机构因经营不善、亏损累累或者有严重违法违规行为而必须清理、"退出"的情况是不可避免的。农村小型金融机构在退出市场时可能会伤及其他机构的利益，建立市场退出机制就是要尽可能避免或减少社会矛盾。随着金融市场

化进程的加快以及金融竞争的加剧，我国要加快建立健全农村小型金融机构退出政策的进程，防止在金融活动过程中，金融机构危害其他相关主体的利益，产生不利影响，甚至出现农村金融市场的混乱。

基于以上对我国农村小型金融机构退出政策的分析，现提出健全我国农村小型金融机构退出机制的对策：第一，建立健全农村小型金融机构市场退出的法律法规。目前我国农村小型金融机构退出机制"残缺"，还没有针对农村小型金融机构市场退出的法律法规。例如，在农村小型金融机构经营不可持续或特殊原因需要转型时，应建立金融组织依法兼并、联合、重组及自行清盘、关闭的退出机制。第二，在处理农村小型金融机构市场退出时应该坚持审慎性、适度性原则，最大限度地减少社会震荡。第三，应坚持协调配合原则，金融监管当局对农村小型金融机构退出处理时应该与财政政策和货币政策统筹兼顾，协调配合。第四，努力营造良好的执法环境，要严格监督管理农村小型金融机构市场退出的处理过程。

二、激励政策

农村小型金融机构的健康发展离不开相应的激励政策，我国的金融体系需要通过激励政策的建立和完善，使农村小型金融机构有更大的内在动力。通过激励政策和先进科技的有效结合，促进农村小型金融机构更好地服务"三农"。

从宏观角度出发，我国金融业仍缺乏相应的激励政策，不完善的激励政策导致了"逆向选择"和"道德风险"，给金融机构的发展带来负面效应，无法扶优限劣。因此，我国要完善农村小型金融机构的激励政策，吸引更多农村小型金融机构加入金融市场。健全引导激励政策最有效的方式是通过资本充足率这项指标来严格考核农村小型金融机构，使之成为企业自身的中心目标。

从企业内部来看，目前大多数金融机构在激励机制方面采取"基本工资保吃饭，多劳多得"的方法，在员工内部形成竞争。对企业自身而言，应该做到：第一，建立合理的综合业绩考核目标。建立以目标责任制为特征的激励考核办法，这是一种最基本、最明确的激励手段。第二，建立"优胜劣汰"的用人环境。对不同的岗位建立不同的岗位素质标准通过竞聘上岗和面向社会公开招聘。第三，建立培训激励机制，通过从业人员培训教育规划来激励员工，提高员工工作积极性。

三、监管政策

农村小型金融机构的健康发展还需要完善农村小型金融机构的监管政策。从宏观角度来看，我国的监管权限高度集中于中央政府，监管方式有待于进一步改善。第一，我国应对农村小型金融机构实行比较宽松的监管。由于农村小型金融机构针对农业弱势群体经营的特殊背景，决定了农村小型金融机构的建立具有一定的"支持，帮扶"性质。农村小型金融机构拥有不同于其他金融机构的特点，总体规模较小，信贷额度小，因此监管应该具有灵活性、机动性，要有一定的弹性空间。第二，对监管农村小型金融机构的部门应统一，特别对原由金融办监管的小贷公司和扶贫办监管的资金互助社的权力应交由银监会接管，一方面能够提高监管效率，另一方面也便于在监管的同时有效全面实施审慎性监管办法。但是我国目前监管方式滞后，对不同类型的农村小型金融机构统一实施审慎监管的方式也不太合理，所以应该采取灵活性原则，建立组织服务网络，形成规模优势。

从企业自身内部监管角度来看，第一，农村小型金融机构监管缺乏有效的成本管理机制，监管既要保证足够的资金运作和人力资源，又要控制资金的节制和人员的合理配置，同时政府应采取有效措施推行农村小型金融机构监管成本管理，发挥激励约束效应。举例来说，可以对农村小型金融机构实行分级管理，建立层级机构，进行不同的授权，提高工作效率，降低成本。第二，实行风险监管，确保农村小型金融机构稳健经营。在对农村小型金融机构实行导向监管的同时，应有效规避各类风险，这是并行不悖的。对农村小型金融机构进行风险监管，不仅要对单个机构的风险加以控制，更要对整个行业的风险进行有效的监控。监管部门应确定和构建合理的风险监管监测体系，持续有效地识别、评估、预警和控制农村小型金融机构面临的各类风险。与此同时，加强自律监管，避免过度行政监管，进而可以鼓励农村小型金融机构的金融创新和金融发展。

1.5.5 小结

本课题通过对陕西省和宁夏回族自治区农村小型金融机构的实地调研，发现支持政策存在以下问题：一是农村小型金融机构税负过重、补贴不足；二是贷款利率实行上限控制、村镇银行存款准备金率过高；三是农村小型金融机构内部人力资源短缺、从业人员专业技能薄弱。针对上述问题，建议降低农村小型金融的税收标准、加大补贴力度，放开对农村小型金融机构的利率控制、实行市场利率，降低村镇银行的存款准备金率。同时，建议农村小型金融机构创新人才选拔任用机制，加大人才引进力度，完善员工薪资标准，建立人力资源培养体系，通过组织专业技能培训提高员工的风险防范意识。此外，建议监管部门建立农村小型金融机构退出机制，制定激励政策和监管政策。相关政策的进一步完善有助于优化农村小型金融机构的金融生态环境，促进农村小型金融机构可持续发展。

2 陕西农村合作金融机构
中长期发展战略研究（2009—2010年）

2.1 导论

2.1.1 研究背景、目的及意义

一、研究背景

1. 农村经济发展背景

陕西省是农业大省，截至 2006 年底，农业人口占全省总人口的 72.95%，第一产业收入在农村居民家庭人均收入中占比达 44.84%。同时，陕西省工业保持了持续快速的发展，以工业为主的乡镇企业经营规模不断扩大，其中工业总产值和工业增加值 2006 年占比分别上升到 57.02% 和 54.23%，高于 2000 年的 53.12% 和 53.09%。到 2006 年底，乡镇企业数达到 92.67 万个，逐渐形成了 100 多家集农产品生产、加工、销售于一体的龙头企业，涉及果业、乳业、种植业、养殖业、农副产品加工、储运等众多产业，对提高农民收入水平，改善农业产业结构起到了重要作用。

但总体来看，陕西省与发达地区相比，农村经济总体仍较落后，乡镇企业或中小企业在部分地区虽然增速较快，但在规模和发展水平上仍处在较低层次，农村整体工业化程度较低，对农村经济的带动作用有限。当前农业生产正处在从传统农业向现代农业过渡时期，生产方式既有传统的、分散的、以初级生产为主的经营方式，也出现了现代的、集约的、综合型的农业生产方式，陕西"三农"的总体特征表现为欠发达性、多层次性、差异性和多样性，具体表现为：

一是以家庭经营为主，第一产业为农村居民家庭主要收入来源，第一产业中农业收入占比最大。截至 2006 年底，耕地面积占全省土地面积的 13.5%，以农户为单位的家庭经营模式是农村劳动力的主要经济组织形式。从农村居民家庭人均总收入和纯收入结构看，2006 年陕西农村居民家

庭人均纯收入 2 260.19 元，其中家庭经营收入 1 219.33 元，占人均总收入的 54%；在家庭经营性收入中，第一产业收入占比达到 83.04%，第二产业、第三产业收入比重分别为 2.9% 和 14.06%。

二是工资性收入成为农村居民家庭经营收入以外的最主要收入来源。陕西农村居民家庭人均工资性收入从 2001 年的 507.77 元提高到 2006 年的 848.26 元，工资性收入占农村居民家庭全年纯收入的比例由 2001 年的 33.4% 提升到 2006 年的 37.5%。2007 年前三个季度，陕西省农民人均工资性现金收入 790 元，同比增长 22.9%，增速高于上年同期 4 个百分点。其中，在本乡地域内劳动得到收入人均 359 元，同比增加 86 元，增长 31.3%；外出从业得到收入人均 363 元，同比增加 47 元，增长 15%。

三是转移性收入呈逐年增加趋势，财产性收入占比最小。2006 年农村居民家庭人均纯收入中，转移性收入占比 6.19%，较 2001 年增加了 1.34 个百分点；而财产性收入仅占 2.33%，较 2001 年提高了 0.21 个百分点，变化幅度较小。

四是乡村就业人员从第一产业向第二产业、第三产业转移趋势明显。2006 年全省第一产业（农、林、牧、渔业）就业人数占乡村总从业人员比例为 65.43%，较 1995 年的 79.17% 下降了 13.74 个百分点；同期第二产业、第三产业就业人数占总从业人员比例分别由 1995 年的 9.58% 和 11.22% 增加到 14.24% 和 20.33%。2007 年前三个季度，陕西省农村外出劳动力占总劳动力的比例上升了 1 个百分点，已经达到 22.4%，在外出务工人员增多的同时外出务工的时间加长，平均年龄呈下降趋势。农村劳动力转移加快这一趋势直接导致了农村居民家庭工资性收入的快速增长。

五是以工业为主的乡镇企业经营规模不断扩大，但对劳动力的吸收能力有限。2000 年陕西省乡镇企业共有 89.75 万家，吸纳就业人员 401 万人，总产值 2 010.73 亿元，增加值 504.89 亿元。其中，工业总产值 1 068.09亿元，工业增加值 268.09 亿元，占比分别为 53.12% 和 53.09%；到 2006 年，乡镇企业数达到 92.67 万个，吸纳就业人员 435.77 万人，总产值和增加值分别达到 3 056.74 亿元和 849.77 亿元，增幅分别为 52.02% 和 217%，工业总产值和增加值占比分别为 57.02% 和 54.23%。乡镇企业营业收入过 5 亿元的县（区）有 82 个，营业收入过亿元的乡（镇）有 524 个，营业收入过亿元的村有 139 个。

六是农民纯收入增长加快，城乡差距、区域差距拉大。2006 年底，陕西省农民人均纯收入 2 260 元，同比增长 10.1%，但城乡差距、地区差异依然存在。1995 年之前，陕西城乡居民收入比值在 3 倍以下，到 2006 年，陕西城乡居民收入比为 4.1，远高于国内外公认的合理区间（1.5∶1 至 2∶1），如图 2-1 所示。此外，据估算，反映陕西省农村居民收入差距的基尼系数也从 1980 年的 0.1875 扩大到 2006 年的 0.4085，可见，农民收入在增加的同时，城乡、区域差距也在不断拉大。

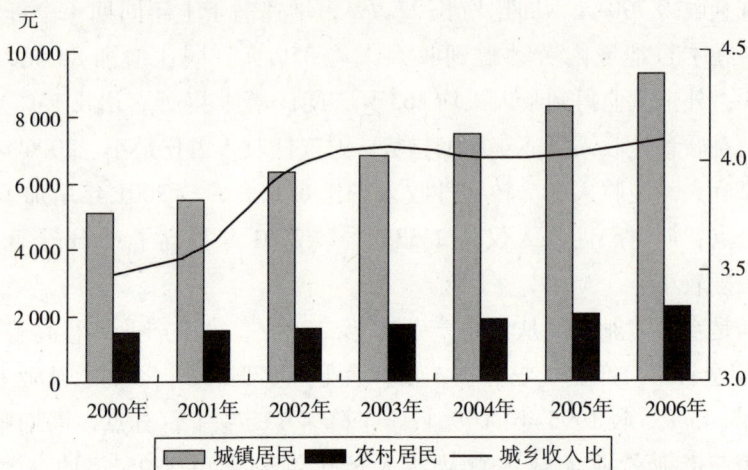

图 2-1　陕西省城乡居民收入对比图示

七是区域农村经济特点鲜明，存在较大差异。陕北地区依托资源优势农村经济快速发展，部分地区已出现"非农"趋势；关中地区是粮食主产区，正从传统农业向现代化农业转变，依托粮食产业发展的农业初级产品加工业、种养业、加工业发展迅速；陕南地区的生态农业、特色农业发展势头良好。然而，即使在同一区域，不同的区县间也存在着较大的差异。以陕北榆林为例，资源富足的北部六县（区）经济增长较快，生产总值占全市的 93%；而南部六县经济发展相对滞后，生产总值仅占全市的 7%。

2. 陕西省农村金融需求的特点

陕西"三农"问题的多样性特征决定了对金融服务的需求具有多样性，具体表现在：

（1）融资主体需求多样化。不同的融资主体，对金融服务需求不同。农户主要为维持生活和简单再生产，对生活消费性金融需求较多，其特点是金额小，资金需求分散，临时应急性强，缺乏有效的质押品，还款来源缺乏保证；农村中小企业对融资服务的需求主要表现为固定资产投资及补充流动资金，资金需求规模较大，期限相对较长；大型农业产业化龙头企业资金需求量大，以生产经营为主要融资目的，期限较长。

（2）对中介服务的需求多样化。一是对汇兑、结算服务的需求；二是证券投资特别是购买基金和理财产品、使用银行卡等现代金融服务需求也随着农民收入水平的提高和农村经济的发展而逐步释放出来。

（3）农村保险服务需求多样化，包括生产保险需求、生活保险需求以及农民工外出打工的保险需求等。

3. 陕西省农村合作金融机构改革发展情况

农村金融体制问题一直被视为中国金融改革中"最难啃的骨头"。1978 年开始的农村金融体制改革，经历了复杂的政策演变，但始终循着自上而下、政府主导、强制性、渐进式的改革路径，农村经济主体信贷需求难以满足的核心问题始终未能从根本上得到解决。

2003 年 12 月 15 日，中国银行业监督管理委员会正式批复《陕西省深化农村合作金融机构改革试点实施方案》，标志着陕西省农村合作金融机构改革工作全面启动。至 2008 年底，陕西省共有农村合作金融法人机构107 家（其中：农村合作银行 4 家，农村信用社 103 家，98 家为县统一法人社，5 家为县、乡两级法人社）。农村合作金融机构存款余额 1 117.61亿元，贷款余额 788.41 亿元，其中农业贷款余额 361.27 亿元，占全省农业贷款余额的 94.31%。陕西农村合作金融机构在农村金融支持中占据绝对大的比重。改革方案实施至今，已取得明显进展：管理机构已经全部成立，产权制度改革取得初步进展，前期改革基本完成。但是，真正建立产权明晰、内控严密、资本充足、质量优良、效益良好的农村合作金融机构的任务仍很繁重，陕西省农村合作金融机构改革已经进入关键阶段。

农村合作金融机构试点阶段和改革虽然取得了明显的成效，但进一步深化改革还面临不少问题和困难，主要表现为"三个明显高于预期"：一是化解历史包袱、改善资产质量难度明显高于预期；二是强化经营管理、健全约束激励机制的艰巨性明显高于预期；三是明晰产权关系、完善法人治理结构的复杂性明显高于预期。这些问题严重制约着陕西农村合作金融机构进一步深化改革，严重制约着农村合作金融机构主力军作用的全面发挥。

总之，农村合作金融机构改革发展问题，不是一个单纯的金融问题，而是事关农业、农村和国民经济全局的问题。农村合作金融机构向农村合作（商业）银行方向发展，是市场经济条件下的必由之路，深化改革后，产权关系将更加明晰，法人治理结构将更加合理，经营管理将更富活力，支持农业和农村经济发展将更有后劲。

二、研究目的

合作金融是合作经济的重要组成部分，它是指按照合作原则，以股金为资本，以入股者为服务对象，以基本金融业务为经营内容的金融组织及其金融活动。本规划研究的农村合作金融机构主要指农村信用社，研究的主要目的是制定陕西省农村合作金融机构中长期（2009—2020 年）发展思路、发展目标、分阶段目标，以及推进实施措施和机制，为陕西省农村合作金融机构深化产权制度改革、拓宽业务发展范围、完善法人治理结构、防范金融风险、提升整体竞争力提供科学的理论依据和决策参考。

三、研究意义

随着陕西农村经济的发展，广大农村地区对金融的需求不断呈现总量上升，形式、层次多样化的特征，虽然已经逐渐建立起农村金融服务基础体系，但是，目前金融支持"三农"仍然存在涉农企业贷款担保抵押难、承载主体少、农民专业合作组织"非法集资"现象严重等突出问题。在此背景下，科学制定陕西省农村合作金融机构中长期发展规划，对深化农村信用社改革，具有重要的理论和现实意义。

1. 理论意义

本规划在参考国内外农村合作金融机构改革成功经验与模式的基础上，系统提出陕西省农村合作金融机构中长期发展的整体思路和目标、分阶段目标和发展重点、采取措施与保障机制等，不仅对陕西省农村合作金融机构改革发展具有重要指导意义，还将拓宽和丰富农村合作金融机构改革的基本内容。

2. 实践意义

（1）有利于进一步明晰产权和完善法人治理结构。本课题结合陕西省的实际，系统提出农村合作金融机构坚持实施产权股份制或股份合作制的改革方向，在推进农村合作金融机构股权改革的同时，不断完善其法人治理结构与组织结构等实施方案，可以真正实现农村合作金融机构的商业化和市场化。

（2）促进农村合作金融机构业务拓展和创新。本规划提出根据农业发展和农民收入提高的新特点，积极推进金融创新，开办各种业务新品种，有条件的地区可做大中间业务，由"等客上门"转变到"上门服务"，从而不断拓宽农村合作金融机构业务范围。

（3）能够完善农村合作金融机构内部控制制度，有效防范金融风险。农村合作金融机构风险主要来自三个方面：一是资本虚弱难以承担风险，二是经营管理不善造成风险积聚，三是控制权转移难抵外来干预风险。本课题提出农村合作金融机构风险防范和内部控制机制，可以使农村合作金融机构不失时机地抓住当前产权制度和管理体制改革的有利时机，提高农村合作金融机构风险管理能力。

（4）形成优胜劣汰、能进能出、能上能下的人力资源配置机制。本课题将针对农村合作金融机构传统人事管理模式的误区，提出使农村合作金融机构人力资源管理从传统的封闭型、附属型、按照专业银行或参照行政部门的人事管理制度向现代绩效管理体系过渡方案，为建立高效的人力资源配置机制提供参考。

2.1.2　国内外研究现状分析

一、国外研究现状分析

1. 制度经济学理论

Holger Bonus 在《作为一个企业的合作联合会：一份交易经济学的研究》一文中，对 19 世纪德国信用合作社作了经济学分析。他把信用社看作是一种混合形态的组织形式，包含市场因素。在信用社中，最重要的是，社员所处的位置使他们很愿意主动向信用社提供关于家庭和邻里有价值的信息，这必然会降低交易费用。Rober P. King 在《北美农业合作社的未来：讨论》一文中，认为合作社具有弹性和适应力，因此在众多商业组织形式中它仍将表现得不同凡响。合作社最大的优势就是这种组织形式能根据改变的条件和变化的需要进行制度创新。

2. 农业信贷补贴理论

20 世纪 80 年代以前农村金融领域主要理论是农业信贷补贴理论

(Subsidized Credit Programs)，该理论认为：农业是发展中国家农民收入的主要来源，农业发展是经济发展的主要动力，所以农业增长在经济发展中具有决定意义。为了提高农业产量需要进行技术革新，为了进行技术革新，低收入的农村居民需要资金投入，但是因为农村居民收入低，他们又没有足够的资金满足投资需求，因此农村居民需要外源融资（主要是信贷）。而商业信贷市场利率对农户来说太高，农户没有能力支付商业信贷成本，同时低收入居民通常受教育程度不高并且不信任银行，因此农村金融机构缺乏足够的支持信贷的储蓄资金，发展农村信贷需要有政府的补助。这种理论认识到了农业和农民的弱势地位，强调外力推动，但是由于这种补贴下的信贷成本并不反映资金的真实社会成本，也没有考虑到加强金融机构持续经营的能力，因此 20 世纪 80 年代以后逐步从农村金融理论领域淡出。

3. 金融中介可持续发展理论

由于政府补贴贷款的利率往往低于农户存款利率，导致金融机构缺乏吸收存款的动机，而且政府补贴贷款通常低于市场均衡利率，对农户来说有很强的吸引力，很多农户为了以后继续获得贷款往往推迟还款，导致政府补助贷款项目坏账率很高，所以农业信贷补贴这种机制缺乏自我维持性。为从根本上做到可持续发展，金融机构必须要有流动的、自愿的存款来源，并且能够在贷款上获利，由此产生了金融中介可持续发展理论（Sustainable Financial Intermediation），该理论驳斥了低收入者没有储蓄能力的观点，认为低收入群体也有储蓄的需求和能力，并且由于他们比高收入群体面临更少的金融资产选择，他们多以银行储蓄的形式持有节余，这说明金融机构能够获得稳定的储蓄资金来源，因此也能够发展成为盈利性、可自我维持、不需要政府补助的金融中介。

目前国外关于农村合作金融的理论研究和实践经验都非常丰富，为陕西农村合作金融机构中长期发展规划研究提供了有益参考，但是由于国情、农情和省情的差异，以及经济发展阶段不同，在具体规划制定中要因地制宜，科学分析。

二、国内研究现状分析

近年来，对农村合作金融进行研究是国内学术界的一大热点问题。总的来说，虽然农村合作金融机构不断深化改革取得了巨大的成就，但目前我国的农村合作金融仍不能满足农村经济发展对金融服务的需要，其自身也面临生存与发展的困境，超前性、前瞻性的系统研究明显不足。必须结合不同区域经济发展水平和农村金融需求，科学研究并制定中长期发展方略，明确发展定位和发展目标，采取得力措施，促进农村合作金融机构发展。

2.1.3　研究思路与方法

一、研究思路

本课题的研究思路是，回顾陕西省农村合作金融机构改革的八个发展阶段，分析现阶段农村合作金融机构的发展现状，在借鉴国外发达国家和国内发达地区成功经验的基础上，参照陕西省农村合作金融机构具体情况，利用实际数据，对陕西省农村合作金融机构的发展趋势进行预测，运用 SWOT 方法分析陕西省农村合作金融机构面临的机遇和挑战，在此基础上，提出陕西省农村合作金融机构中长期发展的整体思路和目标。最后，针对以上思路和目标，提出实施本规划应采取的措施和保障机制。全书基本思路是：理论总结—问题分析—国外借鉴—陕西省农村合作金融机构中长期发展目标、分阶段目标和发展重点—推进措施与保障机制。

二、研究方法

本课题在研究过程中，主要采取了以下研究方法：

1. 问卷调查法

（1）问卷设计：按照本规划研究的主要内容，以及调查对象不同，设计完成调查问卷，统一印制调查问卷。

（2）调查对象：调查对象分为五个部分，包括省级联合社管理层、县一级法人联社管理层、农村信用合作社职工、有贷款业务的农户以及没有任何业务关系的农户。

（3）组织领导：课题组成员深入到陕北（延安、神木等）、陕南（安康、汉中、西乡等）、关中（西安、宝鸡、杨凌等）有代表性的市、县、村发放调查问卷，访谈并填写问卷，广泛征求各个方面的意见。

（4）广泛宣传：采取流动调查与固定设点相结合的方式，进行调查并广泛宣传，征求不同群体对农村信用社服务的意见和建议，确保广大群众的积极参与。

（5）调查反馈：采取设立定点服务台进行社会公众问卷调查、对存贷户进行现场问卷调查、选择有代表性的单位进行集体问卷调查等三种方式，在全省进行深入调查。经过调查，累计收回各类反馈信息若干条，为更好地制定陕西省农村合作金融机构发展规划准备第一手资料。

2. 实地调查法

为了解陕西农村合作金融机构发展现状，制定切实可行的发展规划，了解农村合作金融机构发展过程中群众的反映及进一步发展面临的问题，2008 年 8 月，由 20 名课题组成员组成调研小组，深入基层和农户，进行实地调研，调查全省典型的信用联社、信用分社，走访贷款户、重点中小企业，了解农村合作金融机构受广大群众欢迎的程度，倾听基层信用社员工的呼声和广大群众的愿望，收集资料，确保发展规划的可行性和可操作性。

3. 比较分析法

比较分析法包括横向比较和纵向比较。横向比较是将调查了解到的具体情况与其他国家以及我国发达地区（浙江、江苏等）农村合作金融机构的经营发展情况进行差异分析；纵向比较是将陕西省农村合作金融机构的业务发展和经营情况进行趋势分析，从过去的实践中获取经验、教训，并预测未来。

4. SWOT 分析法

SWOT 分析法是战略管理中用来确定企业本身的竞争优势（Strength）、竞争劣势（Weakness）、机会（Opportunity）和威胁（Threat），从而将公司的战略与公司内部资源、外部环境有机结合制定公司发展战略的分析方法。本课题运用 SWOT 分析法对陕西省农村合作金融机构的优势、劣势以及面临的机会和威胁进行分析，明确农村合作金融机构目前所处的地位和发展现状，为农村合作金融机构发展规划的制定提供准确依据。

2.1.4　研究内容

陕西省农村合作金融机构中长期发展规划是一个系统而综合的研究课题，本课题的研究内容分为以下五个专题。

专题一：陕西省农村合作金融机构发展的历史、现状和趋势预测。本部分主要回顾陕西省农村合作金融机构的八个发展阶段和现阶段农村合作金融机构的发展状况（包括政策环境、组织结构和运行模式等），借鉴国外及国内发达地区的成功经验，预测陕西省农村合作金融机构的发展趋势，运用SWOT方法分析陕西省农村合作金融机构发展过程中面临的机遇和挑战。

专题二：发达国家与我国发达省份及地区农村合作金融机构改革发展的主要实践与启示。一是分析发达国家的农村金融与农村信用合作发展的主要趋势，二是分析福建省、重庆市及宁夏等地农村合作金融机构改革发展的主要实践与启示，三是借鉴和总结这些发达国家与我国发达省份农村合作金融机构的改革实践对陕西省农村合作金融机构发展的若干启示。

专题三：陕西省农村合作金融机构中长期发展规划的总体思路与目标。本部分重点提出陕西省农村合作金融机构中长期发展规划的指导思想、基本原则、发展思路以及总体发展目标与分阶段（2009—2020年）发展目标。

专题四：陕西省农村合作金融机构中长期发展重点与发展方向。如何将陕西省农村合作金融机构改革过渡到省级农村合作（商业）银行是本发展规划的重点内容，本部分提出产权与股权结构、法人治理结构与组织结构、内部业务整合、风险管理控制、结算体系与信息化建设、人事制度改革、产品创新和品牌创建、农户与农村中小企业信用评估体系等发展重点与具体实施方案，是本规划的核心内容。

专题五：陕西省农村合作金融机构中长期发展规划实施的主要措施与保障机制。本部分全面分析了要使陕西省农村合作金融机构发展成为农村合作（商业）银行，需要采取的具体推进措施和相应的保障机制。

2.1.5 编制依据

1.《国民经济和社会发展第十一个五年规划纲要》；

2.《金融业发展和改革"十一五"规划》；

3.《国务院关于印发深化农村信用社改革试点方案的通知》（国发［2003］15号）；

4.《中国银行业监督管理委员会关于农村信用社以县（市）为单位统一法人工作的指导意见》（银监发［2003］12号）；

5.《陕西省"十一五"金融业发展专项规划》；

6.《陕西省人民政府关于加快我省金融业发展的若干意见》（陕政发

［2007］21号）；

7.《陕西省人民政府关于支持农村信用社进一步深化改革加快发展的意见》；

8.《中国人民银行西安分行关于金融业支持陕西社会主义新农村建设的指导意见》。

2.2 陕西省农村合作金融机构发展现状与机遇

2.2.1 陕西省农村合作金融机构发展历程及发展现状

一、陕西省农村合作金融机构发展历程

从农村合作金融机构酝酿、形成、发展和演变过程看，陕西省农村合作金融机构经历了一个复杂、曲折、多变的发展过程，总的来说，经历了八个发展阶段。

1. 孕育阶段（1949—1950年）

1949年9月通过的《中国人民政治协商会议共同纲领》中规定："关于合作社，鼓励和扶助广大劳动人民根据自愿原则，发展合作事业"。1950年7月，全国合作社工作者第一届代表会议召开，会议决定今后农村着重发展供销合作社、农业生产合作社和信用合作社，以促进农业生产和改善农民生活，发展农村中新的借贷关系。

2. 发展初期（1951—1957年）

1951年12月2日，陕西省第一个农村合作金融机构——长安县稻地江村信用合作社成立。虽然那时的信用社是由小农经济发展起来的，规模比较小，管理水平低，但陕西省信用合作事业的发展正式由此起步。1951年8月，由中国人民银行总行和中华全国合作社联合总社下发的《关于农村信用合作工作注意要点的联合指示》指出，信用合作工作由人民银行负责组织领导。这一时期的农村合作金融机构处于发展时期，具有合作金融组织的基本性质。

3. 低谷时期（1958—1978年）

这一时期，在人民公社体制下，由于"大跃进"等一系列政治运动和"文革"的影响，农村金融体制出现了多次反复，农村合作金融机构失去了合作金融的性质，先后被移交给人民公社、生产大队、银行营业所管理，变成这些部门的附属机构。1958 年农村信用合作社和银行营业所合并后下放给人民公社，成为人民公社的信用部。1959 年又将信用社下放给生产大队，成为信用分部。"文化大革命"时期，又对农村合作金融机构实行"贫下中农管理"。1970 年后，农村信用合作社逐渐变成银行的基层机构，直至 1977 年农村合作金融机构被人民银行正式确定为兼有集体金融组织和国家银行农村基层机构的双重性质，农村合作金融机构脱离了社员，合作金融组织的特点基本消失。

4. 恢复时期（1979—1982 年）

"文化大革命"以后，鉴于当时把农村合作金融机构下放给地方管理，造成混乱和损失的教训，国家决定把农村合作金融机构交给国家银行管理，农村合作金融机构成为国家银行在农村的基层机构。首先交给人民银行管理，后来交给农业银行管理。这时，虽然在国家银行领导下，信用社的业务得到一些恢复，但是，由于国家银行管得过多，管得过死，使信用社丧失了自主权，而成为银行的附属，走上"官办"的道路。信用社的发展受到约束，自主权受到伤害。

5. 农业银行管理阶段（1983—1995 年）

本阶段是农村合作金融机构初步改革和发展阶段。1983 年国务院 105 号文件明确规定，把农村合作金融机构办成合作金融组织，恢复其合作性质。农村合作金融机构"三性"——组织上的群众性、管理上的民主性、业务经营上灵活性——有所恢复，独立性有所增强。在业务关系上农业银行不给信用社下达指令性指标。1986 年前后又组建了县联社，农村合作金融机构的自主权有所扩大，无论在机构上还是在业务上都有了较快的发展。但是在农业银行的领导下，信用社的改革不彻底，合作制的原则没有得到很好地贯彻落实，民主管理在很多地方流于形式。

6. 人民银行管理阶段（1996—2002 年）

1996 年信用社正式从农业银行脱钩，交给人民银行管理。1996 年《国务院关于农村金融体制改革的决定》指出，农村合作金融机构管理体制改革是农村金融体制改革的重点，改革的核心是把农村合作金融机构逐步改为由农民入股、由社员民主管理、主要为入股社员服务的合作金融组织。这一时期，国家出台了一系列有利于农村合作金融机构发展的政策，如收缩国有商业银行战线，整顿农村基金会，放宽对农村信用合作社贷款利率浮动范围的限制，支农再贷款扶持，加大国家财政投入以解决农村信用合作社的不良资产问题等，这些政策客观上强化了农村合作金融机构对农村金融市场的垄断，推动并深化了信用社改革试点工作。

7. 深化改革阶段（2003—2008 年）

2003 年 6 月 27 日，在江苏省农村合作金融机构改革试点的基础上，国务院出台了《深化农村合作金融机构改革试点方案》，决定扩大试点范围，将陕西省等 8 省（市）列为试点单位，进行以产权为核心的农村合作金融机构改革试点，目前这项改革已在全国大部分省（市）推开，拉开了新一轮农信社改革的序幕。该方案明确指出：按照"明晰产权关系、强化约束机制、增强服务功能、国家适度支持、地方政府负责"的总体要求，加快信用社管理体制和产权制度改革，把信用社逐步办成由农民、农村工商户和各类经济组织入股，为农民、农业和农村经济服务的社区性地方金融机构。这次农村合作金融机构改革，重点解决两个问题：一是以法人为单位，改革农村信用社产权制度，明晰产权关系，完善法人治理结构；二是改革农村信用社管理体制，将信用社的管理交由地方政府负责，成立农村合作金融机构省（市）级联社。2003 年银监会成立，农信社的监管职能转入银监会。2003 年 11 月底，陕西省农村合作金融机构改革实施方案已通过银监会批准，这标志着陕西省农村合作金融机构改革试点工作已进入全面实施阶段。

8. 现代农村金融制度建设阶段（2008 年 10 月至今）

2008 年 10 月召开的党的十七届三中全会提出，建立现代农村金融制度，创新农村金融体制。在今后一段时期内，农村合作金融机构改革的主要任务是：进一步完善农村合作金融机构内部治理结构，改善法人治理结构，保持县（市）社法人地位稳定，发挥服务"三农"主力军作用。但是，农村合作金融不同于商业银行，它一般只在法人范围内形成一个联社，法人之外并不存在产权上的纽带关系，彼此之间还没有调动资金、互相救助的义务，因此农村合作金融依然面临比商业银行更多的不确定因素，建立全方位、多层次、灵活的农村合作金融体系，仍然尚未破题。

二、陕西省农村合作金融机构发展现状

1. 各项业务保持快速发展

从 1951 年成立至今，陕西省农村合作社已走过了 58 年的发展历程。

至 2008 年底，陕西省共有农村合作金融法人机构 107 家（其中：农村合作银行 4 家，农村信用社 103 家，98 家为县统一法人社，5 家为县、乡两级法人社）。全省有 2 926 个营业网点，共有员工 24 868 人，服务基本覆盖到了全省所有的乡镇。2007 年底，全省资产总额为 1 277 亿元，其中各项贷款为 788 亿元，负债总额为 1 224 亿元，各项存款余额为 1 118 亿元，在全省金融机构中存款总量位居第四，贷款总量位居第一，已成为一支在陕西省经济社会发展中发挥重要作用的地方金融力量（见图 2-2）。

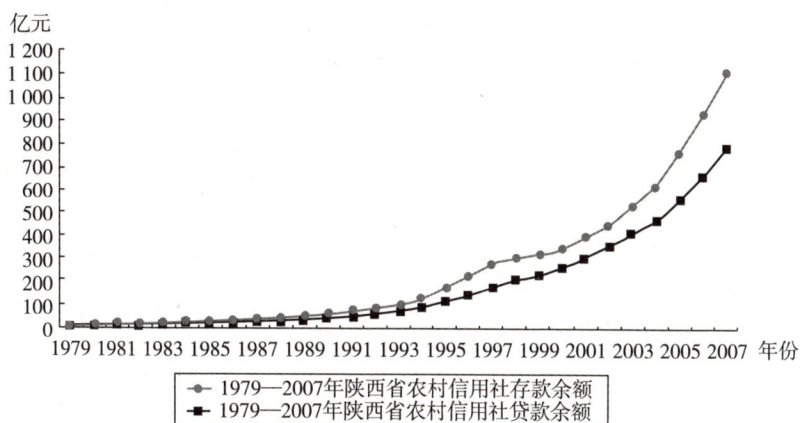

图 2-2 1979—2007 年陕西省农村合作金融机构存贷款余额

2. 支农力度得到进一步加强，服务手段进一步改进

陕西省农村合作金融机构本着"立足陕西，服务'三农'"的发展定位，在支持农村产业结构调整、促进农民增收方面发挥了农村金融主力军的作用，为 494 万户农户建立了经济档案，占全省农户总数的 71%，其中 238 万户被评为信用户，占农户总数的 34%，贷款农户达 335 万户，占农户总数的 48%。目前，涉农贷款的主要品种有：农户小额信用贷款、农户联保贷款、农户其他贷款、农业经济组织贷款。

在做好信贷支农工作的同时，通过与其他金融机构、企事业单位合作，开办了代理保险、代发工资、代发粮食直补资金、退耕还林补贴资金、代发城镇低保资金等业务；接受财政部门委托，代理发放财政贴息小额扶贫贷款，方便了农民的生产和生活。

经过 5 年多的发展，农村合作金融机构支农服务有了明显改进，有效满足了农民增收和社会主义新农村建设的资金需求。

3. 电子化进程加快

2004 年省联社成立后，把电子化建设作为改进信用社服务的突破口，立即启动了大集中网络建设项目，相继开发建成了综合业务网络系统和信贷管理系统。目前，全省 107 家联社和农村合作银行全部实现联网，做到了数据集中管理、信息资源共享、系统内资金汇划实时到账。同时，又开发了与人民银行大额、小额支付系统对接的辖区内小前置系统，成功与人民银行大额、小额支付系统对接，实现系统外异地资金实时到账，资金结算速度慢、渠道不畅的问题得到彻底解决。

同时，利用综合业务网络系统，成功发行了银行卡——富秦卡，并推出农民工卡业务，进一步丰富了服务手段。随着数据大集中网络项目建设的深入推进，还将进一步开发新的金融产品，改造业务流程，为"三农"提供更多更好的金融服务和支持。

2003 年以来，作为主力军的农村合作金融机构改革取得了阶段性的成果，通过中央银行的票据支持和财税政策的支持，改善了财务状况，但农村合作金融机构的法人治理结构还不够完善，支持"三农"的能力还不强，整体竞争力不高。

2.2.2 陕西省农村合作金融机构发展趋势及预测

一、国外农村合作金融发展趋势

纵观国外农村合作金融的发展状况，可以看出，国外农村合作金融的发展趋势呈现以下特点：

1. 国外存在着以美国为代表的多元复合式合作金融体制、以德国为代表的多级法人体制，以及普遍的合作金融行业协会等合作金融的行业发展模式；同时，各国的农村合作金融组织，在内部管理制度上基本采取多级法人制度，在行业管理上一般都有较为完备的行业自律管理制度。

2. 经营目标上，淡化合作性质，向商业化经营的发展趋势。世界银行2003 年报告指出，"根据许多国家以往的经验，商业化才是最有可能在可持续的前提下，为大多数农村人口提供金融服务的途径"。

3. 在组织机构和股份构成方面，农村合作金融借鉴了股份制，加大了按股分红，改变了信用互助合作制退社、退股的做法，社员不许抽资退股。国外农村合作金融引入了股份制的控股原则，不仅扩大了股东范围，而且还增加了股金种类和股金数额；同时，一些国家的农村合作金融组织还改变了社员可以自由退社退股的做法，给社员退股制造某种形式的"退出成本"。

4. 在资金来源和资金运用上，除股本金和存款外，农村合作金融的资金还有两个重要来源：一是向中央银行借款，二是发行债券。

5. 在业务经营方面，服务对象开放化、业务种类多样化、经营手段现代化、服务追求优质化成为未来农村合作金融的发展趋势，而且农村合作金融组织的业务范围也日益跨社区化和国际化。

6. 在经营管理方面，农村合作金融已经改变单纯的民主管理，实行民主化和专业化管理。

7. 国家在资金扶持、产权适时退出、经营风险管理制度、建立合作金融存款保险制度等方面对农村合作金融进行外部干预。

二、我国农村合作金融机构发展趋势

由于各地农村经济发展水平和思想观念差别较大，在改革中遇到的实际情况和具体困难也不尽相同，不同地区农村合作金融机构发展面临的主要任务和业务重点也不同。但是，农村合作金融呈现出了共同的发展趋势，主要有：

1. 改革开放大潮中，农村地区经历着深刻的变化，在此变化过程中产生的金融需求必然表现出多样性、多层次、动态演变的特征。

2. 微观金融在农村合作金融发展中发挥着十分重要的作用，可以满足农户、农村中小企业的金融需求。微观金融作为小额信贷的发展模式，开始出现融入正规金融体系的趋势，正规金融组织也开始引入微型金融业务。微型金融的普遍化、正规化成为新的发展趋势。

3. 我国农村经济区域差异十分明显，农村合作金融机构发展呈现出多样化、多层次和区域差异化等特点。

4. 农村合作金融机构的改革方向是揭去"合作"金融的"面纱"，按现代企业制度，建立以效益为中心、以盈利为目标的经营机制与组织体系。

5. 以市（县）为单位组建统一法人社，彻底改善资产质量和法人治理结构，并在统一法人社的基础上组建农村合作（商业）银行，更好地发挥服务"三农"的主力军作用。

6. 农村金融市场开放力度加大，金融机构种类多元化，产权安排多样化，供给主体多层次化，竞争与合作相结合的农村金融市场体系逐步形成。

三、陕西省农村合作金融机构发展趋势与方向

鉴于农村合作金融机构长期被扭曲的产权关系以及产权在资源配置和组织制度方面的基础性作用，陕西省农村合作金融机构的改革应从产权改革入手，通过产权的重新安排，建立高效合理的组织体系。

作为 8 个首批农村合作金融机构改革试点省市之一，陕西省从 2003 年开始至 2005 年第一季度，相继成立了省级信用社联合社，组建了神木、西乡等 2 个农村信用合作银行及 61 个县（区）一级法人社。对条件不具备的其他地区，计划至 2008 年底全面完成由二级法人向一级法人的过渡，最终结束全省 107 个区县的农村合作金融机构改制工作，改革获得初步成功。

陕西农村合作金融机构的改革棋到中局。从宏观层面看，国有商业银行改革、利率市场化、汇率形成机制改革迈出重要步伐，从货币市场到资本市场都将面临深刻变化；从微观层面看，各类金融产品、服务创新不断涌现，金融生态环境建设成为区域金融发展的重要内容，农村合作金融机构从法人治理结构到组织架构不断优化，人力资源重组趋势明显。

陕西农村合作金融机构的中长期发展规划设计，不能只注重单个机构、单个领域的安排，更要注重整体功能性重组，全面充实与提高金融服务功能，构建完整的、多层次的、功能充分的、运作协调高效的农村正规金融服务体系。

2.2.3　陕西省农村合作金融机构面临的机遇和挑战

农村合作金融机构作为区域性的金融机构，与其他金融机构相比，其总体实力比较弱。因此，陕西省农村合作金融机构必须正确面对国内外其他银行业金融机构的竞争带来的影响，客观地认识到农村合作金融机构具有的优势、劣势，面临的机会和威胁，才能科学地、有针对性地制定相应策略。

一、优势

与省内其他金融机构相比，陕西省农村合作金融机构在以下方面具有优势：

1. 网点多，分布较广

国有商业银行经营网点逐步退出农村市场，为农村合作金融机构提供了更广泛的金融服务空间。目前，设在农村的金融机构基本上只有农业银行和农村合作金融机构，而农业银行也只在部分规模较大的集镇设有营业网点，并且业务范围受到限制。农村合作金融机构在农村各乡镇都设有分支机构，随着传统业务发展壮大，新业务不断拓展，农村合作金融机构的农村主力军的地位逐步体现，为其发展壮大提供了很好的机遇和更广泛的金融服务空间。

2. 有一套成功的管理经验

长期在农村从事金融服务，为服务农村经济发展积累了一套成功的管理经验。农村合作金融机构虽经历了多次管理体制的变革，但是服务"三农"的经营方向始终没变。近年来，农村合作金融机构因地制宜，按照农村经济发展规律，不断深化体制改革，转变经营理念，在管理模式、经营思路、内控制度上都作了大胆探索和尝试，并逐步得到完善和规范。

3. 有一支业务比较熟悉的员工队伍

虽然整体而言农村合作金融机构员工的文化程度较低，业务和工作水平有待提高，但他们多是农村本地人，与农村、农民有着深厚的感情，深受农民的信赖。他们扎根农村，深入农村，了解民情，对农村各种信息看得准、反应快，为农村合作金融机构科学决策提供了可靠依据。

二、劣势

1. 历史包袱沉重，不良贷款占比高

受各种政策和人为因素影响，陕西农村合作金融机构的资产质量普遍较低。大量的资金沉淀、流失，经营亏损严重，潜在的风险较大。陕西省农村合作金融机构资产质量较差的原因，从主观上看，经营管理不善，内控制度不健全，信贷管理偏松，有章不循是导致不良贷款大幅上升的直接原因。从客观上看，由于各种因素影响，使得农村合作金融机构历史包袱十分沉重，遗留问题突出。截至 2007 年底，按照五级分类，全省不良贷款余额 244.22 亿元，不良非信贷资产 31.4 亿元，总计达 290.5 亿元的不良资产包袱有待消化，还有已置换和已核销在表外的不良贷款 30.54 亿元，资产质量差，清降形势十分严峻。

同时，2007 年底全省贷款损失准备缺口 97.52 亿元，准备充足率

19.74%，由于人员多、成本大，盈利能力低，拨备提取率低、提高资本充足率难度较大，受上述因素的影响，农村合作金融机构信贷风险呈上升趋势。

2. 抵抗风险能力差，部分县联社经营困难

由于现在陕西省仍然是以县一级法人信用社为主，无论从资产规模、贷款总量还是抵抗风险能力上都与商业银行不能匹敌，因此在与其他金融机构的竞争中很容易陷入经营困境。

1996—1998 年，蒲城等地农村合作金融机构由于参与了金融机构的恶性竞争，高息揽储，违规经营，发生了严重的支付风险，给农村合作金融机构带来了巨大风险，资产质量恶化，经营持续亏损，形成严重资不抵债。2007 年初，人民银行总行向蒲城联社发放 3.57 亿元专项借款，用于归还 36 家联社的拆借资金，但仅仅解决了对外债务问题，对化解历史包袱、改善经营状况未有实质性的帮助，当前经营仍较困难，支农资金严重不足，社会信誉未得到完全恢复，信用危机依然潜在。西安市临潼区联社在 2002 年底，不良贷款占比报表数为 23.67%，但实际占比数为 76.5%，资产状况严重失实，导致该联社目前兑付人民银行专项票据困难重重。

3. 经营业务品种单一，服务功能在同业竞争中处于劣势

目前，陕西省农村合作金融机构业务经营单一化情况十分严重，经营业务品种几乎还维持单一的存、贷款方式，绝大多数农村合作金融机构中间业务还处于空白。电子化发展虽然有了一定程度的改善，但相对于其他商业银行发达的电子化建设水平，差距依然较大。农村合作金融机构服务功能不完善，服务手段落后问题十分突出。

4. 机构臃肿，部分业务人员专业素质较低

农信社员工队伍数量庞大，而且由于扎根农村，对客户拓展具有一定的优势，但员工的文化程度、专业技术水平和业务能力总体较差，普遍存在观念保守、知识老化等问题。部分高级管理人员现代管理意识不强，民主管理观念薄弱，多年延续下来的习惯、经验、做法在短期内难以彻底纠正到位，制约了农信社的发展空间。同时，信用社的机构网点总体数量偏多，其中低效网点占比较大，既增加了经营成本，又放大了经营风险，在承担了"普遍服务"的同时，加剧了经营的压力。

三、机会

陕西省农村合作金融机构面临的最大机遇就是国家对"三农"问题的

重视、关注与支持，同时，新农村建设也为信用社发展提供了新机遇。

1. 农业产业化发展需要金融保障

目前，陕西省农村金融机构的信贷资金主要满足了农民一般种养业、果业的储藏加工等方面的需求，而产业化所需的资金量较大，金融机构大多出于控制风险的考虑对贷款比较谨慎，在一定程度上制约了传统农业向现代农业转变的步伐，而且地区经济越发达，农户和企业融资需求规模越大。据调查，榆林市 50 家样本农户家庭的户均贷款余额是 1.714 万元，西安地区样本家庭户均贷款余额是 1.037 万元，安康的户均贷款余额为 0.84 万元，榆林样本企业的平均贷款余额 953 万元，安康样本企业的平均贷款余额则为 762 万元。随着经济社会的发展，传统农业必将向现代农业转变，资金的限制造成了转变的"瓶颈"，而这一矛盾，恰好为信用社开拓了新的发展空间。

2. 以工促农、以城带乡，缩小城乡差距需要大量资金支持

陕西省农村人口占大多数，长期以来，由于缺乏对农村公共物品的投入，导致了省内农村公路、电力、通讯、农田水利设施不足。在陕西省新农村建设过程中，政府财政将加大对农村公共基础设施领域的投资力度，对金融配套资金的需求也会大幅度增加，特别是对周期长的金融需求将更为迫切，从而使陕西省农村合作金融机构有了更大的发展空间。

3. 国家的政策扶持，为农村合作金融机构创造了良好的外部环境

近年来，各级政府把防范化解农村合作金融机构风险作为稳定社会的一项重要工作，层层落实化险责任，促进了农村金融稳定，全力推进信用乡镇和信用村创建活动，给农村合作金融机构创造了良好的外部环境。

四、威胁

陕西省农村合作金融机构在发展中还面临很多挑战与亟待解决的问题，归纳起来主要有：

1. 民间"非法集资"与其他商业银行的竞争冲击

为了切实解决农村金融服务问题，国家鼓励设立村镇银行、小额贷款公司和农民资金互助社等新型农村金融机构，但有些机构以协会名义有组织地开展吸收存款、发放贷款业务，使农民误认为这就是国家批准设立的合法、合规的新型农村金融机构，同时又有高额的利息回报吸引。据调查，截至 2008 年 5 月末，渭南市临渭区信义、南师、故市等三个乡镇共有

农民专业合作组织 22 个，下设代办点 200 个，其中以各类产业协会的名义吸收资金、发放贷款的组织有 15 个。这些组织以高利率回报的形式吸收资金，以高于基准利率 4 倍以上的利率发放贷款，博取利差。至 5 月末，15 个组织已吸收存款 16 370 万元，发放贷款 13 400 万元。这些组织以协会会员为代办员，不具备从事金融业务的基本人员素质要求，以群众口头宣传形式吸收资金，没有持续、稳定的资金来源保障；约定利率以代码标注，在"合同"上没有明确的要素标识。一旦资金供给不足或发生纠纷，存款群众的利益将受到严重危害，极易引起当地经济金融的不稳定。据统计，临渭区信义、南师两家信用社，2008 年以来仅因此就流失存款 8 000 余万元，直接影响了当地农村合作金融机构的有序经营。

2. 产权不明晰

农村合作金融机构产权表面上是明确的，由社员入股组成，但在实际操作中却十分模糊，具体表现有：一是所有权不清。农村合作金融机构由农民入股组成，但这些股份入股自愿，退股自由，基本不参与信用社的经营管理，不符合产权明晰的基本原则。二是出资人不承担经营风险。由于有对入股者给予保息分红政策，经营风险不能及时转嫁给入股投资者。三是农村合作金融机构作为法人，主要服从县联社领导，"三会"制度流于形式，形同虚设，未能真正实行民主管理、民主监督。

3. 缺乏必要的风险分担和补偿体系

一是因创建信用村镇工作普及的面窄或成效不佳等原因，农村信用环境从整体来看不理想，一些地方农户还款意识差，农户小额贷款不良率已出现了逐年上升的势头。二是农业贷款担保难的问题比较突出。农业是受自然和市场风险双重影响较大的行业，随着农村经济的发展，几千元的农户小额贷款在大多数地方已经满足不了农户进行产业结构调整以及生产、生活的需求。但要提高信用贷款额度，在目前的信用环境下，农村合作金融机构会面临更大的经营风险。

4. 法制不健全

20 世纪 90 年代初，由于农村合作金融机构的经营一度偏离了为农服务的方向，为了弥补农村合作金融机构在支农上的不足，一些地方的村镇将集体经济节余集中起来成立了农村合作基金会。在农村合作基金会数量和规模迅速扩大的同时，由于法律法规没有相应跟上，合作基金会的业务发展和经营管理行为处于放任状态而缺乏约束，加之其资本金属集体经济性质，基金会的信贷资金被作为基层政府行政开支的重要来源，造成了大量呆坏账，最后不得不走清理关闭之路。

国外的经验表明，如果抽去法律，光有物质文明和科技进步仍然不能推动社会和谐，因此缺乏相应的法律规范，立法滞后会对陕西农村合作金融机构的发展构成威胁。

5. 严格的农村金融管制

目前，政府对农村合作金融机构从市场进入到市场退出、经营行为等更多的是从风险控制的角度进行管理的，而对于信用社在不同性质的生产主体间的信贷比例分配、利率的确定和信用社的基础设施建设等更多的是从行政控制的角度进行管理的。从风险控制来说，由于没有建立一套专门的合作金融监管体系，其监管理念和监管尺度都是比照商业银行的标准进行的，加之没有健全的法律体系作支撑，缺乏合理的参照系，因而对农村合作金融机构的风险监管，表现为对市场准入偏严，而对市场退出又偏松，不符合合作金融的内在发展规律。

五、SWOT 分析

SWOT 分析法是企业最常用的分析工具，就是科学全面评估一家企业的优势、劣势、机会和威胁的方法。其中：S 表示优势，W 表示劣势，O 表示机会，T 表示威胁。在找出四个维度的因素后，对各因素赋予适当的权重，并对各因素进行评分，然后计算 SW 值和 OT 值，确立其在坐标中的位置，根据其位置提出企业发展的方针、策略。

1. SWOT 坐标图如下：

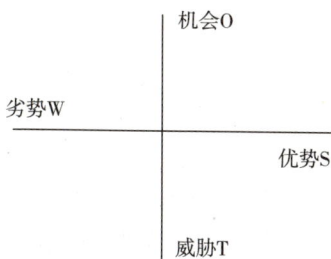

机会O

劣势W

优势S

威胁T

图 2-3　SWOT 坐标示意图

2. 计算 SW 和 OT 得分

根据上述情况，将陕西省农村合作金融机构 SWOT 分析做简要归纳，并对相应要素按照重要程度，给出权重，计算得到 SW 和 OT 得分，分别如表 2－1、表 2－2 所示。

表 2－1　　　　农村合作金融机构 SW 分析计算表

	关键内部因素	权重	得分（－5—＋5）	加权数	综合
优势	网点多、分布较广	0.25	4	1	2.25/3
	有一套成功的管理经验	0.15	3	0.45	
	有一批业务熟练的工作人员	0.20	4	0.8	
劣势	历史包袱沉重，不良贷款占比高	0.10	－3	－0.3	－1.1/－2
	抗风险能力差，部分县联社经营存在困难	0.10	－2	－0.2	
	业务品种单一，服务功能不完善	0.10	－3	－0.3	
	机构臃肿，业务人员专业素质较低	0.10	－3	－0.3	
综合	合计	1		1.15	

表 2－2　　　　农村合作金融机构 OT 分析计算表

	关键外部因素	权重	得分（－5—＋5）	加权数	综合
机会	农业产业化发展需要金融保障	0.25	4	1.00	2.15/3
	城乡统筹发展、缩小城乡差距需要大量的资金支持	0.25	3	0.75	
	国家政策扶持	0.10	4	0.40	
威胁	民间借贷与其他商业银行竞争	0.10	－2	－0.20	－1.35/－2
	产权不明晰	0.10	－4	－0.40	
	缺乏必要的风险分担和补偿体系	0.15	－4	－0.60	
	法制不健全，严格的农村金融管制	0.05	－3	－0.15	
综合	合计	1.0		0.80	

由计算结果可知，农村合作金融机构位于第一象限，机会与优势并存，劣势与威胁同在，但是机会与优势均不具有显著优势，所以目前农村合作金融机构发展必须不断克服威胁和劣势，把握优势和机会，制定科学合理的发展方略，实施全方位功能再造，以谋求生存、发展和壮大。

2.3　国内外农村合作金融发展改革的实践与启示

本部分通过系统总结国外农村信用合作发展和小额信贷发展的经验和国内部分省份（地区）农村合作金融机构改革发展实践，揭示目前农村信用合作发展的一般规律，对陕西省农村合作金融机构的改革发展提供启示和借鉴。

2.3.1　国外农村金融与农村信用合作发展的主要经验和趋势

一、发达国家的农村合作金融发展经验和趋势

1. 发达国家农村合作金融发展概况

美国农村合作金融体系是一个多元复合式体系。在国家农业信用管理局的领导下，由联邦土地银行及其协会、联邦中期信贷银行及其生产信贷协会以及合作银行三个独立的机构组成。美国的合作金融是在20世纪初经济大萧条时期由政府倡导建立的，借款人要借款须先成为土地银行合作社的股东，而合作社认购一定规模的股票成为土地银行的股东，联邦土地银行的贷款业务经过联邦土地银行合作社而直接面向借款人。联邦土地银行主要业务是向农业生产者发放与农业相关的长期不动产抵押贷款。联邦中期信贷银行提供的是中短期动产农业抵押贷款，主要投放对象为农民的生产合作社或农民的营业组织，以促进农牧业生产和经营。合作社银行提供三种贷款：设备贷款、经营贷款和商品贷款，另外还开展国际银行业务，以促进合作社农产品出口①。此后，联邦中期信贷银行、合作社银行和联邦土地银行三大机构根据新的法律均归还了政府资本，改由其会员机构所有，成为民间合作性质的农村金融机构。美国联邦政府还建立起了对合作金融业的存款强制保险制度。在监管和规范管理方面，专门设立了比较健全的农村合作金融管理体系，包括监管机构、行业自律协会、资金融通清算中心和互助保险集团，这些机构各自独立、职能各异但目标一致，形成完备的管理体系。

日本农村合作金融组织主要是农协系统，简称"二三三"模式。该模式是由二重结构（既有政府投入，又有农民投入）、三个系统（农业、渔

---

① 郭翔宇、罗剑朝等. 中国农业与农村经济发展前沿问题研究［M］. 北京：中国农业出版社，2007：134－158.

业、林业）和三个层次（上、中、下级）所构成的。在三个层次中，农林中央金库是中央级机构，都、道、府、县的信用农业协同联合会是中层机构，综合农协是最基层一级，包括农业协同组合、渔业协同组合和林业协同组合。农协系统按照农民自愿、自主的原则登记设立，基层农业协同组合，可以为农户办理贷款、存款和结算性贷款业务，兼营保险、供销等业务；中间层是信用农业协同组合联合会（简称信农联），对基层农协进行资金管理、组织资金结算调剂和运用；最高层是农林中央金库，是各级农协内部以及农协组织与其他金融机构融通资金的渠道，它对系统内资金进行融通、调剂、结算、依法营运，并指导信农联的工作，它可以对会员办理存、贷款、汇兑、代理委托放款和粮食收购款以及从事资金周转划拨、证券投资和外汇业务等。这三级组织间无行政隶属关系，只有经济往来，上级系统用市场操作手段和窗口指导对下级施加影响。日本的政府金融机构和民间农村合作金融机构并存、互补性强，政府金融为后盾，合作金融为主体。政府金融把政府农村金融政策、目标和措施具体化，其业务活动的85%以上是通过民间金融来运行的。日本农业合作金融管理体系由农村信用保险制度、相互救援制度、存款保险制度、灾害补偿制度、信用保证保险制度等制度组成。

德国是合作金融的发源地，农村合作银行就像金字塔一般，又叫单元金字塔式体制模式。在该模式中，农村合作金融只有一个系统，最上层是全国合作金融组织的中央协调机关——德意志中央合作银行，中层是三家地区合作银行，即 GZB 银行、SGZ 银行和 WSZ 银行，底层是基层合作银行，由雷发巽银行和舒尔茨银行组成。该模式的特点表现在：（1）组织体系完整，层次分明，自下而上逐级入股，自上而下融通资金；（2）有健全的民主管理组织和行业自律组织；（3）严密的审计监督系统和风险防范系统。

法国农业信贷互助银行系统是一种典型的半官半民的互助合作银行体系，又叫"两节鞭"模式。中央合作金融机构的资本金是由政府财政拨款，地区和基层合作金融机构的资本金是农民自愿投入。该模式特点表现在：（1）坚持"一人一票"的原则，合作精神贯彻较彻底；（2）政府的扶持，得力的决策促进了信贷互助银行的迅速发展；（3）运用经济方法协调上下业务关系。

2. 发达国家合作金融发展一般规律和趋势

（1）政府主导建立、专业分工明显。美国和日本的主要农村合作金融机构最初都由政府为实现特定农业政策目标而建立的。合作金融机构在组织架构上包含基层合作社（银行）、中层联社（银行）和最高层的协调管理社（银行），在业务分工上包含长期抵押贷款、中短期动产抵押贷款和日常普通贷款，形成了结构完备、业务多元互补的金融体系。

（2）商业化趋势明显。发达国家政府逐渐淡出合作金融机构，使农村合作金融形成市场化程度很高，能紧随当前电子化、全球化的趋势，不仅保证农业部门获得有效充足的信贷资源，保障其运行安全性，也使得农业产业和农户个人的多元需求得到了满足。

（3）监管体系完备。发达国家合作金融的运行和监管有专门的管理机构，并受到一系列法律法规的约束，主要有合作金融法、存款保险制度、互助救援制度、信用管理制度等。

（4）以生产合作为基础。美国采取土地银行合作社的方式，日本却是农协系统，与其农业经济模式有关。美国是土地资源丰富，大规模专业化经营，日本是土地有限，适度规模的兼业经营，二者的农村合作金融都以相应的生产合作组织为基础。

二、发展中国家小额信贷发展经验和发展趋势

1. 孟加拉国和印度尼西亚的农村小额信贷模式

在孟加拉国金融实践中，小额信贷是一种小额、短期信贷方式，不需要担保，直接贷款到户，手续简单方便易行，按周期还款，整贷零还，由孟加拉国的乡村银行格莱珉银行（Grameen Bank，GB）提供。Grameen Bank 是由穆罕默德·尤努斯（Muhammad Yunus）创建的，其主要机构设立在各个农村，资金来源主要是借款者的存款，贷款对象为穷人，主要是妇女，组织机构采用分支行制，借款人机构为会员中心—会员小组—会员，便于贷款管理，其经营效益较好，还款率较高。目前 GB 得到了孟加拉国政府的大力支持，政府提供低息资金、税收减免和法律上的支持。

印度尼西亚人民银行小额信贷部是正规金融机构从事小额信贷的代表。其总部对中央银行和财政部负责，下设地区人民银行分部、基层银行和村银行。村银行是基本经营单位，独立核算，自主决定贷款规模、期限和抵押，具体执行贷款发放与回收。机构内部建立激励机制，激励员工努力创造经营业绩，实行商业贷款利率以覆盖成本；银行奖励按时还款的借款者和存款额高的客户，还款越及时，存款越多，奖励越多。这使小额信贷部吸收了印度尼西亚大多数农户手中的小额游资，储蓄成为其主要的贷款本金来源，实现了财务可持续性。

虽然小额信贷取得了惊人的成就，但本身也存在一些问题。小额贷款的收益无法完全覆盖管理成本和资金成本，因而对于捐赠、补贴或低成本资金来源依赖较大。调查表明，小额信贷实际还款率近年来在下降，逾期率在上升，而且无法支持当地农业实现规模化经营和产业转型。对于小额信贷的推广需要结合实际创新经营模式，才能成功应用。

2. 小额信贷的发展趋势

（1）非政府机构正规化、市场化运作的趋势。小额信贷机构从最初自发的非正规的或合作性的机构，演变为商业性的、盈利性的、银行性的机构。国际上普遍通过适当提高利率，来排除非小额信贷对象的贷款人。

（2）不断进行创新和业务多元化。由于小额信贷在获得商业利益的同时，扶持穷人摆脱贫困，这些客户数量较大，一旦脱贫，其对于金融产品多元化的需求不断增强，会刺激小额信贷机构业务创新。

（3）监管放松趋势。各国政府纷纷支持本国小额信贷机构的发展，对其金融监管还没有统一的法规，有利于农村小额金融业的不断深化和发展。

2.3.2 国内代表性省份（地区）的改革实践

2003 年以来，在我国东部经济较发达的地区，农村合作金融机构逐步改制为农村商业银行或农村合作银行，农村商业银行按照股份制方式组建，农村合作银行按照股份合作制原则组建。在实践中，农村商业银行与农村合作银行经营模式差别不大。最早成立的江苏省张家港农村商业银行、常熟农村商业银行和江阴农村商业银行等一直走在农村金融改革发展的前列。上海农村商业银行和北京农村商业银行是全国最大的农村商业银行。福建省的合作银行模式、重庆市和宁夏回族自治区的农村商业银行模式有一定的代表性。

目前，我国农村合作金融机构集政策性、商业性、合作性于一身。从全国 8 个试点省市的改革实践看，深化农村合作金融机构改革的典型模式有三种：一是坚持并完善合作制；二是实行股份制改造；三是办成股份合作制农村金融企业。

1. 以县（市）为单位统一法人，组建省联社

这种模式率先在江苏推行，按照"一县一社、统一标准"的原则，把原来县、乡两级独立法人的体制改成以县为统一法人的体制。这种改革模式在一定条件下有积极意义，但与真正的合作金融组织相比仍存在不足，表现在：第一，仅仅是结构上的修补，产权关系并不明确。第二，所有权主体缺位、政府干预严重、激励机制不完善等问题依然存在。第三，统一法人后，农村合作金融机构规模扩大和信贷业务高度专业化，使信用社社员民主管理作用更加微小。

2. 改造农村合作金融机构，组建农村股份制商业银行

实行这种模式的代表地区是苏南三市：常熟、张家港、江阴市，其主要特点是：（1）清产核资，对原有农村合作金融机构进行资产清理和净资产确认。（2）清理社员股金，在平等、自愿的基础上，对确认后的农村合作金融机构股本金按 1：1 的比例转为农村股份制商业银行的股本金。（3）重新募集股本，由社会法人、自然人、系统内部职工按一定比例分别持股。（4）构建农村股份制商业银行的内部治理结构，实行一股一票制。

农村合作金融机构改制成农村股份制商业银行优势是：第一，产权关系明晰、管理科学，真正实现了"三权"分离。第二，操作难度低，阻力相对较小。但是这种模式也存在以下弊端：第一，由于政府持股在业务发展中难免会有非市场行为；第二，监管上存在一定难度，可能出现"内部人控制"的问题；第三，这种模式只适合工业化程度较高、对农业信贷要求不多而支农任务相对较轻的经济发达地区。

3. 在农村合作金融机构的基础上改组成立农村股份合作制银行模式

实行这种模式的代表地区是浙江鄞州，主要特点是：（1）遵循自愿原则，定向定量向辖区内自然人、企业法人和其他经济组织募集股本。（2）以资格股为前提，增加投资以满足不同层次的投资需求。（3）股东大会是其最高权力机构，实行一人一票制。

股份合作制既保持了合作制民主管理、提取公共积累、为社员服务的基本内核，又吸收了股份制考虑投资人利益的优点，产权明晰、权责分明、具有自我约束力，能够实现盈利和服务并举，有利于农村合作金融机

构不断扩大规模，适应农村金融需求和经济发展的需要。但是也存在一定的弊端：第一，不能有效解决所有者现实缺位问题。由于自然人股东众多，股权分散，他们对信用社的所有权难以体现。第二，"股份"与"合作"的比例难以保持稳定。当银行规模扩大，"合作"容易让位于"股份"。第三，民主管理不易落实。

我国农村合作金融机构体制发展及业务发展模式可归纳如图2-4和图2-5所示。

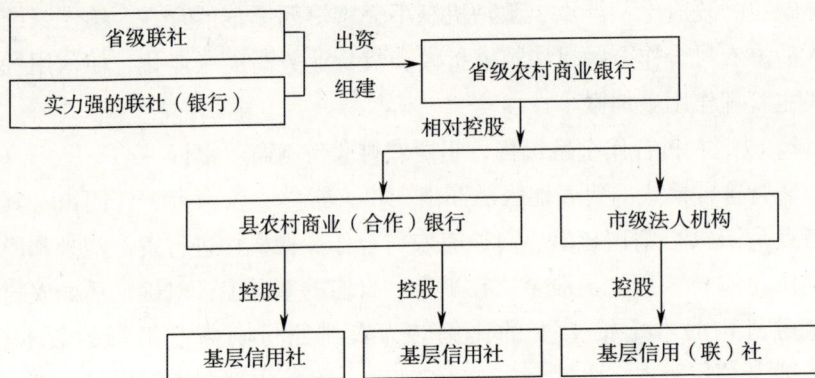

图 2-4 农村合作金融机构体制模式

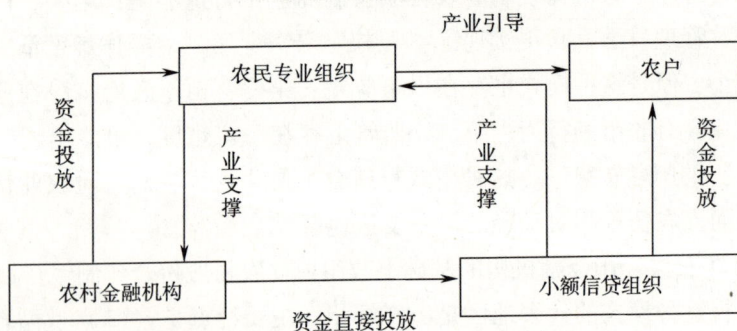

图 2-5 农村合作金融机构业务发展模式

2.3.3 对陕西省农村合作金融机构改革发展的若干启示

一、实施农村合作金融机构商业化、经营市场化的发展战略

采取现代企业制度，推进农村合作金融机构商业化、市场化，才能吸收民间资金投入合作金融体系，根据自有条件拓展业务范围，调剂城乡资金余缺，提高农村市场的资产利润率和融资效率，才能吸收城市剩余闲置资金流向农村。同时，利用好全国性的货币市场和证券市场，降低资金成本，提高金融产品的市场收益率，不断强化盈利能力和产品定价能力。

二、把农村信用社改组为商业银行或合作银行是合作金融发展的方向

农村信用社逐步改组为农村商业银行或合作银行，这一"股份加合作"的发展思路具有其他金融机构所不具备的独特比较优势。农村信用社改组成农村合作银行，保留了"农村"，加上了"合作"，通过改制成银行，扩大了资本金，拓宽了经营领域，可以创造更多的盈利模式。

三、采取相对的灵活方式促进小额信贷业务发展

首先，加强农户信用管理，通过农业生产合作、贷款小组等组织的信用联结，提高农户个人的信用度；通过对小额贷款机构人员的激励，实现小额贷款覆盖率和还款率的提高。其次，积极推进产品创新、电子化和多元化金融业务。采取灵活的产品和服务战略，打造自身在农村金融市场的经营优势。小额信贷需要根据农村客户的属性和产业发展变化改进，发展循环贷款、大额信贷、信用累积贷款和创业贷款等多种信贷业务。

四、政府要加强宏观引导，提供财税支持

在农村合作金融机构治理结构、扩充资本金和业务创新等方面给予必要指导和协助，给予财政、税收、金融政策支持，促使农村合作金融机构完善法人治理结构，消化不良资产和扩大农业信贷，逐渐减少对信用社的行政干预，引入竞争机制，使农村合作金融发展走上正轨。

五、建立充分完善的农村金融监督管理体系

建立合理的外部监管模式，完善农村合作金融监管体系。对农村金融市场的资金投入和机制创新放宽条件，同时做好风险防范和市场秩序规范的工作。完善对农村合作金融的法律保障，实施存款保险制度、信用管理制度和农业保险制度等。

2.4　陕西省农村合作金融机构发展的总体思路与目标

2.4.1　指导思想

以服务农业、农村和农民为宗旨，加快农村合作金融机构管理体制和产权制度改革，建立健全内部控制体系，不断创新农村金融业务，提升陕西省农村合作金融机构的整体竞争力；把农村信用社逐步办成由农民、农村工商户和各类经济组织入股，为农民、农业和农村经济发展服务的社区性地方现代金融机构；充分发挥农村合作金融机构农村金融主力军和联系农民的金融纽带作用，更好地支持农村经济结构调整，帮助农民增加收入，促进城乡经济协调发展。

2.4.2　基本原则

一、服务"三农"原则

农村合作金融机构与农民、农业和农村经济紧密相连，服务"三农"是农村合作金融机构生存发展的根本之道。在农村地区，农村合作金融机构拥有最多的分支机构和代办网点，熟悉农村经济、农业生产状况和农户信誉度，能够为"三农"提供便捷的金融服务。坚持面向农村，农村合作金融机构才能实现可持续发展。因此，服务"三农"，农村合作金融机构义不容辞。

二、政企分开原则

坚持政企分开原则，对农村合作金融机构依法实施管理，尊重农村合作金融机构的法人地位和自主权，不干预其具体经营活动。陕西省农村信用社联合社要切实履行好对农村合作金融机构管理、指导、协调、服务的职责，逐步培养农村合作金融机构自律管理的能力。银监会、人民银行要依法加强对农村合作金融机构的监督管理，协助省级人民政府、省级联社管理农村合作金融机构。进一步加强对农村合作金融机构风险的监控考核，建立健全风险矫正和市场退出机制，及时采取风险预警、停业整顿、依法接管、重组等措施，有效控制和化解风险。

三、市场化原则

合理的利率是农村合作金融机构持续发展的重要条件。农户贷款难集中体现在贷款"成本"上，如果能提高贷款利率和放款利率浮动比例，使农户贷款利率基本接近市场利率水平，在高收益的驱使下，农村合作金融机构对农户贷款的积极性将会上升，实现农村合作金融机构与农户双赢。农村合作金融机构根据农村货币市场的实际需求和自身的盈利水平以及经济承受能力，实行浮动的利率机制，相应提高农户贷款利率，使农村金融机构可以取得平均利润，维持自身财务的可持续发展。

积极建立以市场为导向的机构调整重组机制，按照"多撤销、少保留、严格管理、规范操作"的总体要求，通过撤销、合并等手段，加快农村合作金融机构调整重组步伐。根据业务规模和经营效益，合理确定各机构、各部门的岗位设置和编制，合理确立辖内营业网点，由目前的网点"分散化"向"集约型"转变，实现网点的优化布局。

四、适当政策补偿原则

由于农业和非农业的投资收益差别很大，在趋利机制的作用下，农村信贷资金更多地流向了非农业领域而不是农业领域。因此，对于农业领域的金融支持，应坚持政策补偿为主，金融主体内部补偿为辅的原则；对于农村非农业领域的金融支持，应坚持政策补偿和金融主体内部补偿相结合的方式，即风险、损失、经营亏损由双方共同承担。在经济落后地区，政策性金融发挥着主要金融支持的作用，应坚持国家政策补偿原则，风险由国家承担，损失由国家弥补。财政补贴的方式通常有利差补贴、提供低息和无息贷款、提供担保和税收优惠、减少存款准备金等。

五、因地制宜、分类指导原则

积极探索和分步实施组建市统一法人、省县（市）两级法人的产权组织形式和运行机制。有条件的地区，农村合作金融机构可以改制组建农村商业银行、农村合作银行等银行类机构，或实行以县（市）为单位统一法人，其他地区也可以继续实行乡镇信用社、县（市）联社各为法人的体制。

对农村合作金融机构进行分类，目的是掌握农村合作金融机构经营和风险状况结构，在此基础上，根据"区别对待、分类指导"的原则，针对各类农村合作金融机构的不同状况，采取不同的治理措施，防范、控制和化解经营风险，确保农村合作金融机构稳定健康发展。

六、有力的外部监管原则

合作金融与所有金融机构一样，在发展过程中必然要接受一国金融主管机构的监督管理，对农村合作金融机构的监管不仅要依靠市场竞争的事后惩戒和从业者的自律，还要有强有力的外部监管。农村合作金融作为金融业中一个相对弱势部门，有力的外部监管可以预防、控制和化解风险，维护金融体系安全，促进合作制原则的落实，保护存款人、消费者、社员和其他社会公众的利益。在监管中应坚持保证金融业经营的安全性，保证金融业竞争的平等性、保证货币金融政策的一致性，保持金融市场稳定，维护金融秩序，避免在监管中造成盲目干预和新的扭曲，从合规性监管向合规性监管与风险性监管相结合过渡，最后达到风险性监管的目的，促进农村合作金融机构有序竞争。

2.4.3　发展思路

2009—2020 年，陕西省农村合作金融机构改革进入崭新的发展阶段，其发展的整体思路是：全省成立统一的农村合作（商业）银行；根据农村合作金融机构多样化、多层次和区域差异化的特点，推动建立具有地方特色的多层次、多元化农村合作金融体系。具体思路是：在城乡一体化程度较高的发达区域和省会等大城市郊区，农村信用社资产规模较大且已商业化，继续采取股份制模式，组建县（市）商业银行；在经济发展水平中等地区，农村信用社尚不具备股份制条件，继续实行股份合作制；在经济相对欠发达的传统农业区，保持合作金融形式，对符合条件的地区推动以县为单位统一法人社重组；后两类地区坚持苦练内功，推进机制改革，提升服务水平，逐步渐进向更高级产权模式与综合实力强的农村商业银行过渡。首先，把西安市、榆林市农村信用社改组为农村合作银行或商业银行；其次，其他县市根据本地实际情况和农村信用社发展状况，或采取商业银行模式，或采取合作银行模式，再由省信用联社对其控股，最后实现组建全省统一的农村合作（商业）银行目标；加快推进农村合作金融行业管理体制创新，按照自下而上逐级入股、自上而下层层服务方式，组建金字塔式的农村合作金融组织体系，提高农村合作金融对农户、农村中小企业金融需求的满足度。

到 2020 年把陕西省农村合作金融机构办成产权明晰、治理完善、内控严密、资本充足、质量优良、效益良好的现代金融机构。

2.4.4　整体目标和分阶段目标

一、整体目标

组建陕西省农村合作（商业）银行，把农村合作金融机构办成产权明晰、治理完善、内控严密、资本充足、质量优良、效益良好的现代金融机构。

二、分阶段目标

1. 2009—2020 年的存款余额

利用 Excel 作出存款余额的散点图，存款余额的趋势分析如图 2 - 6
所示：

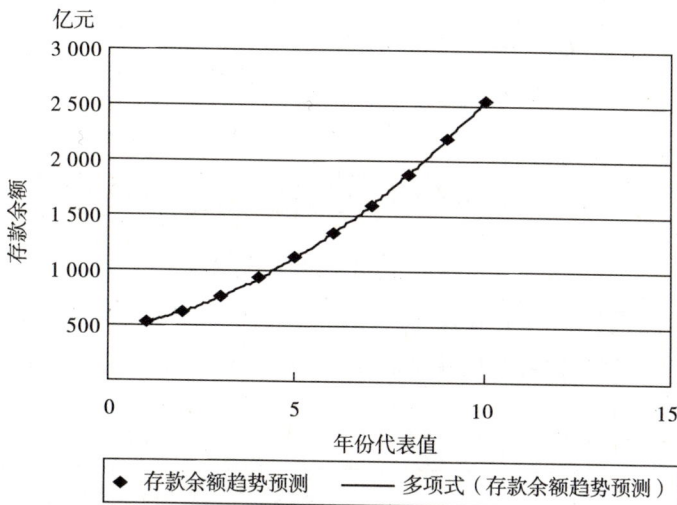

图 2 - 6　存款余额趋势分析

其中，趋势线的公式是：$y = 15.413x^2 + 55.543x + 454.22$（$R^2 = 0.9999$），x 代表年份，y 代表存款余额。

当 x = 8 时，y = 1 885.00（2010 年存款余额）

当 x = 13 时，y = 3 781.06（2015 年存款余额）

当 x = 18 时，y = 6 447.81（2020 年存款余额）

2. 2009—2020 年的贷款余额

利用 Excel 作出贷款余额的散点图，贷款余额的趋势分析如图 2 - 7
所示。

其中，趋势线的公式是：$y = 12.92x^2 + 9.9235x + 402.78$（$R^2 = 0.9993$），x 代表年份，y 代表贷款余额。

当 x = 8 时，y = 1 309.50（2010 年贷款余额）

当 x = 13 时，y = 2 715.17（2015 年贷款余额）

当 x = 18 时，y = 4 767.48（2020 年贷款余额）

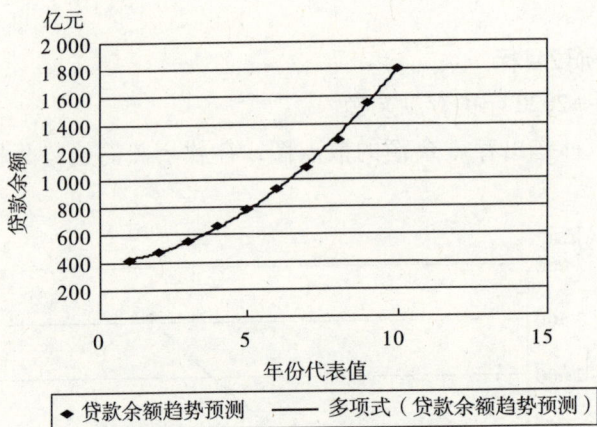

图 2-7 贷款余额的趋势分析

根据上面计算出的 2010 年、2015 年、2020 年存款余额和贷款余额，利用 Excel 作出存款余额和贷款余额总体趋势预测图，如图 2-8 所示。

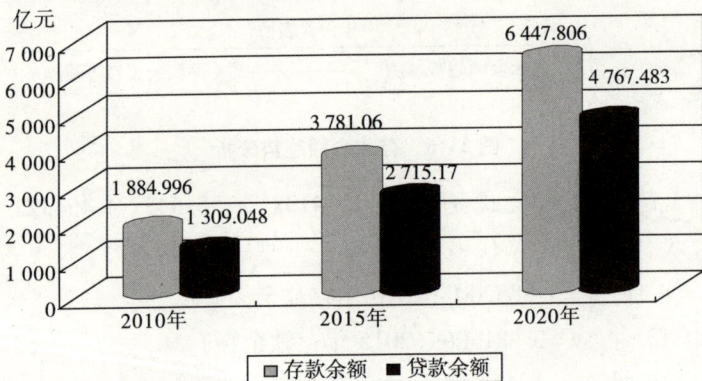

图 2-8 存、贷款余额总体趋势预测

3. 2009—2020 年的利润总额

利用 Excel 作出利润总额的散点图，利润总额的趋势分析如图 2-9 所示。

其中，趋势线的公式是：$y = 0.0579x^2 + 2.0315x - 0.0158$（$R^2 = 0.9944$），x 是年份的代表值，y 是利润总额。

当 x = 8 时，y = 19.94（2010 年利润总额）

当 x = 13 时，y = 36.18（2015 年利润总额）

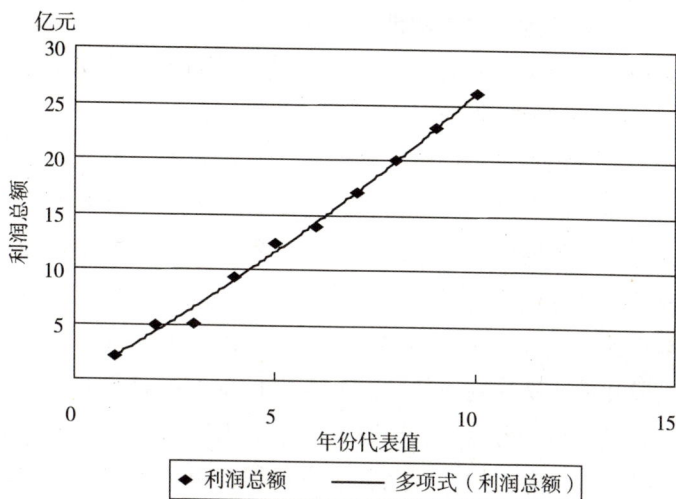

图 2 - 9   利润总额趋势分析

当 x = 18 时，y = 55. 31（2020 年利润总额）

根据上面计算出的 2010 年、2015 年、2020 年利润总额，利用 Excel 作出利润总额的总体趋势预测图，如图 2 - 10 所示。

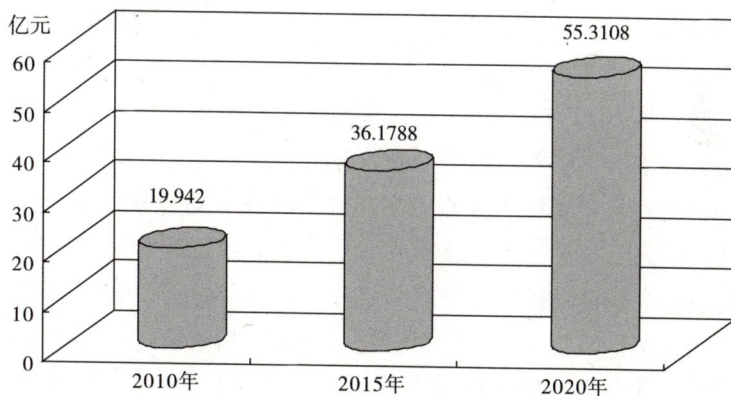

图 2 - 10   利润总额的总体趋势预测

4. 2009—2020 年的资本充足率

不断补充资本金，提高农村合作金融资本充足率，2010 年资本充足率达 1%，力争在 2015 年达到 5%，2020 年达到 8%，其中，核心资本充足率达到 4%。

三、实施"三步走"发展战略

为了实现上述目标,农村合作金融机构应实施"三步走"发展战略。"三步走"战略的具体步骤与内容是:

第一步:从2009年到2010年,改革体制机制,夯实基础,实现大部分贷款投向农业。到2010年,完成各类规划及实施方案,各地农村合作金融机构确立每年将新增贷款按一定比例投入农村的信贷投放目标,对农业地区的农村合作金融机构,必须将70%以上的新增贷款投放在农业方面,城郊结合部信用社原则上不低于40%,城(市)区信用社原则上不低于15%。对入股社员在基准利率基础上基本实现少上浮或不上浮,简化农户贷款程序,对经济较为落后、资金自我积累能力差但是农业生产资金需求大地区的农村合作金融机构,鼓励其向人民银行申请支农再贷款,竭尽全力满足当地农业发展的需要,真正实现大部分贷款投向农业的奋斗目标。

陕西省农村合作金融机构改革发展第一阶段的目标为:到2010年,各项存款规模应达到1 885亿元,年均增幅为18.25%;各项贷款规模应达到1 309.50亿元,年均增长18.31%;资本充足率达1%,以后年均提高1个百分点,实现税前利润19.94亿元,年均增幅5.4%;不良贷款总体下降到196亿元以下,不良贷款率总体下降到15%以下;贷款损失准备充足率达到60%以上;涉农贷款占比达到65%以上。

第二步:从2011年到2015年,突出优势,提高水平,实现农村合作金融机构股权结构、法人治理结构的完善和经营机制的成功转换。到2015年,进一步完善各类规划及实施方案,成功组建农村合作(商业)银行,实施市统一法人、省县(市)两级法人的产权组织形式和运行机制。有条件地区的农村合作金融机构可以改制组建农村商业银行、农村合作银行等银行类机构或实行以县(市)为单位统一法人,其他地区也可以继续实行乡镇信用社、县(市)联社各为法人的体制。同时,建成完善的金融风险防范机制,为农村合作金融机构股权结构、法人治理结构的完善和经营机制的成功转换奠定了坚实的基础。

陕西省农村合作金融机构改革发展第二阶段的目标是:到2015年,各项存款规模要达到3 781.06亿元,年均增幅为13.21%;各项贷款规模要达到2 715.17亿元,年均增幅13.97%;资本充足率达到5%;当年实现税前利润36.18亿元,年均增幅10.63%;不良贷款总体下降到352.95亿元以下，不良贷款率总体下降到13%以下；贷款损失准备充足率达到110%以上；涉农贷款占比达到65%以上。

第三步：从2016年到2020年，全面突破，整体跨越，重视业务结构调整，实现不良贷款的消化，提高资产质量，全面提高陕西省农村合作金融机构的整体竞争力。到2020年，陕西省农村合作金融机构改革与发展将取得显著成效，实现全省向现代金融企业过渡的目标。"三步走"战略分阶段目标如表2-3所示。

表2-3　　　　　　　　"三步走"战略分阶段目标　　　　　　　单位：亿元、%

	第一步：改革体制机制，夯实基础（2009—2010年）	第二步：突出优势，提高水平（2011—2015年）	第三步：全面突破，整体跨越（2016—2020年）
存款规模	1 885.00	3 781.06	6 447.81
存款规模年均增长	18.25	13.21	10.17
贷款规模	1 309.50	2 715.17	4 767.48
贷款规模年均增长	18.31	13.97	10.73
资本充足率	1	5	8
资本充足率年均提高	0.63	1	0.6
税前利润	19.94	36.18	55.31
税前利润年均增长	5.4	10.63	7.92
不良贷款总体下降至	<196	<352.95	<476.7
不良贷款率总体下降	<15	<13	<10
贷款损失准备充足率	>60	>110	>120
涉农贷款占比	>65	>65	>70

陕西省农村合作金融机构改革发展第三阶段的发展目标为：到2020年，各项存款规模要达到6 447.81亿元，年均增幅10.17%；各项贷款规模要达到4 767.48亿元，年均增幅10.73%；资本充足率达到8%；当年实现税前利润55.31亿元，年均增幅7.92%；不良贷款总体下降到476.7亿元以下，不良贷款率总体下降到10%以下；贷款损失准备充足率达到120%以上；涉农贷款比达到70%以上。

2.5 陕西省农村合作金融机构的发展重点与主要任务

组建陕西农村合作（商业）银行，实施"三步走"战略，把农村合作金融机构办成产权明晰、治理完善、内控严密、资本充足、质量优良、效益良好的现代金融机构，是陕西农村合作金融机构中长期奋斗的宏伟目标。今后5年，是迈入农村合作（商业）银行的开局阶段，是实现"三步走"战略目标的第一步。围绕这一总体要求，必须把握和抓住九个方面的战略重点，完成9个方面主要任务：推进产权改革与股权调整、完善法人治理结构、切实转换经营机制、着力抓好金融业务创新和内部业务整合、加强风险管理控制、努力提升结算体系电子化建设水平、改革考核机制与激励机制、继续深化人事制度改革、促进产品创新和品牌创建。

2.5.1 推进产权改革与股权结构调整

农村合作金融机构产权改革的最终目标是：通过产权改革，按照产权结构多样化、投资主体多元化的原则，构建新的产权关系；按照现代商业银行制度的要求，完善法人治理结构，建立决策、执行、监督相制衡，激励与约束相结合的经营机制。

一、产权制度改革的核心

结合陕西省实际，对全省现有各级农村合作金融机构实施产权制度改革，其核心是要在合作制的基础上，引入股份制、股份合作制及商业化模式，实现平稳过渡前提下的制度创新。组建省级农村合作（商业）银行，可以突破县级联社发展的地域限制，推进资源整合、重组，实现资源共享，发挥规模经营的最大效应。

二、产权制度改革的主要内容

1. 以清产核资、明晰产权关系为前提，通过用好用足国家、地方的扶持政策，帮助农村合作金融机构消化历史包袱；通过适当提高入股额度、扩大入股范围，实现增资扩股目标；通过设立新的股本结构，改善资本结构；通过大力清收旧贷，降低不良贷款。

2. 明晰现有产权关系，处理历史积累和包袱。建立县联社一级法人管理体制，逐步取消基层农村合作金融机构单个法人资格，对原法人单位（基层农村合作金融机构）的资产、负债、所有者权益进行全面清产核资。

在清产核资的基础上，对资不抵债的农村合作金融机构，先用现有积累冲抵历年挂账亏损，其余部分落实责任，通过转换机制、加强管理、政策扶持等多种措施逐步消化债务。

3. 增资扩股，构建新的产权关系。各县（市、区）信用联社要在清产核资的基础上，对原农村合作金融机构和县（市、区）联社职工的股本金，进行所有者权益的量化处理，按照自愿原则转为统一法人机构的股本金。结合本联社实际，按照专项中央银行票据和专项借款的兑付条件，确定入股对象、入股起点、入股数额，募集吸收新的股本金，构建新的、明晰的产权关系。

三、股权结构调整的主要任务

股权结构是指股份公司总股本中，不同性质的股份所占的比例及其相互关系。在清产核资的基础上，可尝试设计三种不同的股金形式，明晰农村信用社的产权。将原有信用社中农民社员股和职工社员股合并成为社员股，同时可以吸收自然人参股社员股。对原有信用社中国家股和法人股可以变为投资股，以国有投资公司或企业法人的名义投入信用社。对原有信用社历年盈利累计部分可以将其转化为集体股，作为信用社集体股基金，由信用社成立持股会持有。后两种股份可以考虑只有分红而没有投票权。在股本设置上应该对现有的政策进行一定的边际调整，对单个自然人和法人入股的比例上限进行一定的调整，在条件允许的情况下，适度扩大职工和法人的持股比例，逐步调整资格股和投资股的比例，如图 2 - 11 所示。

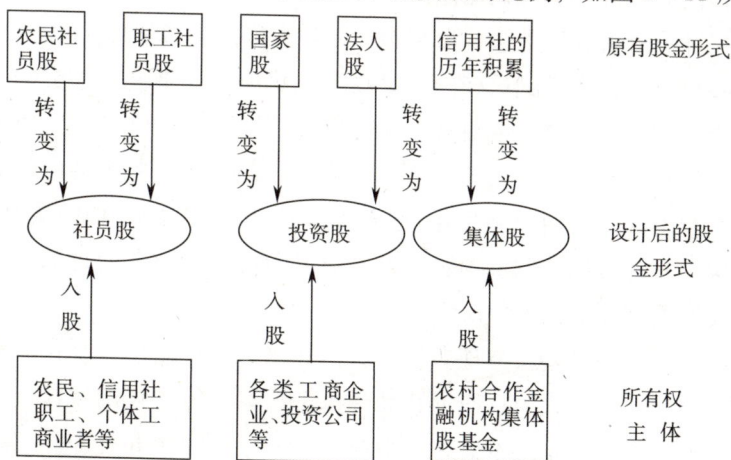

图 2 - 11　产权明晰方案图

充分尊重农村合作金融机构及其社员的意愿，按照条件和自愿原则并通过法定程序确定股权结构调整方案。力争到 2010 年，组建农村合作（商业）银行 5～8 家，初步建立现代农村金融制度；到 2015 年使 50% 左右的农村合作金融机构改组为农村合作（商业）银行；到 2020 年完成 80% 的农村合作金融机构改组，使省联社成为金融控股公司，彻底解决农村合作金融机构的产权问题。

2.5.2　逐步完善法人治理结构

逐步完善法人治理结构的具体办法是：逐步调整自然人、职工和法人在"三会"（社员大会、理事会和监事会）的比例，适当提高自然人和职工在"三会"中的比例，防止"内部人控制"现象。明确理事会、监事会和理事长、监事长、主任各自的职责，实现权责明确、合理分工、各司其职、相互制约。合理界定理事会和联社主任的权责，充分发挥监事会的监督权。

一、法人治理结构

完善法人治理结构是促进农村合作金融机构建立决策、经营、监督相制衡，激励和约束相结合经营机制的重要基础。县级统一法人社和农村合作银行，按照图 2－12 的组织架构在 2010 年底前完成法人治理结构改制任务；仍然保留县、乡（镇）两级各为法人体制的农村合作金融机构，努力创造条件向县级统一法人体制过渡。

设立社员大会、理事会、监事会。社员大会是省联社的权力机构，由入股的县级农村合作金融机构的法定代表人组成。理事会是社员大会的执行和监督机构，对社员大会负责，全权负责信用社经营管理中重要事项的决策，同时对决策失误造成的经营损失承担直接责任。监事会由社员代表大会推选产生，由 3 名以上监事组成，是农村合作金融机构的监督机构，主要负责对农村合作金融机构服务方向、风险控制和财务管理的监督，参与对重要经营事项的论证、决策。

具体来讲：一是要实行理事长与农信社主任分设制度，细化二者的职权范围，明确二者的权力、职责和义务，将理事会与主任的委托代理关系制度化、规范化。二是改革监事会组织结构、议事规则和程序。在组成人员上，引进高薪聘任的外部人员等非职工监事，参与对重要经营事项的论证、决策；从人员结构上，监事会组成人员中非职工监事不得低于1/3，进一步增强对农信社经营活动的监督，提高透明度；在议事程序上，建立监事会定期办公制度，赋予其更大的权力，使监事会行使的职责不受制于理事长和主任。三是强化社员大会职责，在章程中规定社员大会的权力、义务，进一步明确履职方式，将社员大会制度化，涉及农信社改革、重大投融资决策、高管人员的聘用、辞退及其薪酬水平等重大问题由社员大会投票决定。

二、组织管理结构

改革后的省联社高级管理人员将采用聘任制，在全国甚至全球范围内延揽人才。理事长为省联社法定代表人，主任（行长）由理事会聘任，并在授权范围内开展经营活动，实行任期目标责任管理。省联社高级管理层由主任1名和副主任3~4名组成，理事长不兼任主任。各级农村合作金融机构（或农村商业银行）均采用市场化的招聘或竞争上岗的方式确定管理人员，通过引入期权激励、责任追究等机制，促使其个人利益与农村合作金融机构利益趋同。

省联社根据职能和业务发展需要，按照精简、高效的原则，设立内部机构。为此，建议陕西省农村合作金融机构可以进行如图2-12所示的组织结构的设计。

2.5.3　切实转换经营机制

尽快完成由行政管理型向经营型、由经验管理型向专业管理型的过渡，建立现代绩效管理体系，切实转换经营机制，实行目标管理，推行岗位责任制。陕西省农村合作金融机构应根据自身的情况，制定切实可行的目标，如存款目标、贷款目标、费用成本目标、减亏增盈目标等，目标可分解，并定期检查目标进度。岗位责任制包括主任目标责任制、职能管理部门责任制和全员岗位责任制。

现代绩效管理体系包括公司和个人两个层面：首先，从公司发展战略和经营计划出发，制订绩效计划，主要完成组织及个人的绩效目标、指标及权重设置，明确组织发展目标和方向、员工个人绩效水平期望；其次，在运作过程中要持续进行绩效反馈与辅导，即经理或管理人员通过观察和记录，了解工作进展，以正式或非正式方式通过谈话进行辅导，促进员工

```
                        ┌──────────┐
                        │  社员大会  │
                        └────┬─────┘
              ┌──────────────┴────────────────┬──────────────┐
         ┌────┴────┐    ┌────┴────┐      ┌────┴────┐    ┌────┴────┐
         │  监事会  │───▶│  理事会  │      │公司发展  │    │稽核与审  │
         └────┬────┘    └────┬────┘      │战略薪酬  │    │计委员会  │
              │              │           │委员会    │    │          │
         ┌────┴────┐         │           └──────────┘    └──────────┘
         │ 内部监督 │         │
         └─────────┘         │
                        ┌────┴─────┐
                        │ 主任(行长)│
                        └────┬─────┘
        ┌─────┬──────┬──────┼──────┬────────┬────────┐
   ┌────┴┐┌──┴──┐┌──┴──┐┌──┴──┐┌──┴──┐┌──┴──┐┌──┴──┐
   │个人 ││公司 ││财务 ││后勤 ││风险 ││信贷 ││财务 │
   │业务 ││业务 ││核算 ││服务 ││管理 ││审核 ││决策 │
   │中心 ││中心 ││中心 ││中心 ││委员 ││委员 ││委员 │
   │     ││     ││     ││     ││会   ││会   ││会   │
   └──┬──┘└──┬──┘└──┬──┘└──┬──┘└─────┘└─────┘└─────┘
      └──────┴──┬───┴───────┴──┐
          ┌─────┴┐  ┌────┴───┐  ┌────┴───┐
          │信用社1│  │ 信用社2 │  │ 信用社3 │
          └──────┘  └────┬───┘  └────────┘
        ┌────────┬───────┼────────┬─────────┐
   ┌────┴───┐┌──┴───┐┌──┴───┐┌───┴────┐
   │ 信用分社 ││ 分理处││ 储蓄所 ││ 信用分社 │
   └────────┘└──────┘└──────┘└────────┘
```

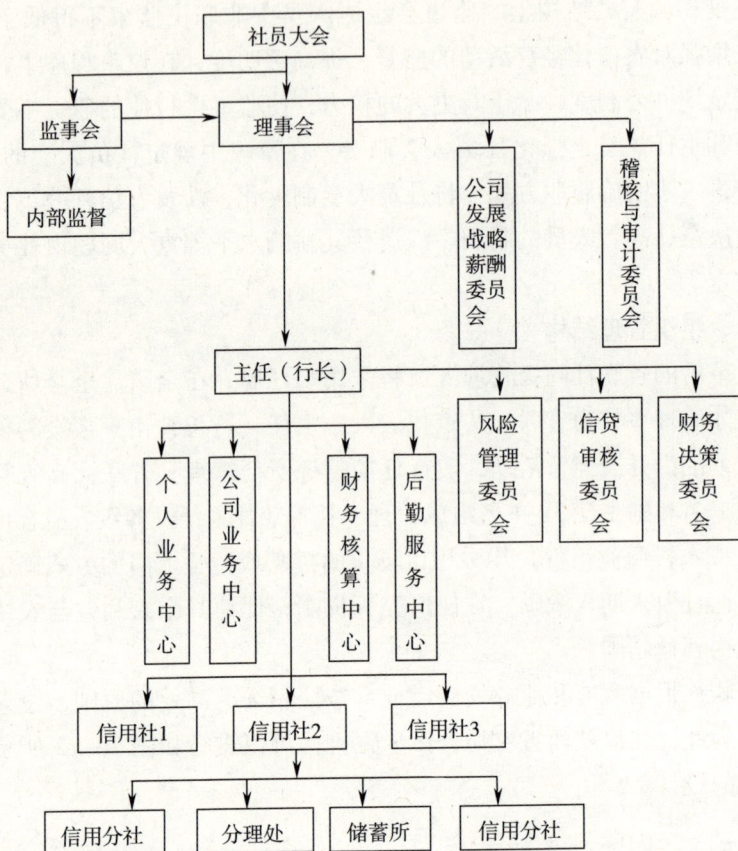

图 2 – 12　信用社组织结构设计理论模型

改变工作态度和行为；再次，对个人和组织分别进行绩效考核；最后，将考核结果运用到薪酬、职位调整、绩效改进、员工培训等方面，进行激励回报，如图 2 – 13 所示。

2.5.4　着力抓好金融业务创新和内部业务整合

农村合作金融机构推进业务创新不仅是自身经营及服务功能完善的需要，而且是改善"三农"金融服务的客观要求。要立足实际，积极开展业务创新和内部业务整合。

一、积极实施信贷结构调整战略

结合陕西作为农业大省的实际，制订具体资金投放计划，对信用社农

```
┌──────────────┐
│  公司发展战略  │
└──────────────┘
       ↓
┌──────────────┐
│  公司经营计划  │
└──────────────┘
       ↓
┌──────────────┐
│   绩效计划    │
└──────────────┘
```

┌──────────┐   ┌──────────────┐
│ 激励回报 │   │ 绩效反馈与辅导 │
└──────────┘   └──────────────┘

┌──────────┐
│ 绩效评估 │
└──────────┘

组织层面：   个人层面：

·达成公司业绩目标   ·明确个人目标并达成个人业绩指标

·识辨绩效优秀人才   ·依据绩效结果提供相应的激励回报

·作为战略沟通工具，加强内部沟通   ·制订个人职业发展计划

·提供培训和能力提升机会

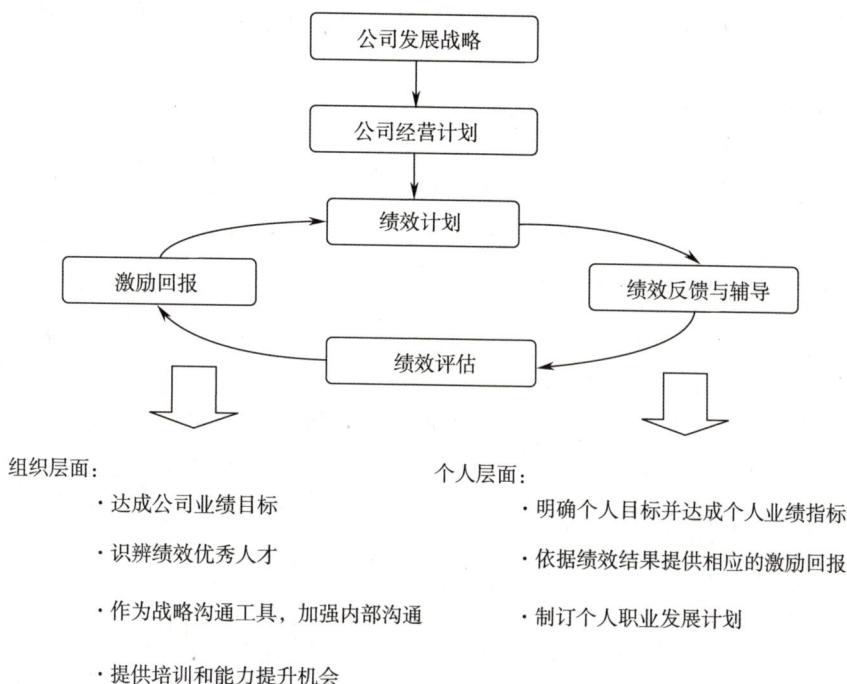

图 2 – 13　农村合作金融机构现代绩效管理体系

贷发放进行制度性约束，如城区农信社每年要将新增存款的 15% 以上用于发放支农贷款；城乡结合地区的农信社每年要将新增存款的 40% 以上用于发放支农贷款；组建农村合作（商业）银行的地区，要根据当地农村产业结构状况，合理确定将一定比例的资金投放农村，满足涉农企业和县域经济产业结构调整对信贷资金的需求。

在信贷结构调整方面，发挥农村合作金融机构点多面广、贴近农村、经营灵活的优势，简化手续，优化贷款投向，加大"三农"信贷投入。在优先支持农户、中小企业的同时，要积极拓展住房贷款、消费贷款、支农信用卡贷款等贷款新品种。在对小额农贷需求及客户分析的基础上，加大对龙头企业、民营企业、诚信客户、农民专业合作社的支持力度。扩大授权规模，延长信贷周期，实行利率优惠，变季节性贷款为常年信贷支持。

二、确定涉农信贷业务重点

根据农村经济发展的新变化和新形势，适度细分目标市场，创新适宜的贷款业务品种，满足农村不同层次客户的贷款需求，在贷款发放上尽量

119

简化手续，对优质客户贷款利率适当优惠，通过抵押担保、农户联保和小额信用贷款等多种形式，加大农户贷款的投放力度。

目前，中小企业和个体工商户已逐步成为区域经济最具活力的增长点，要审时度势，立足市场需求，因地制宜，择优扶持。加强同中小工商企业的沟通联系，开展中小企业评级授信活动、创新抵押担保方式、向农村信用社入股企业和个体户实行贷款利率下浮，让利于民，在切实防范风险的前提下，积极扶持信誉观念强、风险度低、高产值、高效益的民营企业发展壮大。

三、大力发展中间业务

当前，国际上商业银行中间业务收入占全部收入的 50% ～70%，我国四大国有商业银行中间业务收入占利润的 10% 左右。农村合作金融机构中间业务虽然起步较晚，但潜力非常巨大。要充分利用在中间业务发展上的后发优势，发挥点多面广、贴近农村的优势，开拓创新，开发符合农村市场需求的中间业务产品。

1. 继续做大做强代收代付业务。在目前代收各种通信费的基础上，继续开发代收电费、水费、有线电视费、各类税费、各种罚款等业务，开发代售基金、保险、电话卡等业务。在乡镇和县城，开展为各类企业代发工资、养老金、失业救济金、医疗保险金、代收物业费、卫生费等各种代收代付服务。

2. 完善网络功能，大力拓展银行卡业务。借助人民银行大额支付系统，拓展银行卡业务，在巩固 POS 机消费、ATM 存取款等基本功能的基础上，逐步拓展银行卡功能，提供贷款融资、电话银行、自助银行、网上银行、银证转账等服务。

3. 开展信息咨询、资产评估业务。开办信息咨询业务，为农村各类经济组织提供技术改造、新产品开发、农产品产、供、销信息咨询服务；开办资产评估业务，为各类产权交易主体提供资产评估服务；开办专项顾问业务，为客户提供金融财会顾问、法律顾问、企业委托及其他专业顾问服务等。

4. 开发保管箱租赁业务。目前，部分农村合作金融机构网点在库房条件、保卫力量等方面已基本具备开办保管箱租赁业务的条件，只要投入少量的保管箱设备，此业务就能开办起来。通过开办保管业务，不仅可以获得直接收益，还可以扩大社会影响，吸引更多的客户，获得其他业务的间接收益。

5. 积极创办金融超市。在市县所在地或城乡结合部地区，对原有农村合作金融机构营业部加以改造，开办金融超市，为农村经济组织及个体工商户提供全方位的金融服务，能够满足不同群体的金融服务需求，搭建中间业务发展平台。

四、探索基于订单与保单的金融工具创新

根据农业资金需求季节性的特点，围绕形成订单农业的合理定价机制、信用履约机制和有效执行机制，建立和完善农业订单贷款管理制度。积极开办"公司＋农户"、"公司＋中介组织＋农户"、"公司＋专业市场＋农户"等农业产业化经营的信贷产品，加强与保险公司的合作，以订单和保单等为标的，探索开发"信贷＋保险"金融服务新产品，有效防范和分散涉农信贷风险。鼓励农户贷款的抵押担保机制创新，鼓励探索引入农地使用权贷款、"动产抵押"等抵押担保方式，提高农户贷款的可获得性。

五、尝试在银行间市场发行涉农中小企业融资债券

采用"分别负债、统一担保、集合发行"的方式，在银行间市场探索发行涉农中小企业集合债，利用信息、技术优势和银行间市场的销售渠道，发行农业产业化龙头企业短期融资债券和涉农中小企业集合债。

农村合作金融机构业务创新与内部业务整合设计如表 2 – 4 所示。

表 2 – 4　　农村合作金融机构业务创新和内部业务整合设计

信贷结构战略调整	农业信贷业务	中间业务	金融工具创新	发行融资债券
1. 城区农信社每年要将新增存款的15%以上用于发放支农贷款 2. 城乡结合地区的农信社每年要将新增存款的40%以上用于发放支农贷款 3. 组建农村合作（商业）银行的地区，合理确定一定比例的资金投放农村	1. 抵押担保贷款 2. 农户联保贷款 3. 小额信用贷款	1. 代收代付业务 2. 银行卡业务 3. 信息咨询、资产评估业务 4. 保管箱租赁业务 5. 创办金融超市	1. 开办"公司＋农户"、"公司＋中介组织＋农户"、"公司＋专业市场＋农户"等农业产业化经营的信贷产品 2. 开发"信贷＋保险"金融服务新产品 3. 探索引入农地使用权贷款、"动产抵押"等抵押担保方式	1. 发行农业产业化龙头企业短期融资债券 2. 发行涉农中小企业集合债

2.5.5 加强风险管理控制

进一步增强风险意识,坚持审慎经营原则,正确处理好农村合作金融机构的改革与发展、速度与质量、效益与安全的关系;进一步完善内控制度建设,查堵风险之源;进一步建立风险预警、防范、处置机制,明确责任,切实防止农村合作金融机构因支付困难等引发的系统性和区域性支付风险,确保农村金融稳定。

一、构建高效的利率风险管理机制

目前,国内管理较为先进的商业银行都已建立了资产负债管理和风险管理的决策机构,并建立了相应的工作制度。农村合作金融机构应建立与识别利率风险相关的责权制度,规范利率风险管理流程,设立专门的利率风险监督管理部门,该部门直接对理事会或主任负责,制定明确的利率风险管理及监控规程,划分利率授权权限和责任。树立风险定价理念,提高贷款定价能力。贷款定价要充分体现依法合规原则、等级差别原则、风险覆盖原则和有利竞争原则。对于农户小额信用贷款和联保贷款业务,在坚持风险溢价补偿原则的基础上,尽量给予利率优惠;对评定的信用优良客户可在本辖区的平均利率标准基础上予以下浮;对 AAA 级优质企业,给予贷款利率优惠。对入股社员、农业产业化龙头企业等信誉良好的贷款客户给予利率倾斜;注意运用贷款利率定价机制留住、吸引优质客户,防止优质客户流失。要使贷款利率定价规范化、公开化、透明化,真正使贷款利率定价机制起到调整结构、优化资产的作用。

二、建立风险考核指标体系

规范贷前、贷中、贷后各个操作环节,建立风险考核指标体系,落实风险控制责任,有效降低操作风险和道德风险;建立对重点客户的风险监测和预警机制,切实控制信贷风险;建立风险分析指标体系,主要包括信贷风险监测报告体系、信贷业务风险分析体系、资产质量评价体系等;建立流动性风险分析指标体系,主要包括流动性缺口、核心存款与总资产的比率、贷款总额与总资产的比率、贷款总额与核心存款的比率、流动资产与总资产的比率、异变负债与总资产的比率等。

三、完善风险预警和快速反应机制

在省级联社成立风险预警研究部门,或委托相关研究机构进行经营风险的预警研究，积极创造条件创立农村合作金融机构风险基金。一旦发生突发性风险，快速启动风险反应机制，启动风险处置预案，协调各方行动，积极应对风险。

四、利用金融工程上的分解、组合、整合技术对冲和化解风险

通过银行间市场发行资产证券化产品和信用衍生产品，拓宽涉农金融机构的资金来源，分散农业贷款的信用风险。鼓励涉农金融机构根据自身需要和市场状况，积极探索开发以中长期农业基础设施和农业综合开发贷款等涉农贷款为基础资产的证券化产品，防范和控制信贷资产风险。试点开发以涉农贷款为基础资产、由保险公司或者贷款担保机构提供贷款保护的信用衍生产品，为农村合作金融机构加大支农力度提供成本低、流动性好的避险工具。

2.5.6　努力提升结算体系电子化建设水平

目前，全省农村合作金融机构计算机综合业务网络系统已基本建成，省内联网基本实现，但结算体系的电子化建设并未完结，与全国农村合作金融机构及其他金融机构的联网尚未实现。必须完善农村合作金融机构结算体系，增强服务功能，提高信息化水平。

一、加快农村支付结算体系建设步伐

在建设和完善支付清算系统和业务处理系统的基础上，有重点地鼓励和引导各地信用社开发和推广适合农村实际的支付结算服务品种，加快推进农村地区支付服务基础设施建设，逐步扩展和延伸支付清算网络在农村地区的辐射范围。

1. 加大非现金结算工具和结算知识的宣传。针对农民金融知识知之甚少的实际，通过上门服务、利用广播和电视等多种形式，广泛宣传支付结算工具使用常识和操作技巧，培养农民使用支付结算工具的意识。

2. 积极鼓励农村支付工具和结算方式创新。加快网上银行、电话银行等电子支付工具发展，不断完善农村电子支付的交易规则，提高电子支付的安全性，消除农民使用的后顾之忧。

3. 改革现行的结算业务收费模式。对现金业务区分不同的业务种类进行收费，降低非现金结算收费标准，鼓励使用非现金结算工具，加快构建功能完善、分工合理、竞争有序的多元化农村支付结算服务网络体系。

4. 强化现金管理，促进非现金支付结算工具推广。尽快修订《现金管理条例》等法规制度，在降低非现金结算相关费用的同时，逐步推行农村金融机构现金收付业务收费制度，从政策上鼓励使用非现金结算。

二、推动农村合作金融机构电子化建设

金融电子化是现代商业银行发展的基础。目前省联社在全省范围内基本完成了辖区内综合业务系统的建设，实现了与人民银行大、小额支付系统的对接，在此基础上，还要实现与全国农村合作金融机构以及其他金融机构之间的网络互通，信息共享。不断加大电子化建设的资金投入，统一规划，统筹资金，提高电子化建设的层次和起点，尽快缩小农村合作金融机构电子化建设与现代商业银行的差距。一是实现办公自动化，公文网上传递，信息资源共享，避免重复劳动，提高办事效率；二是积极与电信、移动、电力等单位合作，实现银证联网、代收话费、代收电费等业务；三是在推出银行卡——富秦卡的基础上，争取发行农村信用社信用卡；四是为了减少网点设置成本，在城区繁华地段设置自动柜员机（ATM）和全日制"自助银行"。

力争在 2010 年实现与全国农村金融合作机构的网络互通，到 2015 年前加入银联系统，使农村合作金融机构的银行卡在全国甚至世界各地都可以使用。

2.5.7 改革考核机制与激励机制

逐步建立责权对称、层级清晰、奖罚分明、衔接得当的岗位责任制与考核机制。责任主体要明确，责任内容具体量化，责任层级要合理分解，责任考核指标要准确完备，建立健全责任监督体系，完善监督措施，强化监督效力。做到失责者罚、渎职者究、违法违规者严厉追究。

一、始终贯彻量、本、利原则，合理设置考核机制

一是利润增长率和人均利润增长率。把利润作为考核经营成果的主要指标，不仅考核利润总量，还要考核人均创利能力。二是存款增长率、市场占有率和人均存款增长率。加大横向、纵向考核空间，检验业务发展速度。三是资产收益率和收入增长率。检验资产配置的合理性和效益性。四是费用下降率和工资增长率。考核费用率是否低于收入增长率及和工资增长率，是否相匹配。五是不良贷款率和资本充足率。考核"双降"和资本

充足率是否同步。通过考核，按照利润及相关指标安排经营活动，自觉组织存款，扩大资金规模；自觉管理贷款，依法合规放贷；自觉拓展收入渠道，促进经营好转；自觉控制费用，使费用率逐年递减。

二、建立公正科学的激励机制

公正科学的激励考核机制是公司总体目标和员工个人目标的有效结合。有了明确的发展目标，必须有一套与之相适应的激励考核机制。激励机制改革的基本思路是：高层管理人员逐步推行年薪制、期权激励机制，中层管理人员主要采取目标工资制，一般职工推行绩效工资制。通过工资制度的改革，逐步建立有效的激励机制。

首先，实行以利润为主要指标的工资同步增长办法。参照利润及相关指标，实行工资增长略低于利润增长比例。核定基数，按季度考核，年内留有折扣，年底一次找平的分配办法。县联社只管按利润指标核定工资总额，基层社具体细化考核办法。坚持收入分配向一线倾斜、向复杂劳动岗位倾斜的原则，坚持按员工的劳动量及创造的效益确定工资，多劳多得，少劳少得，不劳不得，彻底打破分配上的"大锅饭"。

其次，推行联社主任和信用社主任"三年任期目标管理责任制"。把年度考核、三年任期目标考核结合起来，对任期内完不成经营指标的各级信用社主任，按规定程序予以罢免或解聘；对分管工作完不成目标的副主任，不得提拔重用，或予以解聘。

最后，实行工资分配与信用社等级管理制度挂钩的办法。把存款增长率和市场占有率，人均存、贷款，人均盈利额，不良资产占比，安全运营，经营管理水平等指标作为对信用社评价的主要依据，按照百分制量化，依据考评得分多少定级，绩效工资考核、浮动。

三、建立高效的管理制度和组织结构

科学高效的管理制度和组织结构是"能做"的基础、前提和保证。高效的管理要求将责、权、利职能化、制度化，用制度管理人，让员工做事有章可循，提高管理效率和管理执行力。学习商业银行"扁平化"的管理经验，县联社统一法人后，将分社和储蓄所都纳入县级联社直接管理，从而在组织结构上缩短管理半径、减少管理环节、确保政令畅通。

2.5.8　继续深化人事制度改革

从农村合作金融机构发展的需求出发，制定员工队伍建设规划，加强员工培训和业务教育,不断提高现有员工职业道德水平和政治业务素质,逐步提高队伍的整体素质。

一、推进劳动用工制度改革

营造全员在工作中团结活泼、公平竞争的氛围,激发员工积极性、主动性和创造性。一是改革信用社岗位设置模式,根据业务发展需要,增设柜员制岗位,推行员工竞岗、干部竞聘、任前公示、离任稽核、末位淘汰等措施,完善激励和约束机制,规范人才的使用;二是加大岗位轮换力度,岗位轮换包括县联社、基层信用社主任,也包括工作人员轮换,对重要岗位的工作人员可以采取强制休假制度,加强岗位与岗位之间、社与社之间、联社与联社之间的交流、轮换岗,促使员工全面发展,充分施展才华;三是继续推行竞聘上岗制度,进一步扩大竞聘范围,提高竞聘岗位层次,给优秀员工脱颖而出创造良好的外部环境。

对高级管理人员,实行行政提名、社员大会和理事会选举有机结合,在条件允许的情况下,逐步过渡到由社员大会和理事会选举产生;中层管理人员应该一律采取定期竞聘上岗;彻底打破一般员工的身份界限,推行全员劳动合同制。

二、加强人才储备和培养

一是持久开展员工业务培训和学历教育。按照"学用结合、按需施教"的原则,制订年度员工业务培训计划。重点加强对各级干部、会计人员、信贷人员、稽核人员的培训,提高综合素质和政策理解能力。二是采取多种形式对员工进行学历培训。以支持本科教育为主,适当支持研究生教育,使员工掌握真才实学。三是不断加强高素质人才的引进,特别是金融、财会、计算机、法律、企业管理等方面的专业人才引进,在3—5年内建立起一支熟知农村情况,通晓农村合作金融机构业务,能自主开发切合农村实际的业务品种的专业人员队伍。四是加强业务技能考核。考核成绩纳入年度考核内容,并作为全年考核、考评、专业技术职称续聘、聘任、调资的依据。

2.5.9 促进产品创新和品牌创建

创新是企业的灵魂,品牌是企业的生命,对农村合作金融机构来说也是如此。没有创新就没有发展;形不成品牌,农村合作金融机构就难以发展。

一、建立有效的激励机制

尝试建立"新产品开发创新基金"，对开发新产品的有功人员给予奖励，对新开发的产品和业务给予适当扶持。鼓励各地联社、信用社适应客户对象的新变化，采取"一企一策、一户一策"的办法，推出"农户联保贷款"、"业主家庭成员连环担保贷款"、"以经营权及业主已投入自有资产、订单农业收费权作抵质押贷款"等贷款新品种。

二、建立推广应用新金融产品的组织体系

把推广应用业务新品种纳入经营目标管理考核体系中，加强考核，规范管理。各地农村信用联社要建立"市场营销部"，专司市场开发工作，使新的业务品种真正能够推得开，用得活，管得住，方便客户。

三、强化对外宣传

一是加大设施改造力度，建成超过同行业同标准的精品网点，真正树立起信合品牌；二是改善经营环境，营造良好氛围；三是提高服务质量，规范服务形象，做到服装形象"四统一"，即统一着装、统一挂牌、统一文明用语、统一岗位行为规范，以优质的服务赢得客户；四是每年举办大型宣传活动，借助和发挥网络、电视、报纸等媒体作用，深入宣传农村合作金融机构。

2.6 陕西省农村合作金融机构发展规划实施的主要措施和保障机制

陕西省农村合作金融机构中长期发展规划的实施，需要有针对性的措施和保障机制来完成，本部分具体阐述实现本规划的目标应当采取的具体措施和保障机制。

2.6.1 陕西省农村合作金融机构发展规划实施的主要措施

一、有计划有条件地补充资本金，逐步提高资本充足率

当前，陕西省农村合作金融机构总体资本水平不高，资本充足率相对偏低。在资产的快速扩张中，资本补充迟滞；固定资本比率过高，大量的资本被占压在几乎没有变现能力的固定资产上，造成流动资本严重不足；资本结构不合理，除按规定提取的少量呆账准备金外，基本上没有附属资

本；资本来源渠道单一，自我补充能力弱。如果考虑不良贷款因素，资本充足率就更显不足。在稳定的基础上，必须有计划和有条件地补充资本金，提高资本充足率，主要渠道有：

1. 地方财政注入资金

建议地方财政从每年的财政预算中切块，或选择发行特别国债的方式向地方农村合作金融机构适度注资。

2. 扩充法人股份，改善股本构成

增资扩股，改善股本构成，需要农村合作金融机构在积极完善法人治理结构的前提下，通过扩大社会法人入股、内部职工入股等多种渠道参股，完善募集股金方式和资本管理办法，积极面向企业法人，核定限额或比例，扩充法人股份。

3. 税前核销不良贷款，提高利润留成

通过内部挖潜，提高财务效益，从利润中留存积累，通过法定程序转作资本金。留存利润是西方商业银行核心资本增长的最主要来源。从审慎监管角度考虑，政府有必要以法规形式规定，若当年的资本充足率未达到8%，一是给予优惠的税负政策，即以税前利润分期弥补收回无望贷款和累计亏损，至少核定一定限额或比例；二是税后利润扣除必要提取外，将股东权益部分留作补充资本金。

4. 足额提取准备金，扩增附属资本

在我国，作为附属资本的呆坏账准备金没有分一般、专项和特别三个层次。目前，按贷款余额一定比例计提的呆坏账准备金，实质上直接用于核销呆坏账，起的只是专项准备金作用；按贷款余额1%计提的呆账专项准备金，事实上也属于与单项资产和某类资产贬值相关的呆账准备金。上述两类准备金均不属《巴塞尔协议》所规定的一般准备金，故不应纳入附属资本。建议改变现行呆坏账准备金的计提方法，提取能够计入附属资本的一般呆账准备金，用于农村合作金融机构弥补未来的不确定损失，按贷款质量的分类结果逐年提取不同类型的专项准备金，用于弥补不良贷款损失的直接准备。

5. 完善会计核算制度，返还营业税充实资本金

目前，金融业营业税税率已由2000年的8%降为5%，但相对国际通行水准而言，我国金融业营业税税率仍然偏高，权责发生制下虚收的应收

利息缴纳营业税，导致银行虚收实支数额巨大。一方面，造成表内应收利息越来越大，过高的营业税税率使银行垫款交税的资金越来越多；另一方面，虚收的应收利息日后实际上能够收回的比例很低，形成事实上的银行垫付税金。在大幅度降低营业税税率的同时，必须调整税基，达到降低税负的目的。针对目前营业税的税基要素设置不合理以及存在重复计征的问题，应允许农村金融机构将应收利息高于实收利息部分，用于冲减次年营业收入，允许中小金融机构将代收邮电费、凭证手续费等费用直接冲减相关费用支出。

6. 拓宽募集渠道，从股票市场筹集资本金

由于《巴塞尔协议》规定附属资本在总资本构成中所占比例不能超过50%，如果农村合作金融机构具有多余的附属资本，增加一个单位的核心资本，就等于增加两个单位的总资本。因此，通过发行股票来提高资本充足率其效果更加明显。条件成熟时，可考虑上市融资，扩大资本规模。

7. 通过资本型债券特别是次级债补充资本金

国际上，以次级债和混合资本债为代表的资本型债券由于同时具备"债"和"股"的特性，受到商业银行的欢迎。许多银行通过发行资本型债券来补充资本金，提高资本充足率。从国际和国内股份制商业银行来看，商业银行在快速发展时期，单靠利润留存已经远远不能满足资本金需求，外部融资成为其最主要的资本补充途径，对银行来说，主要有股权融资和债券融资。相对于发行股票融资，发行债券（次级券和混合资本债）补充资本高效快捷，且资本成本相对较低。因此，必须通过资本型债券特别是次级债补充资本金。

二、建立健全内部控制体系

1. 修改完善内部控制制度。农村合作金融机构应当以《中国人民银行法》、《商业银行法》等金融法律、法规为基础，结合客观实际情况，建立健全包括职工管理、贷款管理、财务管理、稽核管理等方面的合理有效、符合自身特点的内部控制机制。特别是健全完善重点部门、重点岗位和重大事项的管理制度及制约机制，在此基础上抓好贯彻落实，形成人人抓内控、人人管内控、人人遵守内控的良好局面。

2. 建立科学的可持续发展的考核制度，强化对资本充足率、拨备覆盖率、不良贷款率、资产利润率、人均利润率等的考核，真正做到依法审慎

经营。

3. 坚持严格的财务审批制度，减少费用开支。积微成巨，积小流可以成江河。从严控制各项费用的开支，减少人均费用额。在利润分配上，合理控制股金分红比例。将当年实现的利润拿出部分用于股金分红，其余全部用于弥补历年挂账亏损，争取早日弥补完历年挂账亏损。

三、构建农户与农村中小企业信用评估体系

构建农户与农村中小企业信用评估体系，进一步扩大企业和个人信用信息基础数据库在农村的信息采集和使用范围，引导金融机构建立健全农户、农民专业合作社和农村中小企业的电子信用档案，设计客观、有效的信用信息指标体系，建立和完善科学、合理的资信打分和信用积分制度，推动建立农村信用信息共享机制。

建立农户信用数据库，启动农户信用评价体系建设试点工作；制定信用信息评价指标体系（包括农户基本信息、农户贷款开立信息、还款信息、特殊交易信息、农户年度家庭信息和农户年度综合信息等指标），开发农村信用信息数据库。推动农村合作金融机构建立涵盖个人征信系统、五级分类和农户信用评价指标等内容的农户信用档案数据库系统。开发评分系统与农户信用档案数据库的接口程序，从而保证各级农村合作金融机构能够及时查询到农户信用评分。力争到 2010 年完成全省 60% 以上的农户信用档案建设，在 2015 年前完成全省范围内的农户信用体系建设，使农村中小企业信用评估和农户信用评估体系建设保持同步。

开展农村信用体系建设，探索总结推进农村信用体系建设的组织、制度和宣传教育机制，通过信用体系建设，打造区域信用品牌，提高区域信用水平，降低地方融资成本，为本地农村经济社会发展汇聚更多的金融资源。不断完善征信体系建设，加快建立和完善个人征信系统，使农村合作金融机构能够更加准确地评价客户的信用状况，最大限度地防止信用风险发生。

四、培育形成独具特色的农村合作金融文化

企业文化，是指在一定历史时期，企业在经营管理过程中创造的具有本企业特色的物质财富和精神财富的总和。企业文化建设要树立人本管理观念，注重人的作用的发挥，把尊重、关心、理解、爱护员工，促进员工价值的实现作为管理的重要内容。根据人的不同需求，采用不同的激励方

式，从根本上激发员工的内在动力和创造力，从而促进企业的进步和发展，最终实现员工自我管理。良好的农村合作金融文化是法人治理结构有效运转的重要条件。在股权高度分散的情况下，农村信用社很可能出现各自为政、互不买账、相互拆台、内耗不断的情况等，法人治理结构的建设就有出现南橘北枳的可能性。

企业文化建设不仅是职工的文体活动、对英模先进的表彰、各种金融服务的格言、口号等，更重要的是用精神（感情）的、物质的、文化的手段，满足职工精神方面和物质方面的需求，提高企业的向心力、凝聚力，激发职工的工作积极性和创造精神。经常组织各类文娱活动，引导员工培养健康向上的兴趣爱好，增进集体凝集力；广泛征求客户意见，广开言路，大力开展创建"文明单位"、"青年文明号"、"行风建设示范窗口"等创优活动，推广文明优质服务措施，全面提升农村合作金融机构营业网点文明服务窗口形象。

2.6.2　陕西省农村合作金融机构发展规划实施的保障机制

一、妥善处理农村合作金融机构的历史包袱，化解不良资产

综合运用法律手段、经济手段和必要的行政手段，帮助农村合作金融机构清收旧贷，依法打击逃废债行为。加大力度，清收和消化不良信贷资产。努力降低不良贷款比率；加快呆账的核销步伐，充分利用国家保值贴补资金和优惠税收政策用于冲销呆账；加快出台行之有效的不良贷款清收责任制；加大盘活不良贷款力度，努力降低信贷资产风险。准确认定、多方配合、灵活处置，化解不良贷款，其途径主要有：

1. 正视农村合作金融结构不良贷款的严峻现实，出台更有力度的救济办法

通过减免税收增加收入、利润，让其抵补挂账亏损，核销不良资产；提高农村信用社的税前呆账准备金提取率；放宽呆账贷款的核销政策，对农村信用社由于政策性因素而产生的不良贷款实行国家贴息、免税、直接核销不良资产；赋予农村信用社一定的资产接收和处置、清收盘活权力。

2. 建立由政府牵头的清收联动机制

由地方政府牵头，建立由纪委、公、检、法、银行监管部门、房地产、评估机构等相关部门参加的清收不良贷款联动机制，协调法院、土

地、房管等相关部门制定对信用社处置不良贷款的优惠政策，在政策上给予扶持，在司法上给予救助，在费用上给予减免，并将此优惠政策与信贷投放挂钩。

3. 加强银行间的有效合作，加大制裁力度

充分利用人民银行信贷登记咨询系统等贷款信息资源，了解客户的资信情况，加大对信贷风险内控制度的执行力度，严格按规章操作，防范逃废债行为。建立金融同业不良贷款定期通报制度，全面掌握资产监控的主动权。

4. 实行灵活多样的清收措施

利用社会力量实行合同清收，聘请有一定社会关系和工作能力的人员加入到清收队伍来，与他们签订劳动合同，实行按效取酬。加强抵贷资产的管理和处置，尽快建立包括抵贷资产的认定、接收、保管和处置等内容完整的内部管理制度，对抵债资产进行全面清理，核对账务，摸清家底，财政税务等有关部门要制定统一的抵贷资产管理办法，并给予政策扶持，信用社在接收和处置抵贷资产过程中的各种税应予以减免，变现收入在扣除接收、保管、处置过程中发生的各项税费后的净收入不足以偿还贷款本息部分，予以呆账核销，而不是直接列入营业外支出，加快处置抵贷资产。

二、实施财政补贴政策和更为优惠的税收政策

落实国家财政对农村合作金融机构的公平对待政策；对农村合作金融机构的政策性业务和支农项目由中央和地方两级财政按一定的比例给予适当补贴，以补偿农村合作金融机构因分担和减轻公共财政负担而减少的商业性投资收益；摸清农村合作金融机构资产风险状况，分析不良贷款原因，对因政策性原因形成的不良贷款，应给予二次剥离或票据置换政策，增强农村合作金融机构可持续发展能力。

对农村合作金融机构给予财政贴息或风险补偿，尽快协调落实省财政连续出资五年，每年3 000万元，共同用于建立全省农村合作金融机构风险补偿基金的扶持政策，对支农贷款损失给予补贴。对以"三农"为服务对象的农村合作金融机构和农村合作银行继续执行现行的营业税和所得税减免政策。免征农村合作金融机构农业贷款利息收入营业税，有关部门应继续实行农村合作金融机构的税收优惠政策，将所得税及营业税的税收优

惠政策延长到 2014 年。对农村合作金融机构因建立风险补偿金而增加的成本支出允许在税前全额扣除，按照农村合作银行涉农比例，确定不同的再贴现率、再贷款率、存款准备金率，并将一定比例返还农村信用社。

同时，由中央及地方政府多方筹集资金建立农村金融机构风险补偿基金，对承担政策性支农贷款任务的金融机构给予财政贴息或风险补偿，提高农村合作金融机构抵御风险能力。

三、尽快制定出台《农村合作金融法》等相关法规

合作金融在我国一直缺乏专门的法规条文，相对严格的监管从 1998 年以后才开始实行，但其主要依据是《公司法》、《银行业监督管理法》和《商业银行法》。当前及今后一段时期，农村合作金融处于机构与业务重组、治理结构激烈变动的特殊时期。必须完善现有的法律、法规，尽快出台《农村合作金融法》等相关法规，对农村信用社组社目的、组织形态、市场准入、社员资格审查、管理方式、业务种类、业务范围、经济核算、国家政策扶持、审计监管、贷款担保、信用社权益等作出明确具体规定，从法律上为合作金融提供保障；同时，尽快建立合作金融机构的存款保险机构，切实保障合作金融机构中存款人的利益。

四、进一步完善农村合作金融监管机制

切实加强对农村合作金融机构改革的监督、指导、检查工作，及时制止和纠正其经营中的不规范行为，增强信用社自我经营发展的能力。逐步统一监管标准，实施分类监管，建立起以非现场监管为主导，非现场监管和现场检查适当分离的监管框架，健全和完善从市场准入到市场退出，从风险控制到风险处置，从治理架构到运行机制，从非现场监管到现场检查等各个环节完整、科学的农村合作金融监管体系。

五、优化农村金融生态环境

加强对农村金融生态环境建设的组织、推动与引导，把改善农村金融生态环境纳入政府的重要工作日程；严厉打击非法集资和各种逃废金融债务的行为，切实维护金融债权；整合司法、工商、税务、劳动、金融等部门的信息，建立信息共享平台；建立健全农村金融生态环境建设考核评价指标体系，考核结果纳入部门业绩考核；逐渐形成既竞争又合作的农村金融生态群。

倡导"诚实守信"的信用观念，增强农民的信用意识。严格按照"公平、公正、公开"的原则，积极开展以评选信用户、信用村、信用乡（镇）为主要内容的农村信用工程创建活动，建立农村诚信社区。对已经评定的信用户、信用村、信用乡（镇），要定期进行检查验收，不符合标准的要坚决取消，不搞"终身制"。对获得农村诚信社区荣誉的农村企业和农户，给予贷款优先、利率优惠、服务优质的信贷支持，真正使守信者得利，失信者受损。

进一步推进"优秀县级农村合作金融机构"创建活动。对政府信用、农村社会信用、信用工程建设、县域经济发展和农村合作金融机构经营状况等达到要求的市、县、区、乡镇和社区，由省联社为其授牌，并在贷款额度、贷款利率等方面给予优惠。

3 陕西省村镇银行
运行绩效评价与支持政策研究

3.1 陕西省村镇银行发展现状

自 2008 年 10 月陕西省第一家村镇银行——岐山硕丰村镇银行设立，截至 2011 年 10 月，陕西省共成立了 9 家村镇银行，其中 7 家为独立的一级法人机构，按成立时间顺序分别为宝鸡岐山硕丰村镇银行、陕西洛南阳光村镇银行、安塞农银村镇银行、西安高陵阳光村镇银行、陕西安塞建信村镇银行、陕西富平东亚村镇银行和韩城浦发村镇银行，其余两家为岐山硕丰村镇银行的蔡家坡人民路分理处和凤鸣镇支行（见表 3-1）。总体来看，陕西省村镇银行的数量在全国范围内处于中下水平，资产总量较小，规模不大，设立地点多在相对较为发达的县城区域，没有很好地弥补陕西省金融服务覆盖面不足的问题。陕西省村镇银行成立时间都较短，最早的于 2008 年底才真正开始运行，大部分村镇银行均于 2010 年正式成立，主业务为存、贷款业务，中间业务发展缓慢，业务种类有限，缺乏特色。

3.1.1 陕西省村镇银行机构概况

通过表 3-1 可以看出，陕西省目前成立的 9 家村镇银行中，韩城浦发村镇银行注册资本金最高为 5 000 万元，最低的是洛南阳光村镇银行，注册时资本金仅为 300 万元。从全国范围看，陕西省目前成立的 9 家村镇银行注册资本金普遍偏低，没有达到全国的平均水平，至今没有一家注册资本金过亿元的村镇银行。村镇银行注册资本过低，单笔业务规模受限，制约了其经营发展和支农功能的发挥。

表 3-1　　　　　　陕西省村镇银行机构概况　　　　　单位：万元

序号	名称	注册资本	控股方	地点	成立日期
1	宝鸡岐山硕丰村镇银行有限责任公司	500 万元（2010 年 9 月扩股至 2 000 万元）	长安银行	宝鸡岐山	2008-10-15

续表

序号	名称	注册资本	控股方	地点	成立日期
2	陕西洛南阳光村镇银行有限责任公司	300万元（2010年底扩股至1 000万元）	西安市商业银行	陕西洛南	2008-11-12
3	岐山硕丰村镇银行有限责任公司凤鸣镇支行	—	岐山硕丰村镇银行	宝鸡岐山凤鸣镇	2009-06-29
4	岐山硕丰村镇银行有限责任公司蔡家坡人民路分理处	—	岐山硕丰村镇银行	宝鸡岐山蔡家坡	2009-06-29
5	安塞农银村镇银行有限责任公司	2 000万元	中国农业银行	安塞县真武洞镇	2010-03-24
6	西安高陵阳光村镇银行有限责任公司	1 000万元	西安市商业银行	西安高陵	2010-05-27
7	陕西安塞建信村镇银行有限责任公司	3 000万元	中国建设银行	安塞县真武洞镇	2010-06-25
8	陕西富平东亚村镇银行有限责任公司	2 000万元	东亚银行	陕西富平	2010-11-23
9	韩城浦发村镇银行股份有限责任公司	5 000万元	浦发银行	陕西韩城	2010-12-10

资料来源：①岐山硕丰村镇银行、洛南阳光村镇银行、高陵阳光村镇银行、安塞农银村镇银行和安塞建信村镇银行。

②因宝鸡岐山硕丰村镇银行有限责任公司凤鸣镇支行、宝鸡岐山硕丰村镇银行有限责任公司蔡家坡人民路分理处作为硕丰村镇银行的支行、分理处，本研究未对两家机构的注册资本等情况进行调查统计。未取得数据以"—"标注。

陕西省已成立的村镇银行营业场所基本处于经济相对发达的城镇地带，大多以当地相对有特色的县城为主，在金融支持当地农户和有特色的中小企业发挥了其"短、平、快"的积极作用；但另一方面，除了岐山硕丰村镇银行以外，其他几家村镇银行均未设立分行，故服务范围有限，不能很好地覆盖当地全县的农户和小微企业，限制了其业务的发展。以洛南阳光村镇银行为例，该村镇银行地处洛南县商业街的黄金地段，而洛南县地处山区，农户比较分散，农户获得金融服务需要付出较大的交通成本，除了贷款业务外很少与村镇银行接触，地域距离远，限制了村镇银行支农能力的发挥。

3.1.2 陕西省村镇银行业务开展情况

一、村镇银行相对有效地解决了农民融资难问题

村镇银行作为微型商业银行,同样要追求商业利润的最大化。陕西省村镇银行盈利能力略显薄弱,除了岐山硕丰村镇银行自 2009 年开始实现盈利并逐步增长,安塞建信村镇银行 2011 年上半年盈利 205.37 万元外,其余村镇银行的盈利状况堪忧(如表 3-2 所示)。村镇银行没有持久的盈利,将面临严重的经营困难,失去继续发展的动力,更无法满足其服务"三农"的市场定位和政策需求。调研过程中,村镇银行方面反映的最多的一个问题是"吸储难"问题,由于村镇银行是新生事物,成立的时间较短,公众对其认可度不高,不太愿意把钱存到村镇银行,从而导致村镇银行普遍吸储困难,银行存款余额有限,从而限制了相关业务的开展。如表 3-2 所示,到目前为止存款总额过亿的只有岐山硕丰村镇银行一家。

表 3-2 陕西省部分村镇银行部分业务指标 单位:万元

名称	年份	存款总额	贷款总额	涉农贷款总额	利润	总资产
岐山硕丰村镇银行	2008	3 360	190	90	—	3 868
	2009	9 048.38	5 809	3 175	24.65	39 432.57
	2010	16 312.42	9 724.4	7 724.4	257.19	21 683.73
	2011 上半年	14 961.08	11 233.76	9 405.56	196.05	20 449.9
陕西洛南阳光村镇银行	2009	3 500	610	510	-92.32	7 031.38
	2010	5 449	9 735	1 465	13.55	15 368.22
	2011 上半年	6 200	2 217	1 023	-10.38	13 110.52
安塞农银村镇银行	2010	5 121	4 139	3 639	-60.01	14 521.78
	2011 上半年	8 439	5 880.95	4 561	1.32	10 441.96
安塞建信村镇银行	2010	8 593.38	4 380.16	3 760.96	-195.07	11 516.69
	2011 上半年	7 273.19	5 198.95	3 969.84	205.37	11 292.31

数据来源:根据实地调查数据整理而得。鉴于调查样本限制和某些村镇银行开设时间较短,此表未包含陕西省所有村镇银行的数据。

二、存贷业务仍是村镇银行最主要的业务,中间业务种类少、比重小

陕西省村镇银行开办了存款、小额农户贷款、专业农户贷款、中小企业贷款、个体工商户经营贷款、个人住房按揭贷款、农民专业合作社贷款和社团贷款等存贷款业务，部分村镇银行还开办了国内结算、代理收付款项等业务（如表3-3所示）。但是，通过调查发现，村镇银行已开办的业务缺乏创新，存贷业务仍为其最主要的业务，中间业务种类少、比重小。其他业务上差别不大，缺乏新品种、新思想、新理念，部分业务不过是传统银行业务的"微型化"，这样就很难针对农村金融市场有效地满足其金融需求。

表3-3　　　　　　　　陕西省部分村镇银行业务开展表

名称	业务类型	特色业务	市场定位
宝鸡岐山硕丰村镇银行	吸收公众存款，发放短期、中长期贷款，国内结算，代理收付款项和保险业务等		村镇银行是农民家门口的银行
陕西洛南阳光村镇银行	个人贷款、银行承兑汇票贷款、个人（一手）住房按揭贷款、农村中小企业贷款、农民专业合作社贷款、社团贷款、票据贴现等	农民专业合作社贷款、银行承兑汇票贷款、5万元以下无抵押联保贷款	立足洛南、支持"三农"、服务城乡、实现双赢

数据来源：根据实地访谈和问卷调查资料整理而得。

3.2　陕西省村镇银行支农绩效实证分析

3.2.1　陕西省村镇银行经营比率分析

目前，陕西省村镇银行作为新型银行业金融机构的主要试点机构和农村金融体制的一项重大创新，自2009年宝鸡市硕丰村镇银行成立以来取得了快速发展，但是，作为一种新生事物，陕西省村镇银行由于受到各种内、外部因素的制约，在经营管理过程中也出现了一些不可避免的问题，因此，应该科学准确地分析和评价目前村镇银行的经营状况，并及时发现其存在的问题和隐患，厘清村镇银行在经营发展过程中的各种影响因素，促进其健康可持续发展，发挥其应有的功能。在此，主要以陕西省两家村镇银行，即延安市安塞县农银村镇银行有限责任公司和陕西安塞建信村镇银行有限责任公司为例，全面剖析陕西省村镇银行的经营情况。

本研究主要从盈利性指标、流动性指标、风险性指标、清偿力和安全性指标四个维度对陕西省延安市村镇银行的经营情况进行具体分析。

一、盈利性指标分析

杜邦分析法是一种利用各主要财务比率指标间的内在联系，对企业财务盈利状况及经济效益进行综合分析评价的方法。该方法是以净资产收益率（ROE）为龙头，以资产净利率（ROA）和权益乘数（financial leverage）为核心，重点揭示企业获利能力及权益乘数对净资产收益率的影响，以及各相关指标间的相互影响作用关系。通过细分，净资产收益率可以表示为三个比率的乘积，其计算公式为：

净资产收益率 = 总资产收益率 × 权益乘数

= 主营业务利润率 × 总资产周转率 × 权益乘数

对此指标进一步描述如图 3 - 1 所示。

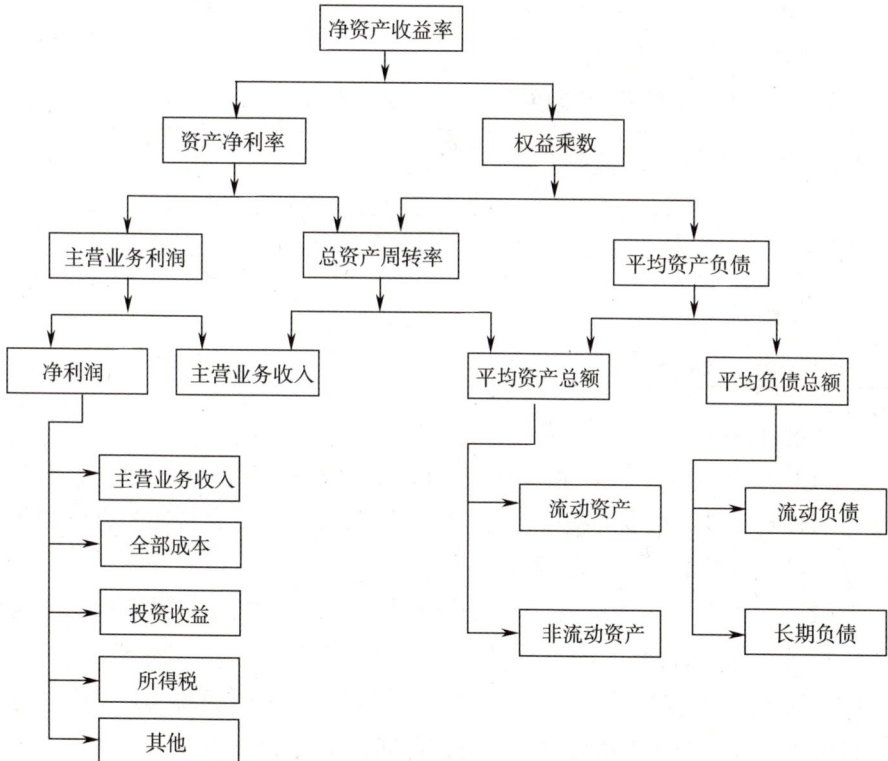

图 3 - 1　杜邦三项分解法体系框架

通过以上杜邦三项分解法的公式计算，可以得到陕西省延安市村镇银行 2011 年上半年的杜邦分解图，具体情况如图 3 - 2 所示。

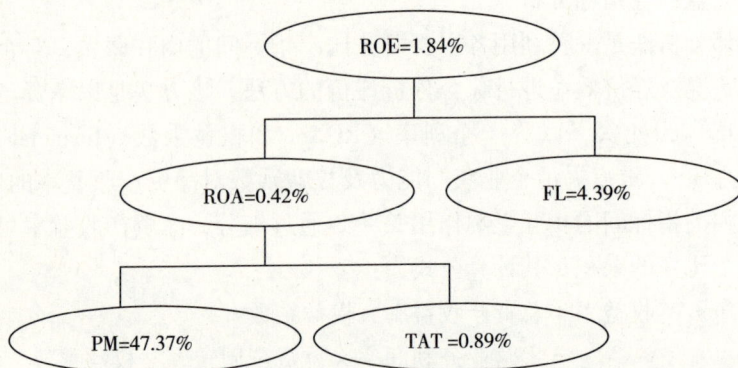

图3-2　2011年上半年安塞村镇银行杜邦三项分解图

将两年的相关数据进行对比分析，见表3-4。

表3-4　延安市村镇银行2010年、2011年上半年杜邦分析对比表

收益分析指标	2010年	2011年上半年
TAT（总资产周转率）	0.59%	0.89%
PM（主营业务净利率）	-1.4143	0.4737
FL（权益乘数）	5.49	4.39
ROA（总资产收益率）	-0.83%	0.42%
ROE（净资产收益率）	-4.55%	1.84%

通过计算分析，可以看出：

（1）总资产周转率分析。延安市村镇银行2010年和2011年6月的总资产周转率有较小幅度的提高，这表明村镇银行的业务销售能力方面逐渐增强，资产总额的周转速度同步上升。

（2）主营业务净利率分析。延安市村镇银行在2010年的净利润率为-1.4143。而2011年上半年这一数据上升至47.37%，变动幅度很大，这说明了村镇银行在经营过程中，盈利能力得到了很大的提高，其原因是由于村镇银行经营成本有所降低、自身产品市场竞争力在当地不断增强以及存贷款的需求有所增加。

（3）权益乘数分析。延安市村镇银行2011年上半年的权益乘数的下降，说明了净资产收益由于财务杠杆的下降而增加，这虽然进一步加剧了当地村镇银行净利润率上升的趋势，但值得一提的是，这一财务杠杆的下

降所带来的成本使得银行面临的财务风险减少，从根本上来说，延安市村镇银行在经营过程中不断提升自身的净利润率，从而提高了净资产收益，说明村镇银行的经营效率在不断提升，通过一系列途径增强了自身的经营实力。

（4）资产收益率分析。2011 年上半年延安市村镇银行资产收益率提高，意味着银行资产产生的利润在增加，从另外一个角度来看就是利润的增长速度足以弥补资产增长所导致的摊薄效应。

（5）上述四个方面的最终结果是股东获得收益 ROE 上升浮动幅度比较大，但是由于银行刚刚起步，经营管理者还对一些新制度不太适应，许多问题还需要在摸索中学习和发展。但是从总体上来看，延安村镇银行的盈利能力在不断提高。

二、流动性指标分析

流动性可视为可以及时、以可接受的成本获得流动资金支配的一种能力。目前，村镇银行的流动性风险主要集中在资金来源方面。因此，保持流动性对村镇银行来说十分重要，村镇银行一旦不能及时应付客户提取存款或客户贷款以及银行本身的需求时，就会导致流动性危机。因此，村镇银行在追求利润的同时，应当对流动性状况进行有效的综合管理。根据目前村镇银行的实际情况，衡量其流动性最主要的两个指标有：

（1）流动性比率 = 流动性资产期末余额/流动性负债期末余额 × 100%

（2）存贷款比率 = 各项贷款期末余额/各项存款期末余额 × 100%

调查数据显示，2010 年底，延安两家村镇银行的流动性资产共计 15 375.16 万元，流动性负债共计 16 901.95 万元，流动性比率为 90.97%，而 2011 年上半年的流动性资产共计 8 443.45 万元，流动性负债共计 14 434.55 万元，流动性比率为 58.49%。相比之下，虽然两家银行的流动性比率都达到了监管当局规定的 25% 以上，但是 2011 年 6 月底流动性比率降低幅度较大，这其中主要原因是建信村镇银行为了抵补 2010 年底的经营亏损，而转变部分流动性资产，导致流动性资产整体下降，使得这两家村镇银行总体的流动性比率有所下降。具体情况和变化趋势如图 3 - 3 所示。

2010 年底，延安两家村镇银行各项贷款期末余额共计 15 375.16 万元，各项存款期末余额共计 16 901.95 万元，存贷比率为 62.12%。相比之下，2011 年上半年各项贷款期末余额共计 11 079.90 万元，各项存款期末余额

%

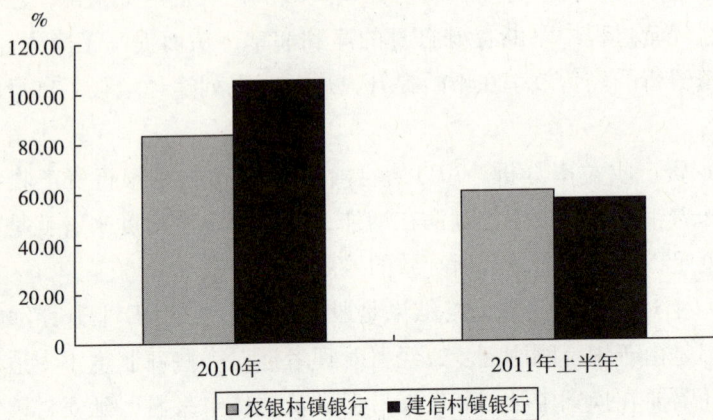

图 3 - 3　延安村镇银行流动性比率对比图

共计 15 712. 12 万元，存贷比率为 70. 52%，虽然村镇银行的存贷比率较 2010 年有所上升，但其存贷比例均符合监管当局的规定，并未超过 75%，具体情况和变化趋势如图 3 - 4 所示。

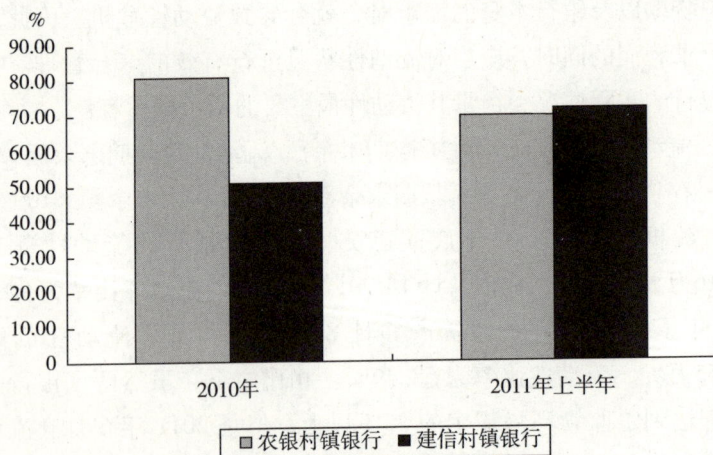

图 3 - 4　延安村镇银行存贷比率对比图

　　从上述情况来看，流动性风险会一直伴随着银行经营的全过程，但延安村镇银行在其起步阶段就在其最大控股股东的帮助下，通过大力组织吸收存款，积极增加信贷投放，使得流动性比率和存贷比率等相关的各项流动性指标保持了较好的运行态势，整体流动性状况较好，短期内面临的流动性风险较低。

三、风险性指标分析

村镇银行与商业银行一样，作为一种经营风险的特殊企业，为了能够有效地识别和管理风险，有必要对风险状况进行一个全面的分析与了解。由于目前村镇银行刚刚起步，中间业务收入比例非常小，而且业务范围也较为单一，所以利率风险和汇率风险目前仍较难衡量，信用风险是村镇银行最主要的风险，如何有效地管理信用风险是村镇银行经营管理必须考虑和谨慎对待的问题。

根据现行衡量银行信用风险的指标体系，主要从贷款质量和资产集中度两个层面进行分析，以下对陕西省延安市村镇银行三大信用风险指标进行具体分析。

1. 贷款质量指标

通常贷款质量情况主要以不良贷款余额和不良贷款率来衡量，按照中国人民银行颁布的贷款五级分类标准，按风险程度将贷款划分为五类：正常、关注、次级、可疑、损失，后三种为不良贷款，该指标全面衡量了银行贷款质量状况及其所面临的信用风险，反映了银行作为债务人是否能按期收回发放的贷款本息。

监管当局的数据显示，截至 2011 年 6 月底，延安市村镇银行各类贷款余额为 11 079.90 万元，比去年新增 2 560.74 万元。据调查了解，各类贷款多数为一年以内的短期贷款，并且当年发放当年收回，到期贷款回收率和利息收回率一直都保持在 100% 的水平，目前暂未出现不良贷款情况，贷款不良率一直保持为零。具体情况如表 3 - 5 所示。

表 3 - 5　　　　　　延安市村镇银行贷款分类情况表　　　单位：万元、%

	2011 年 6 月底	2010 年	占各项贷款比
各项贷款	11 079.90	2 560.74	100
正常类	11 079.90	2 560.74	100
关注类	0	0	0
不良贷款余额	0	0	0
次级类	0	0	0
可疑类	0	0	0
损失类	0	0	0

数据来源：根据村镇银行问卷调查数据整理所得。

2. 资产集中度指标

资产集中度反映了村镇银行因授信过于集中而产生的经营风险，衡量指标主要是单一客户贷款集中度和最大十家客户贷款集中度。这两个指标主要反映村镇银行资产风险的集中程度，其计算公式可以表示为：

（1）单一客户贷款集中度 = 最大一户贷款余额/资本总额×100%；

（2）最大十家客户贷款集中度 = 对最大十家贷款余额/资本总额×100%

根据调查数据得知，截至 2011 年 6 月底，延安市村镇银行前十大贷款客户余额为 1 997 万元，占全部贷款的 18.02%，比去年年底增加了 703.42 万元。最大一户贷款余额为 380.00 万元，占资本总额的 7.60%。其中，农银村镇银行发放的最大一户贷款余额为 200 万元，占其自身资本总额的 10%，建信村镇银行发放的最大一户贷款余额为 380 万元，占其自身资本总额的 12.67%，已经超出了当地规定的"最大单一客户贷款集中度最高不超过 10%"的监管要求。具体情况见图 3-5 所示。

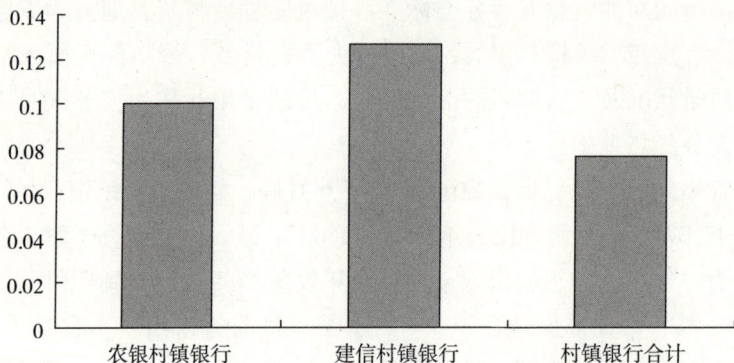

图 3-5 延安最大单一客户贷款集中度对比图

虽然这些贷款是村镇银行目前经营收益的重要来源，但是超过规定标准，会给银行自身带来较大的信用风险，一旦危机发生，村镇银行便无利可图。因此，村镇银行在追求高利润的同时，也应该高度重视大额贷款集中度问题，制订计划、分阶段、分步骤消除超比例现象。

四、清偿能力和安全性指标分析

银行的清偿能力是指银行运用其全部资产偿付债务的能力，反映了银行债权人所受的保障程度。而安全性是指银行在经营管理过程中，保护资金安全的能力。一般地，如果资本金不足则会导致银行的清偿力不足或者出现资金上的危险，通常用资本金的充足性（即核心资本充足率和资本充足率）来衡量。其中：

核心资本充足率=（股东资金+永久性非累积优先股）/（风险加权资产+巴塞尔协议规定的资产负债表外的风险资产）；

资本充足率=（次级债+混合资本+贷款损失准备+评价准备金）/（风险加权资产+巴塞尔协议规定的资产负债表外的风险资产）。

截至2011年6月底，延安市村镇银行实收资本为5 000万元，核心资本净额为4 951. 61万元，资本净额为5 008. 48万元，表内加权风险资产9 305. 27万元，资本充足率62. 11%，核心资本充足率60. 56%，远远超过监管层规定的资本充足率不得低于8%，核心资本充足率不得低于4%的要求，这说明延安村镇银行自成立以来保持着较好的资本充足能力。具体情况如表3-6所示。

表3-6　　　延安市村镇银行2011年6月资本充足率情况表

项目	资本充足率	核心资本充足率
延安市村镇银行合计	62. 11%	60. 56%
安塞农银村镇银行	44. 44%	44. 44%
安塞建信村镇银行	62. 13%	60. 97%

数据来源：根据村镇银行问卷调查数据整理所得。

通过利用杜邦分析法等对延安市村镇银行盈利性、流动性、风险性、清偿能力和安全性评价指标以及结合对其他村镇银行的实地调查情况来看，目前，陕西省村镇银行主要存在以下问题：

第一，盈利性相对较差，经营较为困难。据调查，陕西省村镇银行目前盈利性较差，一方面，相对于其他中小型金融机构（如同地区农村信用社）运营成本较高，就延安市村镇银行机构来看，其收入费用率高于当地农村信用社，超出近30%。另一方面，村镇银行的客户主要是一些从事种植业和养殖业的农民，利润率本身较低，加之客户居住地的偏、远、散，直接导致较高的业务成本，严重影响了村镇银行的盈利能力。

第二，资金来源问题导致部分村镇银行注重资本充足性，而忽视对流动性的管理。陕西省村镇银行由于其经营对象——农业的弱质性以及在贷款发放时间上集中度比较高，相对于传统的金融机构吸收存款方面处于劣势，部分村镇银行由于存款不足甚至动用资本金放贷，使得村镇银行流动性风险增大。调查结果显示，部分村镇银行（如高陵阳光村镇银行）的存贷比过高，明显有资本不足的问题。因此，从整体上来看，陕西省村镇银行短期面临的流动性风险相对于其他省市的村镇银行来说并不乐观。

第三，信贷风险隐患较大。陕西作为农业大省，其村镇银行信贷支持的对象主要为农民。在调查过程中发现，在陕西省农村地区，部分借款户信用意识、法律意识淡薄，欠账不还，签字不认，逃债、废债、赖债之风在不同程度上依然存在，信贷资金安全面临很大挑战，所以，在现行农业保险体系并不健全的情况下，陕西省村镇银行的信贷资金存在比较严重的风险隐患。

3.2.2 陕西省村镇银行支农绩效实证分析

Yaron（1992）的农村金融发展评价标准中首次提出的农村金融对于经济发展的贡献度和农村金融市场的独立性与可持续性为研究农村金融服务的覆盖面提供了依据，尤其是其对金融服务衡量范围的建议，对选择农村金融服务覆盖面的指标提供了具体参考，但其提供的建议多为绝对数量指标，而且对农村金融服务覆盖的深度没有更多的解释①。世界银行在2002年的《农村金融：问题、设计和最佳做法》报告中提出二元评价指标体系，明确了覆盖面指标在农村金融服务评价方面的重要性以及具体的做法。

国内学者也从不同角度对农村金融服务的覆盖面指标进行了广泛的研究。陆磊（2005）、鲁宓（2006）、杨骏（2007）等从贷款的可获得性入手，通过分析我国在农村信用社有小额信用贷款、联保贷款农户占农户总数的比重，以及存款、汇兑业务覆盖我国行政村的比重后得出结论，认为我国农村金融服务覆盖面高于国际平均水平。刘福合（2006），孟宪丽（2007）等从农村扶贫和农户贷款需求的满足率出发，认为我国农户贷款额度满足率、目标客户的到达率等均不能达到农户和农村小企业的需求。李明贤等（2008）对农村金融服务覆盖面的各个指标进行了系统分析，把农村金融服务覆盖面的指标分为两类：农村金融服务覆盖面深度指标；农村金融服务覆盖面广度指标。王东林（2010）运用世界银行在2002年的

---

① 孙嵩，李凌云. 我国农村金融服务覆盖面状况分析——基于层次分析法的经验研究 [J]. 经济问题探索，2011（4）：131－137.

《农村金融：问题、设计和最佳做法》报告中提出的二元评价指标体系，对湖南省村镇银行的运行绩效进行了分析，认为从农村金融服务的广度和深度方面，村镇银行都有待于进一步加强，以实现支农惠农目标。孙鬻、李凌云（2011）在总结前人研究的基础上，构建了既涵盖各种农村金融服务覆盖面的影响因素，又能兼顾指标的代表性和典型性特征的农村金融覆盖面指标体系并采用 RFSI 层次分析法研究得出结论，认为不同地区金融服务覆盖面状况与地区经济因素之间并不存在显著的相关关系。

本书拟采用覆盖面指标从农村金融服务的广度、深度两个方面，选取相应的指标衡量分析陕西省村镇银行运行的支农绩效，研究陕西省部分村镇银行自成立以来在支农、惠农方面的成果与存在的不足。

一、农村金融服务的广度指标分析

根据相关研究，本研究选取陕西省村镇银行的资产规模、营业网点及人员数量、存贷规模、农户贷款规模、中小企业贷款规模、结算汇兑业务状况等指标，对村镇银行支农绩效的广度进行衡量，分析陕西省村镇银行在多大范围内为"三农"服务。

1. 资产规模

从表 3-7 可以看出，相比当地的农村信用社、邮政储蓄银行等金融机构，陕西省村镇银行的总资产普遍较小，村镇银行的总资产规模无法与之比拟。成立最早、运行最好的岐山硕丰村镇银行的总资产也不过 2 亿元，根本无法与当地的农村信用社等金融机构相比。总资产规模较小，一方面反映了村镇银行在业务方面的狭小，业务开展状况较为艰难，另一方面也反映了其支农、惠农能力的不足。根据目前的管理规定，没有强大的资产规模作为后盾，村镇银行就难以开展更为广泛的农村金融服务，其支农、惠农的能力就会相对较弱。

表 3-7 　　　　　　　　　陕西省部分村镇银行资产规模 　　　　　　　单位：万元

时间	2008 年	2009 年	2010 年	2011 年上半年
岐山硕丰	3 868	39 432	21 683	20 449
安塞农银	—	—	14 521.78	10 441.96
安塞建信	—	—	11 516.69	11 292.31
洛南阳光	1 085.93	7 031.38	15 368.22	13 110.52

数据来源：根据村镇银行问卷调查数据整理所得。

2. 营业网点及人员

陕西省的村镇银行，几乎都只有 1 个营业网点，在一个县域范围内只有一家营业网点，陕西省的县域面积普遍较大，那么其业务的覆盖范围也就十分微小了，农村金融服务的覆盖范围也较小。同时，村镇银行的业务人员普遍较少，最多的也不过 40 人，按照银行业经营的管理规定，除去管理层、柜员、会计、出纳等岗位，信贷部的人员普遍在 10 人以下，以不足 10 人的信贷队伍去服务数量庞大的农户及农村中小企业，村镇银行的人员队伍着实是捉襟见肘。但是，相对于人员的稀少、服务覆盖率偏低，村镇银行却给我们交出了一份满意的答卷，在对村镇银行的服务满意度调查中，农户对村镇银行服务的满意度普遍在 80% 以上，个别银行的满意度达到了 100%，农村中小企业对村镇银行服务的满意度也普遍较高，有的甚至能达到 100% 的满意度。

表 3 – 8　　　　　陕西省部分村镇银行人员及网点情况　　　　　单位：人

时间	2008 年	2009 年	2010 年	2011 年上半年	备注
岐山硕丰	23	39	36	34	其中，除硕丰村镇银行有支行和分理外，其余都只有 1 个营业网点。
安塞农银	—	—	16	17	
安塞建信	—	—	15	15	
洛南阳光	—	16	16	16	

数据来源：根据村镇银行问卷调查数据整理所得。

一方面，我们看到，村镇银行的机构稀少，网点小，人员匮乏，农村金融服务的规模和覆盖率还较低，无法满足目前农村发展所需要的大规模的资金需求。但是，另一方面，我们不能忽视村镇银行在农村金融服务方面所作出的贡献。村镇银行作为新生事物，其存在本身面临着各种挑战，村镇银行的业务人员以认真负责的工作态度和为"三农"服务的热情，赢得了广泛的支持和认可，其支农能力目前虽然还有限，但是，它的发展前景应该得到肯定。

3. 存贷规模

陕西省村镇银行的存贷款业务有了一定的发展，存贷款指标均表现出了较为稳定的普遍增长态势，如表 3 – 9、表 3 – 10 所示。

表 3 - 9　　　　　　　　陕西省部分村镇银行存款规模　　　　单位：万元

时间	岐山硕丰	安塞农银	安塞建信	洛南阳光
2008 年	3 360	—	—	—
2009 年	9 048	—	—	3 500
2010 年	16 312	5 121	8 593	5 449
2011 年上半年	14 961	8 439	7 273	6 200

数据来源：根据村镇银行问卷调查数据整理所得。

表 3 - 10　　　　　　　陕西省部分村镇银行贷款款规模　　　　单位：万元

时间	岐山硕丰	安塞农银	安塞建信	洛南阳光
2008 年	190	—	—	—
2009 年	5 809	—	—	610
2010 年	9 724	4 139	4 380	9 735
2011 年上半年	11 233	5 880	5 198	2 217

数据来源：根据村镇银行问卷调查数据整理所得。

从表 3 - 9、表 3 - 10 可以看出，陕西省村镇银行的存贷款业务有了一定的发展，存贷款指标均表现出了较为稳定的普遍增长态势。但是，陕西省村镇银行的存贷款规模依然相对较小，存贷款规模占当地金融机构存、贷款总规模的比重十分微小。以安塞农银村镇银行为例，2010 年，其贷款总额只占到当地金融机构贷款总额的 4.8%，存款总额占当地金融机构吸收存款总额的 1.6%，2011 年上半年安塞农银村镇银行贷款总额只占到当地金融机构贷款总额的 6.2%，存款总额占当地金融机构吸收存款总额的 2.5%，村镇银行的存贷规模之小可见一斑。

存贷款规模小，反映出陕西省村镇银行的农村金融服务实力较为薄弱，支农能力不强。存款规模小，在存贷比例 75% 的约束下，其贷款规模也难以实现较快的扩张，贷款规模受限，直接影响了村镇银行对于农村货币资金需求的满足度，影响了村镇银行农村金融服务的覆盖范围和规模，其支农绩效也必将受到限制。

4. 农户贷款规模

陕西省各家村镇银行农户贷款数量上较少，但是，其总贷款的比重却普遍较高，如表 3 - 11 所示。

表3-11　　　　　　　陕西省部分村镇银行农户贷款情况　单位：万元、%、户

时间	指标	岐山硕丰	安塞农银	安塞建信	洛南阳光
2008 年	农户贷款余额	60			
	农户贷款占总贷款比重	31.58			
	获得贷款的农户数	2			
2009 年	农户贷款余额	2 229			510
	农户贷款占总贷款比重	38.37			83.6
	获得贷款的农户数	262			26
2010 年	农户贷款余额	4 189	3 339	1 347	1 350
	农户贷款占总贷款比重	43.08	80.67	30.75	13.87
	获得贷款的农户数	460	515	45	57
2011 年上半年	农户贷款余额	5 898	4 061	1 555	1 023
	农户贷款占总贷款比重	52.5	70	29.9	46.16
	获得贷款的农户数	482	150	61	46

数据来源：根据村镇银行问卷调查数据整理所得。

从表3-11可以看出，陕西省各家村镇银行农户贷款数量上较少，但是，在其总贷款的比重却普遍较高，陕西省村镇银行将注意力瞄准农村金融市场，为农户资金需求提供了有力的支持。但是，从村镇银行发放资金的农户数、资金总额上看，陕西省村镇银行的支农能力依然不足，面对县域内数量庞大的农户，其客户总数却很少，一方面与村镇银行自身规避风险、有选择地投放资金不无关系，但更重要的是，村镇银行自身缺乏资金，无法将大量的资金投入到农村金融市场去满足广大农户的资金需求，以致陕西省村镇银行在支持农户、满足农户资金需求上存在着缺陷，力不从心。

5. 中小企业贷款规模

陕西省各家村镇银行中小企业贷款数量较少，贷款规模呈逐年递增态势且存在较大差异。

从表3-12可以看出，陕西省各家村镇银行的贷款额度呈逐年增加态势，但仅有部分农村中小企业取得贷款，表明陕西省各村镇银行已将其注意力瞄准农村金融市场，并加大对中小企业的扶持力度，能在一定程度上缓解中小企业融资难的问题，且影响力逐步扩大。但是，取得贷款的中小企业数量有限且取得的贷款金额较少，各村镇银行的支持力度尚不能完全

满足中小企业的贷款融资需求。导致这一状况的原因，一方面是由于村镇银行严格规避风险、避免不良贷款；另一方面是村镇银行自身缺乏资金，无法满足大量农村中小企业的信贷资金需求。另外，值得注意的是陕西省各家村镇银行在中小企业贷款余额规模方面存在较大差异，岐山硕丰村镇银行2011年上半年中小企业贷款余额就已达到5 336.2万元，但洛南阳光村镇银行同期仅有399万元贷款，造成这种差异的主要影响因素有村镇银行所在地的经济水平、中小企业状况、村镇银行成立年限以及存款规模不同。

表 3 – 12　　　　　　　陕西省部分村镇银行中小企业贷款情况

单位：万元、户、笔、%

时间	指标	岐山硕丰	安塞农银	安塞建信	洛南阳光
2008 年	中小企业贷款余额	130	—	—	—
	获得贷款的中小企业数量	3	—	—	—
	发放中小企业贷款笔数	3	—	—	—
	中小企业贷款占贷款总额的比率	68.42	—	—	—
2009 年	中小企业贷款余额	3 580	—	—	100
	获得贷款的中小企业数量	25	—	—	1
	发放中小企业贷款笔数	25	—	—	3
	中小企业贷款占贷款总额的比率	61.63	—	—	16.39
2010 年	中小企业贷款余额	5 535	800	1 730	187
	获得贷款的中小企业数量	34	13	6	3
	发放中小企业贷款笔数	34	21	6	5
	中小企业贷款占贷款总额的比率	56.92	19.33	40	1.92
2011 年上半年	中小企业贷款余额	5 336.2	1 820	1 340.19	399
	获得贷款的中小企业数量	33	19	8	4
	发放中小企业贷款笔数	33	27	9	10
	中小企业贷款占贷款总额的比率	47.5	30	26	18

数据来源：根据村镇银行问卷调查数据整理所得。

6. 结算汇兑业务状况

目前，陕西省几家村镇银行的结算汇兑业务开展较少，结算汇兑业务的覆盖面很窄。首先，村镇银行没有加入中国人民银行的支付结算系统，结算业务大多通过其母行的结算系统进行；受制于母行地域分布等条件的制约，陕西省村镇银行的结算业务基本没有进展。其次，受制于村镇银行知名度、认知度、信任度，居民对村镇银行还没有产生广泛的认可和接受，加之村镇银行网点稀少，居民办理业务的成本较高，村镇银行的结算业务也很难开展。最后，传统农村金融市场已经基本形成了以农村信用合作社、邮政储蓄银行等为主体的格局，农户、中小企业等对农村信用社、邮政储蓄银行等形成了依赖，它们更习惯于或者说更依赖于去农村信用社或者邮政储蓄银行办理业务。

通过广度指标分析，可以得出以下结论：第一，陕西省村镇银行取得了一定的成绩，为农村金融发展作出了一定的贡献，为部分农户和中小企业融资以及获取金融服务提供了新的渠道；第二，陕西省村镇银行的农村金融服务的广度受制于资产规模、认知度、网点和业务人员数量缺乏等客观因素的制约，农村金融服务的覆盖率较低，在广度方面有待于进一步加强。

二、农村金融服务的深度指标分析

1. 农户获得金融服务的便利程度、满足度

农户是否能够获得便捷的金融服务，是否对获得的金融服务满意，从侧面反映出金融机构的金融供给情况，尤其是对农户的金融供给情况，农户获得金融服务的便利程度和满足度能够很好地衡量农村金融服务的深度，如表 3 – 13 所示。

表 3 – 13　　　陕西省部分村镇银行农户贷款便利程度及满足度　　单位：%

时间	指标	岐山硕丰	安塞农银	安塞建信	洛南阳光
2008 年	农户贷款便利程度	100	—	—	—
	金融服务的满足度	100	—	—	—
2009 年	农户贷款便利程度	100	—	—	90
	金融服务的满足度	100	—	—	90
2010 年	农户贷款便利程度	100	—	70	85
	金融服务的满足度	100	—	80	85
2011 年上半年	农户贷款便利程度	100	—	80	80
	金融服务的满足度	100	—	80	80

数据来源：根据村镇银行问卷调查数据整理所得。

岐山硕丰银行的农户客户贷款便利程度和满意度一直保持在 100% 的

水平，安塞建信和洛南阳光村镇银行的农户贷款满足度也保持在 70% 以上的水平，农户满足度都在 80% 以上，这表明能够为农户提供便捷的金融服务，并得到农户的广泛认可。无论是农户自身的金融排斥还是金融机构的金融排斥，程度都很低，村镇银行提供金融服务的深度较好。同时，农户满足度较高，为村镇银行赢得了良好的口碑，树立了良好的品牌形象，为村镇银行的进一步发展奠定了较好的群众基础。

2. 贷款结构

陕西省村镇银行在贷款结构方面，能够将资金用于支持农户、农村中小企业发展，很好地规避了资金外流的情况，如表 3 – 14 所示。

表 3 – 14　　　　　　　陕西省部分村镇银行贷款结构　　　　　　单位：%

时间	指标	岐山硕丰	安塞农银	安塞建信	洛南阳光
2008 年	涉农贷款比重	47.37	—	—	—
	农户贷款占总贷款比重	31.58	—	—	—
	中小企业贷款占总贷款比重	68.42	—	—	—
2009 年	涉农贷款比重	54.66	—	—	83.61
	农户贷款占总贷款比重	38.37	—	—	83.61
	中小企业贷款占总贷款比重	61.63	—	—	16.39
2010 年	涉农贷款比重	79.43	87.92	85.86	15.05
	农户贷款占总贷款比重	43.08	80.67	30.75	13.87
	中小企业贷款占总贷款比重	56.92	19.33	69.25	1.92
2011 年上半年	涉农贷款比重	83.73	77.56	76.36	46.14
	农户贷款占总贷款比重	52.50	69.05	29.91	46.14
	中小企业贷款占总贷款比重	47.50	30.95	70.09	18.00

数据来源：根据村镇银行问卷调查数据整理所得。

根据表 3 – 14，我们不难看出，陕西省村镇银行在涉农贷款方面，比重不断提高，其中，农户贷款占据了总贷款的大部分，这说明，陕西省村镇银行在支持农户经济发展，满足农户金融资金需求方面做出了一定的努力，为农户解决资金短缺提供了一定的帮助。岐山硕丰村镇银行和安塞农银村镇银行的农户贷款，占据了其贷款总量的绝大部分，支农力度较强；安塞建信村镇银行则侧重于中小企业贷款，重点扶持农村中小企业的发展；洛南阳光村镇银行基于当地农户较为分散、控制风险等的需要，其涉农贷款略微逊色于其他几家村镇银行，其中小企业贷款多为企业短期票据贴现，其涉农贷款基本为农户贷款，尤其是 2010 年由于和西安银行合作经营一笔 8 000 万元的理财业务，资金占用较大，所以相关贷款指标较小。可见，陕西省村镇银行在贷款结构方面，金融服务的深度较好，能够将资金用于支持农户、农村中小企业发展，很好地规避了资金外流的情况，能够很好地执行国家设立村镇银行的初衷，坚持为农户、农村中小企业服务。

3. 农户贷款结构

根据调查，陕西省目前几家村镇银行对农户的贷款，基本都是信用贷款，农户办理贷款不需要进行资产的抵押，部分村镇银行也不需要贷款农户在该行储蓄、结算，贷款条件在银行充分控制风险的前提下较为宽松，贷款易得。首次贷款客户的资格审查等相对较为严格，当客户积累了良好的信用条件以后，村镇银行对农户的资产状况、信用状况有了较深入的认识后，贷款资格审查的时间就会相对缩短，贷款额度会提高并且可以享受一定的优惠利率。在农户贷款方面，金融服务的深度较好。

表 3 – 15　　　　陕西省部分村镇银行农户贷款额度情况简表　　单位：万元

指标	对农户一次性贷款的金额一般为	发放信用贷款的最高金额一般为	单笔贷款最小额度为
岐山硕丰	5	10	0.5
安塞农银	3	0	1
安塞建信	5	10	2.5
洛南阳光	5	10	0.15

数据来源：根据村镇银行问卷调查数据整理所得。

陕西省村镇银行在农户一次性贷款方面一次授信一般在 5 万元左右，信用贷款最大额度为 10 万元，单笔最小贷款甚至只有 1 500 元。5 万元的授信额度，一般能够很好地满足农户的资金需求，迫于资金的压力和风险控制的要求，村镇银行也很难提高授信额度。通过调查了解到，农户一般申请贷款的范围也不超过 5 万元，而且他们申请的贷款额基本都能得到村镇银行的支持。村镇银行金融服务的深度能在一定范围内满足农户的资金需求。

在农户贷款方面，陕西省村镇银行的实践表明，农户一般具有较高的信用水平，这与农户外出务工带来收入改善情况有关，另一方面也与农村民风淳朴、注重声誉有关。因此，村镇银行在开展业务时，对农户的贷款可以适当地放开，扩大信用贷款的额度限制，增加支持农户发展的力度。

农村金融服务的深度指标分析表明，在农村金融服务的深度方面，陕西省村镇银行做得较好，农户的资金需求能够得到很好的满足，并且满意度较高，赢得了农户的口碑，树立了良好的品牌形象，陕西省村镇银行在农村金融服务的深度方面确实付出了自身的努力，大部分贷款资金发放给农户及中小企业，没有出现资金逃离农村的现象。但是，由于村镇银行自身力量薄弱，资金缺乏，村镇银行金融服务的深度还有待进一步挖掘。

3.2.3 陕西省村镇银行"鲇鱼效应"分析

挪威人爱吃活的沙丁鱼，但沙丁鱼是一种生性喜欢安静，追求平稳的鱼，对面临的危险没有清醒的认识，只是一味地安逸于现有的日子，这使得沙丁鱼在运输过程中，很容易因缺氧而死亡。有个聪明的渔夫在装满沙丁鱼的鱼槽里放进了一条以鱼为主食的鲇鱼，使沙丁鱼紧张起来，为生存而四处乱窜，加速游动，从而解决了沙丁鱼缺氧的问题。这就是著名的"鲇鱼效应"（Catfish Effect），即采取一种手段或措施，刺激一些企业活跃起来投入到市场中积极参与竞争，从而激活市场中的同行业企业。目前，陕西省村镇银行作为农村新型金融机构的代表之一，对陕西省农村金融市场的发展正起着"鲇鱼效应"的作用。

21世纪以来，在我国广大农村地区，金融业的发展呈现了两个态势：一是国有商业银行特别是作为支持"三农"为特征的农业银行从县及县级以下地区逐渐撤离，使本来就发展不充分的农村金融面临更大的金融供给问题；二是由于农村经济的发展严重滞后于城市，导致原本稀缺的农村地区资金通过信用社、邮政储蓄银行等银行业金融机构逐渐转移到了城市，也就是人们所熟悉的"抽水机"功能。针对农村金融存在的这些问题，中国银监会于2006年调整放宽农村地区银行业金融机构准入限制，大力发展村镇银行、小额贷款公司、农村资金互助社等农村新型金融机构，为农村地区的金融发展提供了条件。陕西省村镇银行作为全省农村新型金融机构的主力军，为全省农村金融的发展注入了新的活力，也正如"鲇鱼"一样，推动着全省农村金融进入持续发展的道路。

陕西省村镇银行在一定程度上扮演着农村金融的"鲇鱼"角色，加大了农村金融的竞争力度，为农村金融发展注入新的活力，其"鲇鱼效应"主要表现在以下几个方面：

一是加剧了对农村客户资源的竞争。农村地区的资金借贷具有额度小、分布广且非常分散的特点，使得经营农村资金信贷业务具有很高的成本，这也是国有商业银行等不愿意投入大量资金经营农村信贷业务的主要原因。村镇银行在这方面则具有比较优势，它建立在县级或者县级以下的单位地区，关注中低端客户，为农户及农村中小企业提供小额贷款和各种新型金融服务，增加金融服务产品的种类。同时，在原有国有商业银行的基础上简化了贷款手续，加快了贷款速度，为广大农户带来了更加优质、快捷、便利的服务，吸引了很多客户。在满足信贷资金需求方面，村镇银行尝试的"送贷上门"服务，更是"以小博大"竞争策略的集中代表①。这些服务和措施方便了农户，提高了效率，更主要的是改变了最基层农民"找人难、办事难、贷款更难"的现实问题，切实服务于"三农"，吸引了大量的农村客户到村镇银行办理存、贷等业务，这给信用社和邮储等传统金融机构造成了危机感，促使其改变服务态度、提高服务水平、关注中低端客户，从而进一步促进农村金融业的长远发展。

二是加剧了对农村金融市场份额的竞争。在村镇银行兴起之前，陕西省的农村金融市场主要是由农村信用社和邮储垄断着，信贷资金作为一种"稀缺资源"，在一定程度上滋长了个别信贷人员的权力寻租行为，造成客户靠"拉人情、跑关系"获取贷款，这种现象相互作用、彼此传染，产生"破车效应"，农村金融市场出现逆向选择，致使"劣质客户"和"劣质信贷员"充斥了农村金融市场②。在另一方面，农村信用社和邮储银行等传统金融机构由于长时间的发展，几乎全部占据了农村金融市场，随着占据时间的推移，其在农村的金融服务及金融创新方面基本止步不前，这也导致了它们具有了类似于沙丁鱼的无忧患意识，使得农村地区金融服务发展缓慢。陕西省村镇银行在这种金融环境中成立，瞄准中低端客户群体，利用其提供的优质、快捷、便利的新型金融服务优势，作为与传统金融机构竞争的利器，在陕西省农村金融市场中不断提升自己的地位，为陕西省

---

① 孙立新，朱继林，韩亮，韩见宏．引发苏北地区的"鲇鱼效应"［J］．中国农村信用合作，2009（3）：24－25.

② 陈索新．阳光村镇银行的"鲇鱼效应"［J］．中国金融家，2009（6）：160－162.

的农村金融市场引入了新的竞争力量，注入了新的活力，提高了陕西省农村金融市场的效率。

三是加剧了对金融人才需求的竞争。随着村镇银行的逐渐发展，全省农村地区的金融人才需求也逐步增加，作为农村金融机构的一员，村镇银行与农村信用社、邮储等传统金融机构在金融人才方面成为竞争对手。一方面，伴随着村镇银行的成立、业务的发展，需要有一定信贷业务经验的职员来引导其发展，并需要引进受过高等教育的专业人才，改善经营管理、有效防范控制经营风险、提高资产经营管理效率，进而实现村镇银行的可持续发展。同时，村镇银行给受过高等教育的专业人才创造了就业机会，为有信贷经验的人才提供了更多的选择。另一方面，农村信用社、邮储等传统金融机构由于其信贷业务、开拓市场的需要，也需要引进专业人才来发展自己。基于双方的需求，这将直接导致村镇银行和传统金融机构的人才竞争加剧。据调查，高陵阳光村镇银行和洛南阳光村镇银行的一些业务部的总经理或副总经理，就是由于更优惠待遇条件、以"挖墙脚"的方式从信用社和邮储银行引进过来的，这是村镇银行与传统金融机构竞争的直接体现。

但是，由于陕西省村镇银行的营业规模小、市场份额少、业务量有限、网点机构也少等原因，使其在当地金融市场发挥的"鲇鱼效应"影响有限，并未表现出很强的竞争态势。总的来说，陕西省村镇银行在为农村金融市场注入新的活力、提高当地金融市场活跃度上的效果并不显著，在发挥"鲇鱼效应"的作用方面，村镇银行还需要进一步的发展。

3.2.4 陕西省村镇银行客户贷款意愿影响因素分析

一、农户对村镇银行贷款意愿的影响因素分析——基于有序 Probit 模型的估计

（一）农户对村镇银行贷款意愿的影响因素假定

从理论上分析，影响农户对村镇银行贷款意愿的主要因素应包括农户自身特征、家庭组成特征、生产经营特征、农户收入和农户消费特征、农户财产和自有资金状况、对村镇银行的认知水平以及就农户而言，村镇银行与其他资金来源的竞争力对比等。但是，由于数据的局限性，本研究选取户主特征、家庭特征、农户对村镇银行的认知以及评价和区域变量等因素分析村镇银行贷款业务引入地区农户对村镇银行贷款意愿的影响，并对这些因素影响方向进行定性分析。

1. 户主特征

（1）户主年龄。传统理论和研究表明，户主年龄越大越不愿意向银行贷款。首先，随着户主年龄的增加，农户家庭生产类型越稳定，资金自给率越高，因此由于改变生产经营业务和资金周转困难带来的信贷需求就会越少。其次，年纪较大的农民更易受"无债一身轻"的传统思想的影响，而年轻人更易接受提前消费和拆借资金的信贷思想。但考虑到中高年龄的农户户主可能面临更复杂的家庭结构和更沉重的家庭负担，资金需求呈现多样性和多变性，并且其发展资金投入密集的农业项目的意愿也强于年轻人（年轻人更倾向于外出打工，而中高年龄的农户更倾向于依托土地和农村），致使中高年龄段的农民贷款意愿更强。对信贷的需求可以近似等于对村镇银行的贷款需求。从这个角度分析，户主年龄对农户对村镇银行贷款意愿的影响方向的明确性，需通过后续的模型验证。

（2）户主文化程度。户主文化程度对村镇银行的贷款意愿的影响方向极可能为正。农户的受教育程度越高，其对新型农村金融机构和其他正规金融机构的认识越深入，具有较好的现代金融意识。而且受教育较好的农民的家庭生产经营范围较广，生产能力也相对较强，对资金的需要也就更加强烈，倾向于产生贷款需求。

2. 家庭特征

（1）家庭人口数。家庭人口数对农户村镇银行贷款意愿的影响不确定。家庭人口数多，意味着消费较高，如婚丧嫁娶、子女教育等消费很高；家庭人口数多有可能表现为该家庭的劳动能力和总的收入水平比较高且人均收入高，也有可能表现为人均收入低。

（2）家庭供养比。定义为家庭被供养人口/总人口。大量学者在研究农户的借贷意愿影响因素时都没有考虑家庭供养比这一变量。本研究选用这一指标，首先考虑到从心理学的角度分析，家庭供养负担对一个家庭的主要劳动力具有积极的发展驱动力，供养负担越重，家庭主要劳动力的发展需求越强烈，对资金的需求越旺盛；其次供养负担重也可能意味着家庭消费支出越大，消费性贷款需求越旺盛。基于以上分析，家庭供养比对农户对村镇银行贷款意愿极可能有正向影响。

（3）家庭人均纯收入。家庭人均纯收入对农户对村镇银行贷款意愿的影响方向是否明确，也需通过模型的后续验证。从消费和生产性支出的角度考虑，在同样的支出模式下，农户人均纯收入越高，农户的贷款需求越小，反之，农户会有越高的贷款需求；从收入获得的角度考虑，较高的人均纯收入极可能是由较高的原始投入推动的，此时农户的贷款意愿反而更强。

（4）家庭土地经营面积。家庭土地经营面积对农户对村镇银行贷款意愿的影响不明确。农户土地经营面积的多少在一定程度上反映了农户农业生产的经营规模，但一部分农民保留土地发展自给小农业，另一部分农民经营土地发展设施农业，两者在资金投入和对家庭收入的影响方面存在重大差异。

（5）家庭农业收入比。家庭农业收入占总收入的比重对农户对村镇银行贷款意愿的影响极可能为正。在同样的收入条件下，农户农业收入比越高，表明农户家庭的农业生产规模和效应越好。由于调查区域主要的农业产业为设施农业，特色作物种植等，这些都是需要大量固定资本投入和后续资金支持的发展项目。高农业收入比的农户的贷款意愿同比较为强烈。

（6）家庭拥有现钱和银行存款。家庭拥有现钱和银行存款对农户对村镇银行贷款意愿极可能有负向影响。农户家庭富余资金越多，贷款意愿越弱，反之，则越强。

（7）家庭现有负债。家庭现有负债对农户对村镇银行贷款意愿的影响也不明确。农户的未清负债额越大，可能表明其资金需求暂时得到满足，再借贷意愿不大；也可能表明农户资金周转不利或正在从事需不断投入资金的项目，这时再借贷意愿反而更大。

（8）家庭社会关系。社会学研究表明，一个人的身份地位作为一种社会资本会对其行为产生一定的影响。对于农户而言，家庭在村庄中的地位，如是否有家庭成员或亲戚朋友是村干部或在政府部门任职、是否是大姓和长久住户、是否是农信社社员、是否有家庭成员或亲戚朋友在银行系统工作等，都会对农户的贷款需求及意愿产生影响。本课题研究农户对村镇银行的贷款意愿，只选取是否有家庭成员或亲戚朋友是村干部或在政府部门任职，是否有家庭成员或亲戚朋友在银行系统工作两个指标简单衡量家庭社会关系。村干部在村庄中拥有相对丰富的社会资源，进入正规金融渠道比一般村民要更加容易，在银行系统工作对于农户对村镇银行的认知加强具有积极作用。因此，这两个指标倾向于对农户贷款意愿有正向影响。但考虑到农信社在农村金融市场的垄断地位，村干部与其建立起的合作互信关系更加稳固，有效贷款需求向对村镇银行的贷款意愿的转化程度反而很低。综合以上分析，家庭社会关系对农户对村镇银行贷款意愿影响方向不明确，需模型的后续验证。

3. 农户对村镇银行的认知和评价

农户对村镇银行的认知和评价是指农户对村镇银行的贷款条款的了解程度、对村镇银行的贷款条款和服务的满意程度，以及对村镇银行的贷款便利程度、贷款利率水平、贷款期限水平的评价，这些变量对农户对村镇银行的贷款意愿具有重要影响。因此，对村镇银行认知和评价是本研究考察的重点。这类变量极可能对农户对村镇银行贷款意愿有正向影响。

4. 区域变量

不同区域的农户在生产经营类型和可获得的区域禀赋方面往往存在较大差异，同时不同区域为农户提供的信贷资源和便利程度也不同，这些因素对农户、村镇银行的贷款意愿都会产生影响。因此，本研究把县域农户所处区域分为农区、小城镇、县城郊区、县城四类，区域变量也极可能对农户对村镇银行贷款意愿有正向影响，即越接近县城的区域，农户贷款意愿越强。

（二）农户对村镇银行贷款意愿的有序 Probit 模型设定

1. 变量选取

（1）因变量。农户对村镇银行的贷款意愿可分为有明确的贷款意愿、明确没有贷款意愿、说不清有无贷款意愿视情况而定三种。因此，农户对村镇银行的贷款意愿选择是个三分类离散变量。农户表示对村镇银行有明确的贷款意愿时，因变量取"1"；农户明确表示对村镇银行没有贷款意愿时，因变量取"0"；农户说不清有无贷款意愿，指出视情况而定时，因变量取"2"。

（2）自变量。根据对农户对村镇银行的贷款意愿的理论分析，结合相关研究和调研数据，本研究选取农户户主特征、农户家庭特征、农户对村镇银行的认知和评价、区域变量四类变量。这四类变量具体选取情况如表 3－16 所示。

表 3 – 16　　　　　　　　　　　自变量选取的说明

变量类型	变量名	取值说明	预期方向
户主特征	户主年龄 X_1	30 岁及以下 = 1；31～39 岁 = 2；40～49 岁 = 3；50～59 岁 = 4；60 岁及以上 = 5	?
	户主文化程度 X_2	小学及以下 = 1；初中 = 2；高中（含中专）= 3；大专（含本科）及以上 = 4	+
家庭特征	家庭人口数 X_3	实际家庭人口数	?
	家庭供养比 X_4	实际家庭人口供养比（供养人口/总人口）	+
	家庭人均纯收入 X_5	实际家庭人均纯收入	?
	家庭土地经营面积 X_6	实际家庭土地经营面积	?
	家庭农业收入比 X_7	0 = 1；0～20% = 2；21%～50% = 3；51%～80% = 4；80% 以上 = 5	?
	家庭现钱和银行存款 X_8	5 000 元及以下 = 1；5 001～10 000 元 = 2；10 001～3 万 = 3；30 001～6 万 = 4；6 万以上 = 5	+
	家庭现有负债 X_9	5 000 元及以下 = 1；5 001～1 万 = 2；10 001～2 万 = 3；2 万以上 = 4	?
	家庭社会关系 X_{10} X_{11}	X_{10}：是否有家庭成员或亲戚朋友担任村干部或在政府部门任职（有 = 1；没有 = 0）X_{11}：是否有家庭成员或亲戚朋友在银行工作（有 = 1，没有 = 0）	?
农户对村镇银行的认知和评价	贷款政策的了解程度 X_{12}	"很了解、一般了解" = 1；"只听说过这一机构、不了解、说不清" = 0	+
	贷款政策和服务的满意程度 X_{13}	"满意"、"基本满意" = 1；"不满意"、"说不清" = 0	+
	贷款便利程度 X_{14}	不便利" = 0；"便利" = 1；"说不清" 2	+
	贷款利率水平评价 X_{15}	"利率较低" = 1；"利率适中" = 2；"利率较高" = 3；"说不清" = 4	+
	贷款期限水平评价 X_{16}	"规定贷款期限太短""规定贷款期限太长""贷款期限不灵活，没有选择性" = 0；"规定贷款期限合适""贷款期限灵活，可选择" = 1；"说不清" = 2	+
区域变量	X_{17}	农区 = 1；小城镇 = 2；县城郊区 = 3；县城 = 4	+

2. 有序 Probit 模型

本研究反映农户对村镇银行的贷款意愿的数据是分类的离散数据，分析离散选择问题的理想估计方法是概率模型（Logit、Probit 和 Tobit）。对于因变量离散数值大于两类的，研究时应采用有序概率模型（William，1997）。用有序 Probit 模型处理多分类的离散数据是近年应用较广的一种方法（Jayachandran，1996）。有序 Probit 概率模型的数学表达式如下：

Y_i 表示在 $\{0,1,2,\cdots,m\}$ 上取值的有效响应，关于 Y_i 的有序 Probit 概率模型可由下面公式表示：$Y_i^* = \beta X_i' + \varepsilon_i, E[\varepsilon_i \mid X_i] = 0, \varepsilon_i \in (0,\sigma_i^2), i = 0,1,2,\cdots,m$

$$Y_i = \begin{cases} 0, if\ Y_i^* \leqslant \alpha_1 \\ 1, if\ \alpha_1 < Y_i^* \leqslant \alpha_2 \\ m, if\ Y_i^* \geqslant \alpha_m \end{cases}$$

$Y_i = 0,1,2,\cdots,m$ 的概率分别为：

$$prob(Y = 1 \mid X_i') = prob(\beta X_i' + \varepsilon \leqslant \alpha_1 \mid X_i') = \phi\left(\frac{\alpha_1 - \beta X_i'}{\sigma_i}\right)$$

$$prob(Y = 2 \mid X_i') = prob(\alpha_1 < \beta X_i' + \varepsilon \leqslant \alpha_1 \mid X_i')$$
$$= \phi\left(\frac{\alpha_2 - \beta X_i'}{\sigma_i}\right) - \phi\left(\frac{\alpha_1 - \beta X_i'}{\sigma_i}\right)$$

$$prob(Y = m - 1 \mid X_i') = prob(\alpha_{m-1} < \beta X_i' + \varepsilon \leqslant \alpha_m \mid X_i')$$
$$= \phi\left(\frac{\alpha_m - \beta X_i'}{\sigma_i}\right) - \phi\left(\frac{\alpha_{m-1} - \beta X_i'}{\sigma_i}\right)$$

$$prob(Y = m \mid X_i') = prob(\beta X_i' + \varepsilon_i \geqslant \alpha_m \mid X_i')$$
$$= 1 - \phi\left(\frac{\alpha_m - \beta X_i'}{\sigma_i}\right)$$

其中，Y_i^* 是一个潜在变量，无法观测到具体值，但 Y_i 是可观测的变量；X_i 是解释变量的一组观测值，$i(i = 0,1,2,\cdots,n)$ 代表观测值数，β 代表待估计的参数变量，m 为状态参数，α 是区间的分界点，ϕ 是标准正态累计分布函数。

（三）数据来源与样本特征

本研究样本数据来源于西北农林科技大学经济管理学院、农村金融研究所组织的对陕西省 5 家村镇银行（岐山硕丰、洛南阳光、高陵阳光、安塞建信、安塞农银）所在 4 县（宝鸡岐山县、商洛洛南县、西安高陵县、延安安塞县）的县城和所辖农区的农户所进行的调查。其他两家村镇银行（富平东亚村镇银行、韩城浦发村镇银行）由于成立时间较短，各项业务开展不完全而未选入样本。在研究过程中主要通过问卷来获得数据，调查问卷主要包含农户的基本情况、农户贷款意愿的影响因素、农户的贷款意愿和农户的信贷约束状况四个部分。调查人员于 2011 年 9 月 22 日至 10 月 21 日完成了对陕西省 4 个县域 5 家村镇银行的调查。

　　本次调查主要选择了与村镇银行的贷款业务有密切联系的镇和行政村展开调研，调查的基本方法是由村镇银行职员介绍其客户，调查员在直接访谈客户完成问卷的基础上再在该地区随机选取农户调研。本次调查累计完成 201 份问卷，其中 200 份为有效问卷，问卷有效率为 99.5%。有效问卷的相关统计特征见表 3 - 17 至表 3 - 21。

表 3 - 17　　　　　　　　　被访谈人的基本统计特征

统计特征	分类指标	样本数（人）
性别	男	143
	女	57
年龄结构	30 岁及以下	16
	31～39 岁	39
	40～49 岁	79
	50～59 岁	51
	60 岁及以上	15
文化程度	文盲或半文盲	4
	小学	16
	初中	109
	高中（含大专）	58
	大专（含本科）及以上	13

表 3 - 18　　　　　　　　被调查农户家庭特征的样本统计

统计特征	分类指标和数据分频统计	样本数（户）
户主年龄结构	30 岁及以下	9
	31～39 岁	37
	40～49 岁	73
	50～59 岁	59
	60 岁及以上	22

续表

统计特征	分类指标和数据分频统计	样本数（户）
户主文化程度	文盲或半文盲	2
	小学	16
	初中	109
	高中（含中专）	61
	大专（含本科）及以上	12
家庭劳动力数 *	2 人及以下	110
	3 人及以上	90
家庭土地经营面积 *	5 亩及以下	96
	5 亩以上	104
2010 年家庭人均纯收入 *	5 000 元及以下	39
	5 000～10 000 元（含）	55
	10 000～20 000 元（含）	46
	20 000 以上	60
家庭农业收入占总收入的比重	0	45
	0～20%	48
	21%～50%	35
	51%～80%	17
	80%以上	55
家庭目前拥有的现钱和银行存款	5 000 元及以下	75
	5 001 元～1 万元	22
	10 001 元～3 万元	36
	30 001 元～6 万元	17
	6 万元以上	50
家庭未还清负债	5 000 元及以下	84
	5 001 元～1 万元	21
	10 001 元～2 万元	28
	2 万元以上	67

注：带 * 号的指标的原始数据为连续数值，这里设定分频标准只是为了分析样本特征。

表3-19   被调查农户家庭社会关系的样本统计

统计特征	分类指标	样本数（户）
是否有家庭成员或亲戚朋友担任村干部或在政府部门任职	有	61
	没有	139
是否有家庭成员或亲戚朋友在银行工作	有	7
	没有	193

表3-20   被调查农户户主对村镇银行的认知和评价的样本统计

统计特征	分类指标	样本数（户）
贷款政策的了解程度	很了解	60
	一般了解	66
	只听说过这一机构或不了解	72
	说不清	2
贷款政策和服务的满意程度	满意	106
	基本满意	21
	不满意	1
	说不清	72
贷款便利程度	便利	123
	不便利	6
	说不清	71
贷款利率水平评价	利率适中	92
	利率较高	19
	利率较低	16
	说不清	72
贷款期限水平评价	规定贷款期限太短或规定贷款期限太长或贷款期限不灵活，没有选择性	27
	规定贷款期限合适或贷款期限灵活，可选择	97
	说不清	74

因变量和自变量的样本描述性统计如表3-21所示。

表 3 – 21　　　　　　　　　解释变量和被解释变量的描述性统计

变量名	均值	标准差
Y（农户对村镇银行的贷款意愿）	0.60	0.49
X_1（户主年龄）	3.24	1.02
X_2（户主文化程度）	2.34	0.72
X_3（家庭人口数）	4.20	1.28
X_4（家庭供养比）	0.43	0.25
X_5（家庭人均纯收入）	27 367.77	49 612.31
X_6（家庭土地经营面积）	9.66	38.33
X_7（家庭农业收入比重）	2.95	1.53
X_8（家庭拥有现钱和银行存款）	2.73	1.62
X_9（家庭现有负债）	2.39	1.33
X_{10}（是否有家庭成员或亲戚朋友在银行工作）	0.31	0.46
X_{11}（是否有家庭成员或亲戚朋友担任村干部或在政府部门任职）	0.04	0.18
X_{12}（贷款政策的了解程度）	0.63	0.48
X_{13}（贷款政策和服务的满意程度）	0.64	0.48
X_{14}（贷款便利程度）	0.62	0.49
X_{15}（贷款利率水平评价）	2.71	1.06
X_{16}（贷款期限水平评价）	1.24	0.67
X_{17}（区域变量）	1.52	1.83

（四）贷款意愿影响因素的 Probit 回归分析

为研究各自变量对农户对村镇银行贷款意愿的影响程度，利用 EViews 6.0 统计软件对调查农户的横截面数据进行有序 Probit 模型分析，模型估计结果如表 3 – 22 所示。

表 3 – 22　　　　　　　　　有序 Probit 模型估计结果表

自变量	参数估计值	参数估计量的样本标准差	Z 统计量	显著性水平
X_1	0.106296	0.101858	1.043569	0.2967
X_2	– 0.311204 *	0.165263	– 1.883081	0.0597
X_3	0.023414	0.077206	0.303272	0.7617
X_4	0.753238 *	0.412071	1.827934	0.0676
X_5	– 3.56E – 07	2.78E – 06	– 0.128320	0.8979
X_6	– 0.010684	0.014342	– 0.744945	0.4563

自变量	参数估计值	参数估计量的样本标准差	Z 统计量	显著性水平
X_7	- 0. 017242	0. 083019	- 0. 207684	0. 8355
X_8	- 0. 277232 **	0. 073195	- 3. 787566	0. 0002
X_9	- 0. 097029	0. 075384	- 1. 287116	0. 1981
X_{10}	0. 036025	0. 217453	0. 165668	0. 8684
X_{11}	0. 330952	0. 521378	0. 634765	0. 5256
X_{12}	0. 599573	0. 378302	1. 584906	0. 1130
X_{13}	1. 037640 **	0. 380084	2. 730030	0. 0063
X_{14}	- 0. 335508	0. 369466	- 0. 908089	0. 3638
X_{15}	- 0. 081460	0. 136924	- 0. 594930	0. 5519
X_{16}	0. 253004	0. 228452	1. 107469	0. 2681
X_{17}	0. 502804 **	0. 145218	3. 462416	0. 0005

综合性检验　　LR 统计量为 64. 37437　自由度为 17　显著性概率（Prob）为 0. 006885

模型拟合优度检验　　AIC 值为 1. 905　SC 值为 2. 219　HQC 值为 2. 032

注：＊代表在 10% 的置信水平上显著，＊＊代表在 1% 的置信水平上显著。

表 3 - 22 中列出的有序 Probit 模型检验是让所有的变量进入模型中的检验，检验结果反映了所有解释变量对被解释变量的影响程度。通过对 LR 统计值和统计量的收尾概率值（Prob）来看，模型整体检验结果较为显著；从 AIC、SC 和 HOC 值来看，模型的整体拟合优度较好。其中，X_2、X_4、X_8、X_{13}、X_{17} 等变量对农户村镇银行贷款意愿的影响显著，而 X_1、X_3、X_5、X_6、X_7、X_9、X_{10}、X_{11}、X_{12}、X_{14}、X_{15}、X_{16} 等变量对农户、村镇银行贷款意愿的影响未通过显著性检验。

1. 在户主特征中，户主年龄对农户、村镇银行贷款意愿没有显著影响，户主年龄对农户、村镇银行贷款意愿有负向影响。户主年龄未通过显著性检验，这一结果和第二部分户主年龄对农户对村镇银行贷款意愿影响不明确的分析结果吻合。年龄因素通过对家庭财富积累、家庭生产类型稳定性、户主信贷观念以及家庭结构和负担的复杂程度存在的错综复杂的影响，进而影响农户村镇银行贷款意愿，由于以上影响的路径方向不同，影响程度不一，最终户主年龄对农户对村镇银行的贷款意愿的影响表现为不显著。户主文化程度对农户对村镇银行贷款意愿影响显著。户主文化程度的回归系数 $\beta_2 = -0. 3112 < 0$，统计系数的显著性水平为 0. 0597。这表明，

户主的受教育程度越高，农户对村镇银行的贷款意愿越弱。该结果和因素分析的预期结果不一致，主要原因可能为：第一，大部分农户的文化水平都为初中（占调查样本的 54.5%），初中水平在变量分类中被归类为了文化程度较低的层次（变量值为2）；第二，文化水平高的农户的贷款意愿更易被其他正规金融机构吸收，这样就导致了其对村镇银行贷款意愿的减弱。

2. 在农户的家庭特征中，家庭人口数、家庭种植作物面积、家庭人均纯收入、家庭现有负债、是否有家庭成员或亲戚朋友在银行工作、是否有家庭成员或亲戚朋友担任村干部或政府部门任职，这些变量对农户、村镇银行贷款意愿影响不显著，与因素分析的结果一致，可能原因如因素分析中所述。家庭农业收入比对农户、村镇银行的贷款意愿影响不显著，与因素分析中指出的其可能存在正向影响有一定偏差，主要原因可能为：发展设施农业的大部分农户资金投入密集期已过，收入稳步增长，贷款意愿下降导致对村镇银行的贷款意愿变弱；非农产业（如经营建材、粮油批发等）投入和消费性支出在调查样本中也占有重要比例。家庭供养比、家庭拥有现钱和银行存款对农户村镇银行贷款意愿的影响显著。家庭供养比的 β 系数为 0.7532 > 0，表明农户家庭供养比越大，对村镇银行的贷款意愿越强。这与因素分析的表述一致，人口供养比通过影响农户的发展意愿和消费结构对村镇银行贷款意愿产生影响。家庭拥有现钱和银行存款的 β 系数为 −0.2772，且在小于 1% 的显著性水平上显著，表明农户自有资金越多，贷款意愿越弱，与因素分析一致。由于家庭拥有现钱和银行存款这一变量划分的区间宽度比较小，这一结果也表明了农户融资行为对融资成本的厌恶程度很高。

3. 在农户对村镇银行的认知和评价中，贷款便利程度、贷款利率水平评价和贷款期限水平评价的影响不显著，对贷款政策的了解程度在稍大于 10% 的显著性水平下显著，而贷款政策和服务的满意程度的影响在小于 1% 的显著性水平下显著。这表明，农户对政策和服务的满意程度对贷款意愿有显著影响，呈正向的关系（β 系数为 1.0376 > 0）。农户对村镇银行政策和服务越满意，贷款意愿越强，反之农户对村镇银行的贷款意愿就越小。

4. 区域变量对农户村镇银行贷款意愿有正影响，其 β 系数为 0.5028 > 0，在小于 1% 的显著性水平下显著，与变量分析一致。在县城、县城郊区、小城镇的农户比处于农区的农户对村镇银行的贷款意愿更强，这可能是由不同区域的农户的发展需求、拥有的信息量和贷款便利程度不同决定的。

（五）小结

本研究根据陕西省村镇银行服务引入的四个县的实际调查数据，利用有序 Probit 模型验证了各变量对农户对村镇银行贷款意愿的影响方向，得出如下结论：家庭人口负担比、家庭拥有现钱和银行存款、农户对政策和服务的满意程度对农户对村镇银行贷款意愿有显著的正向影响，户主年龄、区域变量也是影响农户贷款意愿的重要因素。以上分析结果对村镇银行在农村的业务开展具有积极的指导意义。

首先，农户对村镇银行的贷款意愿受家庭特征的影响，村镇银行在发掘潜在客户时不仅需要了解农户的一些家庭特征，更需要把握这些影响农户贷款意愿的家庭因素的变化状况。这种规划对村镇银行建立高效的客户管理模式和发展优质新客户具有重要的意义。

其次，贷款政策和服务满意度对贷款意愿显著的正向影响，启发村镇银行在业务开展时需注重服务品质的提升。虽然农村金融市场依然是卖方市场，但村镇银行作为农村金融的特殊主体，在业务发展、服务完善和认知度水平提高上都需要不断的努力，尤其要在农户信贷满足方面做足工夫。以岐山硕丰村镇银行为例，其引入了业务下乡活动，信贷员把办公地点选在村民最熟悉的公共场地，一边向农民宣传村镇银行的贷款政策，一边收集农户的授信资料，贷款额小于 5 万元的农户在条件符合的情况下直接就可以签订贷款合同。这种短链条、高效率的贷款服务在农户中产生了较好的宣传作用，充分说明了农户对政策和服务的满意程度对其贷款意愿影响很大。对客户多方面的了解是降低风险、提高收益、增强认知度的有效途径。

最后，区域变量对农户村镇银行贷款意愿的显著影响在一定程度上反映了村镇银行客户在区域分布上的不平衡。新型农村金融机构在活跃农村金融市场、改变农村金融主体竞争不足的状况以及金融"支农、惠农"方面发挥了重要作用，村镇银行作为新型农村金融机构的主力军，更应在业务开展方面做到扎根农村，立足农业，服务农民。如果只注重发展脱农市民客户或县城郊区和小城镇从事非农产业的客户，村镇银行的社会效应就不能完全体现出。因此，村镇银行应提高传统农区的农户对村镇银行的贷款意愿，并能克服困难满足信用高的农户的授信需求。对于增大农区贷款量引起的贷款成本激增问题，可通过设立村镇联系人和集中办理业务方式加以解决。只有这样，才能实现村镇银行自身效益和社会效益的双丰收。

二、中小企业对村镇银行贷款意愿的影响因素分析——基于 Logit 模型的估计

从理论上分析，影响中小企业对村镇银行贷款意愿的主要因素包括企业所在行业、经营年限、企业性质、企业员工数和文化程度，企业主的年龄、文化程度、从事管理年限，以及固定资产比率、资产负债比、流动比率、利润率等财务指标，还有企业信用等级、银企关系、过去借贷行为、对贷款机构了解程度和服务满意度等。考虑到统计约束，本研究选取企业基本情况、企业经营者基本情况、企业财务指标、企业贷款性状四类变量因素来分析中小企业对村镇银行的贷款意愿，并对这些因素影响方向进行定性分析。

（一）关于贷款意愿的模型设定

1. 被解释变量（因变量）

调研结果显示，中小企业对村镇银行的贷款意愿可以分为有贷款意愿、无贷款意愿、说不清楚三类，属于离散型变量。从而我们定义：因变量取 1 时，表示有明确贷款意愿（包括有贷款意愿）；因变量取 0 时，表示无明确贷款意愿（包括无贷款意愿和说不清楚）。

2. 解释变量（自变量）

根据对已有的研究和相关理论的分析，并且结合实地调研，笔者认为影响中小企业对村镇银行贷款意愿的因素主要有企业基本情况（如类型、性质等）、企业经营者基本情况（如年龄、文化程度等）、企业财务指标（如固定资产比率、资产负债率等）、企业贷款性状（如过去借贷行为、银企关系等）四个方面，变量具体选取如表 3-23 所示。

表 3-23　　　　　　　　　模型中选定的解释变量及释义

变量分类	变量名称	变量符号	变量释义
企业基本情况	行业类型	x_1	第一产业 =1；第二产业 =2；第三产业 =3
	企业性质	x_2	集体 =1；私营（个体）=2；股份制 =3
	企业成立年限（年）	x_3	1~3（含3）=1；3~5（含5）=2；5 年以上 =3
	企业员工数	x_4	常年平均员工数：100 人及以下 =1；101~200 人 =2；201~300 人 =3；301~400 人 =4；500 人以上 =5
	企业信用等级	x_5	未评级 =1；C 级 =2；B 级 =3；A 级及以上 =4

变量分类	变量名称	变量符号	变量释义
企业经营者基本情况	企业主年龄	x_6	31～40 岁 =1；41～50 岁 =2；51～60 岁 =3；60 岁以上 =4
	企业主文化程度	x_7	本科及以上 =1；大专 =2；高中/中专 =3；初中 =4；
	企业主从事管理年限	x_8	5 年及以下 =1；6～10 年 =2；11～15 年 =3；16～20年 =4；20 年以上 =5
企业财务指标	固定资产比率	x_9	2010 年数据：固定资产比率 =固定资产/资产总额
	资产负债比	x_{10}	2010 年数据：资产负债比 =资产总额/负债总额
	流动比率	x_{11}	2010 年数据：流动比率 =流动资产/流动负债
	利润率	x_{12}	2010 年数据：利润率 =利润总额/销售（营业）收入
企业贷款性状	过去借贷行为	x_{13}	近五年是否在村镇银行进行过融资：有过 =1；没有过 =2
	银企关系	x_{14}	沟通程度：基本不联系 =1；较经常联系 =2；联系很紧密 =3
	对村镇银行了解程度	x_{15}	对贷款政策是否了解：很了解 =1；一般了解 =2；不了解 =3；

注：表中除企业财务指标为连续型变量外，其他变量均可视为分类变量。

3. 模型设定

本研究选取的中小企业对村镇银行贷款意愿的相关数据既有连续型数据又有离散型数据，在研究此类变量时多建立 Logistic 回归模型对其进行分析。Logit 模型的分布函数服从 Logistic 概率分布，其形式为

$$P = F(y_i) = \frac{1}{1 + e^{-y}} = \frac{1}{1 + e^{-(\alpha + \beta x_i)}} \quad (1)$$

对于给定的 x_i，P_i 表示相应的概率。

对式（1）经过变形后，可得到变量 y 关于 x 的 Logistic 回归模型为

$$\ln \frac{y_i}{1 - y_i} = \alpha + \beta_1 X_1 + \beta_2 X_2 + \cdots + \beta_i X_i \quad (2)$$

从而，可得到用 Logit 模型分析中小企业对村镇银行的贷款意愿的影响因素的基本表达式为

$$\ln \frac{P_i}{1 - P_i} = \alpha + \beta_1 x_1 + \beta_2 x_2 + \cdots + \beta_{15} x_{15} \tag{3}$$

（二）数据来源与样本统计结果

上述各变量的样本数据均来自课题组 2011 年 8 月—10 月对陕西省 41 家县域中小企业进行问卷调查和实地访谈所得，这一数据涵盖陕北（安塞县）、关中（岐山县、高陵县）、陕南（洛南县）三大地理带四个县域，兼顾了不同经济发展水平与企业特征。本次调查在岐山硕丰、洛南阳光、高陵阳光、安塞建信、安塞农银五家村镇银行的协助下，对村镇银行的中小企业客户和随机抽取的其他中小企业进行了一对一访谈，共发放问卷 41 份，实际回收有效问卷 34 份，问卷有效率 82.9%，保证了问卷数据的可得性与有效性。运用这一数据来分析影响中小企业对村镇银行的后续贷款意愿（有无明确贷款意愿）的因素，其结果客观、真实。

在所调查的中小企业中，处于第一产业（农、林、牧、渔）的仅占样本总量的 11.8%，大多数企业属于建筑业、制造业、采矿业所在的第二产业。企业的成立年限多在 5 年以上（占样本总量的 55.9%），员工规模在 100 人以下的占样本总量的 58.9%，只有 1 家企业员工人数在 500 人以上。大多数企业的性质为私营（个体），股份制企业的占比达到了 32.4%。在这 34 家中小企业中，有 88.2% 的企业得到了金融机构的信用评级，A 级以上的优良企业占样本总数的 79.4%，具体统计结果如表 3－24 所示。

表 3－24　　　　　　企业基本情况的样本统计

变量名称	分类指标	样本数（家）	所占比例（%）
行业类型	第一产业	4	11.8
	第二产业	23	67.6
	第三产业	7	20.6
企业性质	集体	1	2.9
	私营（个体）	22	64.7
	股份制	11	32.4
企业成立年限（年）	1~3（含3）	10	29.4
	3~5（含5）	5	14.7
	5 年以上	19	55.9

续表

变量名称	分类指标	样本数（家）	所占比例（%）
企业员工数	100 人及以下	20	58.9
	101 ~ 200 人	3	8.8
	201 ~ 300 人	7	20.6
	301 ~ 500 人	3	8.8
	500 人以上	1	2.9
企业信用等级	未评级	4	11.8
	C 级	1	2.9
	B 级	2	5.9
	A 级及以上	27	79.4

参与调查的 34 家中小企业中，企业主的年龄多在 31 ~ 50 岁，占样本总数的 76.5%，文化层次在大专及以上的有 24 家，从事管理工作在 20 年以上（44.1%）和 6 ~ 15 年之间（41.2%）的比例基本持平，具体统计结果如表 3 - 25 所示。

表 3 - 25　　　　　　　　企业经营者基本情况的样本统计

变量名称	分类指标	样本数（家）	所占比例（%）
企业主年龄	31 ~ 40 岁	15	44.1
	41 ~ 50 岁	11	32.4
	51 ~ 60 岁	6	17.6
	60 以上	2	5.9
企业主文化程度	本科及以上	10	29.4
	大专	14	41.2
	高中/中专	9	26.5
	初中	1	2.9
企业主从事管理年限	5 年及以下	4	11.8
	6 ~ 10 年	7	20.6
	11 ~ 15 年	7	20.6
	16 ~ 20 年	1	2.9
	20 年以上	15	44.1

在作为样本的中小企业中，有 82.4% 的企业曾经在村镇银行贷过款，对村镇银行贷款政策了解的占样本总数的 88.2%，与村镇银行基本不联系

的企业仅占样本总数的 2.9% ，具体统计结果如表 3 – 26 所示。

表 3 – 26 企业贷款性状的样本统计

变量名称	分类指标	样本数（家）	所占比例（％）
过去借贷行为	有过	28	82.4
	没有过	6	17.6
银企关系	基本不联系	1	2.9
	较经常联系	18	53.0
	联系很紧密	15	44.1
对村镇银行了解程度	很了解	15	44.1
	一般了解	15	44.1
	不了解	4	11.8

（三）模型估计的结果及结论

为了研究各自变量对中小企业在村镇银行贷款意愿的影响程度，通过 EViews 5.0 对调查企业的截面数据进行 Logit 模型分析，估计结果如表 3 – 27 所示。

表 3 – 27 中小企业对村镇银行贷款意愿的影响因素：
Logit 模型估计结果

Variable	Coefficient	Std. Error	z – Statistic	Prob.
行业类型 X_1	– 4.686017	3.986175	– 1.175567	0.2398
企业性质 X_2	– 2.679687	2.255736	– 1.187943	0.2349
企业成立年限 X_3	– 4.018147 **	1.938088	– 2.073253	0.0381
企业员工数 X_4	0.650382	1.775634	0.366281	0.7142
企业信用等级 X_5	3.586839 **	1.772223	2.023920	0.0430
企业主年龄 X_6	1.209298	2.248760	0.537762	0.5907
企业主文化程度 X_7	– 2.176073	2.571729	– 0.846152	0.3975
企业主从事管理年限 X_8	– 0.134724	0.604525	– 0.222859	0.8236
固定资产比率 X_9	0.103755	2.870135	0.036150	0.9712
资产负债比 X_{10}	1.672994	3.388287	0.493758	0.6215
流动比率 X_{11}	7.072155 *	4.147734	1.705065	0.0882
利润率 X_{12}	3.190222	3.357290	0.950237	0.3420
过去借贷行为 X_{13}	– 2.353356	2.064981	– 1.139650	0.2544
银企关系 X_{14}	3.278287 *	1.739454	1.884665	0.0595
对村镇银行了解程度 X_{15}	– 2.531165 *	1.426225	– 1.774730	0.0759

注：＊＊代表在 5% 的置信水平上显著，＊代表在 10% 的置信水平上显著。

根据上述模型的估计结果可知，县域中小企业对村镇银行的贷款意愿与企业信用等级、企业流动比率、银企关系呈现正的相关性，与企业成立年限、对村镇银行的了解程度呈现负的相关性，其他因素的影响则不显著，具体分析如下：

1. 企业信用等级对贷款意愿的影响。中小企业在村镇银行的信用评级越高，贷款意愿越强烈。"企业信用等级"统计的显著性为显著，回归系数为正。企业的信用等级是专业评级机构或金融机构通过对企业总体状况进行了解评估作出的信用风险评价，等级的划分可以使得村镇银行对企业的基本情况、财务状况、风险程度有大致的判断，从而成为其审批贷款的重要决定因素。对于村镇银行来说，信用等级越高发生逆向选择和道德风险的概率越小，从而发生呆坏账的概率也会越低。对于企业来说，信用等级越高则获得贷款的机会越高，从而在存在资金缺口时会更加倾向于贷款这一融资方式。

2. 流动比率对贷款意愿的影响。中小企业流动资产比重越大，贷款意愿越强烈。"流动比率"统计的显著性为显著，回归系数为正。流动比率是流动资产与流动负债之比，用来衡量企业流动资产在短期债务到期以前，可以变为现金用于偿还负债的能力。企业的流动比率越高，说明企业短期的偿债能力越强，从而使得企业在作出当期是否在村镇银行贷款决策时不用过于担心后期的还款问题，从而也会更愿意选择贷款。

3. 银企关系对贷款意愿的影响。中小企业与村镇银行的沟通联系越紧密，贷款意愿越强烈。"银企关系"统计的显著性为显著，回归系数为正。银企关系主要是指企业与银行的日常联系沟通程度，中小企业与村镇银行的联系越频繁，越能够弥补企业与银行之间的信息不对称，使得市场化交易更有效，提升了企业以贷款方式融资的意愿。

4. 企业成立年限对贷款意愿的影响。中小企业成立年限越久，在村镇银行的贷款意愿越不强烈。"企业成立年限"统计的显著性为显著，回归系数为负。企业自成立起存续年限越长，间接表明了企业的经营较为稳定。其一，可能会因为经营业绩佳、资金流充裕不存在缺口，从而缺乏贷款意愿；其二，可能是积累了雄厚的社会资本，有多种途径可以弥补资金不足，化解危机；其三，可能是在村镇银行成立之前就与其他金融机构建立了长期的合作关系，可以获得更为优惠的贷款，从而缺乏在村镇银行的贷款意愿。

5. 对村镇银行了解程度对贷款意愿的影响。中小企业对村镇银行的贷款政策了解越多，贷款意愿反而越不强烈。"对村镇银行了解程度"统计的显著性为显著，回归系数为负，这似乎有些违背常理，其实不然。村镇银行的贷款政策除去企业一般考虑的贷款利率，在贷款方式、贷款额度、贷款期限上也有不同的规定，当企业对贷款政策有了更为详尽的了解之后，再通过与其他金融机构的比对，可能不再仅仅以利率高低作为选择的依据。而且村镇银行由于注册资本的限制，在贷款额度上受到极大约束，难以满足资金需求量大的企业，从而降低了中小企业的贷款意愿。

6. 在企业基本情况中，行业类型、企业性质、企业员工数对县域中小企业对村镇银行的贷款意愿的影响均是不显著的。可能是因为在县域范围内，样本中小企业在类型、性质和规模上不具有明显的代表性，从而弱化了其对贷款意愿的影响。

7. 在企业经营者的基本情况中，企业主的年龄、文化程度和从事管理年限对县域中小企业对村镇银行的贷款意愿的影响均是不显著的。这也从一个侧面表明，即使是在县域的中小企业，其企业管理也日趋完善，不断向现代企业管理靠拢，经营者个人已经不能单独左右企业的决策。

8. 在企业的财务指标中，除流动比率外的固定资产比率、资产负债比、利润率均对县域中小企业对村镇银行的贷款意愿影响不显著。所选取的四项财务指标中，仅有一项影响显著，可能的原因在于大部分县域中小企业属于私营企业，通常没有严格规范的财务制度，财务状况不够透明，递交给金融机构的财务报表只能作为参考，金融机构发放贷款也并不以财务报告作为主要依据。

9. 在企业贷款性状中，过去的借贷行为的影响不显著，可能是因为村镇银行的贷款多为短期小额，还本付息周期较短（一年内居多），前一期对后一期的影响不足以表现出，从而影响不显著。

（四）小结

通过对陕北、关中和陕南四个县的农村中小企业进行问卷调查，利用Logit模型对影响中小企业对村镇银行贷款意愿的因素进行分析，得出了如下结论：县域中小企业对村镇银行的贷款意愿与企业信用等级、企业流动比率、银企关系呈正相关性，与企业成立年限、对村镇银行的了解程度呈现负相关性，其他因素的影响则不显著。

需要说明的是，本研究的问卷调查是通过联系村镇银行的客户（过往客户、现存客户、预期客户）进行的，可能使数据有一些偏差，从而影响了某些变量的显著性。在进一步的研究中，将考虑对问卷进行修正，并且在扩大样本的基础上引入新的变量来对中小企业对村镇银行贷款意愿的影响因素进行分析。

3.2.5　陕西省村镇银行运行绩效评价

村镇银行作为新型农村金融机构，同时肩负自身持续经营与服务"三农"的双重目标，单纯仅从其中一个目标考察其效率，缺乏研究的客观性、公正性和全面性。本报告正是从农村金融机构的双重目标出发，将村镇银行的运行绩效分解为经营绩效（衡量村镇银行自身可持续发展）和农户资金满足度、中小企业资金满足度（服务"三农"）两个方面，运用两阶段关联 DEA 方法测量村镇银行的经营效率，用 DEA 的基本模型评价农户资金满足度、中小企业满足度，最终评价陕西省村镇银行整体运行绩效。

一、村镇银行经营效率

1. 研究思路

将商业银行综合效率分解为包括前后紧密相连的两个子效率，而且两个子效率能够囊括与银行经营目标密切关联的基本财务指标。

第一阶段，为生产或服务效率。这一阶段的依据主要来自对银行作为一种特殊的企业的理论界定。村镇银行不但具有一般企业所具有的共性，占有资本、劳动力等重要社会稀缺资源，而且它是一种重要的金融机构，有着为社会各经济主体提供存贷款等多种形式金融服务的功能。银行为社会提供服务量的多少，一方面能够反映银行自身业绩的高低，另一方面也能够反映出银行作为一种重要的金融机构对整个社会经济的发展的贡献程度。[①]

第二阶段，为盈利效率，主要反映银行的盈利能力。村镇银行作为新型农村金融机构，与传统意义上的商业银行相比，其特殊性在于服务区域为县域，农户和中小企业客户较多，但始终改变不了村镇银行作为商业银

---

① 袁云峰，郭莉，郭显光. 基于多阶段超效率 DEA 模型的银行业效率研究［J］. 中央财经大学学报，2006（6）：48.

行经营的两阶段特征：资金组织和资金经营两个紧密相连的阶段。因此，考察村镇银行的经营效率，正是将经营效率分解为服务效率和盈利效率，而服务效率与盈利效率的乘积为村镇银行综合效率，也就是村镇银行的经营效率，如图3-6所示。

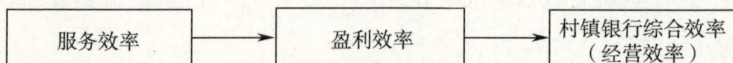

图3-6 村镇银行经营效率

2. 指标选取

在第一阶段资金组织阶段，银行集中全部力量以获得低成本资金。选择固定资产净值、营业费用、职工人数作为投入指标，选择反映村镇银行主要业务量的存款总量和贷款总量作为产出指标（同时为第二阶段的投入指标）。

表3-28　　　　　　　　第一阶段投入产出指标　　　　　　单位：万元、人

产出指标		投入指标		
Y_1	Y_2	X_1	X_2	X_3
存款余额	贷款余额	固定资产净值	营业费用	职工人数

第二阶段村镇银行盈利阶段，银行通过发放贷款，吸收存款获得利息收入，最终获得利润。因此，在第二阶段，选择利润水平为产出指标，结合中间指标（第一阶段的产出指标）为投入指标，第二阶段选择的投入产出指标体系，如表3-29所示。

表3-29　　　　　　　　第二阶段投入产出指标　　　　　　单位：万元

产出指标	投入指标	
Y_1	X_1	X_2
利润	存款总额	贷款总额

3. DEA方法及模型

数据包络分析法（Data Envelopment Analysis，DEA）是以相对效率概念为基础，基于数学规划理论评价具有多投入、多产出决策单元之间是否技术有效的系统分析方法。

本研究建立村镇银行效率评价的DEA模型如下：

假设有 n 家村镇银行，每家村镇银行均有 m 个投入变量和 s 个产出变量。对于第 i 家村镇银行分别用向量 X_i 和 Y_i 表示其投入和产出：

$$X_i = (X_{1i}, X_{2i}, \cdots, X_{mi})^T,$$

$$Y_i = (Y_{1i}, Y_{2i}, \cdots, Y_{mi})^T, \ i = 1, 2, \cdots, n$$

X 和 Y 分别表示 $m \times n$ 维投入矩阵和 $s \times n$ 维产出矩阵。

设 U、V 分别表示 $S \times 1$ 维产出权重矩阵向量和 $m \times 1$ 维投入权重矩阵向量，则第 i 家村镇银行的效率评价指数为：

$$E = U^T Y_i / V^T X_i \qquad i = 1, 2, \cdots, n$$

假设规模报酬不变，则：

$$\begin{cases} Max(\ U^T Y_i / V^T X_i) \\ s.t. \ U^T Y_i / V^T X_i, i = 1, 2, \cdots, n \end{cases} \tag{4}$$

式（4）是最大化 i 家村镇银行的相对效率，且此效率值大于 0，小于 1。对式（4）进行 Charnes – Chooper 转换，再转换成其对偶模型，可得：

$$\begin{cases} Min\ \theta \\ s.t. \ Y\lambda \geq Y_i \\ X\lambda \geq X_i \\ \lambda \geq 0, i = 1, 2, \cdots, n \end{cases} \tag{5}$$

式（5）中 λ 是 $n \times 1$ 维常数向量，θ 为一标量，即第 i 家村镇银行的技术效率值（TE），TE 是指在资源配置状况一定的条件下，银行所能够达到的最大产出能力，满足 $0 \leq \theta \leq 1$。当 $\theta = 1$ 时，表示该村镇银行是有效率的；$\theta < 1$ 时，则该村镇银行是无效率的。

1984 年，Banker、Charnes 和 Cooper 为生产可能集合建立凸性性质、无效率性质、射线无限制性质和最小外插性质等四项，并引进 Shepherd 距离函数的概念，将技术效率（TE）分解为纯技术效率（PTE）和规模效率（SE），即 PE = PTE × SE。通过增加对权重 λ 的约束条件：$\lambda^T I = 1$，建立规模报酬可变模型，得到如下模型：

$$\begin{cases} Min\ \theta \\ s.t. \ Y\lambda \geq Y_i \\ X\lambda \geq X_i \\ \lambda^T I = 1 \\ \lambda \geq 0, i = 1, 2, \cdots, n \end{cases} \tag{6}$$

式（6）中，$I = (1, 2, \cdots, n)_{1 \times n}$，目标函数求得的数值即是纯技术效率（PTE），根据 SE = TE/PTE，可以求出规模效率（SE）。PTE 是测度当规模报酬可变时，村镇银行与生产前沿面的距离。SE 是测度当规模报酬可变时的生产前沿面与规模报酬不变时的生产前沿面的距离。

4. 样本选取

2011 年 7 月至 2011 年 10 月，团队成员走访了宝鸡、西安、商洛、延安等地的村镇银行，获得了第一手的研究资料。

因此，本报告选取陕西省宝鸡岐山硕丰村镇银行、安塞农银村镇银行、安塞建信村镇银行、洛南阳光村镇银行四家村镇银行作为研究对象。这四家银行在陕西省新型金融机构中，具有一定的代表性（见表 3 - 30）。

表 3 - 30　　　　　　　　样本村镇银行

银行名称	成立时间	注册资本	控股方银行
宝鸡岐山硕丰村镇银行	2008. 11. 21	2 000 万元	长安银行
安塞农银村镇银行	2010. 3. 29	2 000 万元	中国农业银行
安塞建信村镇银行	2010. 7. 1	3 000 万元	中国建设银行
洛南阳光村镇银行	2008. 12. 29	1 000 万元	西安银行

5. 实证结果分析

将 4 家村镇银行 2010 年指标代入 DEA 模型，运用 DEAP2.1 软件进行数据处理，得出表 3 - 31、表 3 - 32 和表 3 - 33。

表 3 - 31　　　　陕西省村镇银行经营效率（综合效率）值比较

村镇银行	服务效率	盈利效率	综合效率
洛南阳光村镇银行	1.000	1.000	1.000
安塞农银村镇银行	0.813	1.000	0.813
宝鸡岐山硕丰村镇银行	1.000	0.476	0.476
安塞建信村镇银行	0.844	0.5000	0.422

（1）陕西省 4 家村镇银行经营效率排名

从表 3 - 34 中可以看出，测量的 4 家陕西省村镇银行，经营效率值最高的是洛南阳光村镇银行，综合效率值为 1，其中，其服务效率值和盈利效率值同为 1，DEA 有效；第二名为安塞农银村镇银行，综合效率值为 0.813；宝鸡岐山硕丰村镇银行以 0.476 排名第三；排名第四的综合效率值为 0.422 的安塞建信村镇银行。

（2）服务效率和盈利效率的关系不是非常密切

除了洛南阳光村镇银行外，其他三个村镇银行的服务效率和盈利效率都是一个高一个低。如宝鸡岐山硕丰村镇银行，其服务效率值为 1，而盈利效率值仅为 0.476；安塞建信村镇银行的服务效率值为 0.844，盈利效率值仅为 0.5000。

（3）4 家村镇银行经营效率值排名的具体原因

为得出 4 家村镇银行经营效率值排名的具体原因，分析经营效率的分解值服务效率和盈利效率（见表 3 - 32 和表 3 - 33），进一步考察不同银行综合效率的差异主要是由于服务效率的差异还是盈利效率的差异。

表 3 - 32　　　　　　陕西省村镇银行服务效率值比较

银行	TE	PTE	SE
宝鸡岐山硕丰村镇银行	1.000	1.000	1.000
安塞农银村镇银行	0.813	0.865	0.940
安塞建信村镇银行	0.844	1.000	0.844
洛南阳光村镇银行	1.000	1.000	1.000

表 3 - 33　　　　　　陕西省村镇银行盈利效率值比较

银行	TE	PTE	SE
宝鸡岐山硕丰村镇银行	0.476	1.000	0.476
安塞农银村镇银行	1.000	1.000	1.000
安塞建信村镇银行	0.500	0.639	0.783
洛南阳光村镇银行	1.000	1.000	1.000

DEA 基本模型中，由于技术效率（TE）= 纯技术效率（PTE）× 规模效率（SE），所以对于技术低效的村镇银行，可以通过比较规模效率和纯技术效率的相对大小来判断导致其技术低效的主要原因。如果纯技术效率大于规模效率，则技术低效更主要的原因在于规模低效；如果纯技术效率小于规模效率，则技术低效更主要的原因在于纯技术低效。

由综合效率（经营效率）= 服务效率 × 盈利效率，以及 DEA 基本模型中，技术效率（TE）= 纯技术效率（PTE）× 规模效率（SE）

综合效率（经营效率）= 服务效率$_{PTE}$ × 服务效率$_{SE}$ × 盈利效率$_{PTE}$ × 盈利效率$_{SE}$

表3 - 34 陕西省村镇银行综合效率具体原因比较

样本银行	综合效率（经营效率）	服务效率		盈利效率	
		服务效率PTE	服务效率SE	盈利效率PTE	盈利效率SE
洛南阳光村镇银行	1.000	1.000	1.000	1.000	1.000
安塞农银村镇银行	0.813	0.865	0.940	1.000	1.000
宝鸡岐山硕丰村镇银行	0.476	1.000	1.000	1.000	0.476
安塞建信村镇银行	0.422	1.000	0.844	0.639	0.783

从表3 - 34中可以看出，洛南阳光村镇银行的综合效率值最高，原因在于服务效率和盈利效率均为DEA有效。

安塞农银村镇银行服务效率偏低是导致其经营效率低的主要原因（盈利效率值为1，而服务效率PTE为0.865，服务效率SE为0.940）。对比洛南阳光村镇银行，安塞农银村镇银行成立时间短，市场认知度不高，存款业务和贷款业务量小，这为服务效率不高提供了合理解释。

与安塞农银村镇银行情况相反，宝鸡岐山硕丰村镇银行经营低效的原因在于盈利效率低。岐山硕丰村镇银行是4家村镇银行中成立时间最早的，服务功能凸显，但在盈利方面存在问题。具体分析其盈利效率，纯技术效率大于规模效率，即1.000 > 0.476则盈利低效更主要的原因在于规模低效。

安塞建信村镇银行的经营效率最低，其主要原因在于服务效率和盈利效率均偏低。因此，提高市场认知度，扩大存款和贷款业务，提高银行盈利水平，都是安塞建信村镇银行提高经营效率应该采取的措施。

二、农户资金满足度

结合村镇银行建立的目标来考虑，"为农业、农村和农民经济发展服务"被定位为村镇银行的经营方向，因此，村镇银行作为服务于"三农"的金融中介职能是其极为重要的职能，评价村镇银行运行绩效，除了经营效率，村镇银行的服务群体——农户和中小企业的资金满足度也同样重要。

农户通过村镇银行发放的农户贷款获得一定的资金，其资金满足度的测量方法采用DEA基本评价方法。

1. 指标选取

农户资金满足度的测量，本报告选取村镇银行农户贷款余额、发放农户贷款户数为投入指标，农户获得贷款的便利程度、贷款满意度为产出指标。

表 3 – 35　　　　　　　　农户资金满足度投入产出指标

产出指标		投入指标	
Y$_1$（%）	Y$_2$（%）	X$_1$（万元）	X$_2$（户）
贷款便利程度	贷款满意度	村镇银行农户贷款余额	村镇银行发放农户贷款户数

2. 样本选取

由于安塞农银村镇银行数据缺失，本报告选取宝鸡岐山硕丰村镇银行、安塞建信村镇银行、洛南阳光村镇银行三家村镇银行作为农户资金满足度测量的研究对象。

3. 农户资金满足度评价

由于陕西省村镇银行成立时间较短，数据获取比较困难等原因，三家样本村镇银行的数据同样只有 2010 年一年的数据，数据截至 2010 年年底。

引进构建的指标，运用 DEPA2.1 软件，分别对三家村镇银行发放农户贷款，从而满足农户资金需求的效率作出评价，输出结果如表 3 – 36 所示。

表 3 – 36　　　　　　2010 年陕西省村镇银行农户资金满足度

银行	TE	PTE	SE
宝鸡岐山硕丰村镇银行	0.379	1.000	0.379
安塞建信村镇银行	1.000	1.000	1.000
洛南阳光村镇银行	1.000	1.000	1.000

在农户资金满足度衡量中，TE 从整体上反映村镇银行满足农户资金需求的资源配置是否有效。纯技术效率（PTE）主要衡量相关村镇银行运行效率和管理水平，而规模效率（SE）衡量村镇银行资源投入是否处于最优规模。

从表 3 – 36 中可以看到，安塞建信村镇银行和洛南阳光村镇银行的农户资金满足度，DEA 效率值为 1，两家村镇银行在满足农户资金需求方面的资源配置还是比较有效的。

宝鸡岐山硕丰村镇银行的农户资金满足度为 0.379，表明岐山硕丰村镇银行在满足农户资金需求的资源存在未充分利用现象。PTE 和 SE 分别为 1.000 和 0.379，表明岐山硕丰村镇银行运行效率和管理水平是有效的，但对农户资金的投入规模与农村经济发展需求不相适应，应适度扩大支持规模。

三、中小企业资金满足度

中小企业资金满足度的测量方法依旧采用 DEA 评价方法。

1. 指标选取

同样作为村镇银行的客户,中小企业资金满足度测量时投入产出指标的选择可参考农户资金满足度测量时的指标体系,具体指标如表 3-37 所示。

表 3-37　　　　　　　中小企业资金满足度测量投入产出指标

产出指标		投入指标	
Y_1（%）	Y_2（%）	X_1（万元）	X_2（户）
贷款便利程度	贷款满意度	村镇银行中小企业贷款余额	发放中小企业贷款户数

注:表 3-36 和表 3-37 中的产出指标虽然名称都为贷款便利程度、贷款满意度,区别在于表 3-36 中为农户贷款便利程度、农户贷款满意度,表 3-37 中为中小企业贷款便利程度、中小企业贷款满意度。

2. 样本选取

由于安塞农银村镇银行数据缺失,同样选取宝鸡岐山硕丰村镇银行、安塞建信村镇银行、洛南阳光村镇银行三家村镇银行作为农户资金满足度测量的研究对象。

3. 中小企业资金满足度评价

三家样本村镇银行的数据同样只有 2010 年一年的数据,数据截至 2010 年年底。引进构建的指标,运用 DEPA2.1 软件,分别对 3 家村镇银行发放中小企业贷款,从而满足中小企业资金需求的效率作出评价,输出结果如表 3-38 所示。

表 3-38　　　　　2010 年陕西省村镇银行中小企业资金满足度

银行	TE	PTE	SE	规模效益
宝鸡岐山硕丰村镇银行	0.104	1.000	0.104	Drs
安塞建信村镇银行	0.588	1.000	0.588	Drs
洛南阳光村镇银行	1.000	1.000	1.000	—

在中小企业资金满足度衡量中,与农户资金满足度的衡量类似,TE 从整体上反映村镇银行满足中小企业资金需求的资源配置是否有效。纯技术效率（PTE）主要衡量相关村镇银行的运行效率和管理水平,而规模效率（SE）衡量村镇银行资源投入是否处于最优规模。

从表 3-38 中可以看到,洛南阳光村镇银行的中小企业资金满足度,

DEA 效率值为 1，说明洛南村镇银行在满足中小企业资金需求方面的资源配置还是比较有效的。

安塞建信村镇银行的中小企业资金满足度为 0.588，宝鸡岐山硕丰村镇银行的值更低，仅为 0.104，说明这两家村镇银行在满足中小企业资金需求的资源配置方面都是无效的，并且两家村镇银行中小企业资金满足度低效的原因都在于规模效率低：PTE 都为 1，SE 分别为 0.588 和 0.104（宝鸡岐山硕丰村镇银行的规模效率低到仅为 0.104），表明安塞建信村镇银行和岐山硕丰村镇银行虽然在运行效率和管理水平有效，对中小企业的资金投入规模与农村经济发展需求不相适应，同样应适度扩大对中小企业的支持力度。

四、陕西省村镇银行运行绩效总体评价

用 DEA 方法测度银行效率，主要是通过比较待考察银行间的投入—产出水平的差异，来测度待考察银行的效率水平。利用 DEA 方法，选取经营效率、农户资金满足度、中小企业资金满足度相应的投入产出指标，得出四家村镇银行对应的经营效率、农户资金满足度、中小企业资金满足度的效率值，其最终结果如表 3-39 所示。

表 3-39　　　　　　　　陕西省村镇银行运行绩效

银行	经营效率	农户资金满足度	中小企业资金满足度
宝鸡岐山硕丰村镇银行	0.476	0.379	0.104
安塞农银村镇银行	0.813	—	—
安塞建信村镇银行	0.422	1.000	0.588
洛南阳光村镇银行	1.000	1.000	1.000

从村镇银行自身可持续发展（经营效率）和服务"三农"（农户资金满足度、中小企业资金满足度）两个方面同时考察，衡量陕西省村镇银行的整体运行绩效，主要研究结论有：

第一，陕西省村镇银行运行绩效差异明显。从经营效率和农户（中小企业）资金满足度两方面考察，在 4 家样本村镇银行中，洛南阳光村镇银行各方面的资源配置有效，运行绩效是最好的；安塞农银村镇银行由于数据缺失无法衡量农户（中小企业）资金满足度；剩余两家村镇银行——宝鸡岐山硕丰村镇银行及安塞建信村镇银行的经营效率和农户（中小企业）资金满足度都不理想，有待提高。

第二，提高村镇银行的经营效率，可以从服务效率和盈利效率两方面考虑。进一步考察不同村镇银行综合效率（经营效率）的差异是源于服务效率的差异，还是盈利效率的差异，采取有效措施，提高村镇银行经营效率。如安塞农银村镇银行经营效率低的主要原因是服务效率低，应在提高市场份额、扩大银行存款和贷款业务上采取有效措施。

第三，陕西省村镇银行应加大对农户和中小企业的资金扶持力度。从3家（1家银行数据缺失无法衡量）样本村镇银行的农户（中小企业）资金满足度来看，2家村镇银行在满足农户和中小企业的资金需求方面资源配置无效，无法适应农村经济发展的需要。为促进陕西省农村经济的发展，促使村镇银行健康发展，陕西省村镇银行应加大对农户和中小企业资金扶持的力度，从而更好地为"三农"服务。

3.3 陕西省村镇银行运行中存在的突出问题与面临的挑战

3.3.1 村镇银行规模过小

一、最低注册资本额的要求决定了村镇银行的较小规模

2006 年 12 月 22 日，中国银监会公布的《关于调整放宽农村地区银行业金融机构准入政策，更好支持社会主义新农村建设的若干意见》中对准入资本的范围、注册资本限制等方面均有新的规定，尤其是对设立村镇银行最低注册资本的要求是不得低于人民币一百万元，但是相比于商业银行的最低注册资本（《商业银行法》第十三条规定：设立商业银行的注册资本最低限额为十亿元人民币。）而言其注册资本额仅相当于商业银行的千分之一。虽然经由陕西村镇银行的调查数据显示，几家设立相对较早、发展状况良好的村镇银行均在其注册资本的基础上进行了增资扩股，但是其放贷的平均额度并没有较大改善，也就是说扩增资本的合理和有效利用程度不高。可见，最低注册资本所造成的规模问题的解决途径在目前看来需要进行新的探索，而非仅局限于增资扩股层面。虽然运行良好的商业银行有能力进行增资扩股，但是对于陕西省而言，几家村镇银行设立时间均不长，在放贷规模和业务多样化方面还有待提高，因此即便是有能力进行增资扩股，其效果的显现还需要长时间的良好运行作为保证，更何况新设立不久的银行目前并未有这种增资扩股的能力。因此，规模较小的问题在一定程度上限制了村镇银行向更广更深层面的发展。

二、村镇银行的规模还受到资金充足率和发放贷款额度的限制

虽然一些村镇银行的注册资本额远大于其注册的最低限额 100 万元，但是面对需求数量较多的农民群体而言，可贷金额远不能满足要求。一些新设立的村镇银行在开业不到半年的时间注册资本就已基本占满，无法满足一些企业和农户的贷款需求。相比于上市商业银行而言，村镇银行的业务范围远不能达到业务多样化的程度，再加上不合理的经营模式，其贷款的规模受到了很大限制。基于此，庞大的需求和可贷资金以及设立规模限制的矛盾亟待解决。

3.3.2 高级人才缺乏，人员素质不高

由于村镇银行均设立在县域以内，其地理条件的劣势使村镇银行难以吸引高级人才。第一，由于村镇银行的服务对象分散，造成工作强度大，待遇低且地处偏远，加大了人才引进的难度。第二，由于其规模的限制和发展刚处于起步阶段的现实状况使得其相对于商业银行和政策性银行来讲劣势较为明显，高级金融人才在选择上自然更倾向于知名度高并且具有丰富的行业发展经验的大型正规金融机构。第三，村镇银行缺乏相关业务的培训项目和辅导平台。对于寻求在实现自身价值的基础上谋求不断提升的当代金融人才而言，就职单位能否提供有价值的培训项目是他们就业选择时考虑的首要问题之一，因此，在这一层面上，村镇银行难以吸引高级金融人才的现实状况着实难以规避。

正是由于人才引进困难，村镇银行的员工大多是从当地招聘，另外其复杂的性质决定了其招聘人员的渠道相对复杂，人员入口把关较为困难，人情关系难以避免。基于此，人员的业务素质普遍偏低，业务责任感不强的问题就难以避免，而这在一定程度上削弱了村镇银行的抗风险能力，因为一旦由于业务操作人员出现不负责任的行为将贷款发放给没有经过严格审批的农户或者中小企业，村镇银行便会蒙受较大损失。在调查中发现，业务人员在进入银行之前从事的工作种类十分庞杂，而真正从事金融相关业务的人数稀少，这在很大程度上阻碍了村镇银行的发展。

3.3.3 市场认知度低，资金来源有限

村镇银行于 2007 年批准设立并于近几年得到快速发展，虽然名义上被

称为农民自己的银行，但实际上却未能有效地形成良好的社会认知度，因此扶助"三农"的政策执行深度仍有待加深。

一、村镇银行网点少，功能弱，品牌形象尚未树立

由于宣传条件和银监会关于村镇银行业务开展的一些限制，村镇银行的认知度普遍不高。在对农户的调查中得知，许多农户虽然有强烈的贷款意愿，但是却并未申请贷款，这种情况的产生一方面是由于农村信用社或其他的一些正规金融机构贷款条件要求过于苛刻，另一方面是由于农户找不到合适的贷款机构。在提到村镇银行的发展情况以及在受益客户中的口碑时，农户均表示并未听过村镇银行或只是听说过而已。由此可见，村镇银行的认知度限制了其业务规模的扩展和资金利用的效率。

二、村镇银行存款集中度偏高

一般情况下，储蓄存款的积累和沉淀需要一定的过程和时间，不仅因为客户的积累过程较为漫长，还因为储户对银行的信任程度，也就是储户信心的建立需要较长的时间。另外，由于吸纳存款的主要对象是农民，相比于商业银行和国有银行而言存款集中度偏高，而农民的存款额度普遍较小，因此仅依靠农民的存款远远不能满足村镇银行的资金需求。村镇银行由于性质与商业银行不同，而且相关的政策还在完善当中，因此其无法进入同业拆借市场，也无法从拆借市场获取资金头寸，这样村镇银行相比商业银行来讲就少了一条资金来源的渠道。最后，由于县域金融机构发展运行状况难与城市相比，因此县域各类金融机构资金自身比较紧张，再加上同一地域内的同业竞争因素，因此村镇银行根本无法从当地金融机构拆借资金。

3.3.4 服务体系不健全，业务形式单一

一、村镇银行的结算体系不完善

在本次调研中，许多贷款户普遍反映，村镇银行的结算方式不够完善，这不仅使客户的即时结算需求难以得到满足，也不能直接为客户提供通存通兑等跨行、异地结算服务。这使村镇银行同农信社和中国农业银行相比劣势较为明显。

二、村镇银行未加入同业拆借市场，资金运用效率普遍偏低

由于人民银行制定的《同业拆借管理办法》尚未将村镇银行纳入开展

同业拆借业务机构范围，使得村镇银行无法通过主动负债来增加可贷资金。同时，由于村镇银行的贷款集中于农户和中小企业，贷款主要投向农业产业，但是由于农业具有周期性和季节性，使村镇银行可贷资金有时缺乏而有时又大量闲置，这在相当大的程度上使资金并不能得到合理有效的利用。

三、村镇银行中间业务开展缓慢

中间业务是指商业银行在资产业务和负债业务的基础上，利用技术、信息、机构网络、资金和信誉等方面的优势，不运用或较少运用银行的资产，以中间人和代理人的身份替客户办理收付、咨询、代理、担保、租赁及其他委托事项，提供各类金融服务并收取一定费用的经营活动。而村镇银行由于受到其特殊的身份和设立条件以及业务开展时间较短的影响，目前还存在着金融产品单一、服务功能不完善的问题。村镇银行目前开办了存款、贷款、结算三大类业务。由于受网络系统建设影响，不仅未发展结算业务，或者即便是有结算业务量也非常小，而中间业务更是无法拓展。

3.3.5 村镇银行的定位与政策的执行情况存在偏差

政策性银行是指由政府发起、出资成立，为贯彻和配合政府特定经济政策和意图而进行融资和信用活动的机构。村镇银行是国家出台相关政策批准设立的一类新型农村金融机构，其设立的目的是村镇银行在缴足存款准备金后，其可用资金应全部用于当地农村经济建设。村镇银行发放贷款应首先满足县域内农业、农村和农民经济发展的需要。当确已满足当地农村资金需求后，其富余资金可投放当地其他产业、购买涉农债券或向其他金融机构融资。虽然国家明文规定村镇银行的资金必须投放于有贷款需求的农村地区，防止贷款挪作他用，但是村镇银行是由商业银行出资设立的，因此并不能保证其所吸纳的存款有效用于扶助"三农"。

关于村镇银行的设立形式和条件有明确规定：发起人和出资人中至少有一家银行金融机构，而这一身份多被商业银行占有，因此村镇银行难免与商业银行存在着千丝万缕的联系。这种政策性和商业性的冲突引发了一些制约其发展的问题。一方面，由于在市场经济条件下每一个理性的市场主体都会追求自身利益的最大化，村镇银行也不例外，其在追求自身经营效率的过程中由于存在理性的风险规避的考虑和利益最大化的要求，因此难免产生偏离政策导向的情况。即便是村镇银行完全遵循政策的引导方向大力服务"三农",但是由于与发起银行的特殊关系使得村镇银行并不能完全放开手脚进行业务创新以及经营模式优化,一切大的变动或业务拓展意向都须经过发起银行的审批,在相当大的程度上阻碍了村镇银行的自主性发展。

3.3.6 针对村镇银行的财政补贴和税收优惠政策实施不到位

财政部和国家税务局先后出台了一系列相关政策来减免村镇银行的应纳税额并进行专项补贴以加大对农村金融的支持力度。但是,由于政策还存在一些不完善,因此并未收到良好的政策效果。

一、营业税率优惠落实不到位

针对成立初期村镇银行适用的财税优惠较少、企业税负成本较高的情况,2010 年 5 月出台的财税〔2010〕4 号令,明确规定村镇银行执行 3% 的营业税率,但是部分村镇银行在政策出台后缴纳 2010 年的季度营业税时仍然按照 5% 的税率,这体现了新政策的出台并没有引起较高的关注度,政策落实不到位。

二、补贴所采用的核算对象不合理

2011 年 5 月 20 日,财政部网站正式发布《中央财政新型农村金融机构定向费用补贴资金管理暂行办法》,将对符合规定条件的新型农村金融机构,按上年贷款平均余额给予一定比例的财政补贴。但是此政策的计算标准是相对笼统的贷款平均余额,而非按向农户发放贷款或者涉农贷款的余额,政策看似加大了对于村镇银行的补贴力度,实则并未能保证其服务"三农"的政策意图的实现。

三、财政补贴政策的执行细则有待进一步完善

根据《定向费用补贴资金管理办法》第七条规定,补贴资金纳入金融机构收入核算,也要缴纳企业所得税,这样原本用来扶持发展的财政补贴就不能足额落实,那么补贴的真实效果就会大打折扣。这一细则的不合理性在一定程度上削弱了政策效应。

3.3.7 风险分散控制机制缺乏

相对于农业银行、农村信用社等农村金融机构,村镇银行内部控制能力相对薄弱。其信贷支持的主要对象农业和农民对自然条件的依赖性强，抵御自然灾害的能力弱，在农业保险体系不健全的情况下，村镇银行的信贷资金存在严重的风险隐患。一旦出现自然灾害或者干旱歉收等系统性风险，即便是信用好的贷款户，也难免出现违约的情况，而在经济欠发达的农村地区，风险就更加难以防范。

村镇银行发放的贷款多以信用贷款为主，极易形成信贷的道德风险。在我国经济欠发达的农村地区，金融生态环境还不尽如人意，一些借款户信用意识、法律意识淡薄，欠账不还，签字不认，逃债、废债、赖债之风都不同程度地存在，信贷资金安全面临很大挑战。相对农业银行、农村信用社等农村金融机构，村镇银行内控和安全防范能力相对薄弱，应对农村市场错综复杂的社会治安形势能力还有待加强。

3.3.8　村镇银行的经营成本较高

银行的运营成本通常使用"收入费用率"作为重要依据，即经营费用占收入的比率，其一般与银行规模呈负相关关系，即银行规模越大，收入费用率越低。一般情况下，国有银行和股份制银行的收入费用率通常为15%左右，农村信用合作社通常为22%～30%，而村镇银行则高达40%以上。这说明村镇银行经营费用由于其规模的限制仍居高不下。另外，在贷款的管理方面，由于村镇银行发放的贷款大多是小额贷款而且涉及的地域范围较广，因此造成经营成本的增加。

3.4　推进陕西省村镇银行发展的支持政策建议与对策

3.4.1　适时增资扩股，扩大规模

扩大规模是村镇银行实现可持续发展的前提。根据调查发现，村镇银行注册基本金数额普遍偏低，这严重影响了村镇银行的业务发展，使村镇银行无法提供大额贷款，直接降低了村镇银行的盈利能力和竞争力。为此，村镇银行应积极实现增资扩股，加快成立分支机构，扩大服务范围，增加自然人股东和企业股东的数量，提高股东的出资份额，通过发行股票、债券进行扩股。针对资金不足问题，建议村镇银行加入同业拆借市场，通过主动负债弥补资金不足，增强村镇银行的资金实力。同时，由于

贷款金额受到注册资本金数额的影响，村镇银行应努力扩大资本金。

另外，在省内设立村镇银行时，可以根据地区经济的差异程度灵活调整村镇银行的设立规模。例如，在关中一些经济较发达、对资金需求量较高的县、乡，村镇银行可以适当提高注册基本金，促进村镇银行的发展壮大，以满足当地农户和企业的贷款需求；在一些经济相对落后的县、乡，村镇银行的办行标准和规模可适当降低，使其更适应当地经济的发展。

3.4.2 吸收培养专业人才，提高从业人员素质

为解决从业人员素质低的问题，村镇银行应充分利用陕西丰富的高校资源来为其服务。陕西省每年约有 30 万应届毕业生，村镇银行可以在每年 10 月到 11 月这些校园招聘集中的时期，进入陕西各大高校进行宣讲并招贤纳士，这不但对村镇银行起到了宣传作用，让更多的人了解村镇银行，而且能吸引更多的大学生来村镇银行工作。村镇银行还可以与部分高校签订合作协议。银行每年选派员工来高校进行培训学习，强化专业知识，学校组织学生赴村镇银行实践学习。村镇银行也可聘请高校的教授学者为顾问，定期去银行进行专业指导。

村镇银行应加强与发起行的人员互动。发起行可以鼓励员工到村镇银行进行挂职锻炼，增加基层工作经验，为将来的提升打好基础。村镇银行也可以选派员工去发起行进行业务学习，提升业务技能，加强人员交流，提高村镇银行从业人员素质。

3.4.3 加大宣传，提高品牌形象

大多数农民和企业对村镇银行都存在认识误区，这严重影响了村镇银行的业务开展和盈利水平。村镇银行若想长久发展，应加大宣传力度，利用地方报纸、广播、电视、网络等现代媒体大力宣传村镇银行的办行目的和意义，介绍村镇银行的经营模式、各类业务和相关的优惠政策，使农户、企业更加了解和认可村镇银行，引导农户和企业将闲散资金存入村镇银行。例如，（1）村镇银行可以与当地发行量最大的报纸合作，对信用高、有代表性的贷款户进行专题采访报道，用鲜活真实的案例为村镇银行进行宣传，增强村镇银行的公信力；（2）村镇银行还可请当地电视台为其录制宣传短片，着重介绍村镇银行的特色业务和优惠政策，并在黄金时段

循环播放；（3）村镇银行应加强网站建设，建立专属网站，并提高网站的更新频率。还可在网站中设立留言区，工作人员在线回复农户留言，为农户答疑解惑。此外，村镇银行还可聘请各村的信用贷款户，同银行职员一起深入各村举办讲座，现场为村民进行村镇银行贷款业务的宣传，拉近村镇银行与农户间的距离。

根据调查发现，许多农户对其他商业银行和信用社的服务不甚满意，村镇银行若想在同行业中提高竞争力和社会认知度，必须努力提高服务质量和服务水平，以优质的服务吸引更多的客户。

3.4.4 积极开展业务创新

村镇银行要想在同行中提高竞争力，吸引更多的客户，应注重如何安全、快捷地为农户提供金融服务，并结合自身的特点，借鉴吸取其他商业银行的发展模式和成功经验，积极开展业务创新，以满足农户和企业的贷款需求，把银行做大做强，具体办法如下：（1）抵押担保制度创新。探索将农地使用权、大型农机设备、动物活体、专利技术和知识产权进行抵押，缩短贷款审批时间，提高贷款效率。（2）设置灵活的还款期限。根据农户贷款的特点，村镇银行可以设置多种不同的还款期限供农户选择，如一年期、两年期和五年期，以此来满足不同农户的贷款需求。（3）建立支付结算平台，开展网上银行业务，小额支付网上进行。（4）加入央行大额支付结算系统，积极开展对公业务，并加入银联系统，开办银行卡，更加方便农户存取款。（5）积极开展中间业务创新，办理购房贷款，开展基金业务。（6）探索新型贷款模式，鼓励当地龙头企业发挥中介作用，向与其生产业务相关的农户和涉农企业提供担保，帮助其向信贷机构贷款，提高农户和涉农企业借贷的成功率。

3.4.5 立足"三农"，做大做强

《村镇银行管理暂行规定》中明确指出，村镇银行是指经中国银行业监督管理委员会依据有关法律法规批准，由境内外金融机构、境内非金融机构企业法人、境内自然人出资，在农村地区设立的主要为当地农民、农业和农村经济发展提供金融服务的银行业金融机构。由此可见，服务"三农"是村镇银行的根本宗旨。然而，农业受自然条件和市场条件双重因素

的影响，具有风险高、效益低的特点，村镇银行往往迫于盈利的压力，偏离其经营宗旨。为了敦促村镇银行更好地履行其职责，有关部门应出台一些相应的政策来支持村镇银行更好地为"三农"服务。例如发展并推广农业政策性保险，以此来降低村镇银行的经营风险，使其能更好地为农业、农村、农民服务。另外，中央财政和地方财政应对村镇银行给予补贴，保障其顺利为"三农"服务。

3.4.6　加大对村镇银行的财税优惠力度

加大对村镇银行的财政补贴和税收优惠力度有利于村镇银行的建设发展。建议参照对农业银行和农村信用社的优惠政策，对村镇银行实行更低的存款准备金率、支农再贷款和扶贫支农贴息贷款优惠政策。通过对农户进行贴息贷款，农户能够承担的利率水平有所提高，村镇银行便可通过提高利率获取利润。与此同时，政府应对村镇银行的扶持政策加大宣传，加强村镇银行的社会公信力。国家应对村镇银行的财政补贴单独核算，与村镇银行的收入分离，并加强对村镇银行补贴资金的申请、审核、拨付，确保财政补贴顺利全额落实到位。政府还可将涉农财政资金存入村镇银行，例如社会养老金，不但能增强村镇银行的资金实力，还可起到对村镇银行的宣传作用。税收方面，村镇银行目前的税收标准过高，建议村镇银行同农村信用社实行同样的税收标准，即企业所得税减半，营业税减免，在村镇银行成立初期的 5 年内实行免税政策，减少税收支出，降低营业成本，并允许村镇银行在税前计提坏账准备，降低村镇银行的外部负担，提高收益。

3.4.7　建立完善的内部控制制度，降低村镇银行经营风险

建立完善的内部控制制度可以有效地控制村镇银行经营的风险，确保银行经营的稳定。中国银监会 2007 年 1 月 22 日颁布的《村镇银行管理暂行规定》中明确指出，村镇银行董事应具备与其履行职责相适应的知识、经验及能力；村镇银行董事长和高级管理人员应具备从事银行业工作 5 年以上，或者从事相关经济工作 8 年以上（其中从事银行业工作 2 年以上）的工作经验，具备大专以上（含大专）学历。首先，村镇银行应建立严格的准入制度，对董事、高管和所有从业人员的任职资格进行严格审查。其

次，对银行内各部门应建立明确的内部控制制度，具体办法如下：（1）贷款中审贷分离，预防人情贷款，降低贷款风险；（2）明确各岗位职责，防止资金越权交易；（3）严格遵守会计准则、会计核算制度和各项操作规程，防止内部贪污挪用以及账实不符等现象的发生；（4）强化内部审计，确保事前、事中和事后都符合审计要求，坚持内部监督制度；（5）避免政府过度干预银行事务，严格划定贷款分类标准，严禁村镇银行对外担保，杜绝超大比例贷款，防止股东通过贷款套取银行资金。

村镇银行应成立监事会，对各级人员和部门进行监督、检查和考核，并检查银行的贷款业务，确保董事、经理和各个部门无违反法律法规、银行规章制度的行为发生。监管人员定期进行实地走访，对贷款户进行现场调查，了解贷款户的真实情况，避免出现不良贷款。积极开展存款保险业务和农户联保贷款业务，同时村镇银行应与其他商业银行征信系统联网，做到信息共享，从各个方面了解贷款户的信用水平，有效降低村镇银行的经营风险。

3.4.8　着力降低村镇银行经营成本

降低村镇银行的经营成本具体办法如下：（1）建立客户信用档案，对贷款户进行信用评级，对于信用等级高的客户在其二次贷款时可以适当减少贷款审批手续，降低贷款成本；（2）设立代办员机制，在一些交通不发达的乡镇可以设立代办点，对于金额较小的贷款可以由代办员在各村直接办理，降低农户贷款成本和村镇银行的经营成本；（3）对一些经营较好、无不良贷款的村镇银行，其利率浮动范围可在农村合作金融机构利率浮动标准的基础上适当扩大，以此降低村镇银行的经营成本。

4 陕西省农村金融产品
供给与需求的非均衡研究

4.1 导论

农村金融是现代农村经济的核心，是指一切为农村经济服务的金融制度、金融机构、金融工具及金融活动的总称。本部分主要从研究陕西省农村金融产品供给与需求的非均衡背景出发，阐述研究的理论和实践意义，对农村金融、农村金融产品、农村金融产品供给与需求及均衡分析等概念进行界定，提出本课题的研究目标、研究思路、研究方法和可能的创新之处，并给出了本课题的技术路线图，为后续研究奠定基础。

4.1.1 研究背景及意义

一、研究背景

农村金融是为农业和农村经济发展服务的金融部门，是农业和农村经济发展的"推动器"，它伴随着农村经济的发展而逐步壮大，并为支持与促进农村经济的发展作出了巨大的贡献。当前，我国农村金融服务体系尚未健全、完善，农村资金的供求矛盾突出，已成为制约农村经济发展和农民收入增长的重要因素。农村金融发展滞后，农村金融供给总量不足、供求错位与结构不合理、服务效率低下，是导致农村落后、农业不发达、农民收入低的重要原因，农村金融依然是整个金融体系和农村发展的"短板"。

为了解决农村金融发展的困境，国家连续出台了一系列的政策来推动农村金融的发展。中共十六届三中全会、十七届三中全会、十八届三中全会出台的《决定》均对农村金融的发展提出了纲领性指导意见，具体见表4-1。

表4-1   有关农村金融的政策

时间	文件	改革政策
2003年10月	《关于完善社会主义市场经济体制若干问题的决定》	完善农村金融服务体系，国家给予适当政策支持；通过试点取得经验，逐步把农村信用社改造成为农村社区服务的地方性金融企业。
2008年10月	《关于推进农村改革发展若干重大问题的决定》	建立现代农村金融制度；创新农村金融体制，放宽农村金融准入政策，加快建立商业性金融、合作性金融、政策性金融相结合，资本充足、功能健全、服务完善、运行安全的农村金融体系。
2013年11月	《关于全面深化改革若干重大问题的决定》	发展普惠金融；鼓励金融创新，丰富金融市场层次和产品；赋予农民更多财产权利；在坚持和完善最严格的耕地保护制度前提下，赋予农民对承包地占有、使用、收益、流转及承包经营权抵押、担保权能；保障农户宅基地用益物权，改革完善农村宅基地制度。

资料来源：新华网，http://news.xinhuanet.com/。

从2006年到2014年连续9个中央"一号文件"也都对农村金融的改革与发展作出重要决议，具体见表4-2。

表4-2   2006—2014年中央"一号文件"有关农村金融的政策

时间	文件	改革政策
2006年1月	《关于推进社会主义新农村建设的若干意见》	加快推进农村金融改革；巩固和发展农村信用社改革试点成果，进一步完善治理结构和运行机制；大力培育由自然人、企业法人或社团法人发起的小额贷款组织，有关部门要抓紧制定管理办法；引导农户发展资金互助组织；规范民间借贷。
2007年1月	《关于积极发展现代农业扎实推进社会主义新农村建设的若干意见》	加快制定农村金融整体改革方案，努力形成商业金融、合作金融、政策性金融和小额贷款组织互为补充、功能齐备的农村金融体系，探索建立多种形式的担保机制，引导金融机构增加对"三农"的信贷投放。

时间	文件	改革政策
2008 年 1 月	《关于切实加强农业基础建设》	加快农村金融体制改革和创新；加快推进调整放宽农村地区银行业金融机构准入政策试点工作；推进农村担保方式创新，扩大有效抵押品范围，探索建立政府支持、企业和银行多方参与的农村信贷担保机制。
2009 年 1 月	《关于促进农业稳定发展农民持续增收的若干意见》	增强农村金融服务能力；鼓励和支持金融机构创新农村金融产品和金融服务，大力发展小额信贷和微型金融服务，农村微小型金融组织可通过多种方式从金融机构融入资金。
2010 年 1 月	《关于加大统筹城乡发展力度 进一步夯实农业农村发展基础的若干意见》	提高农村金融服务质量和水平；加强财税政策与农村金融政策的有效衔接，引导更多信贷资金投向"三农"，切实解决农村融资难问题；加快培育村镇银行、贷款公司、农村资金互助社，有序发展小额贷款组织，引导社会资金投资设立适应"三农"需要的各类新型金融组织。
2011 年 1 月	《关于加快水利改革发展的决定》	加强对农田水利建设的金融支持。
2012 年 1 月	《关于加快推进农业科技创新 持续增强农产品供给保障能力的若干意见》	提升农村金融服务水平；加大农村金融政策支持力度；发展多元化农村金融机构，鼓励民间资本进入农村金融服务领域，支持商业银行到中西部地区县域设立村镇银行。
2013 年 1 月	《关于加快发展现代农业 进一步增强农村发展活力的若干意见》	改善农村金融服务；加强涉农信贷与保险协作配合，创新符合农村特点的抵（质）押担保方式和融资工具，建立多层次、多形式的农业信用担保体系。
2014 年 1 月	《关于全面深化农村改革 加快推进农业现代化的若干意见》	加快农村金融制度创新；强化金融机构服务"三农"职责；发展新型农村合作金融组织；加大农业保险支持力度。

资料来源：新华网，http：//news.xinhuanet.com/。

　　中国银监会从 2006 年至今每年都对农村金融颁布改革措施与实施意见，具体情况见表 4 - 3。

表 4 - 3　　　　2006 年至今中国银监会颁布的有关农村金融的政策

时间	文件	改革政策
2006 年 12 月	《关于调整放宽农村地区银行业金融机构准入政策，更好支持社会主义新农村建设的若干意见》（银监发〔2006〕90 号）	按照商业可持续原则，在农村地区建立村镇银行、贷款公司和社区性信用合作组织等新型农村金融机构，并决定在吉林、四川、青海、甘肃、内蒙古、湖北 6 省（区）的农村地区进行试点。
2007 年 1 月	《关于印发村镇银行管理暂行规定的通知》（银监发〔2007〕5 号）、《关于印发贷款公司管理暂行规定的通知》（银监发〔2007〕6 号）、《关于印发农村资金互助社管理暂行规定的通知》（银监发〔2007〕7 号）	规范了村镇银行、贷款公司、农村资金互助社三类新型农村金融机构的设立与退出、组织机构、公司治理及经营行为、规范其组建审批的工作程序。
2008 年 4 月	《关于村镇银行、贷款公司、农村资金互助社、小额贷款公司有关政策的通知》（银发〔2008〕137 号）	对村镇银行、贷款公司、农村资金互助社、小额贷款公司等新型农村金融机构在存款准备金率、支付清算管理等 8 个方面出台了明确的详细政策。
2008 年 5 月	《关于小额贷款公司试点的指导意见》（银监发〔2008〕23 号）	规范了小额贷款公司的性质、设立与终止、资金来源与运用、监督管理等，对开展小额贷款组织工作提出了更加具体明确的指导意见。
2008 年 10 月	《关于加快农村金融产品和服务方式创新的意见》（银发〔2008〕295 号）	决定在中部六省和东北三省选择粮食主产区或县域经济发展有扎实基础的部分县、市，开展农村金融产品和服务方式创新试点。
2009 年 7 月	《新型农村金融机构 2009—2011 年总体工作安排》（银监发〔2009〕72 号）	实施新型农村金融机构三年总体工作安排，促进新型农村金融机构的培育和发展。
2010 年 4 月	《关于加快发展新型农村金融机构有关事宜的通知》（银监发〔2010〕27 号）	允许银行业金融机构主发起人到西部地区（除省会城市外）和中部老、少、边、穷地区以地（市）为单位组建总分行制的村镇银行。
2010 年 5 月	《关于全面推进农村金融产品和服务方式创新的指导意见》（银发〔2010〕198 号）	在全国范围内全面推进农村金融产品和服务方式创新。扩大抵押担保范围，探索开展农村土地承包经营权和宅基地使用权抵押贷款业务，加快推进农村金融服务方式创新。

续表

时间	文件	改革政策
2011 年 2 月	《关于全面做好农村金融服务工作的通知》（银监办发〔2011〕36号）	高度重视水利建设，将支持水利建设作为现阶段"三农"金融服务工作重点，增加水利建设方面的信贷资金投入。
2011 年 7 月	《关于调整村镇银行组建核准有关事项的通知》（银监发〔2011〕81号）	调整组建村镇银行的核准方式，挂钩政策，提高了对主发起行的要求。
2012 年 2 月	《关于全面做好 2012 年农村金融服务工作的通知》（银监发〔2012〕9号）	积极引领开展产品服务创新，不断提升农村金融服务特色化水平，积极培育发展村镇银行等新型机构，深度推进农村基础金融服务均等化建设。
2012 年 6 月	《关于农村中小金融机构实施富民惠农金融创新工程的指导意见》（银监办发〔2012〕189号）	进行理念创新、产品创新、担保方式创新等方式，顺应农村金融市场竞争格局和农村金融服务需求变化，围绕富民惠农目标，全面推进农村金融产品服务创新，积极创新符合农村经济特点，低成本、可复制、易推广的金融产品和服务方式。
2012 年 6 月	《关于农村中小金融机构实施金融服务进村入社区工程的指导意见》（银监办发〔2012〕190号）	通过完善机构网点布局、广泛布设金融电子机具等措施，提高农村金融网点覆盖率和服务便利度，做好农村金融服务工作。
2012 年 6 月	《关于农村中小金融机构实施阳光信贷工程的指导意见》（银监办发〔2012〕191号）	通过实行信贷过程公开化、透明化管理，提高信贷业务透明度，切实保证信贷全过程公开、公平、公正，促进信贷管理规范化。
2012 年 10 月	《关于印发农户贷款管理办法的通知》（银监发〔2012〕50号）	制定农户贷款条件、贷款审查、贷款发放、贷后管理等农户贷款操作规范，规范农户贷款业务行为，加强农户贷款风险管控，促进农户贷款稳健发展。
2013 年 2 月	《关于做好 2013 年农村金融服务工作的通知》（银监办发〔2013〕51号）	加大涉农信贷投放，积极推进涉农银行业金融机构体制机制改革，加快提高薄弱地区金融服务水平，持续深入推进"三大工程"建设，不断扩大农村金融服务覆盖面。

时间	文件	改革政策
2014 年 3 月	《关于做好 2014 年农村金融服务工作的通知》（银监办发 [2014] 42 号）	稳定大中型银行县域网点，增强农村中小金融机构支农服务功能，坚持试点先行，慎重稳妥开展"三权"抵押融资，加强监管能力建设，强化农村金融差异化监管。
2014 年 3 月	《农村中小金融机构行政许可事项实施办法》（中国银监会令 2014 年第 4 号）	对农村商业银行、农村合作银行、农村信用社、村镇银行、贷款公司、农村资金互助社等农村中小金融机构的设立、机构变更、业务范围、业务品种等进行规范，加强对农村中小金融机构的监管。

资料来源：中国银行业监督管理委员会网站，http：//www.cbrc.gov.cn/。

近年来，陕西省农村金融发展迅速，在国家相关政策的指引下，陕西省农村金融相关机构不断加快推进农村金融产品和服务方式创新。截至 2013 年 9 月末，全省银行业金融机构涉农贷款余额 4 090.3 亿元，同比增长 35.9%，高于同期各项贷款增幅 17.2 个百分点，占各项贷款余额的 25.1%。2012 年陕西省农村信用社全年累计向全省实体经济投放 2 455 亿元贷款，截至 2012 年底各项存款余额突破 3 300 亿元大关，存贷款总量和增量继续稳居全省银行业金融机构"富民惠民金融创新"三大支农服务金融机构首位[①]。村镇银行、小额贷款公司、农村资金互助社等新型农村金融机构也相继设立，截至 2013 年 12 月，陕西省共有 17 家村镇银行及分支行设立，截至 2010 年 5 月，已组建 52 家小额贷款公司，西安、榆林和延安三市已开业小额贷款公司 27 家，27 家公司注册资本共计 23.28 亿元，累计发放贷款 21.42 亿元，至 2010 年 5 月末贷款余额 7.31 亿元[②]。各级金融机构正全面改进和提升农村金融服务，进一步缓解农村和农民"担保难"、"抵押难"、"贷款难"的问题，推动农村金融的发展。

但值得注意的是，虽然近年来陕西省农村金融事业呈现蓬勃发展的态

---

① 陕西传媒网．陕西信合去年累计向实体经济投放贷款 2 455 亿元，http：//www.sxdaily.com.cn/n/2013/0118/c367-5057286.html.

② 王满仓，王骞．陕西农村小额贷款公司可持续发展模式构建 [J]．西安财经学院学报，2011，03：108-112.

势，农村地区融资难的问题得到较好的缓解，但形势依旧严峻，发展存在诸多问题尚未解决。2012 年，陕西省农村 GDP 占全省 GDP 的比重为 20.38%，农村存款占总存款的比重达到 15.04%，但农村贷款占总贷款的比重仅为 8.13%[①]。陕西省农村贷款占总贷款的比重远低于陕西省农村 GDP 占全省 GDP 的比重，也低于农村存款占存款总额的比重，农业和农村所获得的金融资源尤其是贷款服务与其对经济所作出的贡献并不对称。农村资金短缺与农村资金外流并存现象严重，2012 年陕西省农村金融存贷差达到 2 286 亿元，占农村存款的比重为 66.53%，大量的农村存款没有转化为农村贷款，农村资金大量外流，被金融机构抽取到城市领域，转化为支持城市发展的资本。

与此同时，由于正规农村金融供给的不足，民间借贷成为陕西农户借贷的主要方式。据调查统计，通过正规金融借贷的农户仅占总农户的 37.12%，其余 62.88% 的农户采用民间借贷的方式融资，其中，民间无息借贷的农户占 51.71%，民间有息借贷的农户占 11.17%，由此可以看出，陕西地区农户借贷的主要来源为非正规金融，其中民间无息借贷是其主要方式[②]。据测算，2012 年陕西省民间金融总量达到 5 385 亿元，民间金融的蓬勃发展反映出农村金融服务的严重不足。

此外，农村金融机构区域布局与经济发展不对称，经济越发达的农村地区，农村金融服务主体的区域布局越是相对完善，同时农村金融机构网点分布也极为不均衡，2012 年陕西省农村每万人金融机构网点数不足 1.2 个，榆林市农村信用社基层乡镇营业网点数量和从业人员数量分别只占全市金融机构数量和从业人员总量的 37% 和 15%，如此稀少的农村金融服务机构，很难保证其能够为农村居民提供充足的金融服务。

目前，陕西省农村金融需求旺盛与供给不足形成鲜明对比，呈现非均衡性特征。农村金融需求与服务的矛盾仍较为突出，一方面农村资金外流现象严重，农村金融资源配置效率较低，农村金融资源不足，农村大量的金融需求得不到有效满足，由于农村信用市场不发达、农户缺乏贷款所需

---

① 数据根据 2013 年陕西省统计年鉴、陕西省及各地市国民经济和社会发展统计公报数据整理计算得到。

② 王丽萍，李平，霍学喜. 西部地区农户借贷行为分析——基于陕西 248 家农户的调查与思考 [J]. 电子科技大学学报（社会科学版），2007（1）：22 – 27.

抵押、质押品，正规金融机构对农户和涉农企业提供的贷款远远不够；另一方面农户很难从正规金融机构融入资金，部分农村地区存在着较为严重的金融抑制现象，农户和涉农中小企业作为农村金融市场的主要参与者在融资过程中面临的"担保难"、"抵押难"和"贷款难"问题依然没有得到根本性解决，农户贷款问题依然突出。

同时，陕西省地域特征明显，关中、陕南和陕北地区由于不同地理环境的差异，各地区表现出不同的经济结构，呈现出显著的经济水平和金融发展水平差异，因此需要研究不同经济结构下，陕西省不同地区农村金融产品供给与需求所呈现的不同的非均衡性特征。

基于以上认识，研究陕西省农村金融产品的供给与需求的非均衡性较为迫切，其研究对于未来农村金融的发展、农村经济的发展乃至整个社会的发展都具有重要意义。

二、研究意义

1. 理论意义

（1）通过对全省、关中、陕南和陕北地区的农村金融相关率进行量化，并测算陕西省农村金融发展程度、陕西省农村金融产品供给与需求之间的非均衡程度，对农村新型金融机构成立以来的陕西省农村金融产品供给和需求现状进行系统地总结和评价，能够为解决陕西省农村金融供给与需求的非均衡性提供理论依据。

（2）以农村金融供求均衡为研究切入点，探究陕西省农村金融产品供给与需求非均衡表现及存在的问题，深入分析非均衡状况的形成机制及影响因素，提出促进陕西省农村金融产品供给与需求均衡化的相关政策建议，从而为实现陕西省农村金融产品供给与需求由低水平非均衡到高水平非均衡演化奠定理论基础。

（3）针对陕西省农村金融供给与需求非均衡现状，提出促进陕西省农村金融市场供求均衡化的途径和方式，为解决农村信贷约束问题、促进农村金融服务创新发展、完善农村金融市场体系提供创新性研究思路。

2. 现实意义

（1）通过深入分析陕西省不同地区农村金融产品供给与需求的非均衡性，可以结合当地实际情况，为农村金融区域化政策、差别化监管政策的制定提供决策参考。

（2）通过案例分析、模型测定等研究方法，可以从宏观角度更加准确地把握陕西省农村金融的现状、面临问题，总结不同地方实现供给与需求均衡的方法，提出针对性强的政策支持体系，为促进陕西省农村金融的发展提供决策参考。

4.1.2 国内外研究动态

一、国外研究动态

1. 农村金融供给研究

近年来，对农村金融组织体系及供给主体的研究，国外学者们更多地把目光投向农村商业性金融以及各种非正规金融组织供给主体。Douglas H. Graham（1998）肯定了乡村银行集体借贷和客户信息搜集的优点，但也存在产权不明、规模过小的缺点。Brian P. Cozzarin（1998）创立了农业部门两大契约关系的概念模型（联盟和一体化），得出最优化契约和一体化组织形式是比合作金融更重要而且更有效的农村金融组织形式的结论。Wyn Grant & Anne MacNamara（1996）指出，大农户往往能更好地利用借款机会及新的金融工具。

在对农村非正规金融组织的研究方面，Kellees Tsai（2004）研究表明，微观金融的潜在客户很大程度上依赖于非正规金融组织，非正规金融组织存在的原因归结为：正规贷款供给有限、国家执行贷款政策能力有限、地方政治经济分割严重、微观金融组织存在制度缺陷。Shahidur R. Khandker & Rashid R. Faruqee（2003）通过对巴基斯坦的农业信贷调查分析指出，正规贷款和非正规贷款两者在农业发展中起着同等重要的作用，但对生产贷款的提供，正规贷款机构远高于非正规贷款。政策制定者要明白农业项目是否值得给予信贷补贴支持。Hans Dieter Seibel（2001）指出，随着货币经济的膨胀，非正规金融机构开始进入农村金融市场，但在规模和持续性上都受到了限制，应着力推动非正规金融正规化，帮助非正规金融机构改进管理，正规发展。

2. 农村金融需求研究

Chaves R. A. & Claudio G. V.（2005）认为深化农村金融市场，需根据农村市场需求促进金融服务供给的扩大和加快金融工具创新。Juan Buchenau（2004）认为农村金融创新可分为借贷创新、存款创新、汇兑创新和技术创新四类，农村家庭、农业企业的特征和农村金融机构的可持续发展状况都会对金融创新产生影响，政府应建立创新激励机制，在创新的同时加强信贷安全管理。Berger & Udell（2001）实证表明，中小企业高度依赖银行外部融资，而银行在拓展信贷给信息不透明的中小企业时所利用的最重要方法之一是关系贷款。从区域性的民营银行来看关系贷款的特征为具有强地缘性，能较充分地利用地方上的信息存量，对中小企业有较为透彻的感性认识。关系贷款取决于与企业主以及地方社团多维度密切联系累积的软信息，这种软信息经常是软数据，很难量化、检验和进行银行组织的层级传递。

3. 农村金融非均衡研究

Claudio Gonzalez Vega（2003）认为发展中国家农村金融市场存在的主要问题是各经济主体的关系问题，而解决此问题的主要手段为农村金融市场的深化。Junior R. Davis & Angela Gaburici（1998）从定量和定性两个角度分析了决定罗马尼亚农户获得金融服务的因素，在定量方面注重影响贷款和储蓄的因素：农民可支配收入、各种资源和贷款的使用情况；定性方面着眼于农村金融服务产品的供给者与需求者之间的关系，探讨了农村金融市场发展过程中农户参与到农村金融市场活动中的动机。McDonald Benjamin & Stepanie Charitonenko（1998）指出政府应致力于建立一个有利的政策环境，减少对农村信贷的直接干预，协调农村信贷市场的金融结构。Mire Devaney & Bill Weber（1995）通过评估一个农村银行结构的动态模型，测试出美国农村银行业市场是不完全竞争的，农村的银行政策必须持续地促进现行的和潜在的竞争。

二、国外研究评述

纵观已有文献，国外学者针对农村金融供给、需求及两者间的非均衡进行了深入研究，主要集中于农村金融供给主体及组织体系、农村非正规金融组织、农村金融需求特性等方面，这些研究为本课题研究陕西省农村金融产品供给与需求的非均衡性提供了很多有意义的结论，但仍然存在以下不足：

1. 国外农村金融发展环境、制度安排与我国存在差异，其研究结论并不适合我国农村金融的发展，对我国农村金融的发展特别是陕西省农村金融发展缺乏有效的针对性。

2. 国外有关农村金融供给与需求的研究多为宏观层面，农村金融供给与需求非均衡具有阶段性，针对当前经济阶段的区域金融供给需求非均衡的研究，特别是符合陕西当前经济阶段的金融的研究还有待加强，需要强有力、深入的调查分析。

三、国内研究动态

1. 农村金融供给研究

在农村金融供给方面，学者们做了大量的研究。研究表明，作为农村借贷资金供给主体的正规金融机构如农业发展银行、农业银行、农信社等并不能满足农户的借贷资金需求（霍学喜等，2010，2005）。我国农村金融供给短缺是由于农业的弱质性、商业银行利润最大化、农信社自身机制不完善等原因造成的（周国良，2007），需要从增加农村金融产品供给主体、建立资金回流反哺机制、建立健全农村信贷担保机制等方面来解决农村金融供需的矛盾（杨军，2012；李富有，2011）。

关于非正规金融，目前的研究表明民间金融具有市场化运行、自发激励、辅助融资、资金互助等比较优势，对农村经济发展和缓解农村贫困有着积极的作用，但也具有利率高、运行不规范、金融风险较大、缺乏法律保障等弊端（李富有等，2008；张晓艳等，2007；江曙霞等，2006；张杰等，2006）。孙晨辉、李富有（2014）通过构建基于双方比较优势的 Logistic 增长模型的研究表明，在正规金融与民间金融都拥有比较优势的情况下，两类金融机构均衡发展的稳定平衡点是唯一的。李富有、韩国栋、董天信（2013）以民间金融主体自身的风险控制能力为核心指标，建立规范化的模型，分析了其进入我国银行业的具体模式选择。徐璋勇、郭梅亮（2008）将政府介入和乡土文化这两个变量纳入分析框架，对中国农村非正规金融的存在和发展进行了理论解释，在此基础上对农村金融的进一步改革提出相关政策性建议。

对于政府在农村金融供给中的作用，多数学者认为政府在农村市场上应该是有所作为的，如殷本杰（2006）对建立在不完全竞争理论基础的金融约束进行了深入的研究，提出有选择性的、市场化的政府干预理论，但也有一些观点对政府是否介入持有谨慎的态度。张杰等（2006）认为政府干预的方向与基础，要以农村经济现状与制度结构的现实需求为基础，否则政府的干预与初衷将会背道而驰。阮红新（2006）系统地分析了政府干预的两种方式即强制性手段和激励性手段，指出应根据区域经济的差异来有效地进行政府干预的制度安排。谢平（2006）通过对贵州省及其样本县农户和金融机构的调查，发现公共财政的缺位和由其对农村金融机构的负面影响。

2. 农村金融需求研究

在农村金融需求方面，现有研究表明：农村的金融需求主要分为信贷需求、保险需求、投融资渠道需求和其他需求，存、贷、汇是基本需求，其具有差异性、多层次性、时间性和季节性的特点，同时具有小规模、高风险、高成本的特点（罗恩平，2005；何广文，2003）。孙志军（2009）通过对我国农村金融需求主体的现状和变化特征分析，认为农村金融机构必须以市场为导向，以需求为基础，以农村信贷产品的创新为契机切实提高金融服务水平。张琴等（2006）通过对农村金融交易主体的访问分析了农村资金需求者的情况，讨论了目前农村各类需求主体之间的不一致性以及出现的替代关系，同时指出农村金融需求需要多样化的金融机构来满足。夏斌等（2005）认为农村不同类型的需求主体决定了其金融需求的方式、特征和满足金融需求的手段要求是不一样的。

关于我国农户正规信贷需求的影响因素，韩俊等（2007）的实证研究表明，利率并不是农户借贷所考虑的主要因素，真正影响农户借贷需求的因素是家庭收入、生产经营特征和家庭特征，其中收入对农户借贷需求倾向的影响呈"U"形，而对农户需求规模的影响是正向的。何广文等（2005）通过研究指出，农户家庭劳动力数量、当前是否有投资和农业占家庭总收入的比例对农户的信贷需求具有负向影响；农户曾经获得过正规金融机构的贷款和对未来获得贷款的预期显著正向影响农户当前的正规信贷需求。周小斌等（2004）研究发现，农户投资及现金支付倾向正向影响农户的借贷需求，农户的收入和资产状况负向影响农户的借贷需求。

近年来，陕西学者针对陕西省的农村金融需求也做了大量的研究，主要集中于农户金融需求方面。学者们主要从陕西农户金融需求的现状及需求意愿、影响农户金融需求的因素、改善和缓解农户贷款难的政策建议等方面来研究陕西农户金融需求。

在陕西农户金融需求的现状及意愿方面，多数学者的研究表明大多数陕西农户具有贷款需求，且借贷需求逐年上升，现有农户的贷款主要来源于非正规金融机构，农户从正规金融机构借贷存在无社会关系、无人担保和抵押物等困难（王磊玲等，2014，2012；王丽萍等，2007；霍学喜等，2005）。徐璋勇、王红莉（2009）依据对陕西2 098户农户金融需求及满足状况的调研数据，分析发现陕西农村存在着严重的金融抑制问题；并采用分层饱和模型（Hierarchical Model）及简Logit模型，从农户金融需求角度对导致农户金融抑制的因素进行了实证检验，研究表明农户的收入水平、文化程度、贷款用途等是影响农户金融需求满足程度的主要因素。

在农户金融需求的影响因素方面，户主特征、家庭特征、生产经营特征、收支情况、偿债能力及农村金融供给市场特征等因素对农户的金融需求均有不同程度的影响（王芳等，2012；仇娟东等，2011；仵洁等，2010；孔荣等，2010）。牛荣、罗剑朝、张珩（2012）通过分析陕西省农户借贷现状及行为特征，运用二元选择模型对影响农户借贷行为的因素进行实证研究发现，农户受教育程度、对小额贷款业务的认知程度和耕地面积对农户信贷需求具有显著的正向影响；户主年龄、家庭总收入水平和家庭储蓄余额对农户的信贷需求具有显著的负向影响。孔荣、衣明卉、尚宗元（2011）通过对陕西、甘肃两省897户农户进行入户调查后发现，农户融资更偏好于非正规渠道，贷款程序的复杂程度、利率高低、金融机构对农户的信任水平、家庭文化等是导致农户不选择正规融资的主要原因。

在解决农户贷款困难问题方面，王芳、罗剑朝、Yvon Martel（2012）认为应鼓励社会资本向农村金融市场转移，充分调动正规金融机构和非正规金融机构的积极性；在农村金融供给上，要针对不同特征农户金融需求特点，优化供给资源，提高农村金融市场效率。霍学喜、王静、王蕊娟、李桦（2010）认为政府必须以完善农村信贷机制为主，健全农村金融市场体系和优化农村金融环境，切实发挥政策性农业银行、商业银行的政策导向效应，强化农村信用合作社的服务功能，规范民间信贷等非正规金融活动行为。

3. 农村金融非均衡研究

从供求均衡角度来研究农村金融需求与供给的关系方面，吴庆田（2012）通过构建信息共享机制下农村微观金融需求主体融资模型，研究了农村金融供求均衡的实现机制，并从农村信用信息供给的角度出发，基于博弈论和机制设计理论，研究了农村信用信息共享下帕累托最优配置效率的实现机制。郭兴平（2010）以农村金融市场为切入点，在对农村金融市场的供给、需求以及供求均衡理论进行回顾的基础上，进而分析了中国农村金融的现状，其认为农村金融问题的核心是农村金融市场的供不应求。张杰等（2006）通过研究抵押担保、利率与交易主体的相互关系，分析了农村正规金融体系金融供给发展的滞后性和单一性特征的内在原因，其认为农村金融服务供给应以金融需求为基础，尽快达到中央与地方利益主体之间最优的均衡点。何大安等（2006）从农村金融体制的内生性因素入手并结合国内实际，认为当前的农村金融不是纯粹意义上的金融抑制，而是更多地反映为由金融抑制向金融深化的动态转变，即农村金融市场化的非均衡推进现象。张改清（2005）认为中国农村金融市场供求失衡主要表现为供不应求，其主要原因在于农村金融需求的多样性与农村金融供给的单一性的矛盾及农村金融改革的滞后性，增加农村金融供给是均衡供求的路径选择。何广文（2001）认为中国农业投入资金短缺、农户和农村企业贷款难的问题突出，其根源在于严格的金融管制和半封闭的金融环境的存在，政府是金融制度的主要供给者，在多方面表现出制度供给上的不足，使农村金融服务的供给严重滞后于需求，因此需要以农村金融需求为导向，矫正农村金融商品供求失衡。

四、国内研究评述

国内学者对农村金融供给、需求及非均衡的研究已形成了较为丰富的理论观点，为本课题的研究提供了重要的借鉴和参考，但也存在以下不足：

1. 目前的研究多集中于农业和农户金融需求意愿及影响因素的研究，对供给如何有效地满足农户的金融需求，从而达到农村金融供需平衡的状态这一问题的研究还较为欠缺。

2. 目前有关农村金融供求均衡问题的研究多为定性研究，缺乏实证数据和模型检验，针对陕西省农村金融供给均衡的研究不完善，有关农村金融产品供给与需求的非均衡形成机制和成因的研究还有待加强，同时系统性地研究农村金融产品供给和需求的低水平非均衡如何向农村金融产品供给和需求的高水平非均衡进行演进的成果目前依然比较缺乏。

4.1.3 基本概念界定

一、农村金融

金融有宏观和微观两个层面的含义，微观意义上的金融概念主要指的是资本市场运作、资产供求和定价等活动，宏观意义上的金融通常被解释为货币或与货币资金余缺相关的通融、调剂活动的总体。农村金融既有金融的一般属性，也有与农村经济相适应的特性。农村金融是指一切为农村经济服务的金融制度、金融机构、金融工具及金融活动的总称。它以农村货币流通与信用活动实现统一为其形成标志，又以二者的相互渗透及向证券、信托、保险等新领域的不断延伸为其显著的发展特征；它的健康运行需能够满足农村经济主体的正常金融需求，也能促进农村经济的持续发展和农民收入的稳定增长，同时维护国民经济的平稳、有序运转。本研究只涉及农村资金市场，不涉及农村资本市场。

二、农村金融产品

金融产品，也叫金融工具，是金融市场的客体也称金融市场的交易对象，是指金融市场的参加者进行交易的标的物，即金融市场的参与者为了实现各自的需求，所利用的相应的载体。金融产品分为银行类金融产品、证券类金融产品、保险类金融产品。

农村金融产品即金融产品在农村金融市场的延伸，由于证券类金融产品和保险类金融产品在农村金融市场上尚未真正发展起来，本书研究的农村金融产品以银行类金融产品为主。

三、农村金融产品供给与需求

在经济学中，供给是指生产者在一定时期内，在各种可能的价格水平下愿意而且能够提供出售的该种商品的数量。按照经济学中对供给的定义，在本研究中，我们把农村金融产品供给定义为在一定的时期内，一定条件下，农村金融的供给方愿意并且能够出售的农村金融产品和服务的数量。农村金融的供给主体主要为政策性金融机构、商业性金融机构、合作性金融机构以及其他金融机构。

在经济学中，需求是指消费者在一定时期内，在各种可能的价格水平下愿意而且能够购买的该种商品的数量。按照经济学中对需求定义，在本研究中，我们把农村金融产品需求定义为在一定的时期内，一定条件下，农村金融的需求者愿意并且有能力购买的农村金融产品和服务的数量。农村金融的需求主体主要为农户和农村企业。

四、农村金融产品供给与需求均衡分析

在经济学中，均衡的最一般的意义是指经济事物中有关的变量在一定条件的相互作用下所达到的一种相互静止的状态。均衡分为局部均衡和一般均衡。局部均衡分析是假定在其他条件不变的情况下来分析某一时间、某一市场的某种商品（或生产要素）供给与需求达到均衡的状况和条件。按照经济学中对均衡分析的定义，在本研究中，我们把农村金融产品供给与需求均衡分析定义为假定其他条件不变的情况下，分析农村金融市场中农村金融产品供给与需求达到均衡时的状况和条件，以及如何达到均衡的有效途径。

4.1.4　研究目标

1. 测算陕西省农村金融相关率、农村金融融量及农村金融融量缺口。运用戈德史密斯的相关理论，测算陕西省全省、关中、陕南及陕北的农村金融相关率及农村金融融量，以此判断陕西省农村金融的发展水平和农村金融缺口；借鉴产业经济学理论测算全省及三个区域的农村金融融量缺口，判断陕西省农村金融产品供给与需求的非均衡状态。

2. 探究陕西省农村金融产品供给与需求的非均衡现状、影响和形成机制。本课题通过对陕西省陕北、陕南和关中三个地区的实地调查，归纳总结陕西省农村金融产品供给与需求的现状、非均衡的表现及其区域特征，运用均衡分析、系统分析、计量模型等方法研究陕西省农村金融产品供给与需求的非均衡形成机制。总体上讲，农业生产自然风险大、生产周期长、投资回报率低于城市资本回报率，逐利资本大量外流是不争的事实。因此，陕西省农村金融产品供给与需求的非均衡可能表现为供给的严重不足。同时，受制于农村经济发展水平和农村剩余劳动力的加速转移，农村中的有效金融需求增长速度相对放缓，有效金融需求不足也是造成农村金融产品供给与需求非均衡的重要因素，但供给不足和需求不足哪个居于主要地位仍需进一步验证。

3. 提出"一揽子"促进陕西省农村金融产品供给与需求均衡化的对策建议。农村金融产品供给与需求的非均衡严重制约着农村经济的发展，化解农村金融供求矛盾是陕西省也是我国农村金融改革所面临的关键性问题。本课题以陕西省农村金融产品供给与需求的非均衡现状及其形成机制的系统研究为基础，在综合考虑政府、金融监管机构、金融机构、农户及中小企业、民间金融等各方利益诉求的框架下，提出"一揽子"促进陕西省农村金融产品供给与需求均衡化的对策建议，确立以需求导向为主兼顾供给的农村金融发展策略，需求角度侧重培育有效的农村金融需求，供给角度侧重增加农村金融供给、放宽农村金融市场准入、创新农村金融产品、加快民间金融公开化和阳光化，以此化解陕西省农村金融产品供给与需求矛盾、促进农村金融深化。

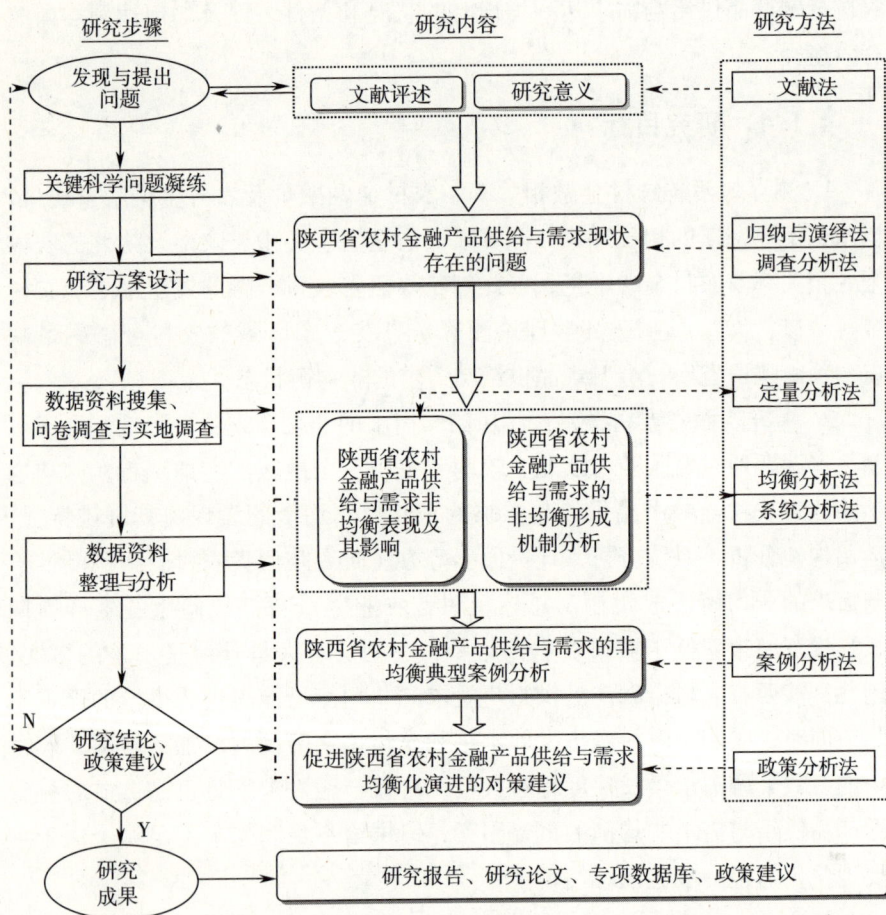

图 4-1　技术路线图

4.1.5　技术路线

本课题以陕西省农村金融产品供给与需求的非均衡为研究主线，第一，界定研究的基本背景和研究意义，界定研究范围和相关概念；第二，通过文献梳理和实地调查，摸清陕西省农村金融产品供给与需求的现状及其存在的问题；第三，从正规金融和民间金融两个角度分析陕西省农村金融产品供给与需求的非均衡表现及影响，通过计算陕西省农村金融相关率、农村金融融量、农村金融融量缺口等指标，量化分析陕西省农村金融发展状况及陕西省农村金融产品供给与需求非均衡的程度，并分析陕西省农村金融产品供给与需求非均衡所造成的影响；第四，运用均衡分析、系统分析等方法探究陕西省农村金融产品供给与需求的非均衡形成机制；第五，通过典型案例分析，解析陕西省关中、陕南、陕北三地区农村金融产品供给与需求的非均衡水平、特征、形成原因等；第六，以陕西省农村金融产品供给与需求现状及存在问题，非均衡现状及影响、非均衡程度、非均衡形成机制及典型案例研究为基础，从供给和需求两个角度，提出改善陕西省农村金融产品供给与需求现状、提升农村金融产品供给与需求水平，实现陕西省农村金融产品供给与需求有效、实质对接，促进陕西省农村金融产品供给与需求均衡化发展的具体建议。技术路线如图4－1所示。

4.1.6　研究方法

本课题采用定性和定量相结合的方法围绕陕西省农村金融产品供求非均衡存在的现状、形成机理以及促进供求均衡化演进的政策建议开展研究。方法主要有：文献法、实地调研法、定量分析法、案例分析法、均衡分析法、系统分析法和公共政策分析法。

1. 文献法。搜集、分析现有文献，选取适用于课题研究的资料，对课题进行横向和纵向的综合了解和概括。搜集、整理《中国统计年鉴》、《中国金融年鉴》、《中国证券期货统计年鉴》、《陕西省统计年鉴》等统计年鉴，综合运用国家统计局、中国人民银行总行及西安分行、国研网、EPS经济分析预测数据平台等电子数据库资源获取课题研究所需国家及陕西省统计数据。

2. 实地调查法。选取陕北的榆林、关中的渭南和杨凌、陕南的商洛和汉中作为实地调查的样本点，分别对这三个区域的五个县域的金融监管机构、农村金融机构、农户和农村中小企业进行调研，了解当前陕西省农村金融产品供给与需求的现状、现实存在的问题以及进一步改进的建议。

3. 定量分析法。采用陕西省农村金融融量、农村金融融量缺口、农村金融相关率等指标进行定量分析，从而衡量出陕西省农村金融产品供给与需求的非均衡水平。其中，金融融量指的是金融的融通量、容纳量，是一个国家或一个地区在一定经济条件下金融的最大或最适容纳规模量，它主要是由现金流通量、各类贷款、股票及债券、金融部门净拆入和其他金融资产组成。金融融量缺口是指金融融量的理论值和实际值之间的差值，差值越大表明当地金融市场供求非均衡的程度越大。鉴于数据的可得性，本课题用农村金融融量与农村 GDP 的比值代表农村金融相关率（RFIR），金融相关率越高表示当地的金融发展状况越好，但是同时也意味着金融市场机构单一，信用较集中于大型银行。

4. 案例分析法。选取陕西关中的渭南，陕南的商洛，陕北的榆林进行典型案例解剖，比较不同经济发展模式、不同资源禀赋地区的农村金融产品供给、需求特征和问题，以及供给与需求非均衡的现状、差异及其成因。

5. 均衡分析法。运用微观经济学的一般均衡与局部均衡理论，分析陕西省农村金融产品供给与需求非均衡现象存在的动因及理论均衡点，探究实现陕西省农村金融产品供给与需求动态均衡的路径及其方式。

6. 系统分析法。农村金融产品供给与需求既是一对矛盾又统一在农村金融这一范畴之下，涉及农村经济和农村金融的多个方面，涉及多个主体、多重关系、多种制度，采用系统分析的方法，对整个农村金融产品供给与需求进行全面的、系统的分析，以此对农村金融产品供给与需求的均衡状态做出准确、客观的判断，并据此探索实现陕西省农村金融产品供给与需求动态均衡演进的路径。

7. 公共政策分析法。推动陕西省农村金融产品供给与需求动态均衡的政策措施涉及金融监管机构、金融机构、农户和农村中小企业等多个利益主体，因此，必须借鉴公共政策分析方法，综合考虑各方利益建立公共政策的分析框架，借此推动陕西省农村金融产品供给和需求的动态均衡，推动农村经济和农村金融的协调发展。

4.1.7　可能的创新之处

1. 本课题以陕西省农村金融产品供给与需求为切入点，按照地理区位、资源禀赋的不同，对陕西省关中、陕南、陕北三个区域的农村金融产品供给与需求现状、特征进行梳理和总结，分析发现陕西省农村金融产品供给与需求呈现出对接困难、供求非均衡的现象，严重影响农村经济社会的发展和农民增收，比较符合陕西省农村金融发展的实际情况。

2. 本课题选用陕西省农村金融相关率、农村金融融量、农村金融融量缺口等指标进行定量分析，衡量出陕西省农村金融产品供给与需求的非均衡水平。定量分析结果表明，陕西农村目前广泛存在金融供给小于金融需求的现象，主要是由于投入规模、产出规模、收入—消费规模、流通规模和农村存贷款差距规模等多种原因造成的，且随着时间的推移，这种缺口比呈现不断缩小趋势。该定量分析结果符合陕西欠发达地区的现状，弥补了已有研究的不足，对后续研究具有一定指导意义。

3. 本课题针对农村金融产品供给与需求的非均衡难题，提出创新农村地区融资抵押物，从而有效解决农村金融产品单一的问题。通过推进产权抵押融资，解决广大农户缺乏抵押、担保品的问题，缓解农村金融需求难以满足的问题。本课题创新性地指出产权抵押融资是破解由低到高非均衡化的出路之一，顺应了农村金融的改革方向。

4. 本课题运用均衡分析、系统分析等分析方法，结合关中、陕南和陕北地区不同地理环境的差异，经济结构和金融发展水平的差异，有针对性地分析了三类地区农村金融产品供给与需求的非均衡的影响机制。研究表明，农户收入低，抵押物缺失成为"三农"融资的最大制约，极大地制约了农户的贷款能力和融资需求，此外，经济结构失衡也加剧了农村金融产品供给与需求的失衡，具有创新性。

5. 本课题以陕西省农村金融产品供给与需求的非均衡现状、形成机制、影响因素的研究为基础，在充分考虑政府、金融监管机构、金融机构、农户及中小企业、民间金融等各方利益诉求的框架下，从供需两个角度提出"一揽子"促进陕西省农村金融产品供给与需求均衡化的对策建议，确立了以需求导向型为主兼顾供给的农村金融发展策略，对农村金融顶层政策的设计有一定的决策参考价值。

4.2 陕西省农村金融产品供给与需求现状、存在问题

本部分在陕西省农村金融产品供给与需求现状梳理总结的基础上，归

纳总结陕西省农村金融产品供给、需求、供求对接中存在的问题,以得出对陕西省农村金融产品供给与需求的客观评价。

4.2.1　陕西省农村金融产品供给现状

近年来,在陕西省农村金融改革的推动下,农村金融产品供给状况呈稳步上升态势。金融机构涉农贷款明显增加:截至 2013 年 9 月末,全省银行业金融机构涉农贷款余额 4 090.3 亿元,同比增长 35.9%,高于同期各项贷款增幅 17.2 个百分点;较 2007 年底增长 3.2 倍[①],占各项贷款余额的 25.1%,比 2007 年底提高 6.1 个百分点。农村金融产品和服务不断创新:目前全省共有 30 余种较成熟的农村金融产品和 10 余种金融服务方式,以富秦家乐卡、农户小额信用贷款、农户联保贷款、林权抵押贷款、金穗惠农卡、土地经营权抵押贷款为代表的产品和服务已覆盖陕西省 1 678 个县(乡、镇),助推了农业产业化进程。农村金融组织体系不断完善:截至 2012 年底,全省共设有政策性银行、国有大型商业银行、股份制商业银行、城市商业银行、外资银行、邮储银行和农村中小金融机构七大类银行机构,开办营业网点 6 494 个,其中县域网点 3 664 个,占比为 56.4%,全省共批复设立小额贷款公司 199 家,农村金融服务体系不断完善。农村地区金融基础设施和支付环境明显改善:截至 2012 年底,全省农村地区银行卡发卡量 2 539.5 万张,农村地区布放 ATM 0.32 万台、POS 机 2.83 万台;银行卡助农取款服务点数量 1.8 万个,农民工银行卡特色服务交易43.5 万笔、金额 6 亿元。保险保障能力不断增强:自 2007 年开始陆续启动了苹果保险、奶牛保险、能繁母猪保险、大枣保险、核桃保险等 17 个险种的农业保险,累计为 477.76 万户次农户提供风险保障 612.33 亿元,支付赔款 5.41 亿元,受益农户 47.45 万户次,对稳定全省农业生产、促进农民增收起到了积极的保障作用。

一、政策性金融机构供给现状

中国农业发展银行陕西省分行成立于 1995 年 3 月,是中国农业发展银行的一级分行,组织机构遍布全省,所辖 10 个市分行、1 个省行营业部、67 个县支行,共有员工 1 896 人,承担国家规定的农业政策性和经批准的

---

① 中国人民银行从 2007 年开始对涉农贷款进行专项统计,故相关数据对比分析以 2007 年为基期,下同。

涉农金融业务，以粮油收购贷款为主、农业产业化经营和农村中长期贷款为两翼，充分发挥着其在新农村建设中的骨干和支柱作用①。但由于其网点覆盖少，业务范围有限，2009 年的农业贷款余额仅为 332.67 亿元，同比增长 11.3%；仅占全省各项贷款余额的 3.6%，同比下降 0.9%；占全省农业贷款余额的 17.7%，同比下降 8.2%②。由此可以看出，虽然中国农业发展银行的农业贷款余额有所增加，但其增速远不及全省的各项贷款余额和农业贷款余额增长速度，农村金融产品供给能力有限。

二、国有控股商业银行供给现状

国有控股商业银行是国家控股的大型商业银行，面向社会各个领域，目前主要有中国银行、中国农业银行、中国工商银行、中国建设银行和交通银行。中国农业银行作为涉农的大型国有商业银行，虽然创新了惠农卡乡村取现服务模式，牵头组建了安塞农银村镇银行，不断丰富金钥匙、金穗卡、金 e 顺、金光道、金益农等五大产品系列，率先推出了"工商验资一线通"、存货抵（质）押贷款等特色产品③，但受制于乡镇网点收缩的状况，也逐步远离农村金融市场，真正贴近农民的方便快捷的贷款服务并不多，而且个别面向农民的贷款业务门槛过高，例如中国农业银行对农户的"惠农贷款"业务，要求仅在家庭养殖业、农林业等方面可小额贷款，且金额需在 3 000 元以上，才能提供贷款保险，使得本就举步维艰的农村金融市场更加捉襟见肘。数据显示，陕西省国有控股商业银行 2007 年各项贷款余额总和为 2 281 亿元，其中，中国农业银行为 680.1 亿元，占 30%；2009 年国有控股商业银行各项贷款余额总和 3 493 亿元，增长幅度为 53%，其中中国农业银行为 619.5 亿元，下降了 8.9%，在国有控股商业银行各项贷款余额总和中的占比为 17.7%，下降了 12.3%。反观农业贷款余额，2007 年国有控股商业银行农业贷款余额总和为 216 亿元，其中，中国农业银行为 206.7 亿元，占 95%；2009 年国有控股商业银行农业贷款余额总和下降为 156.6 亿元，下降幅度为 27.5%，其中中国农业银行为 156.5 亿元，下降幅度为 24.3%，在国有控股商业银行农业贷款余额总和

---

① 来自中国农业发展银行陕西省分行网站：http://www.adbc.com.cn/templates/shanx_list/index.aspx? nodeid=1181。
② 数据来自《中国银行业农村金融服务图集》（2007—2009 年），下同。
③ 来自中国农业银行陕西省分行网站：http://www.95599.cn/cn/branch/sn/aboutus/default.htm。

中的占比却上升为99%。可以看出，国有控股商业银行的农业贷款余额基本来自中国农业银行，然而中国农业银行的农业贷款余额呈现下降趋势的同时，其各项贷款余额也在下降，与其他各大银行大幅度增长的趋势截然相反，这也反映出国有控股商业银行在农村金融市场中越来越难以实现其利润最大化的经营目标，农村金融供给能力也随之减弱。

三、股份制商业银行供给现状

陕西省股份制商业银行主要有招商银行、光大银行、中信银行、民生银行、浦发银行、华夏银行、兴业银行、恒丰银行、浙商银行、北京银行、西安银行和长安银行。股份制商业银行的营业网点全部设在城市，面向社会各个领域，农业贷款项目很少，服务"三农"的能力很弱，这与股份制商业银行的收益最大化的经营理念和农业产业的弱质性有关，农业贷款往往额度小、收益低、不确定性高，股份制商业银行并不青睐农业信贷市场，而更重视其他产业的贷款业务。数据显示，陕西省股份制商业银行2007年各项贷款余额为936亿元，2009年增长到1 474亿元，反观农业贷款，2007年为1.7亿元，2009年下降为1.3亿元，仅占全省农业贷款余额的0.07%，极低的农业贷款余额，以及与贷款总额的巨额增长相比农业贷款余额的不升反降，反映出股份制商业银行在农村金融产品供给中的作用正在逐渐弱化。

四、农村合作金融机构供给现状

"陕西信合"是陕西省农村信用合作联社、农村合作银行和农村商业银行等农村合作（商业）金融机构的集体简称，属于地方性银行类金融机构，经过几十年的发展壮大，现已成为机构遍布城乡，从业人员众多，客户群体广泛，业务规模居前，经营机制灵活，结算手段先进，服务功能齐全的现代化金融机构，在陕西经济尤其是"三农"和县域经济的发展中担当着金融主力军的重要作用①。其中，农村信用合作社是农村金融的主导机构，网点已覆盖到每个乡镇，主要涉农业务有个人消费贷款、农户小额信用贷款、个体经营户贷款、产权抵押贷款等，推出了"富农家乐卡"等方便快捷的农户小额信用贷款信贷通道，近年逐步加大支农力度，每年新增涉农贷款占各项新增贷款的70%以上。数据显示，陕西信合贷款余额从

---

① 来自陕西信合网站：http：//www.sxnxs.com/html/class1。

2007 年的 788 亿元增长到 2009 年的 1 204 亿元，农业贷款余额从 2007 年的 481 亿元增长到 810 亿元，2011 年全省农村信用合作社存款和贷款余额分别为 2 800 亿元和 1 670 亿元，截至 2013 年 9 月末，农村信用社（含农村商业银行、农村合作银行）涉农贷款余额 1 835 亿元，同比增长 19.2%，较 2007 年底增长 4.6 倍，占全部金融机构的 44.9%，存、贷款总量和增量位居全省同业第一，作为陕西省农村金融产品供给的支柱力量，陕西信合为农业产业结构调整和农村现代化建设提供了强有力的信贷支持，近年来农村合作银行和农村商业银行的发展和壮大也为农村金融市场注入了新的活力。

五、新型农村金融机构供给现状

新型农村金融机构包括村镇银行、小额贷款公司和农村资金互助社。

村镇银行作为新型农村金融机构，目前在我国已呈蓬勃发展的势头。随着国家农村金融政策的大力支持，陕西省村镇银行近几年得到了迅猛发展，目前有 17 家村镇银行，如宝鸡岐山硕丰村镇银行、洛南阳光村镇银行、安塞农银村镇银行、高陵阳光村镇银行、安塞建信村镇银行、富平东亚村镇银行和韩城浦发村镇银行等，其中成立最早的是成立于 2008 年 10 月的宝鸡岐山硕丰村镇银行。村镇银行定位于"农民自己的银行"，主要任务就是服务于农民与农村中小企业，因此涉农贷款在村镇银行的业务中应该占据很大比重。村镇银行吸收存款的能力较弱，目前只有岐山硕丰村镇银行一家实现了存款总额过亿，2010 年与 2011 年上半年存款总额分别为 16 312.41 万元与 14 961.07 万元，而其他几家村镇银行，如洛南阳光村镇银行、安塞农银村镇银行与安塞建信村镇银行的存款总额分别为 6 201 万元、8 438 万元与 7 273.20 万元，存款总额较少，财力不足。农业存款的吸收能力方面，只有安塞农银村镇银行吸收的农业存款相对较多，2011 年上半年实现了 3 528 万元，其次是岐山硕丰村镇银行，2011 年上半年农业存款为 308.92 万元。贷款余额方面，岐山硕丰村镇银行，由 2008 年刚成立时的 191 万元增长到 2011 年上半年的 11 233.57 万元，贷款总额突破亿元大关，贷款业务量不断增长。涉农贷款余额方面，除了岐山硕丰村镇银行，其他村镇银行的涉农贷款比重都在逐步下降，岐山硕丰村镇银行 2011 年上半年涉农贷款总额为 9 405.57 万元，比 2008 年的 91 万元增长了 103 倍，在农村金融供给中作出了较大贡献。可见，陕西省村镇银行虽然发展迅猛，但仍处在艰难起步阶段，各村镇银行发展不平衡，整体农村金融供给能力有待进一步提高（于卫平，2012）。

小额贷款公司是由自然人、企业法人与其他社会组织投资设立，不吸收公众存款，经营小额贷款业务的有限责任公司或股份有限公司。陕西省于2008年发布了《陕西省小额贷款公司试点管理办法（试行）》，作为全国最早进行小额贷款公司试点的五个省份之一，截至2013年2月末，全省共批复设立小额贷款公司203家，注册资本金合计148.65亿元，平均注册资本为7 323万元，县域覆盖率达到85%，其中延安、商洛、渭南实现了县域全覆盖。从区域上看，关中地区77家，覆盖率79%；陕北地区92家，覆盖率93%；陕南地区34家，覆盖率82%。其中，西安市户县大洋汇鑫和信昌小额贷款公司是全国第一批小额贷款公司试点，至今已运营近5年，贷款余额134.7亿元，共累计投放433.9亿元。其中，发放给农户、个体经营户、小微企业的贷款余额为123.3亿元，占比91.5%；用于支持种植业、养殖业和农产品加工业的贷款余额为74.7亿元，占比55.5%，均无一笔不良贷款①。小额贷款公司为陕西省农村金融市场注入了新的活力，在很大程度上满足了农户、个体经营户和小微企业的贷款需求，促进了农村经济的发展。

农村资金互助社是一种合作性质的新型农村金融组织，它是指经过银行业监督管理部门的批准，由乡（镇）、村民和农村小企业，按照自愿参与入股组成，为社内成员提供贷款等业务的社区互助性质的银行业金融机构。陕西省农村资金互助社的发展从2006年正式开始，互助社数量逐年增加，覆盖面迅速扩大。2006年，中央试点县2个、试点村10个，省级试点0个；2007年，中央试点县4个、试点村10个，省级试点0个；2008年，中央试点县6个、试点村增至20个，省级试点县11个，试点村120个；2009年，中央试点县12个、试点村60个，省级试点县95个、试点村增至940个。截至2010年，陕西互助资金试点合计共1 160个，与2006年相比，在三年的时间内增加了1 148个资金互助组织，具体见表4-4。

---

① 陕西省小额贷款公司发展规划纲要（2013—2015）：http://www.xachanba.com.cn/front/jjfz/jjfzDetail.jsp? artId=10315&nodeId=633。

表4-4　　　　　　　　　陕西省农村资金互助社试点数目

	中央试点县	中央试点村	省级试点县	省级试点村	合计
2006 年	2	10	0	0	12
2007 年	4	10	0	0	14
2008 年	6	20	11	120	157
2009 年	12	60	95	940	1 107

　　农村资金互助社的资金总额也在逐年增加。2006 年互助资金总额215. 71 万元，其中中央财政扶贫资金 150 万元、占到总额的 69. 54%，农户入股互助资金 65. 71 万元、占总额的 30. 46%；2009 年互助资金总额20 483. 12 万元，其中，中央财政扶贫资金 900 万元，省级财政扶贫资金7 520 万元，市级财政扶贫资金 4 481 万元，县级财政扶贫资金 3 469 万元，各级财政扶贫资金占到了互助资金的 79. 92%。农户入股 4 047. 12 万元，占总额的 19. 76%，具体见表 4-5。

表4-5　　　　　　　　　陕西省农村互助资金数目　　　　　　单位：万元

	中央	省级	市级	县级	农户	合计
2006 年	150	0	0	0	65. 71	215. 71
2009 年	900	7 520	4 481	3 469	4 047. 12	20 483. 12

　　陕西资金互助协会的互助资金主要来源于财政扶贫投入资金和农户入股资金。在 2006—2009 年互助资金中，财政扶贫资金的投入平均占到了互助资金的 70% 以上，而农户入股资金为 30% 以下。农村资金互助社这样的互助资金结构不能有效地发挥资金互助组织的功能，在一定程度上还会制约资金互助组织的规模化和高效化发展，农户参与积极性不高，难以发展成为以农民为主体的资金互助组织。因此，虽然近年来陕西省农村资金互助社在机构数目、资金数量上取得了大幅增长，是农村金融市场上不可忽视的新生力量，但是其农村金融供给能力有待进一步提高（李明珠，2011）。

六、农村非正规金融供给现状

　　农村非正规金融是指农村中非法定的金融组织所提供的间接融资以及农户之间或农户与农村企业主之间的直接融资，其主要组织形式包括自由借贷、银背和私人钱庄、合会、典当业信用、民间集资、民间贴现和其他民间借贷组织。随着正规金融从农村纷纷撤走，非正规金融在陕西省农村地区迅速壮大，并为农村社会与经济发展提供了有力的金融支持。陕西省农户借款主要依靠农村非正规金融尤其是民间借贷，虽然农户民间借贷还存在不规范的行为，但是民间借贷在农户日常生活和农业生产中起着重要的作用。正规金融机构借贷机制的缺陷是非正规金融快速兴起的原因之一，而容易获得、期限灵活、信用担保成本低、利率灵活等自身的特点又是非正规金融进一步发展的主要原因。所以，农村非正规金融有效地填补了正规金融需求缺口，促进了陕西省农村经济和社会发展，是一支不容忽视的金融力量。但同时非正规金融在其发展过程中还有很多地方不规范，容易滋生非法金融问题，潜伏着金融风险。

4.2.2 陕西省农村金融产品供给存在的问题

农村金融机构作为农业和农村经济发展的推动器，为支持和促进农村经济的发展作出了一定贡献。在国家相关政策的指引下，陕西省农村金融机构不断加快推进农村金融产品和服务方式创新，村镇银行、小额贷款公司、农村资金互助社等新型农村金融机构相继设立，农村产权抵押融资也已在高陵县、杨凌区试点开办。农村金融服务快速发展的同时，农村金融产品供给存在的诸多问题也不容忽视。

一、传统正规农村金融机构供给不足

随着国有商业银行改革的深入，农业银行为降低不良资产率和防范金融风险，涉农贷款投放比例下降，针对农户的信贷服务减少，业务重点也由农业逐渐转向非农产业，在农村大幅度收缩业务规模，进行农村网点的撤并，服务对象也向城市转移，虽然目前重启农村战略，但是历史欠账较多，对农村金融支持有限，农村信贷投放力度较弱。农业发展银行其业务以粮棉油收购为主，对农产品收购资金实行封闭管理，受其自身政策性和盈利能力限制，仅向部分涉农企业少量贷款，不面向农村基层客户。农信社作为农村金融的中坚力量，自2003年金融改革以来，其自身获得一定发展，不良贷款逐步减少，在农村中业务基础良好，服务范围也广阔，但是，它在农村中具有的垄断地位，致使其服务"三农"的效率并未达到理想状态。同时，部分农村信用社改制为农村商业银行，更加注重盈利性导致部分资金由农村流入城市，对农村基层农户的支持有所收缩。目前，邮政储蓄银行虽然开办了信贷业务，但是其农村贷款业务经验不足，信贷产品种类少，与农村信用社相比市场份额相对较小，尽管其资产规模庞大，但农村金融供给却相对有限。

二、新型农村金融机构实力薄弱，服务"三农"能力有限

目前，陕西省新型农村金融机构中仅有小额贷款公司的支农效果较为显著，但其规模仍较小，农业贷款投放能力有限；村镇银行、农村资金互助社尚处于起步阶段，规模小、网点少，资金供给能力较弱。从陕西省农村金融产品供给现状来看，村镇银行、小额贷款公司等新型农村金融机构自身财务能力普遍较低，可贷资金规模较小，而农业的天然弱质性使新型农村金融机构在经营涉农业务时面临着较大的风险，其自身财务可持续与服务"三农"的市场定位难以统一，追求自身生存和业务绩效的同时制约了其支农业务的开展，制约了其"三农"服务能力。

三、农村贷款手续不简便，审贷周期长

商业性金融机构实行严格授信制度，除少数已建立信贷关系且经营状况良好的优质客户可以获得授信贷款外，其他客户只能获得抵押和担保贷款（张立焕，2008）。目前，在陕西省仅杨凌区和高陵县已进行土地产权抵押融资，其他各地区土地产权仍不能办理抵押贷款。在已经实施土地产权抵押的地区，土地流转、确权登记等手续不够精简，等待时间过长严重影响了农户的农业生产经营。而由于农业贷款的季节性和周期性，农村金融机构贷款手续不简便使急需资金进行生产经营的农户转而从其他渠道寻求资金借贷。

四、农村金融产品供给呈现同质化趋势

农村经济产业化、市场化、农业开放度的加深，要求农村金融机构提供灵活多样、综合配套的结算融资支持。陕西省农村金融产品主要是"存、贷、汇"三种传统业务；贷款品种以信用贷款为主，缺少抵押贷款和质押贷款；各农村金融机构的业务品种存在模式套用的情况，基金托管、委托理财、衍生品避险服务等特色化、差异化的新型金融服务尚未开展。农村金融机构信贷抵押、质押物创新动力不足，符合当地农业产业特色、生命周期的特色信贷产品开发滞后。农业银行、农信社、邮政储蓄银行、村镇银行等机构信贷业务趋同，金融产品供给呈现同质化趋势。

五、农业保险分担农村金融风险能力有限

农业保险是指专为农业生产者在从事种植业和养殖业生产过程中，对遭受自然灾害和意外事故所造成的经济损失提供保障的一种保险[1]，是市

---

[1] 经济参考报郭冲. 对付自然灾害农民可买农业保险，http://jjckb. xinhuanet. com/caijing/ 2009 – 08/28/content _ 177712. htm。

场经济条件下现代农业发展的三大支柱（农业科技、农村金融和农业保险）之一。目前，在陕西省内，人保财险、中航安盟财险等 6 家保险公司已开办农业保险险种 17 个，基本覆盖了全省农业产业主要的种养品种[①]，但全部为政策性农业保险，其点多面广、单位价值小，定损难度高，赔付率大，使得农业保险业务往往处于保本经营甚至亏损状态。陕西省目前还未真正建立农业保险再保险制度和农业风险基金，而农业保险低保额、低收费、低保障和高风险、高成本、高赔付的特点，导致农险理赔的难度和成本远高于其他险种，造成当前陕西省内经营的商业保险公司仍不敢涉足农业保险险种。而农业保险风险分散机制建设的缺失，使得在巨大灾害面前，风险职能只能由农民和承保的保险公司共担，这也进一步制约了农业保险发展，导致其规模和制度不适应农村金融风险分担需要。

六、普惠金融发展滞后

普惠金融（inclusive financial system）是指一国金融体系能够可持续地为该国弱势人群、弱势产业和弱势地区提供方便快捷、价格合理的基础金融服务。其服务对象主要针对农民等弱势群体、农业等弱势产业及欠发达偏远地区，主要向其提供基础金融服务，如支付结算、储蓄、个人或企业小额贷款，及其他风险管理工具（如财险、寿险、自然灾害和气候等保险）以及农产品期货与期权等（吴国华，2013）。近些年陕西省普惠金融逐步发展，惠民力度逐渐加强，但总体来说目前陕西省普惠金融发展仍然较为滞后。从调查情况来看，陕西省部分农村地区仍面临金融服务缺失的状态，省内部分小微企业也面临融资难、融资成本高的问题，对于农村的底层特别是贫困人口的金融支持尤为有限，农村居民及农村中小企业的金融需求仍未得到充分满足，普惠金融作为扶贫式金融并未解决商业金融不愿意解决的问题。而当前陕西省内普惠金融的提供者从国有银行、股份制银行、农信社、非政府组织等转移到小额贷款公司、信托公司、小额信贷服务中介平台等，这些机构自身可持续发展能力普遍较低，普惠金融推行力度较薄弱，服务内容也局限于资金借贷，并未扩展到信用服务、理财信息服务等方面，应对农村金融广泛需求的农村金融支付结算设备、金融基础设施建设相对滞后，惠农力度有限，尚未完全渗透到陕西省农村金融市

---

① 中国保险监督管理委员会陕西监管局．陕西省农业保险发展取得较好成绩，http：//www.circ. gov. cn/web/site44/tab2631/info3894450. htm。

场。而当前陕西省内农村普惠金融的具体政策法规尚未完善，普惠金融生态环境有待进一步优化；同时，由于农村金融机构对普惠金融宣传力度较小，群众知晓度较低，农户在选择资金融通渠道上仍对普惠金融提供者存有怀疑态度，普惠金融发展明显难以满足农户对多样化金融的需求。

4.2.3 陕西省农村金融产品需求现状

随着陕西省农村经济社会的发展，农村金融产品需求逐年增长，与农民生活息息相关的教育、卫生、医疗等方面，以及农业、手工业、商业等，都对农村金融产品有着越来越旺盛的需求，具体表现为：需求多、增幅大、增速快。截至 2013 年 9 月，陕西省农林牧渔业贷款余额 976.6 亿元，同比增长 13.6%，较 2007 年底增长 1.1 倍；农户贷款余额 1 657.3 亿元，同比增长 20.9%，较 2007 年底增长 2.9 倍；农村企业及各类组织贷款余额 1 733.9 亿元，同比增长 54.6%，较 2007 年底增长 3.2 倍。

一、农户金融产品需求现状

农户对金融产品的需求比较迫切，不论是生活上还是生产上，农户对资金的需求度都很大，而实际获得的贷款额却十分有限。对陕南、陕北、关中 28 个代表村农户借贷行为调查分析表明已发生借贷中借贷额度在 1 000元以下，1 000 ~ 2 000 元，2 000 ~ 4 000 元，4 000 元以上这四个层次的借贷笔数之比为 32:50:50:7。该比例显示出陕西典型地区整体农户借贷需求水平处于低位，且大部分在 4 000 元以下波动。借贷方式上，民间借贷是农户借贷的主要来源。正规金融借贷的农户占总调查农户的 37.12%，民间无息借贷的农户占比为 51.71%，民间有息借贷的农户占比为 11.17%，可以看出陕西典型地区农户借贷主要来源是非正规金融，其中民间无息借贷是其主要方式。借款用途上，农户生活性借贷大于生产性借贷。调查农户生活性与生产性借贷笔数占比分别为 56.26%、43.74%。而且，在生活性借贷方面，子女教育借贷笔数占比 15.1%、医疗建房占比 20.58% 以及其他生活用途占比 20.58%；在生产性借贷方面，农业生产性借贷笔数占比 25.85%、非农业生产性借贷占比 17.89%。由此可知，陕西典型地区农户借贷需求用途集中在生活性消费上，并以教育、医疗、建房为主，其次是生产性投入，并以农业生产为主（刘娟，2009）。

二、农业产业化龙头企业金融产品需求现状

农业产业化龙头企业是指以农产品加工或流通为主，通过各种利益联结机制与农户相联系，带动农户进入市场，使农产品生产、加工、销售有机结合、相互促进，在规模和经营指标上达到规定标准并经政府有关部门认定的企业。近年来，随着农业进一步走向市场化、产业化和现代化，农业化龙头企业已成为县域经济的一支重要力量和新的增长点。资料显示，2008—2012年，五年来，全省农业产业化龙头企业新增361个，其中省级以上龙头企业190个，龙头企业带动农户实现增收895亿元，2012年，陕西农户从事产业化经营实现增收215亿元，户均增收2 480元，截至2012年，全省共有龙头企业总数2 108个，省级以上龙头企业445个，农业产业化经营已经成为农民增收的主渠道和新亮点。陕西农业产业化发展水平仍然偏低，龙头企业不大不强的现象普遍存在，发展资金短缺、融资能力弱、产业链短等问题也较为突出，越来越多的农业龙头企业面临着越发紧迫的融资需求①。农业龙头企业是连接农户和消费者的桥梁和纽带，投入大量的资金才能实现农业龙头企业的生产机械化、规范化、模式化，进而带动整个农村经济的发展，虽然近年来杨凌等地的债券融资业务初步解决了农业龙头企业庞大的资金需求，但是目前融资困难仍是制约农业产业化龙头企业发展的最大障碍。

三、农村个体工商户金融产品需求现状

农村个体工商户作为农民创业致富的有效途径，被广大农民所广泛接受，然而在农村开办个体工商户，解决大量的资金需求对于并不富裕的农民来说，并非易事。农村个体工商户数目多、单笔贷款额度小、需求急、周期短，对于金融机构来说，大量小额度的农村个体工商户贷款意味着巨大的管理和监督成本，发放该类贷款并不划算。由于信息不对称，农村个体工商户没有上市公司那样的信息披露制度约束，其经营信息缺乏透明度，风险较难控制，因而金融机构难以掌握其风险程度，授信额度亦难以确定，发放贷款面临较大的不确定性。另外，个体户自身的劣势，使银行防不胜防，造成贷款成本高，不良贷款占比高，原因主要表现在：规模小，实力弱，在市场竞争中存在赌博的机会主义行为；个体户被乱摊派、乱集资、乱收费、乱罚款现象较多，收入受影响；不易提供符合要求的抵押品或担保单位；经营方式往往不规范，管理难；市场竞争力不强，应对

---

① 殷高峰. 农业产业化陕西"龙抬头"，http://www.boraid.com/article/html/221/221897.asp。

市场波动的风险承受力差，经营状况不稳定（廖云红，2002）①。种种原因导致农村个体工商户的资金来源大多是民间借贷、小额贷款公司和其他非正规金融途径，目前仍然缺乏一种安全而又行之有效的融资途径，一方面制约了部分有脱贫想法的农民的致富之路，另一方面也阻碍了农村社会的整体发展速度。

四、农村中小企业金融产品需求现状

农村中小企业作为吸纳就业、惠及民生的重要载体，在稳定经济运行、推进创新创业等方面发挥了不可或缺的重要作用。然而，随着市场竞争的日趋激烈和发展环境的深刻变化，农村中小企业的进一步发展正面临着许多自身难以克服的困难和问题。首先，农村中小企业的资金需求量较大，一般为 100 万元左右，借款次数较多，借款期限也往往比较长，对于正处于起步和发展阶段的农村中小企业来说，获得这样的贷款额度并不容易。其次，在正规金融和民间借贷的选择中，农村中小企业难以抉择，因为正规金融机构具有手续规范、利率低等优势，但正规金融机构更多的是采用抵押担保贷款，而且贷款审批权限严格，通常贷款较为烦琐；而民间借贷则具有不用担保和抵押，以及手续简单、贷款额度大等优势，虽然利率普遍较正规金融机构高出许多，但是迫于急切的贷款需求，农村中小企业仍然更加青睐民间借贷。可见，目前农村中小企业融资需求仍然存在很大缺口，抵押难、担保难、贷款难的问题一直制约着其进一步发展，方便快捷、利率低、贷款期限长、手续简便的金融产品供给始终是农村中小企业的融资诉求。

五、农村政府（策）性金融产品需求现状

农村政府（策）性金融以国家信用为基础，以改善农村社会基础条件为目标，以支持农村公共物品建设为导向，为农村提供金融产品和服务。近年来，随着陕西省农村社会的发展，农村公共物品融资需求越来越多，水、电、路、讯、网等公共设施的建设面临越来越多的资金需求，"十二五"期间，陕西省预计完成农业产业化和农村基础设施建设工程总投资941亿元，实施重大工程11个，其中，县城供水设施建设投资37亿元，农村饮水安全投资85亿元，重点饮用水水源保护投资4亿元，乡村道路通

---

① 廖云红，覃冰. 我区个体工商户贷款问题的探讨［J］. 广西农村金融研究，2002，2：035.

达工程 120 亿元，农网和新农村电气化工程升级改造投资 8.9 亿元，有利于大大改善农村生产生活条件，促进城乡协调发展。然而，农村政府（策）性金融缺口在逐渐扩大，在实际运行中，中国农业发展银行已经"蜕变"成专营粮棉油收购贷款发放的金融机构，金融服务结构单一，定位不清晰、功能划分混乱等问题初现，小型基础设施建设、龙头企业培育、农业产业基地建设等诸多方面的金融需求难以得到满足，农村公共基础设施建设"一事一议"制度下的融资需求也"寻资无路"，农村政府（策）性金融所面临的形势越发严峻。农村政府（策）性金融作为发展农村经济的基础性金融业务，需要充分满足其融资需求，才能带动起整个农村金融业的发展。

4.2.4 陕西省农村金融产品需求存在问题

随着陕西省农业现代化步伐加快，农业农村发展对金融的需求不断增长。然而，农村缺乏金融机构认可的担保抵押物，农村借贷需求主体风险抵抗能力弱，贷款期限与农村项目生命周期不匹配等导致农户对金融机构的贷款需求难以转化为有效需求。

一、农村缺乏金融机构认可的担保抵押物

在目前我国城乡二元土地结构的体制下，农村集体和农民个人只有使用权和承包权，农户赖以生存的土地不能成为抵押品，陕西省内仅部分已进行产权抵押试点地区农户可以将产权进行抵押，但农村缺乏土地承包经营权的流转市场，土地产权本身的流通性和变现性较差，农户向银行、信用社等金融机构申请贷款的认可性较低。而农村住房一般没有产权证，或仅有小产权证，本身并不具有农村金融机构认可的担保、抵押价值且农户将其作为最基本的生活保障又不愿被剥夺；而农民持有的其他生活资料、生产资料等，也较少具备进行抵押的条件（姜丽雅，2012），对于一般农户来说，能进行抵押或担保的资产非常少，因此要尽快实现赋予农民承包土地抵押权权能。

对于广大农村中小企业，其资产价值普遍较低，且由于农业产业化当中的生产资料自身带有较高的风险，也不具备良好的变现性，商业银行机构一般不接受其作为抵押。乡镇企业虽然能够提供厂房和设备作为抵押品，但其评估难度和评估费用都很大。加之农村缺乏专业的担保机构为其提供贷款担保服务，使得需求主体难以找到第三方为其贷款提供担保。因此，农村金融产品需求主体缺乏金融机构认可的担保抵押物严重制约了其申请贷款。

二、农村借贷需求主体风险抵抗能力弱

同其他非农产业相比，我国农业是一个高风险、低收益的弱质产业。农业生产的季节性强，种植业、畜牧业面临自然灾害和疾病的严重影响，且由于农产品大部分是生命体，农产品流通和销售过程中必须保鲜等特殊运输方式，进一步降低了农产品的竞争能力。而农产品生产周期相对较长，生产和销售时间上的不对等造成农产品和市场价格的周期性变化，价格的频繁波动进一步加剧了农户面临的市场风险（卞靖，2010）。而我国农村土地经营、农产品流通机制、价格机制等配套措施长期以来不完善，给农业发展带来了较大的制度风险，对农业发展造成了严重的负面影响，制约了农村借贷主体的借贷行为，限制了其投资渠道，减少了农户对农村金融机构资金借贷的需求（董晓林、张景顺，2005）。

三、农村有效金融需求不足

长期以来，我国实行规模小、分散化、抗风险能力较弱的小农生产方式，农户收入普遍较低、经济实力较弱，还款付息能力有限，造成在借贷中农户更倾向于亲朋好友等民间融资渠道，这在很大程度上影响了农户的融资需求转化成有效金融需求。同时，对于部分愿意投资非农领域的农户而言，金融机构对信贷项目表现出过于严格的"审慎"使农户不得不放弃某些高风险性的项目选择（白广玉，2006），转而投资低风险行业。逆向选择、道德风险和贷款的高成本也在一定程度上造成了广大农户长期投资的动机减弱，农村的大量金融需求未能转化成有效金融需求。

四、农村项目生命周期与贷款期限不匹配

随着农业结构调整力度不断加大，农业生产和经营的方式都有了很大的变化，对支农贷款的需求在期限上要求呈现出多样化，总体期限相对延长。农村金融机构发放的农户贷款期限普遍较短，而农民生产经营项目生产周期较长、见效慢、风险高，部分农业产业及其他固定投资需要贷款期限更长，农户贷款的短期限与项目生命的长周期明显不相匹配，降低了农户对资金的借贷需求。由于"三农"贷款期限并不是以农业生产周期和需要时间为依据来确定的，增加了农民的生产经营成本。就农户及涉农中小

企业而言，其预期借贷后短期内难以按期偿还，个人及企业信用也将大打折扣；同时农户贷款一般都具有额度小、频率高、时效性强等特点，过了生产期或者投资期，贷款就失去了意义，农户对贷款的需求也将大大降低。

4.2.5 陕西省农村金融产品供求对接机制及其非均衡存在的问题

由农村金融市场交易不足，以及信息不对称引起的逆向选择和道德风险问题，是制约陕西省农村金融产品供求对接的重要原因，也是农村金融产品供求非均衡的根源所在。农村金融市场缺乏产品创新，农业的弱质性、农村发展的滞后性和农民观念的顽固性，导致农村金融市场交易费用过高、交易条件差和交易不足。农村金融市场信用评价机制、信息共享机制和贷款监督机制滞后，农村金融市场信息流通不畅，供求双方所掌握的信息不对称，交易前的逆向选择问题和交易后的道德风险问题，影响农村金融产品供求对接和非均衡状况。

一、农村金融市场交易不足

农村金融市场交易不足是导致陕西省农村金融产品供求对接不畅、供求非均衡的重要原因，而农村金融市场交易不足是由农村金融市场交易费用过高引起的。根据科斯的交易费用理论，交易费用是获得准确的市场信息所需要付出的费用，以及谈判和经常性契约的费用。威廉姆森认为，交易费用分为两个部分：事先交易费用，即签订契约、规定交易双方的权利、责任等所花费的费用；事后交易费用，即为解决契约本身存在的问题、从改变条款到退出契约所花费的费用。农业经营具有天然弱质性、低收益性和高风险性的特点，又由于我国人多地少、农地细碎分散等特征而形成的农民的分散性、非组织性、小农意识等，使得农村金融交易的风险更大、收益更低，由此带来的交易费用更高。农村金融市场中介缺乏，农村会计事务、法律事务人员稀少，信用中介缺失，一些企业由于产权不明晰，财务不透明，金融机构难以顺利获得借款人真实信息，种种因素导致供求双方的信息不对称，交易费用亦会随之升高。农村金融机构自身的一些体制、制度缺陷、服务水平低下等问题短期难以改变，手续办理繁杂、人情贷款、暗箱操作等现象普遍存在，隐性成本增加。农村落后的理财观念和守旧的风险意识制约了农村债券市场的建立和发展，农村债券市场和股票市场的发展滞后，农户农企融资必然高度依赖于银行体系，金融风险向银行集中并且不能通过贷款出售、资产证券化等形式转移或转嫁出去，也是农村金融市场交易不足的重要原因。

二、农村金融市场的逆向选择

农村金融市场的逆向选择主要表现为农村金融市场中的"格雷欣法则"。违约风险更高的借款人更加积极地寻求贷款，由于他们并不打算按时还贷，因而他们愿意在申请贷款时承诺付出更高的利息，以吸引金融机构为他们发放贷款，而有着良好信用记录和发展前景的借款人由于到期一定会偿还贷款，他们并不喜欢利率高的金融产品，在这种机制下，对于金融机构来说，出于利润最大化的考虑，会倾向于选择愿意支付更高利息的"劣质客户"，由此便出现了"劣质客户驱逐优良客户"的现象。这一现象的出现，是由农村金融市场信息不对称引起的，金融机构在发放贷款前，无法获取借款人的信息，无从判断借款人的偿还风险，这样一方面导致农村金融市场的萎缩，另一方面抬高了金融机构的经营风险，使农村金融市场发展不可持续。农村信用状况相对城市较好，农民的诚实守信观念较强，因而逆向选择问题一般不发生在农民这一群体，而是发生在农村个体工商户、农村中小企业以及龙头企业群体中，作为农村经济快速发展的支柱，逆向选择问题在一定程度上阻碍其发展的步伐，也制约农村经济的又好又快发展。

三、农村金融市场的道德风险

农村金融市场的道德风险是基于委托—代理模型在农村金融风险中的应用而得出的。委托人是农村的金融机构，代理人是取得贷款的农户。代理人行动的无法观察只是导致道德风险问题存在的一个必要而非充分条件。只有当委托人与代理人的目标不一致时，委托人才会因为代理人行动的不可观察而担忧。在农村金融市场上，如果农户就是按照之前与银行签订的协议去行动，努力工作，则银行所面临的信贷风险就会较小；而如果农户在拿到贷款后改变主意，用于其他生活需要或投入更高风险的项目，且由于监督成本太高，银行没法知道，这样的话，银行就面临着较大的信贷违约风险。在银行将贷款交给农户时，如果农户的活动不能被银行有效地观察，那么道德风险问题就会产生。相对于逆向选择问题，道德风险问题是在合同订立后可能由于信息不对称而导致的问题，属于"事后"的信息不对称问题，道德风险增加了金融机构的贷款风险，提高了金融机构的监督成本，制约了农村金融供求的良好对接和均衡发展。

4.2.6 小结

农村金融供求失衡是指农村金融供给与需求不相等，表现为农村金融供给大于需求或农村金融供给小于需求（卞靖，2010）。本章从陕西省农村金融的供给和需求的现状着眼，对陕西省农村金融发展过程中存在的供求关系进行分析发现，陕西省农村金融产品供给与需求呈现出对接困难、供求非均衡的现象，严重影响农村经济社会的发展和农民增收。从农村金融产品的供给情况看，农业银行近年来逐渐增设网点、重启农村战略、邮储银行、农信社服务深化，但传统农村金融机构供给不足、新型农村金融机构实力薄弱的现状仍未完全改变，农村地区信贷服务规模仍较小，农村金融供给主体服务"三农"能力整体不足，而农村金融机构单一化、农村金融产品供给的同质化、农村保险制度不完善、普惠金融发展滞后，这都使得农村金融供给难以满足多元化的金融需求。从农村金融需求的现状分析，农村金融需求主体缺乏金融机构认可的抵押、担保品，农村借贷需求主体风险抵抗能力弱，且受制于农业的弱质性带来的多重风险，造成农村大量的信贷需求难以转化为有效的金融需求，而由于金融机构发放贷款期限与农村项目生命周期不匹配，使得农户对金融机构的贷款需求大大降低，转而寻求民间借贷等更为便利的资金借贷渠道。因此，目前陕西省农村金融产品供给与需求呈现非均衡状态，农村金融交易不足、农村金融市场逆向选择和道德风险制约了农村金融供求的良好对接。

4.3 陕西省农村金融产品供给与需求非均衡表现及其影响

农村正规金融是衡量一个地区农村经济发展水平的重要标志，随着国家对"三农"问题的持续关注，农村正规金融也呈现出良好发展势态，但是长期以来农村金融供给无法满足农村的有效需求，造成了农村经济与城市经济差距不断扩大，本部分试图从金融的视角来审视农村经济发展问题，分别通过对陕西农村金融融量、农村金融相关率以及金融融量缺口测算，系统分析陕西省农村金融产品供给与需求非均衡的表现及其影响。民间金融内生于农村经济，迎合了农村经济发展的需要，在一定程度上是农村正规金融的补充，是对农村金融市场供给与非均衡的必要补充，但民间金融自身发展也具有一定的非均衡性。陕西省农村民间金融供给与需求的非均衡可以从供求总量、服务对象、借贷用途、组织化程度、利率非均衡性等方面予以体现。

4.3.1　正规金融农村金融产品供给与需求非均衡分析

一、研究方法与数据来源

1. 研究方法：金融融量指的是金融的融通量、容纳量，是一个国家或一个地区在一定经济条件下金融的最大或最适容纳规模量。它主要是由现金流通量、各类贷款、股票及债券、金融部门净拆入和其他金融资产组成。

在物物交换的条件下，由于金融融量与经济总量的比率是零，也就是说这时实体经济的变动不需要货币金融的媒介。随着经济的发展和银行的诞生，就产生了实物与货币的交换关系，这时有多大的实物规模，就决定了需要有多大与之相适应的货币金融融量，即这时金融融量与经济总量的比率为 1，这是金融融量的理论极限值。根据戈德史密斯的理论，对金融融量与经济总量的相关关系建立如下金融融量模型（田力、胡改导等，2003）：

$$M = K \cdot G \tag{1}$$

随着经济规模的变动，同等规模的金融融量已经不再能满足经济的发展需要，这主要是由于货币形式的转变和金融机构所引发的货币乘数，因此金融融量模型扩充为：

$$M = (K + K_1 + K_2 + \cdots + K_n) \cdot G \tag{2}$$

其中，M 表示金融融量；K、K_1、K_2、$\cdots$、K_n 表示经济金融化程度加深过程中的不同层次的经济金融融量系数；G 表示经济总量，即国内生产总值（GDP）。

戈德史密斯（1969）和麦金农（1973）各自提出了相关指标来衡量金融发展水平，前者指出了金融相关率（戈氏指标）和金融深化率（麦氏指标），金融相关比率是指"某一时点上现存金融资产总额与国民财富之比"，一般的它被简化为金融融量与 GDP 之比，以衡量一国的经济金融化程度（戈德史密斯，1990），金融深化比率是指经济货币化程度的广义货币 M_2 与 GDP 的比值。麦金农认为"货币负债对国民生产总值的比率是衡量货币体系的重要性和实际规模的最简单标尺"（罗纳德·I. 麦金农，1998）。由于戈氏指标相较于麦氏指标更加注重金融负债与金融资产并重，更能反映一国的经济增长水平尤其是市场化水平（张杰，1995），因此，本书采用金融相关率来衡量陕西农村地区金融发展水平。虽然金融相关率越高表示当地的金融发展状况越好，但是同时也意味着金融市场机构单一，金融产品种类较少，信用较集中于大型银行（姚耀军，2006）。

金融融量缺口是指金融融量的理论值和实际值之间的差值，差值越大表明当地金融市场供求不均衡的程度越大。当金融融量的理论值大于金融融量的实际值时，表明当地的金融供给小于金融需求，而当金融融量的理论值小于金融融量的实际值时，表明当地金融供给大于金融需求。参考田力（2003）的金融融量理论值公式：

$$M_{地区}/G_{地区} = M_{农村理论}/G_{农村} \qquad (3)$$

则金融缺口为：$M_{金融缺口} = M_{金融理论} - M_{金融实际} \qquad (4)$

2. 数据来源：本章数据由课题小组成员对人民银行汉中、渭南、杨凌、榆林、商洛支行调研数据整理所得，其余数据则通过历年《中国金融年鉴》、《陕西统计年鉴》、《陕西省金融运行报告》、《陕西省国民经济和社会发展统计公报》、《中国乡镇企业及农产品加工业年鉴》等相关年鉴和陕西经济信息网整理所得，同时因为部分支行相关数据缺失和相关统计年鉴的统计口径发生改变，为了便于统一整理，对正规金融农村金融产品的供求分析统一为 2001—2012 年。

二、陕西省农村金融融量分析

由前面研究方法所知农村金融融量包括现金、农村贷款余额、股票、债券的市值和保险储备金等。因为相关统计资料很难获得关于陕西居民的全部金融资产的数据，特别是有关股票及债券的市值资料，因此本文利用存贷款的数据作为金融融量的一个窄的衡量指标来替代整体金融融量（刘敏楼、宗颖，2008），这是由于在农村地区金融融量主要表现为金融中介的资产，其他金融工具并不多，所以利用存贷款的数据，基本可以揭示出陕西农村金融融量水平。

表4-6　　　　　　　　陕西农村金融融量情况　　　　　　单位：亿元

年份	存款余额	贷款余额	农村金融融量
2001	397.91	276.26	674.17
2002	445.21	316.25	761.46
2003	515.08	362.00	877.08
2004	607.74	423.83	1 031.57
2005	735.25	476.64	1 211.89
2006	892.75	437.59	1 330.34
2007	1 075.05	481.65	1 556.70
2008	1 434.48	540.71	1 975.19
2009	1 827.47	713.87	2 541.34
2010	2 299.85	844.79	3 144.64
2011	2 809.94	975.56	3 786.51
2012	3 420.41	1 111.89	4 532.30

资料来源：农村存款余额由农户储蓄存款和农业存款构成，农村贷款余额由乡镇企业贷款和农业贷款构成。数据通过历年《中国金融年鉴》、《陕西统计年鉴》和《中国乡镇企业及农产品加工业年鉴》整理所得。

　　从农村金融融量的总量和结构分析，自2001年以来陕西农村金融融量有了大幅增长，由2001的674.17亿元上升到了2012年的4 532.30亿元，增长了572.28%，年均增长57.23%。从内部各项资产统计指标我们发现除了乡镇企业贷款在2006年、2007年这两年有所下降外，整体上都呈稳定上升的趋势。相比较贷款而言，农村存款余额一直占据农村金融资产总量的主力军，尽管都在增加，但是增加的幅度差异很大，并且随着时间的变化这种趋势也随之不断扩大。其中，陕西农村存款余额从2001年的397.91亿元增加到了3 420.41亿元，增加了7.60倍，而农村贷款余额从2001年的276.26亿元增加到了1 111.89亿元，仅仅增加了3.02倍。这也从某些方面反映出相关金融机构的"离农、退农"现象明显，并在农村金融市场中起着"抽血机"的作用，在一定程度上制约着农村金融发展和农村经济的增长。

　　陕西农村金融融量从纵向来看呈现快速增长趋势，但这只是纵向比较，由于陕西各地经济发展水平差异较大，农村的经济情况也不尽相同，因此要客观、全面地认识陕西农村金融发展水平，还必须通过陕北、关中和陕南三个地区进行横向比较，以较为全面地认识问题。

表4-7　　　　　陕北、关中与陕南地区农村金融融量比较分析　　单位: 亿元

年份	陕北地区	关中地区		陕南地区	
	榆林金融融量	渭南金融融量	杨凌金融融量	商洛金融融量	汉中金融融量
2001	15.34	57.98	3.79	20.14	41.10
2002	19.39	64.25	4.42	21.42	45.62
2003	26.33	71.97	5.31	25.20	51.43
2004	34.62	80.40	6.27	29.66	60.68
2005	42.50	99.62	6.17	35.85	76.94
2006	61.83	104.39	6.87	41.59	93.69
2007	84.74	97.25	7.66	45.71	111.91
2008	114.06	132.02	10.88	58.20	131.79
2009	146.96	149.63	10.86	77.90	190.22
2010	168.14	202.53	12.93	99.04	233.28
2011	203.86	255.57	20.85	99.92	252.48
2012	264.62	298.26	24.98	117.68	303.61

　　注: 农村金融融量由农村存款余额 + 农村贷款余额之和组成, 数据通过人民银行各地支行调研数据整理所得。

　　由于受相关数据的限制, 因此本章分别选取了榆林代表陕北地区、渭南和杨凌代表关中地区、商洛和汉中代表陕南地区。从三大地区的农村金融融量总量来看, 从2001年以来各地的农村金融融量总量都有较大幅度的增长。截至2012年, 榆林、渭南、杨凌、商洛和汉中的农村金融融量分别为264.62亿元、298.26亿元、24.98亿元、117.68亿元和303.61亿元, 汉中市农村金融融量最多, 杨凌农村金融融量最小, 这与杨凌面积大小有关, 较2001年分别增加了249.28亿元、240.28亿元、21.19亿元、97.54亿元和262.51亿元, 其中由于榆林地区的基数较小, 年均增长率最快, 达到了147.73%, 远远高于陕西省的57.23%, 而渭南地区的年均增长率最慢, 只有37.67%。根据调研数据我们仍然可以得出其金融融量内部资产结构与陕西省呈现大致相同趋势, 农村存款余额仍然是农村金融资产总量的主力军, 增加的幅度差异较大。以汉中市为例, 2001年农村存贷款数额相差不大, 到了2012年农村存款增加了164.73亿元, 而农村贷款却只增加了46.67亿元。

三、陕西省农村金融相关率分析

　　鉴于数据的可得性, 本章直接用农村金融融量与农村GDP的比值代表

农村金融相关率（RFIR），金融相关率越高表示当地的金融发展状况越好，但是同时也意味着金融市场机构单一，信用较集中于大型银行。

从陕西农村金融相关率分析农村经济金融化程度。由表4-7可知陕西农村金融融量的快速扩张，并且整体快于陕西农村GDP的增长速度，从而形成了农村金融相关率的上升。在具体数值上，由2001年的0.79增长到2012年的1.58，其中2006年、2007年略有波动，这主要是农村金融融量指标中的乡镇企业贷款指标出现下滑趋势，两年乡镇企业贷款分别为94.7亿元和98.65亿元，而2005年和2008年的乡镇企业贷款则分别为124.19亿元和112.05亿元。从2003年以后的农村金融相关比率（RFIR）都是接近1或大于1的，其中2003年的农村RFIR为1.02，2012年的农村RFIR为1.58，这说明陕西省农村金融已经进入了高级阶段。Goldsmith（1969）以金融相关比率为标准，把金融结构分为三类，其中RFIR接近于1的属于高级阶段。从总体上讲，陕西农村RFIR指标所体现的时间序列变化，反映了农村经济金融化取得了一定的进展。

表4-8　　　　　陕西省金融发展与农村金融发展水平的比较　　单位：亿元

年份	金融融量		GDP		金融相关率	
	陕西省	陕西农村	陕西省	陕西农村	陕西省	陕西农村
2001	5 742.44	674.17	1 844.27	856.3	3.11	0.79
2002	6 749	761.46	2 035.96	931.55	3.31	0.82
2003	8 142.7	877.08	2 398.58	856.01	3.39	1.02
2004	9 209.86	1 031.57	2 883.51	1 014.07	3.19	1.02
2005	10 429.67	1 211.89	3 933	1 171.62	2.65	1.03
2006	11 915.74	1 330.34	4 743.61	1 334.58	2.51	1.00
2007	13 622.55	1 556.70	5 757.29	1 578.36	2.37	0.99
2008	16 847.69	1 975.19	7 314.58	1 872.66	2.30	1.05
2009	22 137.07	2 541.34	8 169.8	1 948.86	2.71	1.30
2010	26 357.74	3 144.64	10 123.48	2 288.5	2.60	1.37
2011	31 213.92	3 786.51	12 512.3	2 560.57	2.49	1.48
2012	36 709.00	4 532.30	14 453.68	2 864.99	2.54	1.58

注：陕西省金融融量总量=存款+贷款+保险，农村GDP参考朝正清（2007）由当年第一年产业增加值和乡镇企业增加值作为估计值，数据通过历年《陕西统计年鉴》、《陕西省金融运行报告》、《陕西省国民经济和社会发展统计公报》和《中国乡镇企业及农产品加工业年鉴》整理所得。

通过陕西农村 RFIR 和陕西 FIR 的对比得知，陕西农村 RFIR 指标比同期的陕西 FIR 要低得多，这表明陕西农村经济金融发展水平明显滞后于陕西经济金融化程度，虽然这种差距从 2001 年以来呈现缩小趋势，但是在 2012 年陕西 FIR 仍然是农村 RFIR 的 1.61 倍，尤其需要注意的是，2012 年陕西金融资产总量为 36 709 亿元，陕西农村金融资产总量为 4 532.30 亿元，两者相差 32 176.7 亿元，前者是后者的 8.10 倍，通过《陕西统计年鉴》我们得出 2012 年陕西省农村人口为 1 920 万人，城镇人口为 1 810 万人，两者仅相差 110 万人，而所持有的金融资产仅为城镇人口的 12.35%，两者巨大的差距说明陕西农村地区的金融化水平非常低，我们应该要认识到虽然农村地区金融化水平有所提高，但和城镇的经济金融化水平相比较，还是相距甚远，陕西农村存在着金融抑制现象。

表 4-9　　　　陕北、关中与陕南地区农村金融相关率比较分析　　单位：亿元

年份	陕北地区			关中地区						陕南地区					
	榆林			渭南			杨凌			商洛			汉中		
	融量	GDP	RFIR	融量	GDP	RFIR	融量	GDP	RFIR	融量	GDP	RFIR	融量	GDP	RFIR
2001	15.34	13.03	1.18	57.98	41.97	1.38	3.79	0.89	4.25	20.14	18.00	1.12	41.10	31.55	1.30
2002	19.39	17.68	1.10	64.25	44.30	1.45	4.42	0.93	4.75	21.42	19.11	1.12	45.62	32.91	1.39
2003	26.33	19.31	1.36	71.97	44.08	1.63	5.31	1.06	5.01	25.20	21.33	1.18	51.43	36.79	1.40
2004	34.62	25.22	1.37	80.40	52.62	1.53	6.27	1.27	4.93	29.66	24.92	1.19	60.68	45.01	1.35
2005	42.50	27.47	1.55	99.62	56.77	1.75	6.17	1.42	4.35	35.85	24.61	1.46	76.94	46.09	1.67
2006	61.83	35.33	1.75	104.39	63.63	1.64	6.87	1.86	3.69	41.59	28.31	1.47	93.69	55.64	1.68
2007	84.74	42.77	1.98	97.25	72.50	1.34	7.66	2.16	3.54	45.71	32.56	1.40	111.91	72.45	1.54
2008	114.06	66.11	1.73	132.02	96.26	1.37	10.88	2.78	3.91	58.20	44.58	1.31	131.79	87.64	1.50
2009	146.96	70.09	2.10	149.63	100.55	1.49	10.86	3.23	3.36	77.90	46.65	1.67	190.22	91.71	2.07
2010	168.14	92.16	1.82	202.53	128.94	1.57	12.93	3.75	3.45	99.04	58.05	1.71	233.28	110.39	2.11
2011	203.86	111.91	1.82	255.57	160.47	1.59	20.85	5.31	3.93	99.92	70.61	1.42	252.48	142.29	1.77
2012	264.62	139.62	1.90	298.26	184.26	1.62	24.98	8.36	2.99	117.68	81.81	1.45	303.66	165.99	1.83

数据来源：农村金融融量＝农村存款余额＋农村贷款余额，数据由人民银行各地分支行调研数据整理所得；各地农村 GDP 由乡镇企业增加值指标未加以统计，因此由第一产业增加值替代所得，数据源于历年《陕西统计年鉴》。

从金融相关率增长趋势可以看出，2001 年榆林、渭南、杨凌、商洛和汉中的农村金融相关率分别是 1.18、1.38、4.25、1.12 和 1.30，都明显高于陕西省的 0.79，除了杨凌以外，各个地区的差距不明显。随着时间的推

移，大部分地区与陕西省的总体差距不断缩小，2012年陕西省农村金融相关率为1.58，各个地区分别是1.90、1.62、2.99、1.45和1.83。除了杨凌地区缩小以外，各个地区的差距却呈现扩大化趋势，说明陕西各地的农村金融化水平发展不均衡，具体而言榆林地区增长幅度最大，从2001年的1.18增加到2012年的1.90，虽然在2009年达到最高值2.10后呈现下降趋势，但年均增长率仍然为5.55%；渭南地区增长幅度最小，从2001年的1.38增加到了2012年的1.62，年均增长率为1.58%；商洛地区和汉中地区的年均增长率分别为2.68%和3.70%。

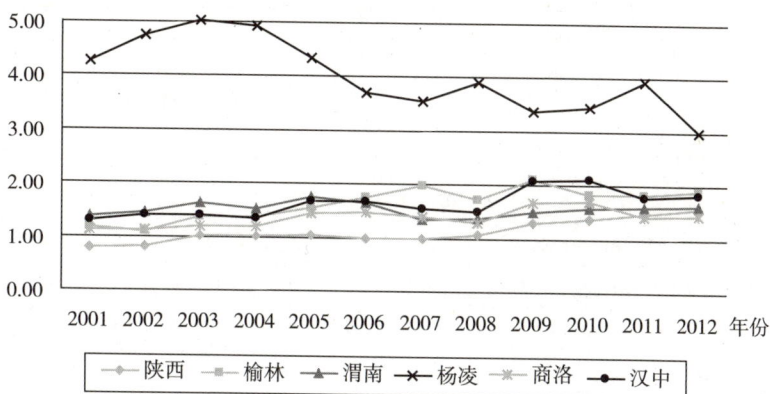

图4-2 陕西省农村金融相关率（RFIR）趋势图

从总体上来看，陕西省金融相关率从2001年的3.11下降到了2012年的2.54，虽然呈现下降趋势，但是可以认为陕西省的金融水平仍然处在一个较高的水平，同时也意味着陕西省的整体金融市场机构不均衡呈现缓解状态，信用较广泛分散于各大金融机构。2001年陕西省农村金融相关率为0.79，到了2012年为1.58，榆林、渭南、商洛和汉中地区的农村金融相关率都超过1，并且一直呈增长趋势，杨凌虽然呈现下降趋势，但仍然远远超过1，这说明了大部分地区农村金融市场存在机构单一，金融产品种类较少的现象较为严重。这也印证了前面关于农村金融融量分析的结论，近些年来由于农村地区金融机构的不断撤并网点，造成了"离农、退农"现象明显，同时农村存款余额一直高于农村贷款余额，农村金融机构同时还扮演着农村"抽血机"的作用，现在农村金融市场上广泛存在的基本上是农村商业银行和邮政储蓄银行，机构较为单一，农业又是弱质的产业，周期长、收益率低，抵抗风险弱，农民又缺乏可以有效抵押并且易于变现的抵押品，因此关于农村的金融产品也较少。

四、陕西省农村金融融量缺口分析

金融融量缺口能够反映出一个地区的金融市场供求不均衡的程度大小，缺口越大表明当地的金融供求不均衡越严重。参考田力（2003）的金融融量理论值公式：$M_{地区}/G_{地区} = M_{农村理论}/G_{农村}$，可以得出地区的农村金融融量理论值，再根据其与前面所测算的农村金融融量实际值的差值，可以得出各个地区的金融融量缺口值。

表 4 – 10　　　　　　陕西省农村金融融量理论值和缺口值　　　　　　单位：亿元

| 年份 | 陕西 | | 陕北 | | 关中 | | | | 陕南 | | | |
| | | | 榆林 | | 渭南 | | 杨凌 | | 商洛 | | 汉中 | |
	理论	缺口	理论	缺口	理论	缺口	理论	缺口	理论	缺口	理论	缺口
2001	2 663.09	1 988.92	27.21	11.86	97.48	39.50	2.77	−1.02	39.46	19.32	77.07	35.97
2002	3 083.43	2 321.97	37.67	18.28	107.87	43.62	2.95	−1.46	40.32	18.90	82.21	36.59
2003	2 901.87	2 024.79	45.46	19.13	110.05	38.08	3.36	−1.95	43.61	18.41	87.52	36.09
2004	3 234.88	2 203.31	56.09	21.82	125.47	45.08	4.16	−2.11	49.61	19.96	100.99	40.32
2005	3 104.79	1 892.90	47.54	5.04	117.72	18.09	3.59	−2.58	48.79	12.94	97.49	20.54
2006	3 349.8	2 019.46	62.45	0.63	133.93	29.54	4.40	−2.47	59.39	17.79	120.71	27.02
2007	3 740.71	2 184.01	86.78	2.04	138.39	41.14	4.54	−3.12	58.24	12.53	144.66	32.74
2008	4 307.12	2 331.93	105.72	−8.34	180.79	48.77	5.39	−5.49	90.64	32.44	177.05	45.27
2009	5 281.41	2 740.07	125.78	−21.18	189.53	39.90	6.80	−4.07	93.46	15.56	202.25	12.03
2010	5 950.1	2 805.46	179.25	11.11	236.58	34.05	7.82	−5.11	109.56	10.52	236.77	3.49
2011	6 375.82	2 589.31	208.16	4.30	260.87	5.30	10.62	−10.23	123.37	23.45	279.50	27.02
2012	7 277.07	2 744.76	282.67	18.05	302.71	4.45	12.23	−12.73	135.59	17.91	314.10	10.43

数据来源：通过历年《中国金融年鉴》、《陕西统计年鉴》、《陕西省金融运行报告》、《陕西省国民经济和社会发展统计公报》和《中国乡镇企业及农产品加工业年鉴》以及人民银行各分支行调研数据整理所得。

由于陕西省金融融量、省 GDP 和农村 GDP 都呈现上涨趋势，因此各个地区推算出来的农村金融理论值也都随之增加，从 2001—2012 年榆林、渭南、杨凌、商洛和汉中五个代表地区农村金融理论值分别增加了 255.46 亿元、205.23 亿元、9.46 亿元、96.13 亿元和 237.03 亿元，年均增长率分别为 85.34%、19.14%、31.05%、22.15% 和 14.27%，榆林地区增长速度最快，而商洛地区增长最慢，这仍然是由于榆林地区基数小所导致的。

由农村金融理论值和农村金融实际值所测算出的各个地区的缺口值，

我们可以看出陕西省整体呈现出增长的趋势之外，从2001年的1 988.92亿元增加到了2 744.76亿元，而五个代表地区的缺口值除了榆林和杨凌外，其余呈现出下降的趋势，渭南、商洛和汉中分别从2001年的39.50亿元、19.32亿元、35.97亿元下降到了2012年的4.45亿元、17.91亿元和10.43亿元。榆林地区的农村金融融量缺口虽然上升，但较之于全省的增长幅度并不大，从2001年的11.86亿元增加到了2012年的18.05亿元，年均增长率只增加了4.74%，杨凌地区由于基数较小，年均增长率较快。这里需要说明的是，从缺口值的具体数值来看，陕西省的缺口值要远远大于其他五个地区，主要原因有以下两点：第一是统计的口径不一样，陕西省的农村金融融量由农村存款余额和农村贷款余额之和表示，农村存款余额由农户储蓄和农业存款之和表示、农村贷款余额则由乡镇企业贷款和农业贷款表示，陕西省农村GDP则是由当年的第一产业增加值加上乡镇企业增加值得来（韩正清，2007），均来自于相关统计年鉴，数据口径统一且连续。五个代表地区的大部分农村存贷款余额除了来自于对人民银行各地方分支机构的相关数据调研外，所缺失数据均按照相关比例进行核算，地区的农村GDP由于乡镇企业增加值未加以统计，均以当年的第一产业增加值进行替代，统计的口径不统一也不连续。第二是由于条件的限制并未完全将所有市全部纳入核算体系中来，因此五个地区的缺口值并不能完全真实地代表陕西省整体的缩影，仅仅是作为参考，同时由于陕西省区域差异较大，各个市的农村经济发展水平参差不齐，陕西省农村金融融量缺口总体增大不排除来自于西安、宝鸡、咸阳和延安这类较大市的农村金融融量的影响。

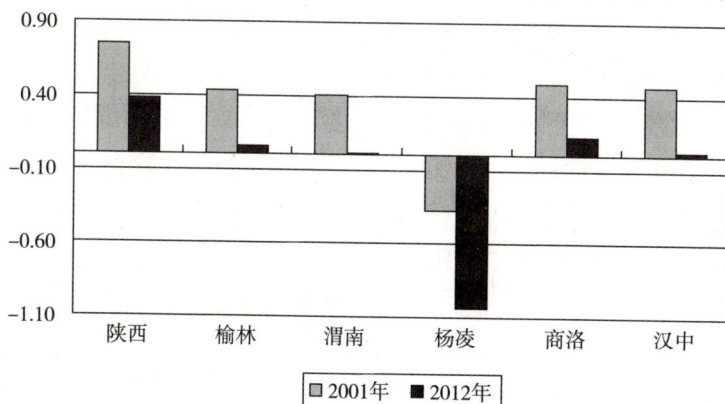

图4-3　陕西农村金融融量缺口比趋势图

由于金融融量缺口值是根据当年价格计算得出，单纯看 2001—2012 年数值的变化并不能真实地反映出具体的变化趋势，因此我们用农村金融融量缺口比率更能客观地评价出陕西省和四个代表地区的真实金融缺口变化情况，金融融量缺口比率的具体计算公式为：（金融融量$_{理论值}$ － 金融融量$_{实际值}$）/ 金融融量$_{理论值}$，从总体情况来看缺口变化趋势除了杨凌地区外是不断缩小的，杨凌缺口比绝对值从 2001 年的 0.37 增长到了 1.04，供求不均衡的现象呈现扩大趋势，这反映出了近些年来由于国家的政策大力扶持，杨凌地区农民的金融需求大幅度增加。整体上陕西省及各个地方的供求不均衡现象呈现缓解趋势，其中陕西省的金融融量缺口比从 2001 年的 0.75 下降到了 0.38，下降了 0.37，四个代表地区 2001 年的缺口比相差不大，榆林、渭南、商洛和汉中分别是 0.44、0.41、0.49 和 0.47，到 2012 年的缺口比分别为 0.06、0.01、0.13 和 0.03，下降幅度最大的是渭南，下降了 0.4，表示渭南地区较其他三个地区在缓解农村金融供求非均衡上的效果做得最好。

由前面分析得知陕西省和绝大部分样本地区的金融融量缺口比虽然呈现下降的趋势，但是仍然表明当地的农村金融市场供求不均衡，具体表现形式总体为供给小于需求，缺口比的存在就会迫使农村各类经济实体的不同资金需要，此时大量的民间借贷等民间信用形式的出现就成为一种必然。陕西省和五个样本地区的缺口是由于需求和供给两方面共同引起的，由于受相关数据的限制，在此只从陕西省一定的层面来分析其农村经济不均衡的主要原因。

陕西农村经济出现了供求不均衡主要是由以下几个方面所引起的：一是投入规模，由于二元经济结构的存在，从陕西省对各种生产要素投入的开始，农业就一直处于不利的地位，使各种生产要素资源在工农两个产业部门之间出现了不平衡的关系。通过对《陕西统计年鉴》的数据整理得出 2012 年陕西省对农林水事务支出费用为 333.79 亿元，而陕西省地方财政支出达到了 2 930.81 亿元，只占其 11.39%，从 2001—2011 年农林水事务支出费用递增了 309.05 亿元，而地方财政支出却递增了 2 580.76 亿元，这与农业在国民经济中的地位和作用不相适应。二是产出规模，投入规模的不足，首先受到影响的农业产出规模，2001—2012 年农业产出规模从 337.42 亿元增加到了 1 360.6 亿元，年均环比递增率为 15.38%，而同期工业产出规模从 2001 年的 606.12 亿元增加到了 2012 年的 5 857.92 亿元，年均环比递增率达到了 26.07%，正是由于这种工农业产出规模差距的扩大，直接导致了城乡金融融量规模差距的扩大。三是收入—消费规模。据统计 2001—2012 年陕西省农村人均纯收入从 1 520 元增加到了 5 027.8 元，年均环比递增率为 12.86%，但从历年的环比增长率来看起伏变化较大，2001—2004 年从 5.02% 增加到了 11.39%，低于平均增长水平，在 2005 年增长率略微下降到了 9.96%，随后又一直持续增长到了 2008 年的 18.56%，随后在 2009 年又出现了回落的趋势，2010—2011 年增长率大幅度提升，最终达到了 22.47%，远远高于平均增长水平，陕西农村居民收入增长的起伏波动较大，是制约陕西省消费需求回升的重要因素，城镇人均纯收入从 2001 年的 5 352 元增加到了 2012 年的 14 867 元，增加了 9 515 元，年均增加了 792.91 元。从消费上来看，陕西省农村人均消费从 2001 年的 1 331.03 元增加到了 2012 年的 5 114.68 元，增加了 3 164.59 亿元，年均增加 287.69 亿元，城镇人均消费从 2001 年的 4 638 元增加到了 2012 年的 13 782.75 元，增加了 9 144.75 元，年均增加了 831.34 元。四是流通规模，由于农村特殊条件的限制，农村市场先天的不发达，其第三产业产值与城市无法相比。相反城市具有先天的优越性，还吸引了大量农村居民在城市消费，从而进一步削弱了农村市场物质流通规模。五是农村存贷款规模差距的扩大，陕西省农村存款大于贷款形成的资金净流出从 2001 年的 121.65 亿元，猛增到了 2012 年的 2 308.52 亿元。因此，农业投入规模、产出规模、消费—收入规模、流通规模和存贷差距规模都是造成农村金融供求不均衡的主要原因。

4.3.2 民间金融农村金融产品供给与需求非均衡分析

民间金融是一种古老的融资方式，在农村经济发展过程中起着不可替代的作用。民间金融的存在，一方面是因为农村正规金融发展不充分为其发展提供了空间，另一方面也是因为民间金融这种内生于农村经济的金融服务能够以其特殊的服务方式迎合农村中的金融需求，自身具备一定的生存能力。作为农村正规金融补充的民间金融，是农村金融市场供求非均衡的产物，同时，其自身也具有一定的非均衡性，具体表现在：总量供求非均衡、机构分布非均衡、服务对象两极化、农户借贷非生产性以及民间利率非均衡性等。

一、总量供求非均衡

民间金融总量供给的非均衡性主要表现在两个方面，一是省域范围内供求非均衡，二是各地市之间的供给总量非均衡。省域范围内的非均衡主要是指民间金融供给总量与需求总量的非均衡，总体表现为供不应求，民间金融是正规金融的补充，换言之，正规金融也可以看作是民间金融的补充。李富有、刘奕（2005）通过对西安、榆林、咸阳、宝鸡四地民营企业所做的调查发现：80%的被调查企业认为资金紧张是民营企业发展所面临的首要难题，而其中需要和非常需要民间资本的企业占到85.6%，民营企业对民间资本有着较为强烈的需求，但民间金融并不能完全满足民营企业的资金需求，民间金融供给总量低于需求总量，表现出非均衡特征。同时，陕西省各地市民间金融供给总量也表现出明显的非均衡特征，民间金融总量与各地市经济发展水平存在正相关关系。李富有、刘奕（2005）认为民间金融应包括居民储蓄存款中的投资获利部分、居民流动性金融资产的股票证券部分以及民营企业税后利润的一部分，并测算了2003年陕西省民间金融的总量。基于数据的可得性，采用城乡居民储蓄这一指标借鉴李富有采用的测算方法对陕西省及各地市的民间金融总量进行粗略测算。由表4-11可以看出，民间金融在各地市之间分布并不均衡，经济越发达的地市其民间金融规模越大，并且民间金融总量随着经济发展水平不断增大。

表4-11　　　　2002—2012年陕西省及各地市民间金融测算　　　单位：亿元

年份	陕西	渭南	杨凌	汉中	商洛	榆林
2002	1 054	101	1.77	68	30	40
2003	1 260	116	2.29	80	35	50
2004	1 474	134	2.67	93	40	60
2005	1 767	154	3.54	108	48	88
2006	2 034	169	4.44	129	58	120
2007	2 137	173	4.41	137	69	145
2008	2 743	219	6.14	173	87	242
2009	3 366	278	7.39	213	104	297
2010	3 971	326	9.69	249	124	350
2011	4 586	369	10.71	295	146	414
2012	5 385	438	13.08	354	174	488

数据来源：表内数据根据2002—2012年陕西省统计年鉴、陕西省及各地市国民经济和社会发展统计公报数据整理计算得出。

二、组织分布非均衡

农村的民间借贷的主要形式有自由借贷、银背信用和私人钱庄、合会、民间集资、典当业信用、民间商业信用等。自由借贷较为常见，规模小，方式灵活，散见于农村，数量众多，难以统计。经济基础决定上层建筑，私人钱庄、合会、典当、小额贷款公司等组织形式较为高级的民间金融，依附于一定的社会经济基础，其分布依据地域经济水平的高低表现出明显的非均衡性。陕西省地域经济发展不平衡，既有神木、榆林等较发达的资源型城市也有千阳等贫困县，经济发展水平不同，民间金融组织分布也表现出了极大的差异性。截至2013年6月神木县22家小额贷款公司，贷款余额26.26亿元，其中不良贷款7 918万元；融资性担保公司2家，融资担保业务总额1.23亿元；典当行5家，典当余额2 322万元；另有各类投资公司43家①，而同期，宝鸡千阳县等贫困县组织化程度较高的民间金融组织却很少，民间金融也以最为常见的私人借贷为主。陕西省民间金融组织分布的非均衡性，主要表现为：经济发达地区民间金融的组织化程度较高且实力较强，而经济欠发达地区民间金融组织化程度较低，规模也较小。发达的经济基础以及较为完善的正规金融体系并未消除民间金融滋生的土壤，相反其快速发展的经济需要、广泛的投资机会反而促使民间金融快速生长，出现了民间金融发展的"麦金农悖论"，即经济越发达地区其民间金融发展的规模及组织化程度也越高，反之亦反。

三、服务对象两极化

民间金融同样存在着信贷排斥，供给方对需求方同样会进行甄别和选择。民间金融根据社会圈层关系的亲疏远近、民间金融自身供给实力、民间金融的组织化程度高低对民间金融需求者进行有意识地识别和排除，呈现服务对象的两极化特征，即私人借贷多出现在亲朋好友之间，组织化程度较高的民间金融组织更倾向于为组织化程度较高且金融需求较大的农村中小企业等提供资金支持。民间私人借贷随血缘、亲缘、地缘和亲情、友情、乡情的远近逐渐排斥借贷需求者，无息借贷多出现在亲朋好友之间，越是接近圈层核心的信贷需求者其获得信贷的可能性越高并且其利息越为低廉。同时，民间私人借贷尤其是农村私人借贷多发生在同村及相邻乡镇

---

① 陕西神木民间借贷调查：凸显民间金融体制短板，2013. http：//www. chinanews. com/gn/ 2013/08 – 19/5177743. shtml。

之间，很少会超出县域范围，这种基于信贷市场的信息不对称及交易成本做出的选择对民间金融需求者造成了明显的信贷排斥。基于风险、利润及组织间的"对等性"的考虑，小额贷款公司、融资性担保公司等组织化程度较高的民间金融组织更倾向于为农村中小企业等组织化程度较高的经济组织提供农村金融服务。

四、农户资金借贷的非生产性

民间借贷资金的用途，无非是生产或者是生活两大类。总体来看，农村民间借贷资金主要用于生活消费。姜雅莉（2006）通过对陕北农户的调研发现，民间借贷资金主要用于生活用途，生产性资金所占比例相对较低。农户通过民间借贷获得的资金主要用于盖房子和子女结婚、上学等，发展生产只占很小的一部分。牛荣（2013）通过对关中的武功县、周至县、千阳县、铜川市耀州区；陕北吴堡县、靖边县、绥德县；陕南商南县和南郑县的调研发现，72.95%的农户借贷用于日常生活开支，21.92%的农户用于农业生产，仅有5.14%的农户用于非农业生产，通过表3－7可以看出，农村民间借贷，尤其是农户的民间借贷行为并非以生产资金投入为主要目的，相反是以生活消费为主，该类资金投入基本不会带来经济效益回报，农户对该类资金的投入并非遵循"经济人"假说，而是遵循了"效

表4－12　　　　　陕西关中、陕北民间借贷资金用途构成　　单位：万元、%

用途	金额	占借款总额的比重
子女结婚	6.8	21.24
盖房	7.1	22.28
子女上学	4.9	15.2
化肥、种子、农药	0.3	0.88
发展养殖	3.3	10.04
日常开支	5.3	16.42
运货	3.3	10.04
医疗费用	0.8	2.6
其他	0.4	1.3
合计	32.2	100

数据来源：姜雅莉.农村民间借贷研究［D］.西北农林科技大学.2006.

用人"假说，即以是否能够满足效用需要尤其是当期效用最大化需要为出发点，而不是以是否能够以最小的投入获得最大的收益为出发点。农户自身缺乏稳定的收入来源，农业生产风险大且收益低，农村生活消费支出自身并不能产生直接的经济回报，并且农村中缺乏金融机构认可的合法抵押物，致使农村的生活消费资金往往得不到正规金融机构的支持，此时，农户的生活消费资金需求就会自然而然地转向民间金融。民间金融资金用途的非均衡性，主要表现在资金用途的非生产性方面。

五、民间金融利率非均衡性

均衡价格是指一种商品需求量与供给量相等时的价格，换言之，均衡价格是供求数量相等时决定的。利率是资金的交易价格，是供求双方交易的基础。民间利率是微观借贷主体在考虑由机会成本、交易成本、风险成本等构成的供给因素、由需求方信用和需求偏好等需求因素以及正规金融的信贷资金供给、寻租成本、利率政策、信贷结构等影响因素下讨价还价的结果，民间利率反映民间资金供求状况，但民间金融利率并非完全的供求数量均衡时决定的资金价格水平。洪丹丹（2007）认为民间借贷具有"地下"隐蔽性质，其利率水平不具有正式性和公开性，因此民间金融利率不完全具有市场利率的特性，是市场外的"市场利率"。同时，由于民间资金分布及供求的非均衡性，民间金融市场实则是一个局部垄断市场（叶茜茜，2011），借款人关键信息的私人性、关联交易存在及市场分割都会加强放贷人对借款人的控制力，借款人不能找到其他更多的放贷人，导致放贷人处于垄断地位且有能力实行信贷配给和索要高价，市场分割强化了垄断的程度，使资金、信息难以自由流动，供求数量并非价格的完全决定因素，从而导致民间金融利率决定的非均衡特性。部分民间金融往往带有地下金融色彩，与黑势力勾结进行非法吸储、集资诈骗、高利贷等非法金融活动，其利率更加不是正常市场供求均衡决定的结果。民间金融机构的"地下性"，决定了其处于白色和黑色之间的灰色地带。其所处的特殊地带，决定了民间金融机构很容易与"黑色"产生某种联系。有一些人利用民间金融机构的不透明性，从事诈骗活动；还有一些民间金融机构与地下经济关系密切，甚至被犯罪分子用于洗钱，刺激了地下经济和犯罪活动；更有一些民间金融机构与黑社会勾结，干扰了正常的社会秩序。

4.3.3 陕西省农村金融产品供给与需求非均衡的影响

以农村金融产品供求总量失衡、结构错位、供求对接失败为表征的农村金融产品供给与需求非均衡，降低了农村金融市场配置效率和储蓄投资转化率，严重制约了农村经济的发展。农村金融产品供给与需求非均衡的影响，可以具体概括为：农村金融机构区域布局难以满足农村经济发展需要、农村难以获得与其产出贡献相匹配的融资服务、现代农业发展资金需求难以得到满足、农村金融机构金融供给难以支撑服务"三农"的任务、农村资金短缺与资金流失并存、农村金融难以满足建设"五位一体"小康社会的需要等。

一、农村金融机构区域布局难以满足农村经济发展需要

地域经济、城乡经济的发展差异，必然带来区域金融的发展差异，必然带来农村金融与城镇金融的发展差异。经济较发达的农村地区，农村金融服务主体较多、金融产品供给相对充分，并且商业金融较为发达；相反，农村经济越是不发达的地区，农村金融服务主体不足，农村金融产品供给数量有限。农村金融机构区域布局难以满足农村经济发展的需要，主要表现为：大型国有商业银行脱离农村金融市场，农村政策性金融拒绝个体信贷业务，农村信用社寡头独占供给，农村新型金融机构势单力薄，农村金融供给配套担保、保险机构缺乏。20 世纪 90 年代初以来，中国农业银行大量撤并其设置在乡镇及乡镇以下的分支机构，机构设置上表现出城市化倾向，虽然近年来农业银行逐步重视其"三农"业务的发展，提出重返农村的战略，但其脱离农村金融市场已成不争的事实；农业发展银行以粮棉油收购贷款为主营业务，不开展个体农户信贷业务；邮政储蓄银行自 2007 年成立以来，在农村虽网点众多，但业务开展较慢，农户小额信贷业务占比很小；村镇银行、小额贷款公司等新型农村金融机构数量少、规模小，自身发展尚存问题更难弥补农村金融市场的服务空白；对陕西省大多数农村居民和农村企业而言，可以获得的农村金融产品基本来自农村信用社的垄断性供给，但农村信用社的网点布局也呈现出向经济较为发达的农村地区集中的趋势。与此同时，陕西省农村金融服务配套担保、保险机构发展滞后，农业、农村信贷风险较大，不健全的风险分散机制在严重制约农村金融发展的同时也阻碍了农村经济的发展。

农村金融机构区域布局与经济发展不对称，除机构主体布局不均衡外，机构网点分布也极为不均衡。2012年陕西省农村每万人金融机构网点数不足1.2个。分区域看，每万人拥有机构网点数，陕南优于陕北，关中最次且低于陕西总体水平。区域内部看，陕南商洛优于汉中，安康最次且低于区域平均水平；关中地区延安明显高于榆林；关中地区，铜川、宝鸡、西安、杨凌等高于全省平均水平的市，也有渭南、咸阳等低于全省平均水平的市，咸阳每万人拥有机构网点尚不足1个，如此稀少的农村金融服务机构，很难保证其能够为农村居民提供充足的金融服务。对于目前尚处于金融服务空白的地区，金融服务"三农"更无从谈起。

表4－13　　　　陕西省农村每万人拥有机构网点数　　单位：个/万人

地区	农村每万人拥有机构网点数	地区	农村每万人拥有机构网点数
西安	1.2828	商洛	1.5425
咸阳	0.9019	榆林	1.1395
宝鸡	1.4259	延安	1.3086
铜川	1.6762	关中	1.1499
渭南	1.0368	陕南	1.2809
杨凌	1.2057	陕北	1.1981
汉中	1.3146	陕西	1.1959
安康	1.0919		

数据来源：数据由2012年陕西省统计年鉴、中国银监会相关数据计算整理得出。

二、农村难以获得与其产出贡献相匹配的融资服务

陕西省农村贷款占总贷款的比重低于陕西省农村GDP占GDP的比重，也低于农村存款占存款总额的比重，农业和农村所获得的金融资源尤其是贷款服务与其对经济所作的贡献并不对称。通过表4－14可以看出，2001—2012年，农村为陕西省贡献了20%～47%的GDP，但其得到的贷款却始终没有超过总贷款的11%，农村的经济贡献与农村获得的贷款不对称。农村贷款占总贷款的比重在2001—2011年呈现出不断下降的趋势，相反，农村存款占总存款的比重则保持了较为稳定的增长态势，农村存款资

金并没有转化为农村投资，相反却通过各种渠道被银行业抽到城市金融体系，农村所获得的贷款与其存款贡献不成比例。

表 4 – 14　　　　2001—2012 年陕西省农村 GDP、
农村存款、农村贷款占比　　　　单位:%

年份	农村 GDP 占 GDP 的比重	农村存款占存款的比重	农村贷款占贷款的比重
2001	46.43	12.42	10.89
2002	45.75	11.72	10.72
2003	35.69	11.21	10.20
2004	35.17	11.30	11.07
2005	29.79	11.41	11.97
2006	28.13	11.98	9.80
2007	27.41	12.65	9.41
2008	25.60	13.29	8.93
2009	23.85	13.18	8.63
2010	22.61	14.04	8.47
2011	20.46	14.52	8.23
2012	20.38	15.04	8.13

数据来源：表内数据根据 2002—2012 年陕西省统计年鉴、陕西省及各地市国民经济和社会发展统计公报数据整理计算得出。其中：农村 GDP = 第一产业增加值 + 乡镇企业增加值，农村存款 = 农业存款 + 农户储蓄，农村贷款 = 乡镇企业贷款 + 农业贷款。

三、现代农业发展资金需求难以得到满足

陕西省现代农业发展规划（2011—2017 年）中提出要建立现代农业支持机制，破解现代农业发展的资金"瓶颈"。面对现代农业发展的资金需求，农村金融供给能力明显不足，农业贷款总量余额虽有提高，但是占总贷款的比重却在逐年下降，同时，乡镇企业（以及中小企业）贷款总额增长缓慢并呈现出占农村贷款比重逐年下降的趋势，对乡镇企业、农村中小企业资金支持力度不够，制约了农村经济的发展，制约了农业产业化发展进程；农业贷款总量增长缓慢，影响现代农业技术的应用及新农业产业增长点的培育；乡镇企业贷款、农业贷款、农村贷款增长乏力，折射出农村金融服务难以满足现代农业发展的要求。

表 4 - 15   2001—2012 年陕西省乡镇企业贷款、
农业贷款、农村贷款占比   单位: %

年份	乡镇企业贷款占农村贷款的比重	农业贷款占农村贷款的比重	农村贷款占贷款的比重
2001	38.66	61.34	10.89
2002	36.40	63.60	10.72
2003	33.76	66.24	10.20
2004	28.30	71.70	11.07
2005	26.06	73.94	11.97
2006	21.64	78.36	9.80
2007	20.48	79.52	9.41
2008	20.72	79.28	8.93
2009	16.64	83.36	8.63
2010	14.89	85.11	8.47
2011	13.19	86.81	8.23
2012	15.14	88.46	8.13

数据来源: 表内数据根据 2001—2012 年陕西省统计年鉴、陕西省及各地市国民经济和社会发展统计公报数据整理计算得出,其中 2012 年数据为估计数据。

四、农村金融机构金融供给不足以支撑服务"三农"的任务

农村信用社是农村金融服务的主力军,但农村信用社涉农金融投入规模都难以承担起服务"三农"的任务。由表 4 - 16 可知:杨凌农村信用社(杨凌农商行)农业贷款占总贷款的比重基本维持在 20% 左右,渭南农业贷款占总贷款的比重基本维持在 25% 左右,榆林地区农业贷款占全市总贷款的比重基本在 25% 以下,商洛地区农业贷款占总贷款的比重基本维持在 40% 左右,由此可以看出,农业贷款的投入相对较少,与农业发展的需要不相匹配。近年来,农信社改制,在利润的驱使下其业务也逐渐开始上收,底层农户信贷业务逐步萎缩,严重制约了农信社支农功能的发挥。

表 4 – 16　　　　　杨凌、渭南、榆林、商洛农信社（农商行）

　　　　　　　农业贷款占各市（区）贷款总额比重　　　　单位:%

年份	杨凌	渭南	榆林	商洛
2005	12.20	24.02	1.93	35.83
2006	12.73	24.25	18.43	30.14
2007	13.61	24.29	19.44	30.77
2008	19.75	25.63	22.91	34.37
2009	24.67	24.54	25.10	36.48
2010	14.37	26.61	24.62	43.27
2011	21.16	25.54	23.84	46.32
2012	23.53	17.33	23.19	43.92

数据来源：数据经人民银行各地市（区）分支行及农村信用社调查数据整理计算得出。

　　农信社信贷供给规模不足的同时供给质量也有待提高。农村信用社系统较低的资本充足率、较高的不良贷款率也严重制约着其服务"三农"功能的发挥。由表 4 – 17 可以看出，四地不良贷款率虽然都有所下降但比率依然很高，较高的不良贷款率蕴藏着较大的经营风险，同时，各信用社的资本充足率较低，对风险的抵御能力较差，意味着一旦出现贷款大面积违约，信用社的经营更难以为继。

表 4 – 17　　　　　杨凌、渭南、榆林、商洛农信社（农商行）

　　　　　　　　不良贷款率、资本充足率　　　　　单位:%

年份	杨凌		渭南		榆林		商洛	
	BLR	CAR	BLR	CAR	BLR	CAR	BLR	CAR
2005	—	—	32.66	– 6.64	4.94	17.02	10.04	—
2006	—	—	52.81	– 4.54	3.23	24.95	38.75	– 13.33
2007	—	—	42.84	– 26.12	2.83	25.15	37.79	– 7.09
2008	11.65	3.55	36.61	– 13.93	1.97	19.75	26.18	– 2.18
2009	7.06	6.46	27.40	– 2.28	1.15	18.52	21.63	– 3.63
2010	1.21	7.35	19.38	– 0.11	8.16	18.58	15.88	– 1.63
2011	0.76	10.19	16.76	1.22	1.09	18.38	10.43	1.93
2012	0.49	30.96	3.64	3.21	0.42	20.14	6.58	4.19

数据来源：（1）BLR = 农信社不良贷款率；CAR = 资本充足率。（2）数据经人民银行各地市（区）分支行及农村信用社调查数据整理计算得出。（3）"—"代表数据未获取。

　　无论从供给规模还是供给质量，农信社都很难独力承担服务"三农"的重任。2006年放宽农村金融市场准入以来，陕西省共设立17家村镇银行及营业网点并有部分银行处于筹备开业阶段，网点少、规模小、社会认可度低是制约村镇银行发挥服务"三农"功能的重要因素；小额贷款公司虽有设立但地区分布不均衡，资本规模小且主要服务辖区中小企业，基本不开展农户借贷业务，服务"三农"的功能极为有限；农村资金互助社的发展更为缓慢。总体来看，深入农村一线提供农村金融服务的农村金融机构从贷款数量、经营质量上很难满足"三农"发展的需要，农村金融机构金融供给不足以支撑服务"三农"的任务。

　　人员配备也是体现农村金融机构实力的一个重要方面。打通农村金融服务的"最后一公里"，农村金融服务人员是关键，没有足够的人员支撑，金融服务很难渗透到农村基层，金融产品也很难到达农民手中。根据调研数据（见表4-18），陕西省农村居民每万人金融服务人员不足2人，农村金融服务人员"万里挑一"，农村金融机构实力亟须加强。

表4-18　　　　　陕西省渭南、汉中、商洛、
榆林农村每万人拥有金融服务人员数　　　单位：名/万人

地区	每万人拥有金融服务人员数	地区	每万人拥有金融服务人员数
渭南	1.328	商洛	1.544
汉中	1.149	榆林	1.401

　　数据来源：数据由人民银行各地市（区）分支行及农村信用社、农业发展银行、村镇银行及小额贷款公司调查数据、2012年陕西省统计年鉴数据整理计算得出。

五、农村资金短缺与资金流失并存

　　农村资金短缺与农村资金外流并存一直是我国农村经济、金融发展过程中存在的矛盾。表4-19直观得出陕西省2001—2011年，农村存贷差持续增大，且存贷差增长速度甚至一度达到76%，农村存贷比基本表现出持续下降的趋势，大量的农村存款并没有转化为农村贷款，这其中不乏农村存款没有在内部转化为资本反而沉淀下来的原因，但更多的是农村资金被金融机构抽取到城市领域，转化为支持城市发展的资本。农村金融产品供求非均衡是造成农村资金短缺与农村资金外流并存、农村资金剩余与农村资金短缺并存的重要原因。

表4-19 　　　　　　陕西省农村金融存贷差、贷存比 　　　　单位：亿元、%

年份	存贷差	存贷差增长速度	贷存比
2002	129	6.01	71.03
2003	153	18.70	70.28
2004	184	20.14	69.74
2005	258	40.62	64.83
2006	455	76.00	49.02
2007	593	30.37	44.80
2008	893	50.62	37.69
2009	1 113	24.60	39.06
2010	1 455	30.66	36.73
2011	1 833	26.00	34.75
2012	2 286	24.69	33.47

数据来源：表内数据根据2002—2013年陕西省统计年鉴、陕西省及各地市国民经济和社会发展统计公报数据整理计算得出。

六、农村金融服务体系制约"五位一体"小康社会建设目标的实现

经济建设、政治建设、文化建设、社会建设、生态文明建设是全面建成小康社会的应有之义。农村金融服务于全面建设小康社会的目标，不应局限在经济领域，农村金融服务应在服务经济的基础上，拓展至政治、文化、社会和生态领域。农村经济、社会、政治、文化、生态领域的资金需求不断增加，农村金融自身供给不足，金融服务基础设施匮乏，普惠金融发展滞后，加之社会对农村政治、文化、社会和生态文明建设领域的金融需求重视不足，农村金融难以满足建设"五位一体"小康社会的需要。建设"五位一体"小康社会需要在风险可控的前提下，推动涉及农村金融服务的形式、服务的环境，服务的手段、服务的载体等内容的农村金融服务创新，重点包括：农村文化融资机制创新、农村公共物品供给融资机制创新、农村社会管理金融服务创新、农村生态文明建设金融服务创新、农村NGO金融服务创新等方面。

4.3.4　小结

陕西农村金融融量自2001年以来有了大幅增长，由2001的674.17亿元上升到了2012年的4 532.30亿元，增长了572.28%，年均增长

57.23%。从金融融量的内部组成来看却呈现不均衡态势，农村存款余额远远高于农村贷款余额，这表明相关金融机构在农村金融市场中起着"抽血机"的作用，在一定程度上制约着农村金融发展和农村经济的增长；农村金融相关率（RFIR）从 2001 年的 0.79 增长到 2012 年的 1.58，表示陕西省农村金融发展状况良好，根据 Goldsmith（1969）的相关结论，陕西省农村金融已经进入了高级阶段，但是农村金融相关率（RFIR）并不是越高就越好，越高表明金融市场机构较少，金融产品单一，这是由于陕西省农村地区不断撤并网点，同时农业本身的产业性质所决定的。通过对农村金融缺口比的测算，笔者得出了陕西农村目前广泛存在金融供给小于金融需求的现象，这是由于投入规模、产出规模、收入—消费规模、流通规模和农村存贷款差距规模等多种原因造成的，不过随着时间的推移，这种缺口比呈现不断缩小趋势。

4.4 陕西省农村金融产品供给与需求的非均衡形成机制分析

自 2003 年起，陕西省农村金融机构不断加快推进农村金融产品和服务方式创新，有机融入金融体系，力图使所有服务对象都能获得金融服务。村镇银行、小贷公司、农村资金互助社等新型农村金融机构不断设立，农村产权抵押融资也已在高陵县、杨凌区试点开办。但当前陕西省农村金融资源配置效率较低，农村金融资源不足，农村大量的金融需求仍然得不到有效满足。由于农村信用市场不发达、农户缺乏贷款所需抵押、质押品，正规金融机构对农户和涉农企业提供的贷款远远不够，且有大量的农村资金通过各种渠道逃离农村金融市场，农户和中小型农村企业作为农村金融市场的主要参与者在融资过程中面临的"担保难"、"抵押难"和"贷款难"问题依然没有得到根本性解决，农村金融产品供给与需求之间的非均衡与矛盾依然存在。

农村金融供给与需求机制是指农村金融市场供给与需求之间的相互影响、相互制约、相互作用，从而实现农村金融供给与需求均衡的机理和运行方式。农村金融供给与需求机制主要有需求机制、金融组织创新机制、金融机构供给机制、信贷担保机制、信用担保机制、"三农"贷款的财政补贴机制、金融机构监管机制、金融风险补偿机制和正规金融与民间金融共生机制等。其中，金融组织创新机制、"三农"贷款的财政补贴机制、金融机构监管机制在陕西省内趋同，地区差异性不明显，不作为本课题的研究重点，本课题将重点放在突出区域特色，着重介绍差异性较大的机制。

区域内的经济社会发展状况，尤其是农业发展状况决定了该地区的农业资金需求特征，形成了农村金融产品的需求机制；农业发展状况与当地的农业保险发展情况相互影响、相互制约，形成了该区域农村金融市场的风险补偿机制；涉农金融机构根据当地的农业发展状况、农业资金需求特征，结合本机构的经营宗旨，不断调整在当地的业务，形成了农村金融产品的供给机制；区域内涉农企业（尤其是龙头企业）的经营状况，影响着银行与非银行金融机构涉农业务的开展状况，形成了农村金融市场的信用担保机制；农村产权（农地、宅基地、林地等）抵押融资试验逐步推进，赋予农民更多的权能，进一步增加了农民的可抵押融资资产，形成了农村金融市场信贷担保机制；对民间金融进行规范、监督和引导，使之与正规金融之间形成"以正规金融为主，民间金融为辅，相互协调，良性竞争，业务互补"的正规金融与民间金融共生机制。上述各个机制之间相互影响、相互制约，合力形成了区域内的农村金融市场供给与需求的均衡（非均衡）机制。陕西省地域特征明显，关中、陕南和陕北地区由于不同地理环境的差异，各地区农业也表现出不同的经济结构，呈现出显著的经济水平和金融发展水平差异，农村金融产品的需求机制、风险补偿机制、供给机制、信用担保机制、信贷担保机制各具特征，分区域讨论供需非均衡形成机制有其必要性，可以有针对性地提出破解陕西省不同区域的农村金融产品供给与需求非均衡现状的具有针对性的政策与对策建议。

4.4.1 陕西省农村金融产品供给与需求非均衡形成机制分析

陕西省内存在着较为严重的农村金融产品供给与需求非均衡问题，同时陕西省地域特征明显，关中、陕南和陕北地区由于不同地理环境的差异，各地区农业也表现出不同的经济结构，呈现出显著的经济水平和金融发展水平差异。在不同经济结构下，陕西省不同地区农村金融产品的供给与需求的非均衡性展现出了不同的特点。

一、关中农村金融产品供给与需求非均衡形成机制分析

陕西关中地区包括西安、宝鸡、咸阳、渭南、铜川和杨凌示范区等

"五市一区"。20 世纪 90 年代以来，关中地区经济平稳增长，并随着西部大开发的推进和陕西"一线两带"的建设，农业发展速度较快，农业发展水平位居陕西省前列。关中地区农业发展状况相对良好，进入资金密集型阶段，培育和扶持新型农业经营主体（龙头公司和专业合作社）是该阶段的关键，形成了以龙头企业为主，规模大，投资周期长，风险大等特征的农村金融产品需求机制。该地区的涉农金融机构在利润最大化的经营机制约束下，形成了涉农贷款业务逐步增长，但是仍然无法满足农业发展需要的供给机制。担保机构涉农业务范围狭窄，产品品种单一，造成了关中地区农村金融市场信用担保机制不健全，限制了农村金融市场资金需求的满足。农业保险发展滞后，险种较少、保额较小、赔付率较高，造成了关中地区农村金融市场风险补偿机制不健全。在上述机制的共同作用下，形成了关中地区农村金融产品供给与需求的非均衡状态，如图 4-4 所示。

1. 关中农村金融市场需求机制

发展现代农业是关中地区增加农村金融产品需求的内在动力。关中现在处于传统农业向现代化农业转换的关键时刻，现代农业初具雏形，后续的资金投入更加重要。资金投入不足是传统农业向现代农业顺利过渡的最大障碍，关中地区当今的农业生产已经进入资金密集型阶段，各项重大改革、各类体系建设、各类新型农业经营主体（龙头公司和专业合作社）的培育和扶持、各种技术推广以及农业的资源优化、标准化生产、规模化经营、综合效益提升等都有赖于投入的增加。所以，关中地区的农业资金需求表现为规模大，投资周期长，风险大等特征。

2. 关中农村金融市场供给机制

自农村金融市场深化改革开始，农村金融市场开始进入多元化、商业化发展阶段。大多数金融机构在针对市场需求的基础上逐步推行集约化经营，按照市场份额、财务可持续性、成本核算和规模经济的原则开展"三农"业务。关中地区当前开展涉农贷款业务的金融机构主要有农业发展银行、中国农业银行、邮政储蓄银行、农村信用社和以村镇银行为代表的新型农村金融机构，数量和机构类型有所增加，贷款覆盖面逐步扩大。然而，这些金融机构在利润最大化经营宗旨的指导下，受到成本核算和风险管理的约束，金融产品的供给远远无法满足农业发展的需要，加剧了关中地区农村金融产品供给与需求的非均衡。

```
┌─────────────────────────────────────────────────────────────────┐
│                     传统农业向现代农业转化                          │
└─────────────────────────────────────────────────────────────────┘
```

发展现代农业	担保机构资金实力有限	农业经营风险较高	缺乏稳定、可持续的涉农贷款风险补偿制度	信用信息数据库尚未共享
↓	↓	↓		
资金需求增加	经营抗风险能力较弱	农业保险赔付率较高	↓	
↓	↓	↓	金融机构涉农业务风险增大	
需求主体：龙头公司和合作社（规模大、周期长、风险大）	涉农业务范围较窄，产品品种单一	农业保险发展缓慢	↓	
↓	↓	↓		
需求机制：资金需求尚未得到有效满足	信用担保机制不健全	风险补偿机制不健全	供给机制：资金供给增长缓慢	

```
┌─────────────────────────────────────────────────────────────────┐
│                   农村金融产品供给与需求非均衡                       │
└─────────────────────────────────────────────────────────────────┘
```

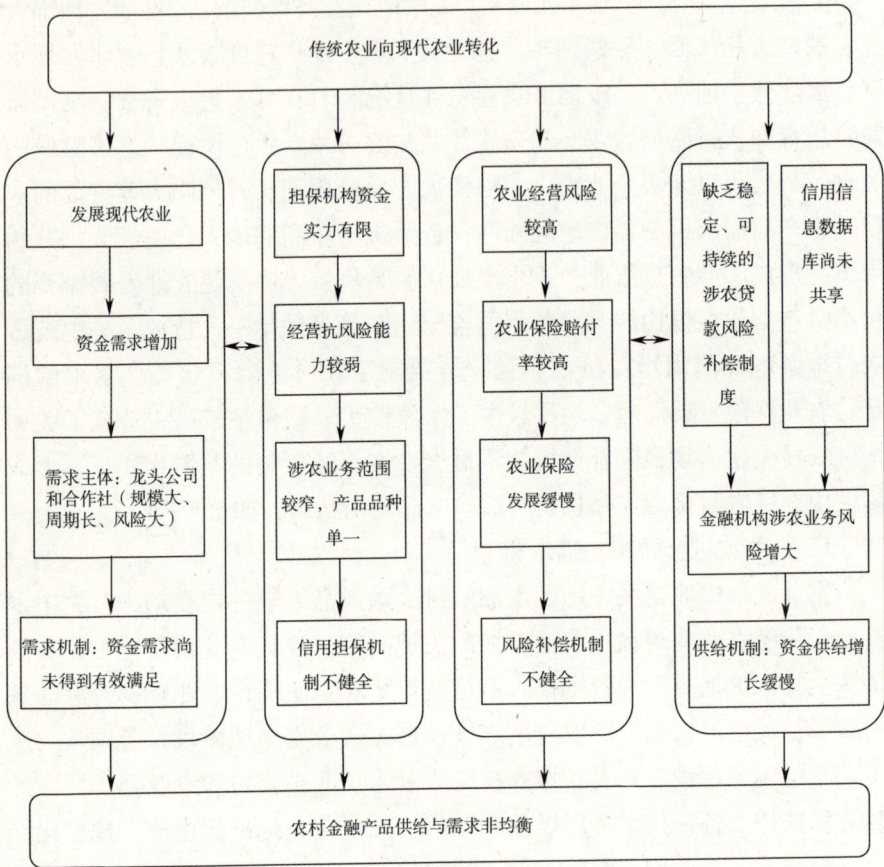

图 4 - 4　关中地区农村金融产品供给与需求的非均衡形成机制

3. 关中农村金融市场信用担保机制

关中地区的担保机构数量不少，但是专门针对涉农企业的担保机构数量较少，现有的信用担保机构开展的符合农村特点的担保业务范围狭窄，为农村各类经济组织贷款提供担保服务项目较为单一，限制了龙头公司和专业合作社的融资渠道，没有充分发挥出信用担保机构应当发挥的作用。

4. 关中农村金融市场风险补偿机制

由于关中地区缺乏专门的政策性农业保险机构，只有以中国人民财产保险公司为主的数家保险机构承办农业保险业务，存在着险种少、保额小、投保率低、赔付率高等现象，导致农业保险发展滞后，加大了龙头公司和专业合作社的经营风险，造成了关中地区农村金融市场风险补偿机制不健全。

二、陕南农村金融产品供给与需求非均衡形成机制分析

陕南经济区位于陕西南部，地处秦岭和巴山之间，区域内包括汉中、安康、商洛。陕南地区是传统的以种植业为主体、以家庭经营为主要形式的农业区，打破城乡二元经济结构，实现城乡一体化，是陕南地区农业发展的重要目标，形成了以农户和中小型农村企业为主，资金需求规模小、季节性特征明显的农村金融产品需求机制。该地区的涉农金融机构在城乡布局非均衡的前提下，结合资金需求特征，形成了以小额贷款业务为主，业务量不断增加却无法满足资金需求的供给机制。由于集体林权抵押贷款外部配套制度有待完善、风险较大等原因，导致陕南地区集体林权抵押贷款业务开展范围较小，造成了信贷担保机制不健全，制约了农村金融市场资金需求的满足。农业保险发展受到收入低的影响，发展缓慢，造成了陕南地区农村金融市场风险补偿机制不完善，制约了农村金融市场的资金供给，形成了陕南地区农村金融产品供给与需求的非均衡，如图4-5所示。

1. 陕南农村金融市场需求机制

实现城乡一体化是陕南地区增加农村金融产品需求的内在动力。陕南是传统的以种植业为主体、以家庭经营为主要形式的农业区。农业经营水平落后，农业基础设施比较薄弱，农民收入增长较为缓慢，城乡发展差异巨大。陕南地区的资金需求主要体现在农户和中小型农村企业方面。农户融资意识不断增强，积极拓展融资渠道；中小型农村企业大多规模较小，抵御风险的能力较差，它们的金融需求也表现出明显的季节性特点，增加了农村金融市场资金需求的复杂性。总之，陕南地区农村金融市场资金需求不断增加，同时呈现出资金规模小、资金需求呈现出季节性和复杂性等特征。

2. 陕南农村金融机构金融市场供给机制

城乡布局非均衡是陕南地区农村金融市场面临的客观外部环境。随着国有银行的商业化改革，农信社的产权制度改革以及新型金融机构和邮政储蓄银行的发展，陕南地区农村金融机构网点数有所增加，然而城乡布局差异依然非常大，依然存在部分金融服务空白乡镇。在这种环境中，陕南地区大多数金融机构针对融资主体的资金需求特征开展了以小额贷款为主的业务。总体来说，陕南地区农村金融产品的供给尤其是小额贷款的供给

农业发展水平较低

```
┌─────────────┐  ┌─────────────┐  ┌─────────────┐  ┌─────────────┐
│ 实现城乡一体化 │  │ 开展集体林权抵 │  │ 经营风险较高  │  │ 农业集约化   │
│             │  │ 押贷款业务试点 │  │             │  │ 程度不高     │
└─────────────┘  └─────────────┘  └─────────────┘  └─────────────┘
       ↓                ↓                ↓                ↓
┌─────────────┐  ┌─────────────┐  ┌─────────────┐  ┌─────────────┐
│ 资金需求增加  │  │ 外部配套制度  │  │ 农民收入较低，│  │ 农业经营     │
│             │  │ 不够完善     │  │ 购买意愿偏弱  │  │ 风险较大     │
└─────────────┘  └─────────────┘  └─────────────┘  └─────────────┘
       ↓                ↓                ↓                ↓
┌─────────────┐  ┌─────────────┐  ┌─────────────┐  ┌─────────────┐
│ 需求主体：农户 │  │ 业务风险     │  │ 农村保险发展  │  │ 金融机构城乡  │
│ 和中小型农村企 │  │ 较难控制     │  │ 缓慢         │  │ 布局非均衡    │
│ 业（规模小、随 │  │             │  │             │  │             │
│ 意性、复杂性、 │  │             │  │             │  │             │
│ 季节性）      │  │             │  │             │  │             │
└─────────────┘  └─────────────┘  └─────────────┘  └─────────────┘
       ↓                ↓                ↓                ↓
┌─────────────┐  ┌─────────────┐  ┌─────────────┐  ┌─────────────┐
│ 需求机制：资金 │  │ 业务增长缓慢  │  │ 风险补偿机    │  │ 供给机制：资金 │
│ 需求尚未得到有 │  │             │  │ 制不健全     │  │ 供给增长缓慢  │
│ 效满足        │  │             │  │             │  │             │
└─────────────┘  └─────────────┘  └─────────────┘  └─────────────┘
                        ↓
                 ┌─────────────┐
                 │ 信用担保机制  │
                 │ 不健全       │
                 └─────────────┘
```

农村金融产品供给与需求非均衡

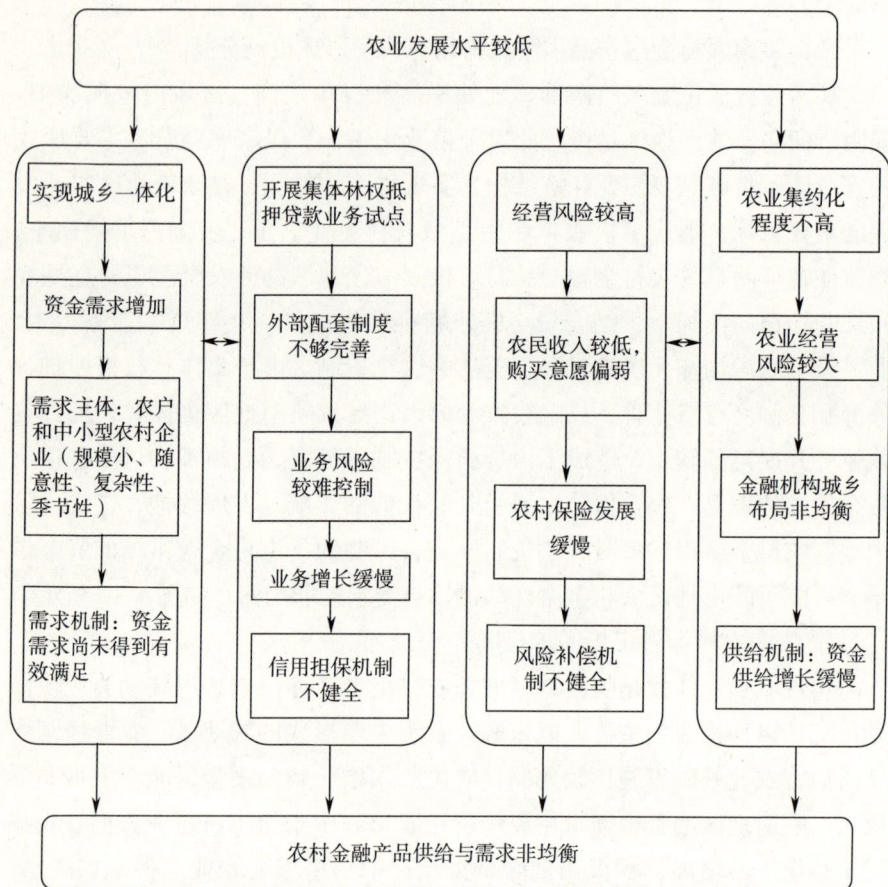

图 4-5　陕南地区农村金融产品供给与需求的非均衡形成机制

无法满足当地农民和中小型农村企业的融资需求，资金筹措难问题并未得到有效解决。

3. 陕南农村金融市场信贷担保机制

信贷担保机制是降低金融机构风险、扩大金融交易规模、缓解信贷约束的有效手段之一，还可以增强农民的融资能力。陕南地区的银行业金融机构在经济林分布较为密集的安康市、商洛市、汉中市开展了集体林权抵押贷款业务试点。在业务开展过程中，各银行业金融机构能够意识到该项业务存在的风险，并通过业务操作流程予以防范与控制，初步形成了较为完善的基本业务流程。通过该项业务试点，增加了农民的有效抵押资产，进一步加强了农民的权能，完善了陕南地区的信贷担保机制。

　　4. 陕南农村金融市场风险补偿机制

　　林业生产由于周期长、灾害多发等因素，使其抵押物由于意外事件价值减少的风险高于一般农业。陕南地区目前的森林保险以火灾险为基本险种，可附加投保综合险，初步构成了基本的风险补偿机制，需要进一步补充和完善，一定程度上给涉农银行业金融机构评估、防控风险带来了困难，制约了林权抵押贷款业务的开展，限制了资金的供给。

三、陕北农村金融产品供给与需求非均衡形成机制分析

　　陕北地区包括榆林市和延安市。陕北是我国农业发源地之一，陕北地区农村由于自然资源条件和金融生态环境条件的制约，资金从农村地区外流情况严重，从而导致了农业发展水平和农村金融发展的水平相对较低。近年来，陕北地区经济发展过分依赖自然资源，第一产业、第二产业、第三产业比例失衡，农业较为落后。优化产业结构，大力发展特色农业是陕北地区经济社会持续发展的关键，形成了以农户为主，数量大、期限长、多样化等特征的农村金融产品需求机制。该地区的涉农金融机构在农村地区资金大量外流的前提下，在利益最大化经营目标的驱使下，形成了农业贷款规模增长缓慢，资金流向资源项目、能源富集地区的供给机制，加剧了农村金融产品供给与需求之间的矛盾。同时，民间金融在陕北地区异常活跃，由于缺乏有效的规范和引导，正规金融与民间金融之间良性合作机制尚未建立，造成了陕北地区正规金融与民间金融共生机制缺失，制约了农村金融市场的资金供给，形成了陕北地区农村金融产品供给与需求的非均衡，如图4-6所示。

　　1. 陕北农村金融市场需求机制

　　优化产业结构是陕北增加农村金融产品需求的内在动力。陕北地区产业结构失衡情况严重，第一产业、第二产业、第三产业比例失衡，城乡居民收入比失衡，县域经济发展失衡。改善陕北地区非均衡的产业结构，需要转变区域发展理念，降低对资源开采行业的依赖，大力发展特色农业。陕北地区很多地方已经实行了退耕还林（草），较适合发展特色农业，发展特色农业需要资金投入数量大、期限长、多样化。

　　2. 陕北农村金融市场供给机制

　　农村地区资金外流严重是陕北地区农村金融市场面临的客观外部环

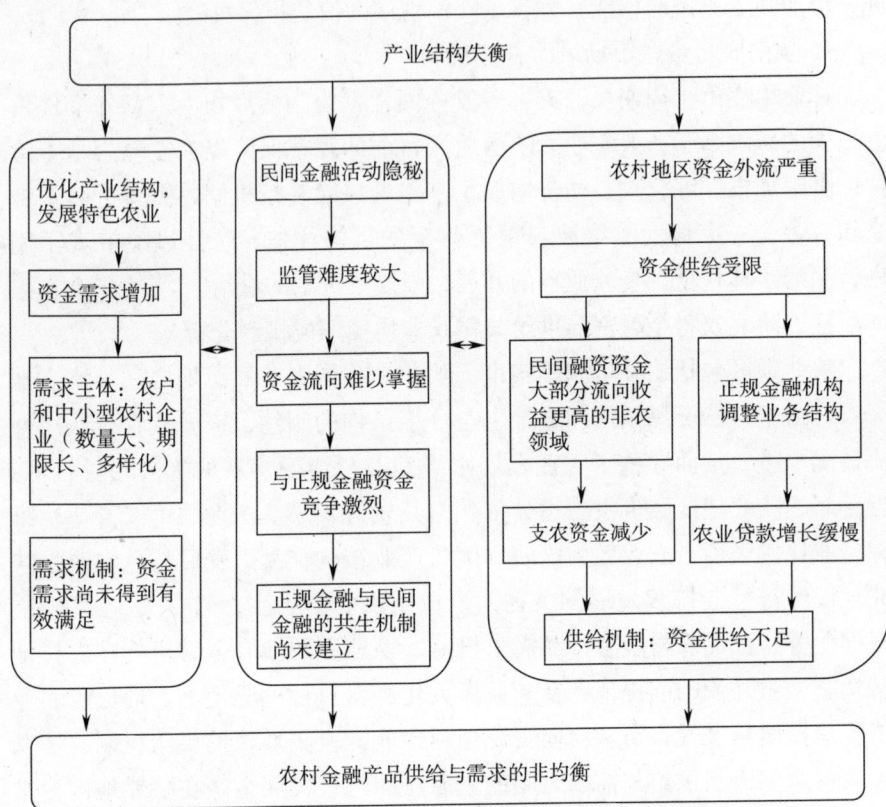

图4-6 陕北地区农村金融产品供给与需求的非均衡形成机制

境。现有的国有商业银行都在追求利益最大化，集约化地开展业务，农业贷款规模增长缓慢。同时，民间金融资金流动非常频繁，满足了农村金融市场上一部分的资金需求，但是基于逐利的天性，只有少部分资金流向农村地区。陕北地区农业发展面临着资金供给不足的制约，加剧了陕北地区农村金融产品的供给与需求非均衡。

3. 陕北农村正规金融与民间金融共生机制

陕北地区民间金融非常活跃，在满足一部分融资需求的同时，也造成了大量资金流出农村地区，对于陕北地区农业发展的支持效果较弱。在陕北地区，正规金融机构与民间金融机构之间资金竞争激烈，业务联系较少，民间金融活动缺乏规范和引导，尚未形成以正规金融为主，民间金融为辅，二者协调运转、相互补充的共生运行机制。

4.4.2　陕西省农村金融产品供给与需求的非均衡成因分析

一、关中农村金融产品供给与需求非均衡成因分析

1. 农业基础设施薄弱

大力发展现代农业，形成农业产业化规模效应，需要良好的农业基础设施。当前，关中地区农业基础设施薄弱，制约了农业生产效率的提高，制约了新型农业经营主体（龙头公司和专业合作社）的发展。为了改善这一现状，龙头公司和专业合作社在一定程度上承担了建设、改善和维护农业基础设施的任务，加剧了它们的资金需求。

2. 农业保险赔付率较高

农业保险不具盈利性，同时关中地区农业保险赔付率较高，决定了其对商业性保险公司缺少吸引力。从关中地区农业保险的保费赔付率来看，财产保险的赔付率为 60% 左右，而农业保险的赔付率大部分介于 70% ~ 100%，相比之下，商业性保险公司更加不愿意开展农业保险业务，导致了关中地区农业保险发展缓慢，风险补偿体系不健全。

3. 缺乏稳定、可持续的涉农贷款风险补偿制度

为了降低金融机构发放涉农贷款的风险，国家采取了涉农贷款财政补贴，在一定程度上刺激了涉农贷款的增长，但是财政补贴具有阶段性和非稳定性，并不能从根本上降低金融机构的涉农贷款发放风险。缺乏针对农村金融机构的稳定、可持续的风险补偿制度，缺乏涉农贷款保障基金制度（参考证券业和保险业惯例），导致农村金融机构涉农贷款业务风险无法转移，制约了农村金融市场的发展，限制了农村金融产品的供给。

4. 缺乏信用信息数据库共享机制

关中地区金融中介服务环境欠佳，企业信用体系尚不健全，农户信用信息数据库共享机制尚未建立，金融机构无法对企业和个人的信用状况进行全面、准确的分析。这种情况增加了农村金融市场的贷款风险，加大了金融机构进入农村市场的进入壁垒，制约了农村金融产品的供给，加剧了关中地区农村金融产品供给和需求的非均衡。

5. 担保机构经营风险较高

近年来，关中地区担保机构虽然数量发展较快，但是已成立的担保机构多为政府全额出资或入股建立，先天资金不足。由于受到实力的限制，

担保机构很难从银行贷到款，资金来源受限，抗风险能力较差，对当地涉农企业的支持作用也就十分有限。同时，由于大部分涉农企业（龙头企业除外）自身抵押品不足，资产负债率较高，自有资金较少，造成担保机构的涉农融资风险较高，限制了关中地区担保机构涉农融资业务的开展，造成了关中农村金融市场信用担保机制不健全。

二、陕南农村金融产品供给与需求非均衡成因分析

1. 农业集约化程度不高

陕南地区以传统农业为主，以粮食作物种植为主，经济作物种植为辅。农业发展程度较低，农产品加工转化能力不足，农产品基地规模不大，产业化链条较短，产品精深加工程度较低，转化增值能力薄弱。陕南地区农业向广度和深度延伸不够，集约化程度不高，造成陕南地区农业发展水平较低，城乡发展差距大，农民收入水平低、波动反复大，农民和中小型涉农企业的资金需求较为突出。

2. 集体林权抵押贷款业务外部配套制度有待完善

尽管各银行业金融机构采取多项措施，积极尝试开展集体林权抵押业务，也制定出了较为完善的基本业务流程，但是作为一项新业务的集体林权抵押贷款仍然面临着外部配套制度有待完善、业务开展风险较大的现实，造成了集体林权抵押贷款业务增长较慢，制约了陕南地区信贷担保机制的形成与完善。

3. 农业保险发展受到低收入的制约，购买意愿较低

在陕南地区，农民的收入较低，尽管他们更需要农业保险保障，但是受支付能力所限，陕南地区农民的保险需求难以转化为购买行为。同时，农业收入在陕南农民收入中所占比重下降也是农民购买意愿较低的原因之一。陕南地区农民农业收入在总收入中所占比重不断下降，非农收入所占比重在不断增长，农民对于购买农业保险的预期收益降低，抑制了他们的购买意愿，导致了陕南地区农业保险发展较为缓慢，农业风险补偿机制不健全。

三、陕北农村金融产品供给与需求非均衡成因分析

1. 缺乏金融服务创新

发展特色农业，陕北地区农民资金需求的规模不断增加，需要的金融业务种类进一步扩大，然而当前的农村金融服务却很单一，仍然以传统

存、贷、汇服务手段为主，经营业务主要集中在信贷业务上，农民所需要的新兴的投资理财、保险咨询、自助银行、电话银行等业务在农村普及面较窄，加剧了陕北地区农村金融产品供给与需求的非均衡。

2. 不同融资渠道资金收益率差异过大

近年来，陕北地区贫富差距进一步拉大，使更多先富起来的农民有了部分闲散资金，而农村正规金融机构的存款利率较低，同时又缺乏相应的正规投资渠道，相对应的是非正规金融机构吸收资金的利率较正规金融机构高出许多，在资金追逐利益天性的驱使下，这部分资本的持有者成为非正规金融的供给者。被非正规金融机构吸走的资金仅有小部分流入到农业领域，大部分资金流向了非农领域，加剧了陕北地区农村金融产品供给与需求之间的非均衡。

3. 正规金融与民间金融的连接体系尚未建立

建立正规金融和民间金融的连接机制，是农村金融体系发展的一个重要战略。目前，正规民间金融机构的资金主要来源于民间直接吸纳，较少从正规金融机构获得贷款，较少与正规金融机构开展业务，造成了正规金融与民间金融之间资金竞争激烈的情况，造成了大量资金体系外流动，加剧了整个金融体系的风险，制约了正规金融与民间金融共生机制的建立。

4. 民间金融监管难度较大

陕北地区民间金融活跃，同时又比较隐秘，民间金融机构数量较多，良莠不齐，"非法集资"和正常民间融资活动较难区分，资金流向难以掌控，加大了监管难度，导致大量资金流出农村，不仅没有发挥出应有的支农效果，相反加剧了资金供需缺口，制约了农民融资需求的有效满足，造成了民间金融与正规金融资金竞争的局面。

4.4.3 小结

陕西存在着较为严重的农村金融产品供给与需求非均衡问题，同时陕西省地域特征明显，关中、陕南和陕北地区由于不同地理环境的差异，各地区农业也表现出不同的经济结构，呈现出显著的经济水平和金融发展水平差异。在不同经济结构下，陕西省不同地区农村金融产品的供给与需求的非均衡性展现出了不同的特点。

关中地区属于陕西省农业发展水平较高的地区，当今的农业生产已经进入资金密集型时代，新型农业经营主体（龙头公司和合作社）成为资金需求的主体，呈现出数额大、周期长、风险高的特点。金融机构面临着较大的经营压力，更加注重成本核算和风险管理，金融产品的供给难以满足需求。同时，由于信用担保机制的缺失和风险补偿机制的不完善，造成了关中地区农村金融产品供给与需求的非均衡。

陕南地区属于陕西省农业发展水平较低的地区，城乡发展极度不平衡，农民的资金需求增加，且呈现出"小、弱、散"等特点。在经营机制的约束下，金融机构小额贷款业务的开展力度较弱，无法满足农民的融资需求。同时，由于信贷担保机制的不成熟和风险补偿机制的不完善，加剧了陕南地区农村金融产品的供给与需求的非均衡。

陕北地区由于经济发展过分依赖自然资源，造成了产业结构严重失衡。发展特色农业成为优化产业结构的路径之一，农民成为融资需求主体，且呈现出"数量大、期限长、多样化"等融资特征。由于民间金融活跃，以及正规金融机构的业务调整，农村地区资金外流情况严重，降低了农村金融市场资金供给水平。由于缺乏对于民间金融支农融资业务的规范和有效引导，民间金融支农效率低，同时尚未形成"以正规金融为主，民间金融为辅"，二者协调运转、相互补充的正规金融与民间金融共生机制，造成了陕北地区农村金融产品供给和需求的不均衡。

4.5 陕西省农村金融产品供给与需求的非均衡典型案例分析

4.5.1 陕北地区农村金融产品供给与需求的非均衡案例分析——以榆林为例

一、农村金融产品供给现状

2013 年，榆林市各金融机构认真贯彻执行稳健的货币政策，在合理把握信贷投放总量、节奏的基础上，对实体经济提供有力的信贷支撑。2013 年底，全市金融机构各项存款余额 2 428.70 亿元，同比增长 7.8%，比年初增加 175.88 亿元；各项贷款余额 1 803.81 亿元，同比增长 16.5%，增加 255.73 亿元。截至 2013 年 11 月末，榆林市有 15 家银行类金融机构、30 家保险机构、4 家证券机构和 3 家期货机构。此外，经批准设立的民间金融机构达 517 家，注册资本 248.07 亿元。其中，小额贷款公司 66 家，融资性担保公司 15 家，典当行 31 家，投资公司 405 家。融资机构的多元化，较好地满足了全市经济发展对金融服务的需要。同时，积极引导辖区金融机构创新中小企业信贷服务，各商业银行纷纷出台了针对小微企业的机构设置和产品创新。截至 2013 年 10 月末，全市小微企业贷款余额 176.69 亿元，同比增长 26.05%，高于全部贷款增速 6.62 个百分点，较年初增长 53.64 亿元，增量占比达 21.54%。榆林市通过优化融资环境更好地服务于小微企业。

榆林市金融机构坚持支农再贷款向农业比重大的县域倾斜、向特色农业倾斜、向农业产业化倾斜、向再贷款管理使用好的信用社倾斜的原则，确保支农再贷款发挥支持"三农"、服务"三农"的引导作用。截至 2013 年 10 月末，全市金融机构累计发放支农再贷款 13.72 亿元，累计收回 9.78 亿元，余额达 16.32 亿元。2013 年 9 月，中国人民银行榆林市中心支行成功开通再贴现窗口绿色通道后，截至 10 月末，办理再贴现余额 0.5 亿元，节余再贴现限额 2.5 亿元，累计办理再贴现 0.57 亿元，累计收回 0.07 亿元，有效支持榆林实体经济稳定发展。同时，中国人民银行榆林市中心支行加大金融创新力度，引导各金融机构加大对现代农业的支持力度。截至 2013 年 10 月末，全市涉农贷款余额 884.08 亿元，同比增长 34.19%，高于全部贷款增速 14.76 个百分点，较年初增长 165.16 亿元，增量占比达 66.31%[1]，强有力地支持了榆林市现代农业快速发展。

榆林作为陕西经济最活跃的地区之一，民间资本雄厚。榆林积极支持民间资本投资实体经济。在实行贷款贴息、营销奖励等扶持措施的同时，榆林市出台了《加快促进科学成果转化奖励办法》，设立民营企业科技创新专项资金，鼓励新技术研发。在民资大县神木，政府制定出台了《促进民营经济更好更快发展的意见》，为民营企业搭建"展示、交流、合作"的平台，由政府出资兴建锦界、石窑店等"八区六园"，合理引导企业向园区集中，形成产业集聚效应，促使民间资本推动产业升级，使榆林丰富的民间资本由虚拟资本转化为实业资本，从投机性的短期炒作回归到实体经济领域。此外，榆林市还出台了《投资促进若干意见》，鼓励引导民间

---

① 强继霞，王海叶. 榆林市金融机构用信贷强力支撑实体经济，http://www.ylrb.com/news/2013/1207/article_927527.html.

资本进入水利、交通、环保等项目投资及公共事业建设领域，充分发挥了民营资本的资源优势，有力地推进了榆林市经济发展。

二、农村金融产品需求现状

榆林农村居民小额贷款刚性需求在正规银行业系统内很少能满足，导致大部分农村居民进行民间融资。首先，榆林市有60%左右的人口分布在农村，随着榆林市能源化工基地建设的进一步开展，城市与农村的收入差距逐渐拉大，其中处于最底层的则是农村居民中为温饱所困扰的弱势群体，弱势的农村群体与有限的偿还能力难以有效获得金融机构的支持。从理论上讲，农村居民的潜在金融服务需求较大，然而一部分农村居民金融服务意识匮乏，导致潜在金融需求很难变成有效需求，这在一定程度上降低了农户对正规银行业金融体系的信贷需求。其次，榆林市涉农银行业金融机构是小额信贷需求的主要供给者。但事实上农业发展银行不为农户发放贷款，农村合作金融机构的支农贷款规模明显较小，以及非正规金融组织对正规金融机构的挤出效应，这些因素的共同作用，导致榆林市农村金融市场资金紧缺。

与此同时，小微型企业的金融需求也难以从正规银行业金融体系得到满足，虽然榆林市通过优化融资环境在一定程度上缓解了小微企业的融资难题，但大部分仍然依靠民间借贷或者高利贷。榆林市的小微型企业集中在农产品加工、种养殖业、零售批发和餐饮等行业，这些企业资产规模普遍较小、抵御风险能力低，资金需求超过农户小额贷款额度，且季节性较强、稳定性较差、缺乏抵押品，这导致正规金融不能给予小微型企业较大的信贷支持。因此，这些企业的融资普遍涉足民间借贷或者高利贷。

三、农村金融产品供需存在的问题

榆林市农村金融产品供需中存在的主要问题就是民间借贷风险巨大。虽然民间借贷弥补了金融贷款的不足，拓宽了中小企业的融资渠道，成为正规金融有益的补充，但是民间借贷游离于国家的金融监管之外，自身具有自发性和隐蔽性，潜在的危险十分巨大，一旦发生资金断裂，往往引起一系列不良反应。

近几年，随着榆林市经济的发展，民间借贷日渐活跃，规模也呈上升趋势。与巨额的民间资本伴生的是遍及榆林的"钱庄"。榆林的民间资本通过典当行、担保公司、投资公司以及熟人之间相互担保，流向能源、地产等行业。2013 年，榆林市全社会固定资产投资 1 827. 91 亿元，比上年增长 3. 2%。其中，本市固定资产投资 1 594. 23 亿元，增长 6. 7%；跨区投资 200. 81 亿元，下降 18. 2%；农户投资 32. 87 亿元，增长 3. 0%；全年民间投资 625. 22 亿元，增长 14. 3%。在民间投资中，采矿业、制造业、房地产业合计占 84. 2%。总体看来，榆林市的民间资本挤出效应有限，主要原因是资源产业能吸纳很大一部分民间资本。然而，游离于金融职能监管之外的大量民间游资，无视市场风险投资约束，依靠亲情、友情为纽带，以类似传销的方式，借壳黄金、煤矿等，展开金字塔式的"资本运作"，最终都陷入了一个个"庞氏骗局"①，严重影响了经济社会的稳定和发展。

榆林市金融机构调研发现，该地区民间融资主要表现为一般民间借贷和隐名入股两种方式。一般民间借贷是企业或个人通过自身社会关系，发动亲朋好友，以月息 2 分左右的利率吸收资金，好友则以更低的利率向下线扩散吸储，而前者将吸收回来的资金，再以月息 3 分或 3. 5 分的利率对外放贷。隐名入股模式一般以企业家牵头，众多投资者投资入股。注册登记的股东背后，又对应着挂有众多的隐名股东，隐名股东背后又有"吊股者"。股东与隐名股东之间，呈现出金字塔式分布。事实上这两种模式都存在法律风险。一般民间借贷往往有非法吸收公众存款嫌疑，而隐名入股模式对应的可能就是集资诈骗。榆林的地下民间借贷普遍存在短贷长投现象。从收益结果上看，借贷成本远大于实体经济收益回报，即使煤炭、房产、黄金的泡沫不破，项目回报也永远无法覆盖高息融资成本，导致榆林大量民间借贷深陷"庞氏骗局"。

四、农村金融产品供给与需求的非均衡表现

1. 民间借贷风险难控。榆林民间借贷资金大致来源于五个方面：第一是居民银行个人存款；第二是民营企业从实业退出的经营性资金；第三是流向外地的资金回流；第四是外地资金的流入；第五是银行信贷资金间接介入民间借贷。受高额回报的吸引，不少人从银行获取贷款，然后借助小额贷款公司、担保公司等合法机构将钱放出以获取利差。榆林小额贷款公司贷款已形成"从小额贷款公司放款—还银行贷款—向银行贷款—还小额贷款公司贷款"典型的"过桥"贷款，利息成本较低的银行信贷资金变成

---

① 庞氏骗局是一种非法集资手段，行骗者向虚设的企业投资，以后期投资者的钱作为快速盈利付给初期投资者，以诱使更多人上当。

了民间借贷资金。民间借贷一定程度上缓解了中小企业的融资困难，但同时孕育了巨大风险，炒高了资产价格，催生了非法集资，增加了中小企业融资成本，给银行体系带来极大挑战。

2. 农村资金外流加剧。近年来，榆林经济在资源大开发的浪潮下得到了空前发展，尤其是能源化工产业一马当先，使得第二产业占国民生产总值比例达到71.1%。与此不协调的是，第一产业——农业在逐渐萎缩，城乡差距也在不断扩大，城乡二元经济结构更加突出。当前榆林市农村资金还相对匮乏，农民根本拿不出更多的钱投入生产。虽然区外资金流入较多，但几乎都涌向涉及资源开发的大项目，农业产业很难获得资金投入，因为农业属于弱质产业，投入大、产出低、风险高，难以形成资金流入的洼地效应。本来就资金严重不足的农村，竟然出现了资金"倒流"现象，现有农村资金正通过各种渠道流出。"输血"不足，"失血"严重，榆林市"三农"发展面临资金短缺的严重制约。

3. 农村金融机构缺失。目前榆林市的涉农金融机构主要有农业发展银行、中国农业银行、农村信用社和邮政储蓄机构，这些金融机构仅有农村信用社在乡镇一级设有营业网点，但还没有覆盖每一个乡镇，农发行和农行则几乎全集中在县城区。作为农村金融主力军的农村信用社，其基层乡镇营业网点数量和从业人员数量分别只占全市金融机构数量和从业人员总量的37%和15%，与农村人口占比60%相比极不相称。这就使农村金融市场呈现出了畸形：商业银行争先恐后退出，政策性较强的农发行根本就没有考虑进来，只存不贷的邮政储蓄机构只发挥"抽水机"作用，这种"一社支三农"的现状连农民最基本的小额信贷需求都无法全部满足。

4.5.2 关中地区农村金融产品供给与需求的非均衡案例分析——以杨凌示范区为例

一、农村金融产品供给现状

杨凌示范区积极推动农村产权抵押贷款试点工作，建立了以农村资产确权为基础、以农业保险创新为配套、以设立风险补偿金为保障、以建立农村产权交易中心为后盾、鼓励金融机构积极参与的农村产权抵押贷款"杨凌模式"，切实解决了农村产权的确权颁证、流转以及涉农贷款风险补偿问题，为金融机构开办农村产权抵押贷款创造了有利条件，实现了农村产权抵押物全覆盖，有效化解了涉农企业和农户因抵押物不足形成的贷款难问题。截至 2013 年底，杨凌示范区涉农贷款余额为 26.77 亿元，同比增长 32.59%，高于贷款平均增速 7.27 个百分点，其中，发放农村产权抵押贷款 4 000 万元，取得了良好的经济效益、社会效益和示范效应[①]。"杨凌模式"的开展取得了显著成效。

截至 2013 年底，杨凌示范区金融机构人民币各项存款余额 127.38 亿元，同比增长 10.97%；贷款余额 45.24 亿元，同比增幅 25.31%，高于全省 16.97% 的平均水平。人民银行杨凌支行全年累计发放支农再贷款 8.5 亿元，引导杨凌农商行将支农再贷款的使用与支持科技创新、生物制药、绿色食品、环保农资、农副产品深加工等涉农中小企业相结合，有重点地加大信贷投放。在支农再贷款的支持下，杨凌农商行不断加大对涉农科技型企业的信贷投放，向陕西赛德高科生物股份有限公司、杨凌爱华温室大棚工程有限公司、杨凌澳源牧业有限公司、杨凌本香、伟隆农业科技等企业发放贷款 75 931 万元，有效解决了制约示范区现代农业企业发展的资金"瓶颈"问题。

杨凌涉农金融机构在"订单农业"试点的基础上，利用杨凌绿色有机蔬菜等农产品的品牌效应，重点支持"农超对接"项目，全年累计发放"订单农业"贷款 818 万元，超额完成了试点推广工作计划，有效推进了示范区农民职业化、生产规模化进程。人民银行当地支行引导金融机构探索以专利权质押贷款模式，向陕西亿鑫生物能源科技开发有限公司发放贷款 100 万元；引导金融机构探索建立直接融资与间接融资相结合的融资新模式，推出"投贷联动"业务，向杨凌圣妃乳业、本香集团、众兴菌业、赛德高科和秦岭山现代农业共 5 家企业发放了贷款 14 050 万元；引导金融机构积极引入民营担保，为杨凌天威环保科技有限公司等三家科技型企业发放贷款 1 150 万元。

二、农村金融产品需求现状

杨凌区农村金融产品需求呈现多元化趋势。示范区内农村经济发展较好的村落，农业基础设施比较完善，现代农业发展程度较高，这些村落对金融产品的需求层次较高，如投资理财、人身保险等。但在广大经济发展

---

① 张宏斌，雷和平. 墙里开花香满天——金融支持杨凌农业高新科技示范区发展侧记，http://www.financialnews.com.cn/dfjr/tx/201403/t20140320_52042.html.

滞后的村落，农业基础设施薄弱，农民收入来源单一且增长缓慢。这些村落要通过发展特色农业来增加农民收入，急需农村金融提高服务能力。长期以来，由于农村土地、房屋等生产要素不能交易、不能流转、不能抵押，成为被排斥在市场之外的"沉睡资本"。农民没有抵押物，农民贷款难问题突出。杨凌示范区在农地使用权、大型农业机械设备设施、农业生物资产、农业知识产权和专利等农村产权抵押方面做了大量改革探索，初步解决了农民贷款抵押难、资金筹措难、农村产权变现难等难题。农村产权抵押金融制度的推行首当其冲催生了土地等农村产权的解放，促使狭义的债权财产化进程尽快完成，它能够提供以土地等农村产权作金融长期贷款的信用制度安排，是满足广大农户金融需求切实可行的切入点。

随着杨凌示范区经济的快速发展，对于金融服务的需求越来越强烈，为了让金融成为推动经济发展的新引擎，示范区不断优化金融生态环境。由示范区和杨凌区两级财政共同出资设立了农村产权抵押融资风险补偿资金，用于解决农村产权资产流动性较差带来的抵押权实现问题，从而减轻相关金融机构的贷款负担。此外，涉农金融机构还大力推广"银保富"融资，农户凭保单申请贷款，贷款以保险理赔资金作担保，实现风险共担、信息共享、优势互补。截至2013年底，"银保富"参保户数1 568户，群众缴纳保费408万元，政府补贴保费273万元，获得理赔217万元，通过农业保险试点撬动信贷资金4 000万元。在总结、推广农村金融改革试验的基础上，逐步培育农村金融需求主体，发挥杨凌农村产权流转中心的作用，扩大农村产权抵押融资试点，积极开展银保合作创新试点，通过建立现代农业发展融资平台来满足农户的金融需求。

三、农村产权抵押融资试验存在的问题

杨凌农村产权抵押融资试验主要存在以下问题：

第一，扶持政策滞后。政策创新是农村产权抵押融资试验顺利推进的基础条件。各级政府在政策上积极支持和鼓励农户、涉农企业和农村金融主体进行创新金融工具的使用和推广，对农村金融机构进行税收和政策上的倾斜，推进农村金融体制改革，促进经济发展。随着杨凌示范区产权改革的不断深入，不断增加了抵押、质押品种类，增设了专利、商标、订单等质押、抵押贷款，但还需要制定和完善与之配套的相关支持政策，保证农村产权抵押融资顺利推展。

第二，产权价值评估办法不明确。目前，杨凌示范区并无专门为产权抵押贷款服务的产权价值评估机构。抵押物价格由政府制定或者农户和涉农企业与放贷金融机构协商决定，由于农户和涉农企业是借贷者，处于弱势地位，这就会产生人为压低抵押物价值的情况，导致抵押物价格非市场化，势必影响农户和涉农企业进行产权抵押的积极性，影响产权改革创新的实际效果。

第三，抵押物、质押物流转渠道不顺畅，风险补偿机制有待完善。杨凌示范区目前还没有较为完善的农村产权流转、交易平台。从近几年的农村产权抵押风险控制情况看，农村产权抵押风险控制较好，并没有引起抵押物、质押物流转问题，但这并不能保证后续放贷中没有不良贷款。同时，示范区设立农村产权抵押贷款风险补偿金200万元，但无配套风险补偿具体办法，导致虽然存在风险补偿资金，无法用于风险补偿的问题。随着农村产权抵押规模的不断扩大，抵押贷款金额增多，应出台政策，设立相关部门，疏通质押物、抵押物流转渠道，提高风险补偿金数量，最大化降低金融机构风险。

四、农村金融产品供给与需求的非均衡表现

1. 农村金融产品类型单一。杨凌开展了农村土地承包经营权、农村房屋、农业生产设施、生物资产等抵押贷款以及知识产权与专利质押贷款等类型的金融产品创新，并在此基础上引入了"银行+保险"的信贷模式，积极推进农村土地流转改革和扩大农村信贷有效担保物范围，以此解决农户和涉农企业融资难题，不断满足多层次、多元化的"三农"金融需求，但由于试点时间较短，农村金融产品和服务类型比较单一。杨凌农村金融机构以信贷产品创新为主，仅开展存、贷、汇等传统商业银行业务，并且贷款的期限、额度、利率等都不能满足现代农村经济对资金的需求。此外，在农村基本不开展新兴的中间业务，这与当前农村经济快速发展而农村金融机构只提供简单的金融服务相矛盾。

2. 农村产权抵押贷款操作流程存在不足。杨凌示范区通过农村产权抵押融资试点，吸纳了部分地区农村土地承包经营权和房屋产权融资模式，首次创新性地提出了活体生物资产以及农业生产设施等抵押贷款，将生物资产等农业生产要素有效激活进入融资市场。另外，示范区采取政府推动的供给主导型改革模式，不但保证了新融资模式的权威性，而且能减少基层部门之间的协调难度，进而提高了推行效率。但是，农信社和农行向农村提供的贷款支持面窄量小，服务的主要对象是农村从事种养殖业的农户。贷款操作流程中存在一些不足之处，比如杨凌并无专门为农村产权抵押贷款服务的产权价值评估机构，在农村产权流转中心对农户和中小企业抵押物的确权登记等方面都存在一定问题。

3. 农村金融机构对信贷风险控制能力较弱。农业产业难以抵御自然灾害和市场供求信息不对称所带来的风险。农业信贷风险难以控制的主要因素：一是担保难以落实，农户申请贷款时，除了基本的生产资料如农具、自有房屋和牛羊等牲畜外，农民只拥有对土地的使用权，农户基本上没有符合商业条件的抵押物。二是农业保险业务难以开展。由于农业保险的非营利性与保险公司追求利润的目标相背离，加之参保农户对象复杂、规模小，保费收入低，承保标的都是活物，鉴定难度大，一定程度上也带来理赔难，导致保险公司对开展农业保险业务缺少积极性。与此同时，杨凌农村金融机构内部控制机制尚不健全，信贷审批、监管制度存在漏洞，内部风险控制能力较弱，发放贷款风险较大。

4.5.3 陕南地区农村金融产品供给与需求的非均衡案例分析——以商洛为例

一、农村金融产品供给现状

近年来，商洛市金融业不断加大对地方实体经济的信贷支持力度，通过完善机制、搭建平台、互通信息、交流帮扶等多种形式，着力构建政府、银行、企业共同参与的政银企合作机制，有效推动了银行信贷投放。2013 年，全市银行业各项存款余额 590.08 亿元，较年初增加 70.78 亿元，同比增长 13.63%；各项贷款余额 251.62 亿元，较年初增加 29.04 亿元，同比增长 13.05%。全市小额贷款公司累计投放贷款 19.11 亿元，贷款余额 5.12 亿元，较年初增加 0.79 亿元，同比增长 18.29%。外地银行业机构在商洛投放贷款余额为 47.57 亿元，较年初增加 16.36 亿元，同比增长 52.42%。全市融资性担保公司累计担保贷款 13.59 亿元，在保贷款余额 6.28 亿元，较年初增长 2.51 亿元，同比增长 66.58%。全市保险业实现保费收入 10.45 亿元，同比增长 23.23%。2013 年累计为全市经济社会发展注入信贷资金 60 多亿元，有力地促进了地方经济发展。

2013 年，商洛市新设支行级机构 4 个，银行机构营业网点总数达 365 个，金融组织体系进一步完善；9 月成功发行城投债 15 亿元，重点支持全市基础设施、交通、园区建设等 6 类 28 个项目的融资需求，拓宽了融资渠道，增强了平台公司的融资功能；实施"百村千户"信用助农工程，推进农村信用体系试验区建设，确定了 10 个行政村和 100 户农户为重点扶持对象，重点扶持村、户的贷款余额分别较年初增长 86.3% 和 74.7%；加快金融创新产品推广进度，农村住房抵押贷款在商南县试点取得实质性进展，全县发放贷款 126 笔，总计 3 272 万元，全市农村住房抵押贷款余额达 1.23 亿元①。同时，积极推广农户房屋所有权、房屋宅基地使用权抵押，林权抵押的经验，探索扩大农村贷款担保范围，积极开展产品、模式、手段创新，进一步提高金融服务能力和效率。

2013 年，商洛农村合作金融机构在业务经营、产权改革、金融服务等方面都取得了一定成绩。2013 年底，全市农村合作金融机构各项存款较年初净增 38.6 亿元，较同期多增 6.6 亿元，余额达 230.6 亿元，存量市场份额达到 39.14%，增量市场份额占到 54.63%，分别较上年增加 2.11 个和 10.17 个百分点；镇安农村商业银行对外正式挂牌开业，县级机构法人股有效提升，全年新增法人股金 1 700 万元；以"陕南移民搬迁"、"一体两翼"等项目为平台，做好了信贷支持工作，累计投放各项贷款 126.8 亿元；累计投放各项贷款 126.8 亿元，尽力满足了全市信贷需求。

二、农村金融产品需求现状

商洛市自然资源丰富，并以形成特色支柱产业为主攻方向。目前，商洛市的绿色食品和林特产品的生产加工能力在不断增强，一批规范化、规模化的中药材种植基地正在建设。伴随着农业生产专业化、农村建设城镇化的发展，特别是近年来农产品及农资材料价格上涨，农村种、养业大户增多、规模扩大，商洛市农村资金需求呈现出从传统的小额贷款向大额信贷过渡的特点，贷款金额有所增加。同时，由于新型种养殖资金需求时间较长，例如，养牛专业户从牛出生到出售的养殖周期为 2 年左右，果树种植从幼苗到挂果一般需要 5 年时间，比油菜子、大豆等农作物种植及养猪、养鸡等传统的种养殖周期都要长，农村资金需求呈现出周期需求长期化特

---

① 商洛：60 多亿信贷资金为地方经济发展注入活力，http：//news. shangluo. cnwest. com/2014/0326/44786. shtml。

点。因此，银行提供的信贷产品周期必须能覆盖农产品的生产周期。当地金融机构应采取提高贷款额度、延长贷款周期等方式，来满足农村金融需求的新变化和新特点。

商洛市生态农业旅游的发展前景较好，但在推进生态农业旅游发展中存在资金投入严重不足的问题。生态农业旅游所需资金可从 4 个方面筹措，即村民自筹、政府投入、企业投资、社会赞助。但是，商洛市农业旅游资金筹措基本上是村民自筹和企业投资，靠农民自筹资金来发展农业旅游有很大的问题，一方面，农村贫穷落后的现实使农民无法进行投入，也无从借债投入；另一方面，由于农民可抵押财物较少，无从获得信贷。资金投入不足成为发展农业旅游的主要障碍，从而制约了农村经济发展与农户收入增加。商洛市农村合作金融机构因地制宜，量体裁衣，针对个人贷款推出了农户小额信用贷款、富秦家乐卡贷款及联保贷款等品种；公司类推出不动产抵押贷款、采矿权及林权抵押贷款、保证担保贷款及担保中心基金担保贷款，实行"一次核定、余额控制、周转使用、随用随贷"的信贷服务方式，最大限度地满足"三农"多元化金融需求。

三、农村金融产品供需存在的问题

商洛市农村金融产品供需中主要存在以下问题：

首先，正规金融机构难以满足农户多层次的信贷需求。商洛农村贫困户缺乏基本的生产和生活资金，有贷款需求却没有抵押财产，贷款风险极大，银行机构不愿也不敢发放贷款。贫困农户的资金需求主要靠亲友借贷及救助性资金来满足，如扶贫资金、公益性组织的小额信贷等，然而经营土地仍是多数农民的主要收入来源，可以实现自给自足的温饱生活。目前，这部分农户的小额资金需求，主要是从农村信用社以小额贷款方式得到。但由于商洛市农村信用社资金实力普遍不足，农户经营土地尚不具备完全转出的条件，所以难以最大限度地满足农户的资金需求。对于市场型农户，其生产经营活动是以市场为导向的专业化、规模化、技能型生产。由于缺乏商业贷款所要求的抵押财产，主要以担保方式获得银行贷款，贷款额度难以满足较大的融资需求，许多无法从银行获得贷款的农户寻求民间借贷支持。

其次，商洛市农村金融机构业务存在一定问题：一是存款虽稳定增长，但结构不尽合理；二是贷款支持实体增强，区域发展不均；三是资金运用效率低，影响资产效益提升；四是不良贷款持续下降、反弹趋势明显；五是自助设备布放重视不力，业务交易量偏低；六是财务状况持续向好，"三超"现象依然严重；七是抗御风险能力增强，但同上级要求仍有差距。深入分析原因可知：第一，金融机构的利润主要来源于不断扩大的存贷款利差，从这个角度看，农村合作金融机构的经营绩效无疑是偏低的，主要原因在于营业收入结构严重失衡，营业费用自出增长过快；第二，农村合作金融机构的管理制度不够完善，容易引发道德风险和决策失误，而且外部竞争压力加大。

四、农村金融产品供给与需求的非均衡表现

1. 信息披露渠道不畅，金融生态自我完善功能弱化，农村信用体系建设滞后，金融监管力度难以深入[①]。农户依赖金融部门贷款较为普遍，但金融机构对自然人真实借贷情况难以全面掌握，给信贷留下了风险隐患，造成银行和信用社慎贷惧贷的局面。商洛市农村个人信用征信系统建设严重滞后，社会信用服务的市场化程度较低，中介服务极不规范。由于缺乏有效的个人信用征信体系，对个人贷款所蕴含的风险不能进行适时监测，缺乏企业和个人信用信息的正常获取和检索渠道，使贷前调查、效益分析、贷款风险预测等无法正常进行。农村金融机构远离监管力度强的城区，使得监管部门对农村金融的监管难以深入，不利于商洛市正规农村金融机构的发展。

2. 政府救助与农业保险欠缺，农贷投放风险控制难。农业受自然环境、气候影响大，抗御自然灾害的能力弱，基本属于高风险、低效益产业，这就决定了投放农业产业资金的风险大。现阶段农业产业结构调整，农业产业化趋势加大，农村大额贷款需求增加，伴随着农业贷款的风险也会相对加剧。目前，商洛市大额农贷基本集中在种养、加工、运输等大户之中，而这些产业的不确定性较大，生产经营面临许多风险，但目前农民的保险意识不强，统一的农业保险体系也没有形成，加之政府救助机制的缺失，更加大了农业生产的风险度，加剧了农村金融不稳定因素。近几年，商洛市每年因自然灾害受损不能收回的农业贷款占全年农业贷款的15%以上。

---

① 房引宁．对商洛市农村金融生态环境的调查［J］．西部金融，2009，4：71－72．

3. 农村社会诚信呈现传统性，诚信的社会基础还不够坚实。市场经济是一种信用经济，但事实上农民所信奉的"信用观念"并不是基于市场经济条件下的借贷信用，只能算作一种传统道德约束。这种信用的"法律含量"与"稳定性"不足，进而造成对失信行为的制裁不力，存在潜在的道德风险。截至 2013 年 6 月末，商洛市农村中小金融机构各项贷款余额 125.18 亿元，较年初净增加 14 亿元，增长 12.59%，增量占全市银行业机构的 88.38%；不良贷款余额 68 169 万元，占比 5.44%①。事实上，商洛市农村金融机构对借债可能不还的失信人员没有制裁措施，基本是一种自我约束意识在发挥作用，从而导致农贷风险控制难、农村金融外部环境改善难。

4.5.4 小结

通过对比陕北、关中和陕南三个地区的农村金融产品的供求状况可以看出，三个地区在农村金融产品供给与需求非均衡方面呈现了不同特点。关中地区的农村金融产品供求非均衡状况有较好的改观。杨凌示范区积极推动农村产权抵押贷款试点工作，建立了农村产权抵押贷款"杨凌模式"，切实解决了农村产权的确权颁证、流转以及涉农贷款风险补偿问题，为金融机构开办农村产权抵押贷款创造了有利条件，有效化解了涉农企业和农户因抵押物不足形成的贷款难问题。

陕北地区金融在服务和支持农村经济发展中还存在着许多阻碍和制约因素，主要表现在民间借贷风险难控、农村资金外流加剧、农村金融机构缺失等方面。榆林市民间借贷在一定程度上缓解了农户和中小企业的融资困难，大量民间资本助推了榆林跨越式发展。但民间借贷也蕴藏着巨大风险，其无视市场风险投资约束，催生了非法集资，最终可能陷入"庞氏骗局"，对社会稳定造成负面影响。

陕南地区的问题主要表现在政府救助与农业保险欠缺，农贷投放风险控制难，信息披露渠道不畅，农村信用体系建设滞后，金融监管力度难以深入等方面，应通过优化农村信用环境，推进农村金融服务与产品创新。

---

① 中国银行业监督管理委员会陕西监管局. 商洛市农村中小金融机构实施"三大工程"成效显著，http：//www.cbrc.gov.cn/shaanxi/docPcjgView/89B5292055AA4EF9889B649EA3F83441/602010.html.

随着农村金融服务不断发展，金融产品不断增多，农民的金融需求也日益多样化。对于陕西省陕北、关中、陕南三个地区而言，农村金融服务仍不能完全满足农民的金融需求，要在一定程度上解决农村金融产品供给和需求的非均衡问题，需要科学谋划，采取战略性措施，推动农村金融与区域农村经济协调、均衡发展。

4.6　促进陕西省农村金融产品供给与需求均衡化演进的对策建议

4.6.1　培育有效金融需求

一、鼓励农户开展多种形式适度规模经营

通过鼓励农户开展多种形式的适度规模经营，激励农户有效金融需求的产生。第一，推进土地租赁型规模经营，引导农民按照依法、自愿、有偿的原则，以转包、出租、互换、转让等形式流转土地承包经营权，促进土地向专业大户、家庭农场和农业龙头企业等规模经营主体集中；第二，积极引导农民通过土地入股的方式，发展农村土地股份合作社，推进土地股份合作型规模经营发展；第三，按照"服务农民、进退自由、权利平等、管理民主"的运作原则，大力发展农民专业合作经济组织，提高农业生产经营组织化程度，推进农业分散经营向规模化经营、产业化经营转变；第四，在家庭经营的基础上，通过全方位、高标准的农业社会化服务，推进服务型规模经营，着力提高家庭经营集约化水平。

二、强化农业龙头企业带动功能，加快农业产业化发展

在培育农业龙头企业有效金融需求方面，要结合陕西实际情况，大力发展适合本地情况的不同类型农业龙头企业，通过龙头企业的发展，带动农户以及其他中小企业发展。第一，鼓励农业龙头企业运用市场机制，通过收购、兼并、控股等方式，组建跨地区、跨行业、跨所有制的龙头企业集团；第二，加强农业龙头企业的产业链建设，构建一批科技水平高、生产加工能力强、上中下游相互承接的优势产业体系，推动农业生产经营专业化、标准化、规模化、集约化；第三，以龙头企业为核心，组建农业产业化企业集团，形成在国内有重要影响的产业园区，充分发挥产业园区的辐射带动作用，形成以农产品加工业为核心的新型产业基地，推动传统农

业向现代农业的转变；第四，积极发展"龙头企业＋基地＋农户"、"龙头企业＋农民合作组织＋农户"、"超市＋基地＋中介组织＋农户"等多种类型农业产业化，鼓励农业龙头企业、农民专业合作社与农户建立紧密型利益连接机制，共同分享农业产业化利益；第五，鼓励龙头企业加大科技投入，加强与科研院所和大专院校合作，建立研发机构，培育一批市场竞争力强的科技型龙头企业，同时加强对农户的技术指导和标准化生产培训，提升龙头企业的辐射带动能力。

三、引导农村个体工商户创建知名品牌

在培育农村个体工商户有效金融需求方面，鼓励和引导农村个体工商户创建知名品牌，提高其竞争力；指导具有一定经营规模或有自主农字号品牌的农村个体工商户转型升级，支持转型升级后的特色农业大户创建农字号品牌；推进商标富农战略，积极培育特色农产品走品牌化发展之路，着力推进"一村一品"建设；支持个体工商户申报和推介驰名商标、名牌产品、原产地标记、农产品地理标志，并给予适当奖励；整合同区域、同类产品的不同品牌，加强区域品牌的宣传和保护，严厉打击仿冒伪造品牌行为。

四、推动农村中小企业产业集群发展

乡镇中小企业是农村金融机构的主要客户群之一，也是区域经济的市场主体，又是项目、资金等资源的有效载体。在培育农村中小企业有效金融需求方面，对本地特色资源进行深度挖掘并加以创造性的整合，引导农村中小企业向优势产区集中，培育壮大区域主导产业，增强区域经济发展实力，形成一批相互配套、功能互补、联系紧密的产业集群；探索完善产业化集群内中小企业、相关产品生产者和物流企业之间的利益连接机制及上下游产业链的运作机制，着力打造纵向和横向的产业联盟，推进产业化集群高效融合发展；加强产业集群内部的专业分工，形成弹性生产体系，进一步发挥集群内部的规模经济和范围经济效应，形成集群竞争力；加强产业集群内部的自组织，制定和执行行业规范，培养自律、诚信的集群经营氛围，限制企业之间的过度竞争，尤其是没有约束的仿冒以及恶性价格竞争。

五、支持农业基础设施建设，增加农村政策性有效金融需求

增加农村政策性有效金融需求，应该把重点放在支持农业基础设施建

设，改善农业生产条件，提高农业生产能力，弥补农业中长期投入严重不足的缺口。大力支持水利灌溉设施和农村中、小型水电站建设，发展节水农业；推动中低产田改造和高产稳定农田建设，提高农业产出水平；支持农村公路、电网和农村通讯设施建设，推动农业机械化；加大对农产品流通体系的建设，如粮食物流系统、粮食市场监测系统、粮食批发市场体系的建设。

4.6.2 创新农村金融产品

一、扩大抵押物的范围，进行抵押融资产品创新

对于农村融资抵押物的创新，不同区域应根据本辖区的特点，在法律允许的范围内积极进行创新产品的试点。为了更好地解决农户或农业企业贷款难的问题，不同区域应该推出适合本辖区特点的，基于扩大农民或农业企业合法拥有的动产或不动产为抵、质押的信贷产品；进行土地流转贷款方式的改革，在可控的范围内进行集体林权、农村住房、土地收益、宅基地房产、大型农机具、大棚和土地承包经营权抵押等贷款的试点。

二、发展多元化联保贷款，促进信用增级

农户联保对调整农业产业结构，提高农业效益、增加农民收入、实现农业和农村经济的持续稳定发展发挥着越来越大的作用。针对新型农村经营主体的特点开展金融产品创新，大力发展农户、企业联保以及企业、合作社、农户间多种组合形式的多元联保贷款；扩大农户、农村个体工商户及农村企业联保贷款覆盖范围，促进农户、农村个体工商户及农村企业的信用增级，提高农户、农村个体工商户及农村企业的经营能力，进而降低信用风险。

三、建立农户和中小企业信用体系，促进不同金融机构信息共享

为适应农业生产的专业化、商品化、社会化和市场化需要，让符合贷款条件的农户不再"贷款难"，就应该建设农户贷款信用体系，做好农户小额信用贷款，加强农户信用评级研究，确保信贷资金安全。建立农户贷款信用体系，通过政府和金融机构的协调配合，建立农户及农业组织的信用档案；开展农户信用等级评定工作，要充分发挥农村基层组织的作用，广泛吸收村、组干部为评定小组的成员，逐户调查农户的生产经营情况、资金需求状况、信用观念、家庭经济承受能力、经济发展能力等；根据信

用等级的评定结果，对农户及农业组织进行信用授权，核发不同级别的资信卡或贷款证，确定各种不同级别的资信卡或贷款证的贷款最高限额；在授信额度的范围内对农户及农户组织发放贷款。

四、促进信贷与保险业务对接，形成风险分担机制

为了更好地抵抗信贷风险，应加强涉农信贷与保险的合作，综合发挥银保服务"三农"的功能作用，大力推进信贷和保险业务在涉农金融服务领域的产品及服务方式创新。保险公司要不断提升农业保险覆盖面和渗透度，积极探索开展涉农贷款保证保险；银行业金融机构要将涉农保险投保情况作为授信要素，鼓励借款人对贷款抵押物进行投保；探索发展吸收银行和保险公司参与的多种形式或组合方式的农村信用共同体。

五、简化贷款手续，提高贷款审批效率

涉农银行业金融机构要结合地方实际，改进金融服务流程，开展农户贷款流程再造，促进农户贷款业务流程标准化、规范化，切实提高审批效率，有效控制信贷风险；涉农银行业金融机构应制订与农户、农村个体工商户以及涉农企业生产经营相适应的贷款条件、放贷程序、管理方式和风险评价体系，简化的信贷审批流程；简化银行业金融机构的组建条件，为各类资本参与农村金融体系建设提供便利。

4.6.3 积极培育农村金融内生性组织

一、引导金融机构发展普惠金融

普惠金融的主要任务是为贫困、低收入人口和微小企业提供可得性金融服务。引导金融机构发展普惠金融，一是发挥政策性、商业性和合作性金融的作用，进一步深化农村中小金融机构改革，加快小额保险、小额期货发展，构建多层次、多样化的普惠金融服务体系；二是鼓励政府、学术界、监管机构和银行业共同研究普惠金融，建立衡量一个地方普惠金融发展的指标体系；三是加大对普惠金融服务的政策支持，完善农村金融机构风险补偿机制；四是设立普惠金融服务资金，引导金融资源投向普惠金融体系；五是通过"宽严相济"的差异化监管，适度调整注册资本、存款准备金率等监管政策，适当放宽担保要求和担保品范围，引导各类金融机构主动提供普惠金融服务。

二、鼓励、引导民间资本进入农村金融市场

为了加快推进"三农"的金融服务，面对多层次的农村金融服务需求，应允许民间资本兴办金融机构。一是创新银行融资机制，引导民间资本进入农村金融市场；二是把民间借贷资源聚集起来，实现中间业务的快速发展；三是央行应加强对民间融资的持续性监测和引导；四是尽快出台民间金融的监管法规，采取灵活的方式来防范非正规金融的风险，引导规范民间金融有序发展；五是加强经济金融和法律知识宣传，引导民间融资健康运行。

此外，还应积极稳妥促进民营金融机构发展。第一，鼓励民营企业参与商业银行增资扩股、城市商业银行重组、农村金融机构重组改造，及参与村镇银行发起设立或增资扩股；第二，根据不同种类的民营金融机构，适度放松市场准入限制和降低市场准入门槛，发展新型民营金融机构；第三，督促民营金融机构完善公司治理结构，建立适当的金融机构保障制度，防范民营金融机构风险；第四，在加强风险管理的基础上，鼓励民营金融机构在管理体制、经营机制、产品创新和服务方式等方面积极开拓，增强其服务中小企业的供给能力和创新能力；第五，建立有效的退出机制，对严重违规、资不抵债、缺乏信用的民营金融机构，要进行强制性的关闭，以防止风险扩散和积累。

三、促进民间金融阳光化、公开化

民间融资"阳光化、公开化"是一项复杂的工程，除加强安全性宣传和风险提示外，还需要通过政策引导、市场促进、规范管理、专业指导等综合手段。取消限制农村民间金融的政策，承认其合法地位；正确认识正规金融与民间金融对农村经济发展的互补作用，肯定民间融资的正面作用；大力发展金融理财产品，增加民间资金投资渠道；建立地方性民间融资交易中心，提供"阳光化、公开化"融资平台，便于规范化管理；对民间金融进行有效的规范与引导，将其纳入农村金融体系，使其成为农村金融市场的重要参与者。

4.6.4 总结农村产权抵押融资试验经验，促进融资模式"可复制、易推广"

一、建立健全完善的农村产权确权、评估机制

农村产权制度是农村重要的基本经济制度，农村产权制度改革的目的就是，通过深化农村土地和房屋产权制度改革，建立健全"归属清晰、权

责明确、保护严格、流转顺畅"的农村产权制度，切实推动农村资产资本化。

建立健全完善的农村产权确权机制，一是根据农户提出的农村资产确权颁证书面申请，以村或村民小组为单位，对农户土地经营权、设施农牧业产权、林权、房屋产权等进行确权，确定村组之间、农户之间的产权权属关系；二是按照"权属明确、数据准确、标的清楚"的要求，以村或组为单位，进行公示，接受群众监督；三是对农村产权逐户进行登记审核，设施农牧业产权、林权根据年度组织验收的资料登记审核，房屋产权根据规划设计、施工图纸登记审核，土地经营权权属清楚的直接登记审核，权属有异议的，勘清地界，重新认定后登记；四是根据主管部门登记审核意见，分别给农户或经营户发放《农村土地承包经营权证》、《日光温室产权证》、《养殖暖棚产权证》、《林权证》、《房屋所有权证》等；五是镇相关站所要对农户土地经营权、设施农牧业产权、林权、房屋产权等所有资料进行登记造册，整理归档，建立电子信息档案，对已登记产权的流转、交易、抵押等事项进行备案管理。

建立健全完善的农村产权评估机制，一是在对农村产权价格评估工作中，应配套出台相应的评估细则；二是综合考量评估标的物的区位、未来升值空间、重置成本、周边环境等因素，对评估标的物的评定标准进行细化；三是研究制定农村土地承包经营权基准价格，制定集体建设用地使用权基准价格和最低保护价；四是由政府对外公布评估价格，为农村产权的价值评估提供依据和基础。

二、建立公开、公平、高效的农村产权流转市场

为促进农村产权和生产要素的规范、有序、高效流转，优化农村资源配置，促进农村资产资本化，增加农民收入，应该加强农村产权交易市场建设，规范交易服务，完善农村产权市场制度。一是加强对农村产权交易平台建设，设立农村产权流转交易服务中心并实现联网；二是建立健全农村产权流转担保服务体系，组建了农村产权抵押融资担保公司，为农村新型集体经济组织、农民个人、涉农企业及其他中小企业合作开展融资担保服务提供了强有力的保障；三是规范农村各类产权流转交易程序和等级管理，促进农村各类产权可流转、可抵押、可入股，推进农村各类产权的资本化、市场化，使农民有更多的财产权益；四是大力发展农村产权价值评估、法律咨询等中介组织，为农村产权流转提供规范服务。

三、支持鼓励各类金融机构开展农村产权抵押融资业务

农村的产权抵押融资及担保体系的不完善，导致农村农户、农村个体工商户以及涉农企业向金融机构申请贷款难，政府在完善农村的产权抵押融资及担保体系方面，应鼓励各类金融机构拓展符合农村生产特点的产权抵押融资业务。支持农村信用社深化改革，继续发挥支农主力军作用；鼓励和支持农发行、农行、邮储银行等涉农国有银行扩展农村机构网点，鼓励和支持其他商业银行将机构和业务向基层延伸，开发更多适应"三农"发展的融资产品；引进银行资本、社会资金参与组建村镇银行、贷款公司和农村资金互助社等各类新型农村金融服务机构，拓宽农村产权抵押融资渠道。

四、总结试点经验，探索"可复制、易推广"农村产权抵押融资模式

为有效推动农村产权抵押融资，应建立政府扶持、多方参与、市场运作的农村产权抵押融资服务体系，采取"产权捆绑抵押"、"信用＋产权抵押"、"联贷联保"等方式，开发符合农业产业化发展的涉农抵押担保新产品。从农户和机构两个视角、多个角度，科学地评价陕西省各个地区农村产权抵押融资试验效果；基于农村产权抵押融资试验效果综合评价的结果，从金融生态环境、确权方式、流转形式、估价方法、风险补偿等方面，系统对比各地农村产权抵押融资模式，深入探究各地试验效果的差异性及其原因；在城镇化和农业产业化程度高的地区，推动农村产权抵押融资的改革，探索开展相应的抵押贷款试点，丰富"三农"贷款增信的有效方式和手段；鼓励涉农金融机构根据当地的"三农"金融需求，因地制宜、归纳总结出适合不同经济社会发展水平的农村产权抵押融资模式。

4.6.5 扩大农业保险覆盖面

一、创新农业保险种类

为了进一步发展农村保险事业，扩大农村保险的承保面和业务范围，在全面推进农村金融产品和服务方式创新中，保监会应继续落实"低保额、广覆盖"的原则，继续扩大农业保险的覆盖领域和试点品种。第一，鼓励保险公司研究农村保险需求，开发适销对路的产品，构建多元化产品体系，拓宽试点服务领域；第二，在全省范围内加快普及农业保险，积极探索发展畜产品及森林保险等业务；第三，鼓励开展多种形式的互助合作保险；第四，规范农业保险大灾风险准备金管理，加快建立财政支持的农业保险大灾风险分散机制；第五，探索开办涉农金融领域的贷款保证保险和信用保险等业务。

二、加大商业保险引入力度

从农业保险的长远发展来看，构建多层次、广覆盖、可持续的农村保险保障体系，迫切需要商业保险公司的介入和推动，以提升农村社会保障水平。第一，积极推广农村小额人身保险、计划生育保险等商业保险，满足不同收入农民的保障需求；第二，推动借款人意外险、农村小额贷款保证保险，扩大畜产品及森林保险范围和覆盖区域，切实缓解农村融资难问题；第三，支持商业保险参与经办"新农合"、"新农保"，提高两类基本保险的运营效率和管理水平；第四，推进设立农村保险互助社等新型农村保险机构的试点，鼓励支持各类保险公司到农村地区设立分支机构，增强保险业在农村的服务能力。

三、增加政府对农业保险补贴

为进一步发挥农业保险强农惠农作用，应按照"政府推动、政策支持、市场运作、公司经营"的原则，完善政策扶持措施，采取财政和税收优惠结合的方式，进一步加大对农业保险的支持力度。第一，加快农业保险财政补贴立法，完善农业保险保费补贴政策；第二，加大对生产大县农业保险保费补贴力度，适当提高部分险种的保费补贴比例；第三，开展农作物制种、渔业、农机、农房保险和重点国有林区森林保险保费补贴试点；第四，政府应该增加保费补贴品种、扩大保费补贴区域。

4.6.6 优化农村金融生态环境

一、加大农业投入，发展农村经济

按照产权明晰、用途管制、节约集约的原则，赋予农民更加充分而有保障的土地承包经营权，稳定和完善农村基本经营制度；按照高产、优质、高效、生态、安全的要求，加快转变农业发展方式，推进农业科技进步和创新，加强农业物质技术装备，健全农业产业体系，提高农业综合生产能力；充分利用国际国内两种资源、两个市场，发挥比较优势，对农业结构进行战略调整；建立以政府为主导、社会力量广泛参与的多元化农业科研投入体系，形成稳定的投入增长机制，加快农业科技创新，提高农业科技含量；加强农业基础设施建设，强化政府在农村基础设施建设方面的职能，加大政府投入力度，同时鼓励农民开展小型农田水利设施、小流域综合治理等项目建设。

二、规范立法、执法和司法监督，完善农村金融法律法规体系

完善农村金融法律法规，有效地保护债权人、投资人的合法权益，坚决打击金融犯罪活动，树立诚信意识和道德规范。完善农村金融生态法律体系，特别是与银行债权保护密切相关的《破产法》和《担保法》；将农村金融组织的市场准入、退出和公平竞争纳入法制轨道；净化农村金融执法环境，需要政府从保护存款人的利益、维护金融债权、支持"三农"的战略高度出发，加大惩治司法腐败行为的力度，增加执法透明度，降低执法成本；建立健全司法监督体系，努力做到司法的公平与公正，从而达到维护农村金融秩序、优化农村金融生态的目的。

三、推进信用评级，加快农村信用体系建设

综合运用法律、经济、舆论监督等手段，建立和完善社会信用的正向激励和逆向惩戒机制；开展企业信用评级和信用乡镇、信用村、信用社区、信用企业和信用户建设活动，营造"重信用、讲诚信"的社会风气；加快工商、税务、公安、银行等部门的信用信息资源联网步伐，建设企业和个人信用信息基础数据库，建立重点人群的信用档案，实现社会信用信息资源共享；培育壮大资信评级机构，规范发展企业资信评级市场，大力发展中小企业信用担保机构，畅通资本金补充渠道，完善信用担保机构风险补偿机制，放大担保倍数。

四、发挥政府职能，推进农村金融生态环境建设

农村各级政府应转变职能，规范政府信用行为，通过完善地方法律法规、健全信用管理体系，对市场主体提供更好的社会服务；从促进经济金融协调发展的角度出发，正确处理银政企三方面利益的均衡关系；建立包括企业和个人信用等级状况、不良贷款率、拖欠银行利息率、逃废银行债务等指标在内的信用考核体系，并将金融生态环境建设的评价工作纳入到政府和部门的目标考核范围；建立以政府为主导，多部门分工负责、相互配合的工作体系，从制度、体制和机制上为改善金融生态环境提供保障。

4.6.7 小结

本章根据陕西省农村金融产品供给和需求的非均衡现状，分别从农村金融产品的需求、供给、供需对接以及供需保障的角度，提出解决陕西省农村金融产品非均衡问题的对策建议，进一步缩小陕西省农村金融产品供给和需求的缺口。农村金融产品的需求方面，分别从鼓励农户开展多种形式的适度规模经营，强化农业龙头企业的带动功能，引导农村个体工商户创建知名品牌，推动农村中小企业产业集群发展以及支持农业基础设施建设几个方面，培育农户、农业龙头企业、农村个体工商户、农村中小企业以及农村政策性有效金融需求。在农村金融产品的供给方面，农村金融产品的创新和农村金融内生性组织的培育，可以保障农村金融产品的有效供给。总结试点经验，探索"可复制、易推广"农村产权抵押融资模式，进而建立政府扶持、多方参与、市场运作的农村产权抵押融资服务体系，是完成农村金融产品需求和供给对接的有效途径。通过农村保险种类的创新，加大商业保险引入力度和增加农业保险补贴等方式，扩大农业保险的覆盖面，可以有效分散和降低农村金融风险，化解农村金融产品供给与需求之间的矛盾。良性的农村金融生态环境应包括有序的经济环境、完善的法制环境、良好的信用环境和高效的监管环境等，因此，需要从加大农业投入，规范立法、执法和司法监督，推进信用评级，发挥政府职能等方面，优化农村金融生态环境，促进农村经济与农村金融良性互动发展。

5 杨凌农村商业银行
发展规划（2011—2013 年）

5.1 背景

5.1.1 国家支持发展"三农"金融，建设杨凌全国农村金融改革创新试验区，推动农村金融创新

在党和国家大力支持"三农"发展，推进农村金融改革之际，杨凌农村商业银行的组建面临着良好机遇。改革开放以来，中央先后制定出台了关于"三农"问题的 7 个"一号文件"，积极推动了农村改革和发展，使我国农村发生了巨大的变化。特别是党中央、国务院关于社会主义新农村建设的战略部署和党的十七届三中全会通过《中共中央关于推进农村改革发展若干重大问题的决定》后，国家惠农支农政策不断推出，城乡统筹发展力度不断加大，农业农村发展基础进一步夯实，工业化、城镇化和农业农村现代化协调推进，农民收入持续增长，农村发展的金融需求更加迫切，为农村商业银行的发展提供了广阔的市场空间。十七届三中全会《决定》做出了"继续办好国家农业高新技术产业示范区"的战略部署；2010 年 1 月 12 日，国务院下发了《关于支持继续办好杨凌农业高新技术产业示范区若干政策的批复》；2010 年 6 月 5 日，中共陕西省委、陕西省人民政府发布了《贯彻落实〈国务院关于支持继续办好杨凌农业高新技术产业示范区若干政策的批复〉的意见》，这些充分体现了党中央、国务院、陕西省委、省政府对杨凌的高度重视，扩大了示范区在全国的影响，为示范区的跨越发展增添了强大动力。国务院《批复》从国家层面明确了示范区发展的新定位、新目标、新思路，指出要通过 5 年到 10 年的努力，使杨凌示范区发展成为干旱半干旱地区现代农业科技创新的重要中心、农村科技创业推广服务的重要载体、现代农业产业化示范的重要基地、国际农业科技合作的重要平台、支撑和引领干旱半干旱地区现代农业发展的重要力量。

《批复》从五个方面提出了支持办好示范区的具体政策措施，主要是支持信息化社会化农村科技服务体系建设、推动现代农业产业化示范、加强农业科技创新能力建设、深化农村金融改革与服务创新、加强农业科技合作与交流等。在杨凌农村信用联社基础上组建杨凌农村商业银行，对于贯彻落实党的十七届三中全会提出的"继续办好国家农业高新技术产业示范区"的战略部署和国务院《批复》精神，建设杨凌全国农村金融改革创新试验区，推动农村金融创新，加快杨凌自身发展具有重要意义。2010年杨凌成为全国第一个农村金融改革创新试验区，农村金融要素市场建设取得突破性进展，农村金融正在成为杨凌的新的发展空间。

5.1.2 杨凌农村信用联社发展态势喜人

农村商业银行是近十年来农村金融机构改革的成功模式，它是由符合条件的自然人、境内非金融机构、境内金融机构、境外金融机构和银监会认可的其他发起人共同入股组成的股份制的地方性金融机构。自2001年张家港、常熟、江阴等首批农村商业银行成立以来，农村商业银行逐年增多。近年来，长春、成都、广州、武汉等省会城市农村商业银行也相继开业。截至2009年底，我国已成立的农村商业银行有43家，总资产由2003年的384.8亿元提高到2009年的18 661.2亿元，增长了47.5倍；税后利润由2003年的0.9亿元提高到2009年的149亿元，增长了164.6倍，农村商业银行已经成为我国农村信用社改革发展的方向和农村金融改革的生力军。

杨凌示范区从2009年到2011年总共投入9.5亿元，建成100平方公里现代农业核心示范区；强力推进现代农业示范园区建设，努力打造"国际知名国内一流"农业园区。杨凌农村信用联社推广无抵押信贷产品，大力发展富秦卡、惠农卡等支农信贷产品，增加对特色农业、订单农业的信贷扶持，拓展农业产业链。通过构建完善的金融服务体系，杨凌为发展现代农业、促进农民增收提供了充足的资金链条，强力推进了杨凌现代农业生产、展示、加工、研发产业链条的发展壮大。在信贷资金支持下，占地8.3万亩的杨凌现代农业示范园区现已初具规模，设施蔬菜生产基地已建成日光温室4 800多座、中棚4 300多亩，已建成猕猴桃精品示范园1 500亩；江苏雨润、北京汇源、黑牛豆奶、来富油脂等一批涉农龙头企业建成投产；金鹏种苗公司番茄研发项目、台湾美庭公司台湾水果种植项目、瑞士先正达公司转基因玉米研发项目相继施工建设。通过财政补贴、资金扶持、税收优惠等优惠政策对农村信用社进行扶持，使杨凌联社管理体制基本理顺，历史包袱得到初步消化，产权制度改革稳步推进，助农致富工程成效显著，内控监管日益完善，金融服务水平逐步提高，经营状况明显好转，为农村信用社未来发展奠定了坚实基础。截至 2010 年 11 月末，存款余额达 88 994 万元，贷款余额达 49 927 万元，市场份额逐步扩大，经营规模已占据本区金融市场的相当比重，成为农村金融的主力军。2009 年被杨凌示范区管委会授予金融工作先进单位。

5.1.3　杨凌区域经济优势

2009 年 6 月，国家出台的《关中—天水经济区发展规划》，确定以杨凌为依托建设全国现代农业高技术产业基地，把杨凌建成关中—天水经济区次核心城市；2010 年 1 月 26 日，胡锦涛总书记来陕西考察工作时指出："杨凌作为全国唯一的国家级农业高新技术产业示范区，要充分发挥辐射带动作用，为推动全省乃至全国的'三农'工作贡献更大力量。"作为唯一国家级农业示范区，杨凌现代农业的发展，不仅对调整区内农业产业结构，增加农民收入具有重要意义，更重要的是发挥示范、推广效应，对于推动干旱半干旱地区现代农业发展发挥重要作用。杨凌现代农业的发展，需要资本要素的大力支持，积极推动包括农村金融改革试点在内的金融改革创新在杨凌先行先试，为杨凌现代农业发展、产业化示范、产业链推广以及科技创新、国际合作、次核心城市建设、产业发展和城乡一体化发展提供金融支持。在"关中—天水经济区"发展规划中，杨凌和宝鸡、铜川等地都被定位为经济区"次核心城市"，杨凌示范区已经上升为国家战略，将会对周边乃至全国都具有较强的吸纳力、辐射力和带动力，具有重要的战略地位。到 2020 年，杨凌城区面积要达到 35 平方公里，人口达到 30 万人。目前杨凌示范区建成区面积 16 平方公里，总人口 20 万人，其中城市人口 8 万人。杨凌示范区正在加快城市建设力度，在城市重大基础设施、园区配套项目建设、拓展城市空间、完善城市功能方面大量投入资金，并计划将杨凌打造成为"关中—天水经济区"内富有特色的现代化中等城市。构建具有杨凌特色的产业体系，努力建设富裕杨凌、园林杨凌、人才杨凌和科技杨凌，并以此为依托，拉长优势产业链条，形成聚集发展效应，做大区域经济规模，带动杨凌示范区加快建设，提升工业化、城市化水平。

杨凌示范区现有工行、农行、中行、建行、农信社、长安银行、邮储银行等银行业金融机构 7 家，银行机构营业网点 27 个，从业人员 330 余人。1998—2004 年，杨凌农业贷款占总贷款比重一直保持在 20% 左右，这一比例远远高于全国 5% 的平均水平。2010 年，组建后的杨凌农村商业银行，将成为杨凌总部银行，充分利用杨凌的区位优势，立足杨凌城乡，辐射整个杨凌示范区乃至西部半干旱地区。县域和城乡结合带是农村信用社传统的服务区域，也是城际连接带的主要载体。随着城际连接带建设的不断推进和城乡经济统筹发展，杨凌农村商业银行必将成为杨凌示范区"城际连接带"的金融纽带，成为城乡统筹发展的重要金融支撑。同时，杨凌农村商业银行将适度介入城市经济发展，实现城乡业务优势互补，巩固传统业务，创新业务品种，统筹推进城乡服务，具有其他银行难以逾越的市场优势，市场空间十分广阔。

5.2　基础条件

杨凌示范区信用社地处全国闻名遐迩"杨凌农科城"的陕西杨凌区康乐路 43 号，于 1994 年经中国银行业监督管理委员会批准，由辖区内农民、社区居民、中小企业入股组成的合作制社区性地方金融机构。信用社合作联社拥有五个信用社，一个联社营业部，一个市场分社共 7 个营业网点，87 名员工，担负着全区"三乡两镇"71 个村民委员会、300 多个中小企业，2 万多农户 16.6 万元城乡人口的信贷服务。目前，拟在杨凌农村信用联社（包括：杨村乡信用社、大寨乡信用社、李台乡信用社、五泉乡信用社、新区社和常乐分社）基础上组建杨凌农村商业银行，股本金初步拟定为 1 亿~2 亿元，每股 1 元，新股东每购一股需缴纳 0.2~0.3 元购买不良资产，最终的股本金和股价根据投资者入股意愿决定。在市场定位及客户群体、机构网点分布、员工结构、业务发展、金融科技、风险管控等方面为组建农村商业银行打下了坚实的基础。

5.2.1　机构网点

杨凌区信用合作联社组建于 1982 年 8 月，现拥有"五社一部"与一个分社，现有职工 87 名，服务全区"三乡二镇" 19 180 户 81 800 多农民。自 2004 年 4 月，信贷支持全区发展小麦良种田 18 000 亩，向社会提供良种 1 000 多万公斤，直接增创收入 2 000 余万元。支持全区农户建成畜牧小区 12 处，购买奶（肉）牛存栏 9 600 多头，奶山羊 4 800 只，名优杂果园 2 350 亩，新建和改建日光温室大棚、中棚 950 多座。截至 2010 年 11 月底，全区"五社一部"和一个分社拥有各项存款 88 994 万元，各项贷款 49 927 万元，贷款中"涉农"贷款 36 624 万元，农贷占各项贷款 73.4%，每年发放的"涉农"贷款比例持续递增，有力地促进了杨凌农业产业结构的调整和农民的增收。

5.2.2 员工队伍

杨凌联社下辖 5 家信用社，一个营业部，一个分社，87 名员工，拥有一批常年从事农村金融工作，具有丰富农村信贷业务经验和广泛客户资源的基层业务骨干。特别是近年来，6 家信用社不断加强员工队伍建设，计划实施以面向社会选拔引进一批专业化高端人才，面向新招录的大学生员工培养锻炼一批专业性人才，面向系统内全体员工改造提升一批人才，面向现有业务骨干培养储备一批人才为主要内容的"四个一批"人才工程，实现对人力资源的深度开发和优化配置。干部和员工队伍在知识化、年轻化、专业化建设方面取得了较好成效，为组建农村商业银行提供了有力的人才保证。

5.2.3 经营管理情况

秉承"真心、真意、真回报"的核心价值观，坚持以市场为导向，以客户为中心，以服务为宗旨，以盈利为目标，坚持立足"三农"，服务现代农业园区与城乡居民、服务中小企业、服务区域经济的市场定位、着力创新管理机制体制，深化产权制度改革；着力拓展市场，加快发展，强化管理，提升质量；着力构造合规文化，有效防范风险；着力建设科技平台，提升科技服务水平；着力强化目标绩效考核实现改革发展成果由员工分享；着力加强队伍建设，提高员工整体素质；着力支持县域经济和城区经济发展。

截至 2009 年底，六社一部资产总额 95 486 万元，负债总额 91 412 万元，净资产 4 070 万元，总股本 1 600 万元；各项存款余额 71 082 万元，各项贷款余额 41 753 万元，其中，涉农贷款余额 40 050 万元；不良贷款率缩减为 7.06%。

表 5 - 1　　　2006—2009 年杨凌示范区农村信用联社基本财务情况

单位：万元、%

项目	2006 年	2007 年	2008 年	2009 年	截至 2010 年 11 月
存款余额	36 601	41 807	42 471	71 082	88 994
贷款余额	23 563	25 311	30 880	41 753	49 927
涉农贷款余额	19 983	20 843	26 433	40 050	36 624
不良贷款率	19.86	15.77	11.65	7.06	1.27
经营利润	463	464	297	−143	1 067
利润总额	457	463	280	−134	1 072
净利润	306	311	210	−134	1 072

六家信用社分别设立了财务结算、事后监督、信贷管理、不良贷款清收处置、负债管理、后勤服务等"六大中心"，为杨凌农村商业银行的经营管理工作奠定了扎实的基础。

5.2.4　金融科技发展情况

杨凌农村信用联社已于 2006 年实现所有机构综合业务系统的成功上线。2007 年开始发行具有存取现金、通存通兑、转账结算、消费、代收付、代缴费等功能的标准借记卡。2008 年，六家信用社加入全国农信银系统，可以满足同城、异地、跨行、跨境多层次、全方位的结算服务需求，安全可靠，方便快捷，即时到账。截至 2010 年 6 月末，六家联社已累计发行卡 15 532 张，卡内各项存款达到 8 632.35 万元，刷卡消费额 241.87 万元，布放 ATM 7 台。

5.2.5　内控及风险防范情况

几年来，六家信用社强化对法人治理和经营管理的制度约束，狠抓制度执行力和合规文化建设，风险管控能力持续提高，初步形成了合规经营、有序管理、执行有力的企业文化。

5.3　战略规划

5.3.1　总体战略目标

杨凌农村商业银行为确保由传统的农信社向现代股份制商业银行的成功转型，以深化产权制度改革为核心，以"科学定位，细分市场，差异化经营"为指导思想，采取"长远规划，分步实施"的战略，定位于"立足城乡、服务'三农'、服务中小企业及城乡居民、促进区域经济发展"，力争成为一家产权清晰，资本结构合理，公司治理完善，内控管理严密，财务状况良好，经营运行稳健的现代化股份制商业银行，争取三年内实现跨区经营，五年至十年左右上市。统筹城乡发展，在金融服务"三农"和区域经济发展中，加大信贷投放力度，拓宽金融服务领域、创新"三农"金融产品，加大涉农信贷投放，积极开发、引进适应农民要求的金融产品，推动农村金融的发展，更好地为"三农"服务，惠农卡、小额贷款等金融服务，让更多农民群众享受到更加舒适、便捷、高效的金融服务。搞好科技资源与金融资源的有效对接，加快建立有利于促进自主创新的多元化、多层次、多渠道科技投融资体系。

5.3.2　具体经营目标

组建后的杨凌农村商业银行将实现"三级跨越式"发展模式。一是规模跨越式发展。组建后，迅速扩大存贷款市场份额，实现规模大发展。二是内涵跨越式发展。在做大规模的同时，强化风险控制，创新业务产品，大力推进经营理念和营销方式的战略转型，实现规模、质量、效益的综合发展。三是集约化经营跨越式发展。发挥总部银行功能，实现经营目标、网点布局、业务格局的大幅度、高质量提升。

一、业务发展目标

1. 做大市场。随着杨凌示范区建设国家规划的落实，杨凌经济正站在新的起点，步入新的上升期，预计未来 10 年将保持较快的发展速度。综合考虑杨凌示范区未来几年的社会经济发展速度、银行业务市场需求增长情况、银行业的竞争情况、自身比较优势及可占市场份额等因素，预计杨凌农村商业银行 2011—2013 年将保持稳健、快速发展的态势，资产规模将持续扩大、资产质量稳步提升。根据近年来六家信用社业务发展趋势，预计到 2013 年底，杨凌农村商业银行各项存款余额达到 129 349 万元，较 2009 年底增加 58 267 万元，增长 82%；各项贷款余额达到 96 007 万元，较 2009 年底增加 54 254 万元，增长 130%；不良贷款余额控制在 1 591 万元以下，不良贷款率下降到 1.78%，保持在商业银行较先进水平；资本充足率 10.8%，保持在合理水平。

表 5–2　　　　　2010—2013 年资产负债规模预测表　　　单位：万元、%

项目	2010 年	2011 年	2012 年	2013 年
资产总额	95 050	117 900	146 244	181 401
贷款余额	56 547	66 658	80 233	96 007
负债总额	91 870	114 635	143 040	178 483
存款余额	76 672	90 979	108 321	129 349
存贷比	73.8	73.3	74.1	74.3

注：规划中有关数据根据《商业银行资本充足率管理办法》的规定进行测算，并以下列假设条件为前提：① 现行存贷利率无重大变化。② 我国现行有关法律、法规、政策无重大变化。③ 本次征集发起人工作上顺利完成，拟募集股本金全部到位。④ 国内外经济环境在近期趋稳。⑤ 无不可抗拒因素造成的重大不利影响。⑥ 暂未考虑合并吸收其他机构因素。⑦ 未考虑杨凌示范区政府给予的五年超基数税收财政补贴政策。

2. 做细市场。杨凌农村商业银行将在农村金融市场持续保持较为明显的优势地位，积极拓展城乡结合部地区、稳步拓展中心城区、巩固发展远郊农村地区的金融市场，根据个人客户与公司客户市场以及不同行业市场的需求和业务性质，因地制宜，采取有针对性的策略，探索有效的跨区域经营模式，继续推进经营理念和营销方式的战略转型，做大做细目标市场。

杨凌农村商业银行将按市区、城乡结合部、远郊划分市场区域，依据杨凌城乡一体化的特点确定城乡结合部为业务发展重点，加大力度发展城区存款业务、城乡结合部的存贷款业务及远郊贷款业务。

从客户市场来看，截至 2009 年底，6 家信用社个人贷款余额 11 992 万元，占全部实质性贷款余额的 28.7%，个人客户贷款中农户贷款占 85.8%，其他个人贷款占 14.2%。未来 3 年个人贷款业务仍将重点投向具有产能优势的农户，促进个人农业产业的发展。从法人客户来看，截至 2009 年底，6 家信用社法人客户贷款余额 23 761 万元，占全部贷款余额的

56.9%，其中农村工商业及其他涉农法人客户贷款余额 21 011 万元，占法人客户贷款总额的 88.4%，其他法人客户贷款占 11.6%。未来 3 年法人贷款业务仍将重点投向涉农法人客户和各类中小企业贷款市场。

表 5 - 3　　　　　　　2010—2013 年客户市场份额预测表　　　　单位：万元

项目	2010 年	2011 年	2012 年	2013 年
农户贷款	20 000	25 000	28 000	31 000
城镇自然人贷款	1 829	2 671	2 810	3 632
涉农法人客户贷款	27 979	30 122	39 717	50 109
其他法人客户贷款	6 739	8 865	9 706	11 266
合计	56 547	66 658	80 233	96 007

注：规划中有关数据测算以下列假设条件为前提：① 现行存贷利率无重大变化。② 我国现行有关法律、法规、政策无重大变化。③ 本次征集发起人工作上顺利完成，拟募集股本金全部到位。④ 国内外经济环境在近期趋稳。⑤ 无不可抗拒因素造成的重大不利影响。⑥ 暂未考虑吸收合并其他机构因素。⑦ 未考虑杨凌示范区政府给予的五年超基数税收财政补贴政策。

3. 做强市场。杨凌农村商业银行将围绕本行发展战略，深度打造"以客户为中心、以市场为导向、以风险防控为主线"的现代化流程银行，不断改革创新，优化流程建设，按照集约化经营、精细化管理、专业化服务的要求和循序渐进、注重实效的原则，提高自身管理效率及核心竞争力。一是做强产品。杨凌农商银行将以客户需求为出发点，倾力打造完整的业务产品体系，做强特色资产业务和中间业务，在对公业务、个人业务和国际业务领域全面树立市场品牌形象，增强产品核心竞争力。二是做强渠道。杨凌农村商业银行将通过体系重建、架构重设、流程再造大幅提升管理能力；通过垂直管理有效防范业务风险；通过机构扁平化缩短管理链条，提高管理效率；通过量本利分析合理配置人力资源和调整网络布局，更好地提升网点渠道效能，并以高效的物理网点为基础，全面强化渠道建设。三是突出支农特色。杨凌农村商业银行将继续发挥比较优势，根据杨凌地区"三农"发展进程、杨凌示范区城乡一体化规划、"三农"服务思路与原则，进一步完善涉农信贷产品和服务，探索具有本地特色的业务模式，全面提高"三农"服务水平、巩固"三农"金融市场领头羊地位，不断加大对涉农的信贷投放量，到 2013 年争取涉农贷款余额达到 81 109 万元，占各项贷款比重达 84%。

二、财务目标

1. 盈利能力。组建后的杨凌农村商业银行盈利能力将大幅提高。一是严把新增贷款质量关，通过扩大贷款规模增加贷款利息收入，2011—2013年贷款利息收入将分别达到4 513万元、5 432万元、6 500万元；二是通过多渠道运用资金，有效增加投资收益，2011—2013年投资收益将分别达到2 000万元、3 000万元、5 000万元；三是通过网络建设等科技手段，大力发展中间业务，增加中间业务收入，2011—2013年中间业务手续费净收入将分别达到0.18亿元、0.25亿元、0.55亿元；四是规范财务行为，有效节约成本开支，2011—2013年业务及管理费分别为0.48亿元、0.65亿元、0.85亿元。综上所述，2011—2013年净利润总额将分别达到1 920万元、3 072万元、4 915万元（见表5-4）。

表5-4　　　　　　　　2010—2013年盈利能力预测表

单位：万元、元/股、%

项目	2010年	2011年	2012年	2013年
净利润	1 200	1 920	3 072	4 915
每股收益	0.01	0.15	0.20	0.40
资产利润率	1.20	1.50	1.55	1.58
资本利润率	22	23	24	25

注：表内数字为拟定杨凌农村商业银行于2010年组建完成，根据杨凌农村商业银行的业务发展和内控管理水平，以新《企业会计准则》为标准，测算未来3年的盈利能力的测算值。

2. 收入结构。组建后的杨凌农村商业银行，将仍以贷款利息收入为收入主体，2011—2013年贷款利息收入占总收入的比例分别为84.05%、82.63%、82.13%；同时，通过大力拓展中间业务，中间业务手续费占各项收入的比例将持续提升，2011—2013年中间业务收入需占各项收入的比例将分别达到2.17%、2.90%、3.7%，收入结构进一步优化。

3. 分红计划及利润分配。2011—2013年杨凌农村商业银行分红率将保持在合理水平，分红的具体数额、方式、时间由董事会根据盈利情况提出分配方案，经股东大会审议通过后执行。利润分配顺序：（1）弥补以前年度亏损；（2）按10%的比例提取法定盈余公积金；（3）提取一般（风险）准备金；（4）提取任意盈余公积金；（5）分配股利。

三、风险管理目标

1. 不良贷款控制。杨凌农村商业银行在坚持过去行之有效的内部制度的同时，对现行支付、业务流程进行梳理和完善，进一步完善统一规范的操作标准，并增强制度执行力，确保业务有序开展。同时，将继续通过各种途径，加大对不良贷款的清收、盘活和处置工作，加大考核和责任追究力度，使不良贷款余额和不良贷款率在监管要求之内。

表5-5　　　　　2010—2013年不良贷款余额及不良贷款率预测表

单位：万元、%

项目	2010年	2011年	2012年	2013年
不良贷款余额	2 527	2 166	1 856	1 591
不良贷款率	5.00	3.54	2.51	1.78

有效控制新增不良贷款是确保不良贷款下降的根本措施，为此，一是要严格信贷管理，健全审贷责任制度，完善贷款发放手续；二是要把好贷前调查、贷中审查、贷后检查"三查"关，杜绝违规贷款；三是加大贷款收回考核力度，确保新增不良贷款降至最低限度，力争使每年新增不良贷款占比控制在1%以内。

2. 资本补充。通过经营快速发展，风险有效控制，盈利水平不断提高，不良贷款加快处置，使资本充足率将始终保持在10%以上。

表5-6　　　　　　　2010—2013年资本充足率预测表　　单位：万元、%

项目	2010年	2011年	2012年	2013年
净资产	3 301	3 633	3 997	4 398
其中：股本	1 794	2 012	2 257	2 531
资本净额	4 991	8 357	13 994	23 432
加权风险资产	55 166	65 911	78 748	94 085
资本充足率	8.2	9.2	9.5	10.8
核心资本充足率	6.2	7.2	7.5	7.9
每股净资产	1.84	1.81	1.78	1.74

注：以上测算时假定2011—2013年未对外新募集股份。根据未来3年业务发展规划，按未来资产总额的50%预计加权风险资产，2011—2013年的加权风险资产总额将分别达到65 911万元、78 748万元和94 085万元。通过增资扩股、增加盈余积累等措施，积极扩充资本实力后，杨凌农村商业银行预计2011—2013年底，资本充足率分别达到9.2%、9.5%和10.8%，核心资本充足率分别达到7.2%、7.5%和7.9%。

3. 呆账准备提取。为提高杨凌农村商业银行的拨备充足率和拨备覆盖率，将严格按照相关文件的规定，按关注类贷款的 2%、次级类贷款的 25%、可疑类贷款的 50%、损失类贷款 100% 提取贷款损失专项准备；按非信贷资产的减值情况提取减值准备；按不低于风险资产 1% 的比例计提一般准备。2011—2013 年贷款损失准备将保持在 4 600 万元以上，贷款损失准备充足率将达到 300% 以上（见表 5-7）。

表 5-7　　　　　　2010—2013 年贷款损失准备预测表　　　单位：万元、%

项目	2010 年	2011 年	2012 年	2013 年
贷款损失准备	2 868	4 613	7 418	11 930
贷款损失准备充足率	192.87	335.11	340.00	350.00
拨备覆盖率	100	150	155	160

注：以上预测遵循审计性原则，但预测所依据的各项假设条件具有不确定性，实际数据可能因经营状况和宏观经济形势的变化而作出相应的调整。

5.4　实施方案

5.4.1　完善公司治理

杨凌农村商业银行根据《中华人民共和国公司法》、《中华人民共和国商业银行法》、《农村商业银行管理暂行规定》等有关法律法规的要求，建立以股东大会、董事会、监事会、高级管理层等机构为主体的组织架构，完善"三会"和高级管理层的议事规则和决策程序，明确股东、董事、监事和高级管理人员的权利义务。

1. 搭建完整的治理架构，加强内部管理。厘清"三会一层"的相互关系，确保股东大会为最高权力机构，董事会为重大战略性决策机构，监事会为监督质询机构，高管层为经营管理机构。

2. 加强董事会专门委员会、董事会办公室及高管层专业委员会建设。强化董事会专门委员会作为辅助决策机构、董事会办公室作为董事会事务执行机构，高管层专业委员会作为高管层辅助执行机构的职责清晰，确保各委员会的专业性，对经营决策形成有力支持。

3. 加强监事会作用，强化审计委员会独立性与权威性。采用董事与监事自我评价与互评机制相结合的方式，完善董事、监事的绩效评价体系，逐步构建现代化的商业银行治理文化。

4. 加强高级管理层团队建设，建立市场化选聘高管模式。建立符合本行发展的高管激励约束机制，防止内部人控制。

5. 公平处理大股东与小股东之间利益关系，严格审核关联交易，按照相关法律法规，及时向全体股东及利益相关者披露信息。

5.4.2 开拓目标市场

杨凌农村商业银行在未来 3 年内将在农村金融市场持续保持较为明显的优势地位，按照中心城区、城乡结合部以及远郊农村等三个区域市场，根据个人客户与公司客户市场以及不同行业市场的需求和业务性质，因地制宜，采取有针对性的策略，做大、做细、做强目标市场。

在金融服务竞争激烈的中心城区市场，杨凌农村商业银行将以改制为契机，加大企业形象的宣传力度，优化网点布局，加强重点客户营销，实施跟随策略，着力提高品牌影响力和市场占有率，不断增强综合竞争力。

在具有潜力的城乡结合部市场，杨凌农村商业银行具有较强的网点、人缘优势、品牌认知度和忠诚度较高，虽然同业竞争日益激烈，仍能保持相对优势地位。杨凌农村商业银行将积极调整业务结构，重点拓展专业市场、现代农业园区市场，扶持优质中小企业客户群体，支持次核心城镇建设、农村基础设施建设和城中村改造项目建设，实施领先策略，做大做强城乡结合部市场。在具有主导地位的远郊农村市场，杨凌农村商业银行具有天然的历史的优势地位，占有较大的市场份额。杨凌农村商业银行将加大对农业产业化的扶持力度，支持农户发展特色农业和优势农业，拉动农村集体经济实体贷款，优先安排农业生产的资金需要，特别是积极支持农田、水利、种养业等农业生产贷款。在远郊农村市场采取巩固策略，维持并发展传统优势地位。杨凌农村商业银行将针对不同的目标市场，加快产品创新、制度创新和科技进步，形成核心竞争力。对客户群进行细分和动态管理，建立产品研发流程和机制，针对不同客户群的需求进行产品优化和设计，最大限度地满足客户需求。

在公司业务方面，杨凌农村商业银行将全面开办票据业务、担保与承诺业务、贸易融资业务及各项传统信贷业务，力争尽快成为全功能、多产品、广覆盖、综合性的强势区域商业银行。同时，将发挥传统优势，突出产品推广重点，打造特色银行。重点开展农业产业化龙头企业贷款、涉农中小企业贷款、农村基础设施建设和城镇化贷款、农村商业流通领域贷款及农民专业合作社贷款业务，不断拓展涉农市场领域，保持市场领导地位。在个人业务方面，杨凌农村商业银行将在个人（微型企业）经营性贷款、个人消费贷款、金信卡产品领域进行市场培育和挖掘，以本行网点与人员优势为依托，继续保持并拓展与不同规模和背景的专业担保公司合作，在数量上和结构上有效分散风险，获取规模效益，稳妥渐进扩大市场份额，谋求获取长期、稳定、合理的个人零售业务收益。并以"阳光·惠农贷"（"贷款＋保险"）产品为主导，为符合贷款条件的农户提供小额信用贷款、农户联保贷款、农户保证贷款、农户抵（质）押贷款等多种贷款产品。在国际业务方面，杨凌农村商业银行将建设全功能银行作为发展方向和目标之一。通过与大型商业银行合作，利用本行客户基础和区域网络优势，吸引专业人才，尽快建立规模适中、专业化程度强、服务水平高的国际业务专业队伍和相对完善的产品体系，打通国际业务营销渠道，为本行各类客户办理国际结算、贸易融资、外币存贷款、理财产品销售、代理等多种国际金融业务服务。

在中间业务方面，杨凌农村商业银行将利用广覆盖、一体化的城乡金融服务渠道网络，迅速发展电子银行、电话银行、手机银行、自助银行、客户服务中心等多种形式，拓展在投资银行业务领域的服务范围，积极发展附加值高的资信业务，开拓重组并购、银团贷款、结构化融资等业务。加强对企业年金、合格境内机构投资者（QDII）、资产托管、代理证券交易等业务领域的拓展，发展资产托管这一潜力业务，利用银行丰富的客户资源做大做强，构筑中间业务盈利的新增长点。

5.4.3 提高管理水平

一、打造流程银行，提高核心竞争力

通过不断对业务流程、组织架构、绩效管理等一系列经营管理要素进行优化、整合和提升，发挥流程银行的体制优势和内在活力，实施高效的扁平化管理模式，构建强大科技支撑平台，促进银行经营结构和发展方式的转变，增强核心竞争力。

二、健全经营机制，提高管理效率

杨凌农村商业银行要在整体战略规划中通过两个方面来强化经营机

制，提高扁平化管理水平。一方面健全激励约束和竞争机制，充分调动员工的积极性，发挥能动作用；另一方面完善信息披露和监督机制，实施差别授权，实行信息披露制度，定期向股东和利益相关者披露经营管理和公司治理的情况和数据，广泛接受监督。重新设置管理结构，缩短决策链，提高管理效率。

三、丰富营销手段，健全服务体系

杨凌农村商业银行将巩固优化农村地区网点，保持城乡结合部网点总量稳定，继续优化网点布局，增强辐射功能。进一步丰富营销手段，加大城镇地区自助设备投放力度，大力推广电话银行、手机银行、网上银行等新型服务方式。

杨凌农村商业银行将建立健全"三农"专业化服务体系，加快推进金信卡推广发行力度，迅速提高服务覆盖面。依托单一法人和集中化管理优势，强化"三农"专业化经营管理体系，构建有特色、有竞争力的"三农"金融服务产品体系，紧紧围绕新农村建设和当地经济发展的金融需求，研发、推广相应的金融产品、服务方式和管理技术。

5.4.4 强化风险控制

杨凌农村商业银行将贯彻全面、审慎、有效、独立的原则，以防范风险、审慎经营为出发点，体现"安全为本、内控优先"的要求，构建集中、垂直、独立的风险管理组织架构，加强流程控制，制定并实施风险识别、计量、监测和控制的制度、程序和方法，形成覆盖各种风险的全面风险管理体系，建立有效平衡风险与回报的内控和运行机制。

1. 建立健全各项内控制度和约束机制。进一步健全和完善信贷审批制度。强化授权和授信管理，加强贷款"三查"制度，有效控制新增贷款风险。建立信贷风险预警机制，密切监测信贷客户动态变化情况，重点关注其财务状况、资信状况、担保情况和发展情景，以降低贷款风险。

2. 强化贷款管理和相应责任，严格执行资产负债比例管理。控制单户贷款额度、存贷比例、拆借资金比例，提高备付金比例、资本充足率和资产利润率、贷款损失准备充足率等。通过建立和完善贷款管理办法和不良贷款责任追究制度，落实贷款管理责任。

3. 完善财务和会计监督制度。建立和完善财务管理制度、成本控制制度、柜面操作风险控制制度等，强化管理，落实责任。

4. 加强内控建设。通过强化制度建设，加强机构控制、岗位控制、授权控制、程序控制，确保每个部门、岗位、业务流程有章可循。

5. 提高资产流动性比例。资金应用充分考虑其流动因素，严格控制存贷比例，提高负债的相对稳定性，防范流动性风险。

5.4.5　加强员工队伍建设

优化员工结构，完善薪酬制度，全方位加强员工培训，并通过"稳健经营、内控优先、全员参与、过程管理"的内控文化环境，以制度约束为基础提高自我约束意识，充分体现出"合规中实现自我进步、合规创造自我价值"的理念，为杨凌农村商业银行的发展提供人力资源保障。

一、建立多系列、多层级的用人体系

把岗位划分为管理系列、营销系列和专业技能系列。管理系列从低到高划分为初级管理岗位、中级管理岗位、高级管理岗位。每一层次的管理岗位又划分为不同级别，分工明确，各司其职。营销系列全面推行落实客户经理制。客户经理分为公司客户经理和个人客户经理两类，每类又细分为见习客户经理、初级客户经理、中级客户经理和高级客户经理四个层次，不同等级的客户经理负责不同层次的客户同时享有不同的权力和待遇。专业技能系列根据组织结构和业务流程的变化，严控岗位数量，重新审定岗位编制，因事设岗。实行竞聘上岗，根据员工的特长、工作能力和业绩确定其岗位。大力招收优秀大学毕业生，引入高素质同业人才，实现人员结构优化。

二、改革薪酬制度，建立多层级的激励机制

改革薪酬制度，实现分配形式多元化，建立具有激励性和挑战性的弹性薪酬机制，充分发挥其基础性的激励和约束作用。按岗位不同级别，纵向拉开薪酬差距。对于经理级人员以及普通员工要合理拉开薪酬差距，体现管理人员价值，避免平均主义。横向拉开薪酬差距，主要体现在两个方面，一是不同性质的岗位不同薪酬。管理系列、营销系列以及专业技能系列要采取不同的薪酬标准和分配方式，营销系列主要同绩效挂钩，而专业技能系列则主要采取岗位工资制度。二是在同一系列中的不同岗位，根据工作内容、风险、责任的不同以及强度的不同，确定不同的薪酬标准，合理拉开档次。设立特区工资，引进急需的、对银行运营发展有关键作用的特殊人才。引入股票期权和员工持股方式，把员工的切身利益与公司经营发展紧密挂钩，同时采用文化激励、情感激励以及荣誉激励等方式，把物质激励和精神激励相结合，最大限度地调动员工的积极性。引入先进的绩效管理工具，改进传统单纯以财务指标为主的绩效考核方式，建立以风险调整后的资本收益率为核心的价值管理体系。

三、加强员工培训，提高员工素质

为充分激活在岗人员潜能，促进整体素养的提升，将通过专业技能培训、上岗资格考试、技能证书年审等形式，保证各岗位的基本需求。通过外部交流、内部讲师带动、鼓励在岗学习，实现人员自我价值提升。通过与专业院校合作开办培训基地，定期组织员工培训，提高其业务素质，适应业务经营发展需要；对于关键岗位的管理人可组织其到国外学习先进管理经验，进一步改善农村商业银行的经营管理。全员普及业务知识，使其熟悉各项产品，从而有效进行营销，改进服务质量，确保农村商业银行顺利实现经营转型和长期可持续发展。

5.4.6 资本运作实现跨区域经营

杨凌农村商业银行成立后，将立足杨凌，辐射整个杨凌示范区乃至西部干旱半干旱地区。随着杨凌农村商业银行的持续健康发展，力争在开业三年后，遵照监管政策和农信社深化改革整体部署，按照杨凌示范区、省内、省外的次序，通过参股控股、吸收合并和新设机构方式，实现跨区域经营，进一步拓展发展空间，发挥规模优势，建设具有综合竞争能力的现代商业银行。

跨区经营被看成解决现代商业银行发展"瓶颈"的"第二次革命"。杨凌农村商业银行将尽快达到全国性股份制商业银行风险评级中等以上水准、满足各项监管要求，采取多种形式，争取三年跨区经营，五年至十年上市，具体方式有：

1. 参股控股方式。通过参股控股，一方面可获得参股行的红利，拓宽盈利渠道，分散经营风险，另一方面可实现客户资源的共享，熟悉当地的市场运行状况，降低合作成本，为并购奠定基础。

2. 吸收合并方式。通过并购，可将被并购行的客户资源与网点资源直接纳入经营体系，拓展业务经营范围，实现资源整合，节省大量市场开拓成本，而且也避免了不熟悉新市场的情况而导致的经营风险。

3. 新设机构方式。直接设立分支机构，可将经营理念和管理机制直接移植，避免并购可能出现的磨合期问题。

杨凌农村商业银行在设立初期即按照上市目标征集发起人，规范股权结构与法人治理，严守法律程序，为未来上市夯实基础。在开业后，将积极参照上市银行的经营管理标准，既要严格遵守现代银行的营运准则，又要着力突出自身特色，打造成现代化管理的城乡结合、优势互补、服务社会的零售银行，力争在 3 年内在经营和管理等方面基本达到全国性股份制商业银行的标准，具备在异地设立分支机构的基本条件，做好引进境内外战略投资者的准备工作，争取 5—10 年内基本达到上市的要求，登陆资本市场。并且上市不是最终目的，通过不同阶段的资本运作，科学管理企业发展各阶段的现金流，从而提高银行经营效率，促进农村商业银行建立现代金融企业制度，以满足农村市场对金融的渴求，实现自身和农村金融的和谐发展。

5.4.7　深化信息技术改革

当今银行业发展的一个重要趋势就是电子化、信息化、网络化，先进的信息技术对于银行的发展有着至关重要的作用。杨凌农村商业银行将深化信息技术对经营管理的支持作用，将科技全面渗入经营管理的每一个层面，全面提高竞争力。

1. 业务经营与产品研发。深化信息技术在客户服务、业务创新等方面的应用，增进技术与业务的相互融合，提升核心产品、品牌产品的技术壁垒，加大网络银行建设的投入。深化信息技术在管理决策方面的应用，引入客户关系管理系统，建立完整、统一的公司客户信息库和功能强大的客户分析工具，对客户信息进行分析，为经营提供有价值的数据，提高客户营销的针对性和成功率，提升管理决策的速度和质量。

2. 行政管理。在深化信息技术在内部沟通方面的应用，增进纵向、横向信息沟通的实时性、有效性，增强银行整体的市场反应能力。引入先进的办公管理系统，实现办公自动化，提高管理效率。将信息技术嵌入绩效考核系统，构建合理的定量和定性考核指标。

3. 风险管理。通过信息技术有效地将风险管理嵌入工作流程，使各项业务规章和授权转化为系统软件中的逻辑门槛，实现对风险管理的硬约束。深化对信息技术风险的管理，科学制定技术风险管理策略，健全技术风险评估和系统运行监控，加强技术外包管理，确保数据和技术安全。

5.4.8 加强企业文化建设

企业文化是渗透在企业一切活动中的无形理念体系，是企业的灵魂所在。企业文化建设是一个长期的系统工程，在具体操作过程中，需要领导层发挥倡导、示范、引导、创新的功能，把员工的自身价值体现和企业目标的实现结合起来，激发员工的责任感和主动性，同时调动各种因素，运用各种手段，厚积薄发，形成适应市场经济要求的独特企业文化。

杨凌农村商业银行提出的企业文化战略是打造特色、培养精神、展现形象、拓展空间，这既是战略，也是目标。长远的目标是培育自己文化，使其成为我们的第一竞争力，推动自身实力不断壮大，促进农商行做大、做优、做强。短期目标是：一是从政治思想、道德观念、经营管理、业务技能等方面进行强化学习，使全员对我行提出的理念识别、行为识别、视觉识别有深刻的认识，由陌生变知晓，由被动引导到主动参与，理念统一起来，行为规范起来，单位面貌、职工精神面貌崭新起来，从而达到风正、气顺、心齐、劲足、和谐。二是通过健全制度、落实制度，以较强的制度执行力规范服务行为、操作行为、交际行为，严肃内部管理和劳动纪律。三是挖掘、发现、培养人才，引入竞争机制，关心员工利益，引发全员热情，开发内在潜能，发挥全员的主动性、积极性和创造力。四是有计划地按省级部门印发的视觉识别应用标准，本着高档次、高标准、规范化的原则，搞好网点建设，展现全新的农商行形象。五是加大形象宣传力度，开展多种形式的劳动竞赛、文体活动、创建活动，对外提升影响力，对内激发热情，增强向心力。六是建立学习型农商行，精心规划，认真组织，从现在做起，从我做起，在全区范围内形成全员学习、终身学习的学习氛围，不断获取新知识，适应新形势，使队伍的整体素质有质的提升。

6 杨凌农村商业银行
设立村镇银行发展规划（2013—2018 年）

6.1 背景、可行性和必要性

6.1.1 背景

一、国家政策环境优越

党的十七届三中全会通过《中共中央关于推进农村改革发展若干重大问题的决定》以来，国家惠农支农政策不断推出，城乡统筹发展力度不断加大，农民收入持续增长，农村发展的金融需求更加迫切，为农村新型金融机构的发展提供了广阔的市场空间。中央一号文件也屡屡明确提出加快制定农村金融整体改革方案、引导金融机构增加对"三农"的信贷投放。在党和国家大力支持"三农"发展，推进农村金融改革之际，杨凌农村商业银行组建村镇银行面临着良好机遇。

2006 年 12 月，中国银行业监督管理委员会《关于调整放宽农村地区银行业金融机构准入政策，更好支持社会主义新农村建设的若干意见》（银监发〔2006〕90 号）开始适度调整和放宽农村地区银行业金融机构准入政策，促进农村地区形成投资多元、种类多样、覆盖全面、治理灵活、服务高效的银行业金融服务体系，以更好地改进和加强农村金融服务，支持社会主义新农村建设。随后银监会出台了《村镇银行管理暂行规定》（银监发〔2007〕5 号）、《村镇银行组建审批工作指引》（银监发〔2007〕8 号）等一系列政策法规要求各地结合实际加强对村镇银行的监督管理，规范其组织行为。2010 年 4 月《中国银监会关于加快发展新型农村金融机构有关事宜的通知》（银监发〔2010〕27 号）要求银监局把按规划组建新型农村金融机构作为重要工作来抓，为其发展创造良好条件和监管环境，为加快新型农村金融机构的培育。一系列政策的支持无疑为村镇银行提供了一个良好的发展平台。

此外，根据国务院《批复》精神及银监会、证监会、保监会联合下发的《关于全面推进农村金融产品和服务方式创新的指导意见》，为积极探索解决农村资金不足、融资难的制约"瓶颈"问题而实施的农村产权抵押贷款，也必将成为杨凌农村商业银行设立的村镇银行发展的一大亮点。

二、区域经济发展迅速

在国家西部大开发战略和关天经济发展规划以及国务院《关于支持继续办好杨凌农业高新技术产业示范区若干政策的批复》的背景下，近几年杨凌示范区经济实力大幅提升。2011 年，实现生产总值 60.79 亿元，是 2006 年的 2.9 倍，年均增长 16%，同比增速全省第一；完成全社会固定资产投资 16 亿元，是 2006 年的 1.9 倍，年均增长 13.5%；财政总收入、地方财政收入分别完成 2.32 亿元和 1.29 亿元，分别是 2006 年的 3.1 倍和 2.9 倍，年均增长 25.5% 和 24.3%；城乡居民人均收入分别达到 25 680 元和 9 010 元，分别是 2006 年的 2.2 倍和 2.4 倍，年均增长 17.1% 和 18.7%。区域经济发展呈现出总量扩张、结构优化和效益提升的良好态势。作为唯一的国家级农业示范区，杨凌示范区对周边乃至全国都具有较强的吸纳力、辐射力和带动力。倚靠杨凌示范区的稳定发展，从区内到区外，从省内到省外，科技示范基地的迅速发展促进了科技覆盖面的扩大，优势产业链条的拉长，区域经济规模的扩大，为金融产业发展提供巨大机遇。

三、杨凌农村商业银行实力雄厚

农村信用合作社的成立可以追溯到 20 世纪 50 年代，虽然经历了曲折多变的发展过程，但是坚持扎根于农村，服务于"三农"理念从未动摇过。杨凌农村商业银行股份有限公司（以下简称"杨凌农村商业银行"）成立于 2012 年，其前身为组建于 1982 年的杨凌区农村信用合作联社，担负着全区"三乡两镇"71 个村民委员会、300 多个中小企业，2 万多农户 16.6 万城乡人口的信贷服务。在财政补贴、资金扶持、税收优惠等优惠政策的扶持下，通过理顺管理体制，消化历史包袱，推进产权改革，杨凌农村商业银行的内控监管日益完善，金融服务水平逐步提高，产权制度、组织形式和公司治理迈上了新的台阶，业务经营也步入一个崭新的发展时期，为未来发展奠定了坚实基础。

本着扎根"三农"、服务"三农"的宗旨，杨凌农村商业银行大力发展多种支农信贷产品，为发展现代农业、促进农民增收提供了充足的资金链，强力推进了杨凌现代农业产业链的发展壮大。截至 2012 年 6 月末，资产总额达 181 846 万元，利润达 1 528 万元，存款余额 153 797 万元，贷款余额 79 332 万元。随着市场份额逐步扩大，经营规模已占据本区金融市场的相当比重，成为农村金融的主力军。

杨凌农村商业银行为示范区确定的农村产权抵押贷款试点金融机构，初步形成了以农村土地经营权、农村住房、活体动物、设施大棚、苗木为载体的农村产权抵押体系。截至 2012 年 12 月底，累计发放大棚抵押贷款 343 万元，累计发放苗木抵押贷款 380 万元，养殖圈舍抵押贷款 50 万元，土地经营权抵押贷款 440 万元，奶牛抵押贷款 30 万元，农业生产设施抵押贷款 150 万元，农村房屋抵押贷款 30 万元，累计发放贷款 16 笔 1 423 万元，现有贷款余额 12 笔 1 033 万元。2009 年至今，杨凌农村商业银行通过农村产权抵押扩大农村有效担保物范围，在解决农村融资难问题上进行了积极探索，促进了杨凌地方经济发展，充分证明了农村产权抵押贷款模式值得通过设立村镇银行向区外复制、推广。

四、西北农林科技大学科技示范基地辐射效应

作为农业科技创新、新型农技推广服务的探索者，杨凌示范区集聚国内外农业科技资源，对农业科技协同创新体制与科研成果产业化机制进行了长期探索，为科技推广与金融服务的结合提供了支撑。十五年来，杨凌示范区充分发挥自身科技优势，积极探索现代农业全产业链新模式、新机制，在坚持家庭承包经营制度的基础上创新现代农业产业化经营机制，组建了 300 多个农民专业合作社，形成了"龙头企业＋合作社＋农户"、"合作社＋农户"的产业化模式，建成了一批科技含量高的标准化种植、养殖基地、培育了一批独具特色的农业龙头企业。西北农林科技大学科技示范基地的辐射效应，使得"技术推广＋资金支持"的信贷资金运行模式成为可能。

6.1.2　必要性

一、增加金融服务渠道与拓展目标市场的需要

融资难一直是困扰区内"三农"的突出问题，现有金融机构贷款业务重点投向农村工商业等非农法人客户市场，而对于具有农业产业化发展潜

力的涉农法人与农户关注度不够，存在资金缺口。杨凌农村商业银行出资设立村镇银行，能够充分依靠现有的品牌、网点和人缘优势，做大、做细目标市场。在公司业务方面，开办票据业务、担保与承诺业务以及各项传统信贷业务，做强已有信贷品牌；在个人业务方面，在个人经营性贷款、个人消费贷款领域进行市场培育，深入发展个人信贷品牌；进一步丰富营销手段，大力推广电话银行、手机银行、网上银行等新型服务方式。积极拓展以发展成熟的科技示范基地为基础的金融市场，根据客户的不同需求因地制宜，满足其贷款额度小、频率高、时间急的需求，通过拓展目标市场既增加了金融服务渠道扩大了市场份额，又为解决"三农"融资难问题开辟新途径。

二、金融服务链条下延与完善农村金融体系的需要

村镇银行的设立，增加了一条支持"三农"的金融渠道，使得金融服务对象向农户与中小企业等"草根"部分下延，一定程度上解决了国有商业银行贷款因审批严格、手续烦琐、门槛高而对"三农"和中小企业支持不足的问题。虽然已建成的 97 家科技示范基地所在的县区相对处于不发达地区，但农业科技实力较强，主导产业明晰且具有一定优势。从中选择较为成熟的基地设立村镇银行，建立以资金支持技术推广，以技术推广保证贷款偿还的良性资金循环模式，更好地支持了基地建设和当地经济的发展。

同时，由此形成的多种农村金融机构并存的局面，对完善多层次、广覆盖、可持续的竞争性农村金融体系，提高金融对现代农业和新农村建设的服务水平起到了推动作用。另外，村镇银行明确民间资金可以入股，从而有效规范和引导了民间融资，为民间资金提供了良性的发展渠道。防范民间融资风险，对改善金融环境，弥补资金缺口有着不可替代的作用。

三、提升科技支农与金融支农结合度的需要

设立村镇银行是解决我国现有农村地区"金融抑制"的创新之举，按照"投资多元、贴近农村、治理灵活、高效运作、服务三农"原则设立的村镇银行，建立了城乡金融资源互通互联的新桥梁，一定程度上缓解了城市资金有余、农村资金紧张和金融运行渠道少的问题，初步实现了把农村资金留在农村、把城市资金引入农村的目的。为实现国家"现代农业看杨凌"、关天经济区次核心城市的建设目标，实践国家"农村金融改革创新试验区"金融改革先行先试的任务，设立村镇银行势在必行。

新成立的村镇银行将充分依托科技示范基地的科技创新效应，根据当地"三农"发展进程、区域城乡一体化规划、"三农"服务思路与原则，探索具有本地特色的业务模式，将科技支农与金融支农有效结合。金融服务的跟进，将成为科研转化生产力的催化剂，使"金融支农"成为"政策支农"、"科技支农"有效纽带，加快当地农村工业化、城镇化和农业现代化步伐。

四、提高农村金融服务水平与促进经济协调发展的需要

2012年7月12日，中共中央政治局委员、国务委员刘延东在杨凌调研时强调，在杨凌示范区建成15周年之际，各有关部门和陕西省要加强配合、集聚资源，认真贯彻全国科技创新大会精神和中央有关决策部署，以科技创新为核心，以体制改革为动力，将杨凌示范区建设成为干旱半干旱地区现代农业科技创新的重要中心、农村科技创业推广服务的重要载体、现代农业产业化示范的重要基地、国际农业科技合作的重要平台、支撑和引领干旱半干旱地区现代农业发展的重要力量。

根据深化科技体制改革、加快国家创新体系建设的决策部署要求，要加快建立健全企业主导产业技术研发的体制，支持行业骨干企业整合创新资源，推动战略性新兴产业培育发展和传统产业改造提升；要发挥高新技术产业开发区等创新创业载体的辐射带动作用，推动创新要素向特色优势产业聚集，培育一批具有国际竞争力的产业集群；要支持和引导科技中介服务机构规范化、专业化发展，为科技创新和成果转化提供服务保障。无论是新兴产业培育还是传统产业改造，无论是提升产业竞争力还是科技成果转化，无一不需要安全稳定的资金链支持。因此，依托特色科技示范基地成立村镇银行，是金融支农政策所形成的示范效应的延伸，对建设开放合作的创新体系，激发各创新主体的活力，促进科技与经济社会发展紧密结合具有重大意义，是完成深化科技体制改革中心任务的必然。

6.1.3 可行性

一、杨凌农村商业银行符合银监会规定的设立村镇银行的基础条件

杨凌农村商业银行的前身杨凌示范区农村信用合作联社于1994年经中国银行业监督管理委员会批准，是由辖区内农民、社区居民、中小企业入股组成的合作制社区性地方金融机构。截至 2012 年 6 月末，辖内拥有 9 个营业网点，在册员工 115 名，员工队伍中大大专以上学历的达到 77% 以上，在高级管理层中有 75% 为年龄在 45 岁以下且拥有本科以上学历者；还拥有着一批常年从事农村金融工作，具有丰富农村信贷业务经验和广泛客户资源的基层业务骨干。同时，杨凌农村商业银行创立大会暨首届股东大会审议通过了《杨凌农村商业银行筹建工作报告》、《杨凌农村商业银行章程》、《杨凌农村商业银行经营方针及 2013—2015 年业务发展规划》、《杨凌农村商业银行支持"三农"发展和明确今后三年农业贷款比例（草案）》和《杨凌农村商业银行股东大会议事规则》等 13 项议案，选举产生了首届董事会董事 10 名和监事会非职工监事 3 名。因此，以杨凌农村商业银行发起设立的村镇银行符合银监会《村镇银行管理暂行规定》中设立村镇银行应当具备的九大条件。

二、国家推动农村金融创新，设立村镇银行得到各级政府大力支持

党的十七届三中全会《中共中央关于推进农村改革发展若干重大问题的决定》做出了"继续办好国家农业高新技术产业示范区"的战略部署；2010 年 1 月 12 日，国务院下发了《关于支持继续办好杨凌农业高新技术产业示范区若干政策的批复》从五个方面提出了支持办好示范区的具体政策措施，主要是支持信息化社会化农村科技服务体系建设、推动现代农业产业化示范、加强农业科技创新能力建设、深化农村金融改革与服务创新、加强农业科技合作与交流等；2010 年 6 月 5 日，中共陕西省委、省人民政府发布了《贯彻落实〈国务院关于支持继续办好杨凌农业高新技术产业示范区若干政策的批复〉的意见》，这些充分体现了党中央、国务院、陕西省委、省政府对杨凌农村金融改革与创新的高度重视。杨凌示范区成立多年来，在省金融办、银监局以及杨凌示范区金融办、人民银行杨凌支行等相关部门的努力下，金融生态环境得到了有效的提升和改善，金融系统风险减少，能够确保村镇银行的良性发展。

三、杨凌农村商业银行积累了丰富的管理经验，具备投资村镇银行的能力

杨凌农村商业银行自成立以来分别设立了综合部、业务发展部、市场开发部、财务会计部、风险管理部、审计部、科技信息部、安全保卫部"八大中心"，秉承"真心、真意、真回报"的核心价值观，坚持以市场为导向，以客户为中心，以服务为宗旨，全面推广无抵押信贷产品，大力发展多种支农信贷产品，增加对特色农业、订单农业的信贷扶持，拓展农业产业链，积极构建完善的金融服务体系。通过强化对法人治理和经营管理的制度约束，狠抓制度执行力和合规文化建设，风险管控能力持续提高，初步形成了合规经营、有序管理、执行有力的企业文化。同时，着力创新管理机制体制，深化产权制度改革，提升质量；着力强化管理，防范风险，加快发展；着力建设科技平台，提升科技服务水平；着力加强队伍建设，提高员工整体素质。

脱胎于杨凌信用合作联社的杨凌农村商业银行，一直立足于"三农"，与农村客户群形成了良好地互动，积累了相当丰富的管理经验，也积聚了一批熟知农村金融市场的管理人才。虽然地处经济金融发展较为落后的西部地区，但是以低成本、抗风险、可持续发展为理念的农商行能更好地服务于"三农"。在激烈的市场竞争中坚持"面向'三农'、面向中小企业、面向社区、面向县域经济"的市场定位，在客户群体、机构网点分布、员工储备、业务发展、金融科技、风险管控等方面的丰富经验，均为成立村镇银行奠定了坚实的基础。

四、示范基地经济金融运行情况良好，能有效支撑村镇银行的发展

近5年来，杨凌示范区经济发展呈现出总量扩张和效益提升的良好态势，经济实力大幅提升；同时，金融业发展呈现较快增长趋势，有力地支持了地方经济发展。2011年，全区实现生产总值60.79亿元，完成全社会固定资产投资16亿元，财政总收入、地方财政收入分别完成2.32亿元和1.29亿元，城乡居民人均收入分别达到25 680元和9 010元，成了杨凌农村商业银行"走出去"的坚实后盾。

多年来，西北农林科技大学充分依靠支农政策的示范效应与科技推广的辐射效应建立了一批各具特色的农业科技创新基地，围绕已建成的示范基地与未来要发展的基地设立村镇银行极具竞争优势。首先，农业科技创新示范基地具有明显的产业优势，在"专家＋示范户"、"专家＋合作社＋示范户"的指导模式下，特色农业生产逐渐规模化，比如白水苹果、眉县猕猴桃、阎良甜瓜、西乡茶叶、山阳核桃板栗、清涧的红枣、汉滨的水产、合阳葡萄、扶风秦川牛、凤翔蔬菜和果业等产业化潜力巨大，乾县还没有科研示范基地和专家大院，但是其作为西部第一纺织城，有经济发展

的空间。其次，示范基地区域经济发展状况良好，截至 2011 年底，白水县实现生产总值 45.5 亿元，眉县实现生产总值 623 518 万元，阎良全区实现生产总值 119.77 亿元，西乡县实现生产总值 44.311 亿元，山阳县实现生产总值 47.81 亿元，清涧县实现生产总值 26.13 亿元，汉滨全区实现生产总值 136.95 亿元，合阳县生产总值达到 50.69 亿元，扶风全县生产总值 69.37 亿元，凤翔县生产总值 120.84 亿元，乾县 2010 年国内生产总值完成 73.5 亿元，各区域城镇居民可支配收入与农民人均纯收入的增长率均保持在 15% 以上。最后，示范基地金融市场发展稳定。截至 2011 年底，白水县全县金融机构各项存款余额 44.65 亿元，同比增长 16.7%；各项贷款余额 14.85 亿元，同比增长 18.9%。眉县全县金融机构各项存款余额 611 765 万元，同比增长 21.9%；各项贷款余额 203 874 万元，同比增长 1.8%。阎良全区金融机构各项存款余额达到 107.6 亿元，比上年增长 10.2%；各项贷款余额达到 31.4 亿元，比上年增长 2%。西乡县全县金融机构各项存款余额 613 919 万元，同比增长 21.6%；各项贷款余额 287 352 万元，同比增长 22.3%。山阳全县各类金融机构存款达到 60.5 亿元，贷款达到 22.6 亿元。汉滨全区金融机构各项存款余额 217.56 亿元，同比增长 24.8%；各项贷款余额 115.97 亿元，同比增长 20%。合阳县金融机构各项存款余额 59.44 亿元，同比增长 12.57%；各项贷款余额 20.35 亿元，同比增长 16.29%。扶风县金融机构存款余额达 82.5 亿元，比年初增加 11.15 亿元；年底各项贷款余额达 35.4 亿元，比年初增加 2.5 亿元。凤翔县金融机构各项存款余额 77.2 亿元，同比增长 15.2%；各项贷款余额 37.3 亿元，同比增长 12.9%。乾县金融机构各项存款余额 52.36 亿元，同比增长 16.7%；各项贷款余额为 24.08 亿元，同比增长 20.52%。优势显著地主导产业、发展势头良好的区域经济、稳定的金融市场，势必能够为村镇银行的成立和发展提供有力的支撑。

五、周边区域经济稳定产业明晰，为村镇银行走出去提供了机遇

广元市辖下各区县经济发展平稳，产业各具特色：利州区是市政府所在地，2011 年实现地区生产总值 1 385 634 万元，比上年同期增长 16.0%；元坝区旅游资源丰富，享有"广元后花园"之称，2011 年全区实现地区生产总值 296 069 万元，比上年增长 15.1%；朝天区矿藏量巨大，素有"秦蜀重镇"之称，2011 年全区生产总值实现 254 797 万元，比上年增长

19.5%；青川县自然资源丰富，素有"金三角"之称，2010 年全县生产总值实现 159 398 万元，比上年增长 17.3%；剑阁县旅游业发达，有"蜀道明珠"之美誉，2010 年全县实现生产总值 49.78 亿元，比上年增长 14.8%；苍溪县植物资源丰富，地下资源开发前景广阔，2011 年全县实现生产总值 72.44 亿元，比上年增长 14.3%；旺苍县文化底蕴深厚，矿产资源、动植物资源丰富，2011 年全县实现生产总值 58.99 亿元，比上年增长 16.3%。在金融发展上，朝天区、元坝区与青川县目前没有村镇银行，利州区、剑阁县、苍溪县与旺苍县虽已有村镇银行，但仍然无法满足当地的金融需求。

宜宾市是长江黄金水道的起点，有"万里长江第一城"之美誉，临港开发区更是中国西南部地区的重要交通枢纽和商品集散地，2009 年全辖区完成地区生产总值 283.98 亿元，比上年增长 12.1%。2009 年底全辖区金融机构各项存款余额 394.28 亿元，比年初增长 33.1%，各项贷款余额 163.86 亿元，比年初增长 41.6%，当地政府对新型金融机构的设立表示大力支持。成都市郫县是通往世界著名风景名胜区都江堰、青城山、黄龙和九寨沟的必经之路，软件、出口加工、中药等产业发展迅速，2011 年全县实现地区生产总值 281.74 亿元，比上年增长 16.5%。郫县已成立了郫县国开村镇银行，对当地金融业的发展起到了一定作用，但金融市场仍有发掘潜力。

眉山市 2011 年 GDP 实现 673.34 亿元，居全省第 13 位，增长 15.3%，增速居全省第 8 位，人均 GDP 居全省第 9 位；固定资产投资 441.2 亿元，增长 24.3%，增速居全省第 6 位；第三产业增加值增长 13.5%，增速居全省第 1 位；地方财政一般预算收入 34.05 亿元，增长 37.9%，增速居全省第 5 位；城镇居民人均可支配收入 17 038 元，增长 16.3%，增速居全省第 8 位；农民人均纯收入 7 184 元，增长 20.9%，居全省第 4 位；眉山规模以上工业企业销售收入突破千亿元大关，工业集中度超过 70%，工业化率突破 50%，实现从工业化初期到中期的嬗变；眉山市有实际投资的境外世界 500 强累计达到 7 家，是除成都外全省引进最多的市州。

6.2 发展思路和主要目标

6.2.1 发展思路

坚持以科学发展观为指导，遵照《中国银行业监督管理委员会关于调整放宽农村地区银行业金融机构准入政策，更好支持社会主义新农村建设的若干意见》（银监发〔2006〕90号）、《中国银监会办公厅关于银行业金融机构发起设立村镇银行有关事项的通知》（银监办发〔2012〕158号）和《中国银监会关于加快发展新型农村金融机构有关事宜的通知》（银监发〔2010〕27号）等政策规定的相关规定，严格遵守《村镇银行管理暂行规定》，以推动农业产业结构优化升级、缓解农户、涉农中小企业融资难及推进农业和农村发展为目的；以"立足三农、服务三农"为立行之本；以提升金融服务水平、填补金融空白为己任；以服务农户、涉农中小企业、农民专业合作社为中心；以健全有效的风险防火墙和内部控制机制为保障；坚持多元化筹资、市场化运作；引入大型商业银行、担保公司、农业保险公司、农业龙头企业、高等学校、科研院所、致富能手等战略合作伙伴，以健全的金融服务网络和技术服务平台为支撑；创新推广杨凌农商行服务"三农"成功模式，以金融资本撬动社会资本，延伸金融服务链条，助力农村金融发展；以杨凌农商行产权抵押融资为经验，开发"可复制、易推广"的产权抵押融资模式在村镇银行复制推广，盘活农村资产，创新农村金融产品，增加农村金融供给；重点依托西北农林科技大学97家科技试验示范基地，选择主导产业明晰，金融需求强劲的地区优先设立村镇银行，开拓"技术推广＋资金支持"的运行模式，形成技术和金融良性循环、农业科技示范基地和金融企业互动支撑的良好局面；甄选金融服务层次较低或金融服务空白，但经济增长潜力大，特色产业明显，金融需求强劲的理想地区开设村镇银行，提升金融服务水平，提高农业科技水平，让金融改革发展和技术发展的成果惠及更多的农村客户。杨凌农商行力争在顺利改制正常运行的基础上，高起点规划，合理分散布局，在陕西省内、外重点依靠西北农林科技大学现代农业示范基地，并在金融服务不充分且具有经济发展潜力的区域开设41家村镇银行，进一步增强杨凌农商行支持"三农"、服务"三农"的规模和实力，充分发挥杨凌农商行农村金融主力军和联系农民的金融纽带作用，解决部分地区金融服务不充分难题，提升金融服务的深度和广度，进一步推广产权抵押融资试点工作，推进金融创新，依托金融与技术的深度结合支持农村经济结构调整，帮助农民致富增收，促进城乡经济协调发展。

6.2.2 基本原则

一、立足"三农"，服务"三农"

为解决农村地区银行业金融机构网点覆盖率低、金融供给不足、竞争不充分等问题，2006 年国家适度调整和放宽农村地区银行业金融机构准入政策，降低准入门槛开设村镇银行等新型金融机构，促进农村地区形成投资多元、种类多样、覆盖全面、治理灵活、服务高效的银行业金融服务体系。村镇银行设立之初就被赋予了服务"三农"的义务，立足"三农"、服务"三农"是村镇银行设立的前提和基础，是农村金融机构的生存之本、发展之道。村镇银行设立在农村，熟悉农村经济、农业生产状况和农户信誉度，有助于减少交易成本，提高为"三农"服务的效率和质量，坚持面向农村、服务农村，村镇银行才能实现可持续发展。

二、市场化运营

村镇银行的运行中，必须坚持市场化原则。一方面，必须按照规范的市场要求建立相应的管理机构和管理制度，这包括在管理机构方面设立股东大会、董事会、监事会、行长等管理机构以及相应的业务运行机构，在管理制度方面建立以有限责任制度为核心，以公司企业为主要形式，以产权清晰、权责明确、管理科学为条件的现代企业制度；另一方面，在业务运行过程中必须按照市场规则运作，根据基准利率结合农村货币市场的实际需求、自身的盈利水平以及经济承受能力，灵活确定存、贷款利率，逐步实现利率市场化，在维护自身经营的同时满足农村客户的资金需求，维持自身财务的健康可持续发展。

三、发起行因地制宜，分类指导原则

杨凌农商行继承了杨凌农村信用社丰富的农村金融经营经验和大批热爱农村、服务"三农"的金融工作人员，发起行设立村镇银行，结合自身农村金融工作经验对村镇银行分类指导，根据各个村镇银行所在区域经济发展水平、信贷需求、产业结构等情况，进行"因地制宜、分类指导"；针对各村镇银行的不同状况，采取不同的指导措施，防范、控制和化解村镇银行经营风险，确保村镇银行的稳定健康发展。

四、村镇银行独立经营、发起行"既扶持又不干涉"原则

按照《村镇银行暂行管理规定》，村镇银行以安全性、流动性、效益性为经营原则，自主经营，自担风险，自负盈亏，自我约束，依法开展业务，不受任何单位和个人的干涉。杨凌农商行发起设立的村镇银行，为独立的一级企业法人，按照市场原则，依法合规、独立经营，自担风险，自负盈亏，不受股东、政府、任何个人和组织的干涉，不受发起行的干预，不充当发起行"分支机构"角色。

发起行对村镇银行坚持"既扶持又不干涉"的原则。所谓"扶持"是指在立行原则、经营方向上予以指导，在经营业务上予以支持，在风险管控上予以建议，在人才培养上予以帮助；所谓"不干涉"是指发起行不干涉村镇银行人事任免、日常业务经营、资产配置、利润分配等。"既扶持又不干涉"原则，在保证村镇银行的独立运营的同时又能使村镇银行获取足够的业务帮助更好的健康发展。杨凌农商行对村镇银行的权利和义务分为两个层次：对于杨凌农商行作为主发起行控股的村镇银行，杨凌农商行派遣董事长、总经理等开展业务工作，同时，按照相关规定履行发起行职责，享有控股股东应有的权利和义务；对于杨凌农商行参股的村镇银行，杨凌农商行履行股东应有的权利和义务，同时对村镇银行进行义务范围内的指导，不参与村镇银行的日常经营活动，不干涉其经营行为，避免村镇银行成为名义上的"独立法人"实质上的"分支机构"。

6.2.3 主要目标

一、业务发展目标

1. 市场份额与业务目标

村镇银行将以"科学定位，细分市场，差异化经营"为指导思想，采取"长远规划，分步实施"的战略，力争成为一家立足城乡、服务"三农"、服务中小企业、服务城乡居民的新型金融机构。在未来几年将按照中心城区、城乡结合部以及远郊农村等三个区域市场，根据个人客户与公司客户市场以及不同行业市场的需求和业务性质，因地制宜，采取有针对性的策略，做大、做细、做强目标市场，以便在农村金融市场保持较为明显的优势地位。综合考虑未来几年的社会经济发展速度、银行业务市场需求增长情况、银行业的竞争情况、自身比较优势及可占市场份额等因素，预计村镇银行将保持稳健、快速发展的态势。按照最小资本额度注册的村镇银行资产规模预测如表 6 - 1 所示。

表 6 - 1 　　　　　　　　　村镇银行资产规模预测　　　　　　　单位：万元

阶段	启动期	加速期		形成期		
	2013 年底	2014 年底	2015 年底	2016 年底	2017 年底	2018 年底
资产总额	15 000	18 000	22 500	29 250	36 855	46 437

　　村镇银行以提高市场份额、增加利润空间和降低风险为目标，将"三农"业务作为主攻方向，以农户及微小企业的需求为出发点，依托西北农林科技大学农业示范基地的科技投入，结合当地农业特色，积极开拓以种植业大户、养殖业大户、科技示范户等为目标客户的信贷业务；大力支持区域内工商业和个体私营经济的发展，扶持一批有市场发展前景的农业产业化龙头企业，争取每年新增贷款中有更大的比例用于支持"三农"发展。按照最小资本额度注册的村镇银行客户市场份额预测如表 6 - 2 所示。

表 6 - 2 　　　　　　　2013—2018 年客户市场份额预测表　　　　单位：万元、%

阶段	启动期	加速期		形成期		
	2013 年底	2014 年底	2015 年底	2016 年底	2017 年底	2018 年底
农户贷款	1 710	2 594	4 001	6 167	9 319	13 942
覆盖率	35	45	55	60	65	70
企业贷款	3 705	4 446	5 502	6 852	8 946	11 407
覆盖率	15	25	35	40	45	50

2. 资金投向与业务范围

　　按照银行业监管机构要求，村镇银行在缴足存款准备金后，其可用资金全部用于区域农村经济建设。发放贷款首先充分满足区域内"三农"发展需要，解决其资金需求，确已满足当地"三农"资金需求时，富余资金可投放当地其他产业或向其他金融机构融资。

　　村镇银行成立后，将发挥比较优势，根据当地"三农"发展进程，进一步完善涉农信贷产品和服务，探索具有本地特色的业务模式，全面提高"三农"服务水平，不断加大对涉农的信贷投放量。预计成立 5 年后，按照最小资本额度注册的村镇银行存贷余额预测如表 6 - 3 所示。

表 6 - 3 　　　　　　　　**2013—2018 年存贷款余额预测表**　　　　单位：万元、%

阶段	启动期	加速期		形成期		
	2013 年底	2014 年底	2015 年底	2016 年底	2017 年底	2018 年底
存款余额	9 000	10 800	13 824	18 662	25 008	33 510
贷款余额	5 700	7 410	10 004	13 205	17 639	24 348
涉农贷款余额	2 565	4 076	6 502	10 279	14 911	21 546
存贷比	63.3	68.6	72.4	70.8	70.5	72.7

除此之外，村镇银行将以客户需求为出发点，倾力打造完整的业务产品体系，做强特色资产业务和中间业务，在对公业务、个人业务和国际业务领域进行探索，树立市场品牌形象，增强核心竞争力。

3. 战略目标与机构网点

村镇银行设立后，将通过建立董事会、监事会制度来完善议事规则，并按照"精简、高效"的原则和"以客户为中心，以市场为导向"的理念设置内设机构与分支机构，实行统一领导、垂直管理，创建灵敏、快捷型组织机制。为使村镇银行高效、安全、稳健运行，将按照注册资本额度的大小设立部门岗位来确保各项决策及时、准确的执行，以便在客户需求、市场机会等因素不断变化的竞争环境中能够快速作出反应。部门设置规划如表 6 - 4 所示。

表 6 - 4 　　　　　　　　　**村镇银行部门设置规划**

注册资本	员工数	部门设置
300 万 ~ 1 000 万元	30	市场部、营业部、风险合规部、综合管理部
1 001 万 ~ 2 000 万元	40	市场开发部、综合营业部、风险管理部、安全保卫部、财务部、综合部
2 001 万 ~ 3 000 万元	50	市场开发部、业务发展部、风险管理部、财务会计部、审计核算部、科技信息部、安全保卫部、综合部

成立后的村镇银行将以当地科技示范基地为中心向周边区域辐射，根据区位特点大力发展各项存款与贷款业务。同时，考虑到地区经济实力与农业特色化、产业化水平，为了更加方便为偏远地区提供金融服务，村镇银行成立后，将依托西北农林科技大学科技示范基地，计划在五年内分批次、分阶段适量设立分支机构，力争实现示范基地金融服务全覆盖。分支机构设立规划如表 6 - 5 所示。

表 6 – 5 2013—2018 年分支机构设立规划

阶段	年度	拟设立分支机构所在地
启动期	2013 年	白水县、眉县、西安阎良区、西乡县、山阳县、清涧县、安康市汉滨区、合阳县、扶风县、凤翔县、乾县、广元利州区、广元元坝区、广元朝天区、四川青川县、四川剑阁县、四川苍溪县、四川旺苍县、宜宾临港开发区、四川郫县、四川眉山市
加速期	2014 年	千阳县、太白县、青海乐都县、杨凌示范区
	2015 年	洛川县、麟游县、凤县、陇县
形成期	2016 年	礼泉县、甘肃泾川县、铜川市耀州区、铜川市新区
	2017 年	靖边县、安徽寿县、蒲城县、泾阳县
	2018 年	宁夏贺兰县、长武县、石泉县、平利县

4. 业务创新与资产组合

村镇银行将业务经营与产品研发深度结合，通过对客户群动态管理，针对不同客户群的需求进行产品优化和设计，最大限度地满足客户需求。力争不断创新"三农"金融产品，加大涉农信贷投放，推动农村金融的发展，更好地为"三农"服务。业务规划如表 6 – 6 所示。

表 6 – 6 业务发展规划

注册资本	基础业务	创新业务	研发业务
300 万 ~ 1 000 万	小额信用贷款、消费贷款、担保贷款、抵押贷款、质押贷款、银行卡业务、票据贴现贷款、银团贷款、结算业务	咨询业务	备用贷款承诺业务
1 001 万 ~ 2 000 万	小额信用贷款、消费贷款、担保贷款、抵押贷款、质押贷款、银行卡业务、票据贴现贷款、银团贷款、结算业务、信用证业务	客账贷款	融资租赁业务
2 001 万 ~ 3 000 万	小额信用贷款、消费贷款、担保贷款、抵押贷款、质押贷款、银行卡业务、票据贴现贷款、银团贷款、结算业务、信用证业务、债券投资业务	证券贷款	国际业务

在公司业务方面，由杨凌农村商业银行控股的村镇银行依托传统人缘优势，引入客户关系管理系统，建立完整、统一的公司客户信息库，对客户信息进行分析，提高客户营销的针对性和成功率。重点开展农业产业化

龙头企业贷款、涉农中小企业贷款、农村基础设施建设和城镇化贷款、农村商业流通领域贷款及农民专业合作社贷款业务，不断拓展涉农市场领域，保持市场领导地位。

在个人业务方面，结合当地农业特色，通过确权登记，以农村土地经营权、农村住房、活体动物、设施大棚、苗木为载体大力开展农村产权抵押贷款，银企、银保合作通过"信贷＋保险"金融产品分散农村产权抵押贷款风险，使之成为特色业务。同时，在与种植户、养殖户、科技示范户、个体工商户相关的个人经营性贷款、个人消费贷款领域进行市场培育，并继续保持并拓展与不同规模和背景的专业担保公司合作，在数量上和结构上有效分散风险，获取规模效益，稳妥渐进地扩大市场份额。

在中间业务方面，村镇银行将利用广覆盖、一体化的城乡金融服务渠道网络，大力推广网上银行、电话银行、手机银行、自助银行等新型服务方式，积极发展重组并购、银团贷款、结构化融资等业务，推出信息咨询服务中心等附加值高的资信业务，开展代理证券交易、资产托管等深具潜力的业务，利用丰富的客户资源做大做强，构筑中间业务盈利的新增长点。

表6-7　　　　　　村镇银行收入结构计划　　单位：万元、元/股、%

项目	启动期	加速期			形成期	
	2013 年	2014 年	2015 年	2016 年	2017 年	2018 年
财务总收入	16 000	23 200	39 200	45 600	52 000	58 400
净利润	2 000	8 400	16 000	18 800	21 600	24 400
每股收益	0.08	0.09	0.1	0.12	0.15	0.2
资产利润率	1.20	1.50	1.55	1.58	1.60	1.70
资本利润率	76.0	80.0	82.0	85.0	88.0	90.0

注：根据同类村镇银行的业务发展和内控管理水平，以新《企业会计准则》为标准，测算未来6 年的盈利能力的测算值。

二、财务发展目标

1. 盈利目标

设立的村镇银行，完全按照市场化的原则运作，在市场竞争中逐步提升盈利能力。其盈利能力主要通过五个方面形成：一是严把贷款质量关，确保资产的保值增值；二是利率市场化确定合理的利差；三是多渠道运用资金，增加投资收益；四是充分利用现有资源发展中间业务，扩大中间业务收入；五是科学管理，有效节约运行成本。

2. 收入结构目标

按照新会计准则及村镇银行的业务特点确定利息收入为主要收入部分，手续费及佣金、投资收益及其他业务收入为辅助收入部分。在运营中，利息收入为主要收入来源，并逐步提高手续费及佣金、投资业务及其他业务收入所占比重，优化收入结构，降低运营风险。

表 6-8　　　　　　　　村镇银行收入结构计划　　　　　　　　单位:%

项目	2013 年	2014 年	2015 年	2016 年	2017 年	2018 年
利息收入	92	90	88	86	84	81
手续费及佣金	5	6	7	8	9	10
投资收益	3	3.5	4	5	6	7.5
其他业务收入	0	0.5	1	1	1	1.5

注：根据同类村镇银行的业务发展和内控管理水平，以新《企业会计准则》为标准，测算未来 6 年的收入结构。

3. 利润总额目标

村镇银行筹建设立到完全实现 100% 运营能力，基本需要三年时间，前三年分别按照 50%、70%、100% 形成经营能力。参照目前同业的经营经验及杨凌农商行设立村镇银行的规模和业务范围，预计 41 家村镇银行达到正常运行规模后，每年可产生 2.44 亿元的净利润，经济效益客观。

4. 利润分配与分红目标

依照《公司法》、《商业银行法》、《村镇银行管理暂行规定》等法律法规的规定，会计年度末，核算可供分配利润，确定所能分配的利润总额，依法足额提取法定盈余公积金，依照股东大会决定提取任意盈余公积金，将以前年度未分配利润和本年度可分配利润加总，由董事会做出具体的股利分配计划，报请股东大会讨论批准，作为股份分红的依据。村镇银行力争做到"年年有盈利，年年能分红"，以此保证股东的利益。

三、风险管理计划目标

1. 风险种类预测及控制策略目标

村镇银行由于受区域和业务的限制，加之自身资金规模小，致使其抗风险的能力较其他银行相比大大减弱。村镇银行面临的风险大致可划分为政策、环境、信用、操作和市场风险五个类型。

政策风险方面：村镇银行应该在充分了解国家相关政策的前提下积极与当地政府沟通，因地制宜地开展相关支农业务，防止地方政府的不合理、不科学的行政干预，确保村镇银行的持续和健康经营。

环境风险方面：由于"三农"的特殊性，在发放贷款上应防止"一篮子鸡蛋"的现象发生，针对所在地的实际经济情况以及其特色产业，有针对性地、分散性地发放贷款，尽最大可能提高贷款覆盖面，防止贷款过度集中。通过引进一些有实力的战略合作伙伴（如杨凌农科大资产经营有限公司）入股村镇银行，这不仅仅能够大大提高村镇银行的资金实力，还能够有效地化解由于环境的不确定性所带来的风险，为了进一步提升抵抗风险的能力，应积极地与担保公司合作（如杨凌示范区中小企业信用担保有限公司），采用"村镇银行进入＋担保公司和农业保险跟进"的思路，依靠西北农林科技大学的校外技术试验示范推广基地，提供技术支持，确保贷款资金的合理、有效的运用，严格推行"技术推广＋资金支持"的运行模式，确保不良资产率小于4%，不良贷款率小于5%。

信用风险方面：村镇银行应注重征信系统的建立工作，对客户信用档案进行妥善保管，同时充分利用母行的征信系统资料并适时加入人民银行征信系统，实现客户信用信息的共享，以此来防范信用风险。逐步建立适合自身业务发展的授信工作机制，合理确定不同对象的授信额度，对同一借款人的贷款余额严格控制在资本净额的5%范围内，对单一集团企业客户的授信余额控制在资本净额的10%范围内，在确保授信额度的前提下，村镇银行可以采取诸如一次授信、分次使用、循环放贷的方式发放贷款。

操作风险方面：村镇银行应按照国家有关规定，建立审慎、规范的资产分类制度和资本补充，确保流动性比例大于25%，核心负债的依存度大于60%。不断完善约束机制，准确划分资产质量，充分计提呆账准备，及时冲销坏账，真实反映经营成果，确保资本充足率在任何时点不低于8%，资产损失准备充足率不低于100%。对全行员工实行个人缴纳"执业风险保障基金"，按照投放贷款绩效工资的10%逐月缴纳，对任职期间的不良贷款清降情况进行风险补偿和奖惩。通过年初积极推行风险经理委派制，彻底杜绝贷款资料的不完善和不规范问题，实现风险管控包干，明确责任任务，对于出现逾期的现象，应根据客观实际情况，按照贷款金额的1%逐季度进行处罚，一方面强化了成员责任意识，促进风险管理规范运作，又增强全员放贷、管贷责任意识，促进了信贷资产质量的稳步提高。

市场风险方面：在基准利率的前提下，村镇银行应该根据当地的实际情况，通过放开替代性金融产品价格等途径，有序推进利率市场化，以满足当地金融市场多元化的需求，另外，加强村镇银行防火墙建设，隔断村镇银行与母行、股东、所在地其他商业银行之间的风险传递通道，避免发生连锁反应造成经营风险和局部金融风险。

2. 公司治理目标

在组织制度与机构上，村镇银行由于杨凌农村商业银行控股设立，是按照《公司法》结构经营的，一方面应严格按照《中华人民共和国公司法》的相关规定以及现代企业制度的要求，建立并不断完善公司章程及议事规则；另一方面应根据所在地的实际特点设置较为灵活的组织结构如：村镇银行可只设立独立董事会，也可以由执行董事代理，不设董事会的，应由利益相关者组成的监督部门行使监督检查职责。

在人员配置上，村镇银行设行长1名，可以根据规模大小及实际需要增设副行长1~3名，相关部门经理3~5名，业务人员10~20名，并且保证行长其资格至少应具备从事银行业工作5年以上，或者从事相关经济工作8年以上（其中从事银行业工作2年以上）的工作经验，并且具备大专以上（含大专）学历，也可以由董事长或执行董事代理行长。

3. 工作人员素质提升目标

依托于西北农林科技大学的优势资源为员工开办培训基地，激活员工的潜能，提高其业务素质，不断适应业务经营发展需要，对重要部门岗位的人员可以组织到国内外一流银行学习先进管理经验，进一步提升村镇银行的管理水平，鼓励员工选择在职学习，不断提升自己的学历水平，在未来五年内争取村镇银行工作人员本科及以上学历人员占到总员工数的50%以上，研究生以上学历人数比例达到10%以上，夯实村镇银行的人才储备基础，保证每家村镇银行都能有一支高素质的金融工作队伍。

6.2.4 重点任务

一、高起点规划，布局科学合理分散

杨凌农商行设立村镇银行要坚持高起点规划，统筹陕西省内外，合理分散布局，规避地区金融风险。杨凌农商行除依托西北农林科技大学示范基地、专家大院开拓"技术推广＋资金支持"模式，在形成技术和金融互动支撑的基础上，重点围绕金融服务不足甚至金融服务空白的部分西部地区开设村镇银行，填补部分地区金融服务空白的现状，解决部分地区金融服务不充分、服务水平低的问题，推动金融服务升级，推动地区金融机构良性竞争。所有选点都坚持以金融推动技术推广，以技术推广带动金融良性发展的主线，遵循地区经济发展具备一定基础或较大发展潜力、金融需求强劲、主导产业明晰、农业特色鲜明、无村镇银行机构、金融生态环境良好的原则，以此推动地区现代农业发展，促进农民增收，农业增产增效，实现村镇银行的可持续经营。

二、引入战略合作伙伴，吸引民间资本，构建"村镇银行＋担保＋保险＋龙头企业＋科技"的综合性村镇银行服务网络

国家允许境内外金融机构、境内非金融机构企业法人、境内自然人出资在农村地区设立村镇银行，为当地农民、农业和农村经济发展提供金融服务。在主发起行持股不低于 15% 的规定条件下，杨凌农商行将采取控股或参股的形式发起或参与发起设立村镇银行，大力引入大中型商业银行、投资公司、杨凌中小企业信用担保公司、农业保险公司、农业龙头企业等战略合作伙伴投资入股，引入高等学校、科研院所、农业科技推广机构、农村致富能手等科技资金合作伙伴，最大限度地吸引民间资本增强资金实力，开拓金融服务和推广渠道，构建"金融＋担保＋保险＋龙头企业＋科技"的综合性村镇银行服务网络，提升地区金融、担保、农业保险综合服务水平和农业科技实力，以此优化地区金融生态环境，保障村镇银行的健康可持续发展，进而带动地区企业农业科技、农业产业乃至经济社会的快速发展。

三、建立村镇银行支付结算系统

支付结算系统对任何一家银行都至关重要。建立村镇银行支付结算系统，是保证汇路畅通、资金流转顺畅的关键。村镇银行支付结算系统应包括：村镇银行内部的核心支付结算系统包括会计清算系统等，保证村镇银行日常运行；村镇银行与外部金融机构的支付结算网络，保证资金能够跨行、跨区域结算，实现金融资源自由流动，汇通天下。

按照目前村镇银行运行的经验，村镇银行 IT 系统的建设共存在以下三种方式：

第一种是建设自己独立的 IT 系统。这种方式优点在于村镇银行对 IT

系统具有完全独立的控制权，缺点在于投资大、建设周期长，需要大量的专业技术人才、运行维护费用高、不利于监管、很难建设与外部顺畅的结算渠道以及系统安全性较低。显然这种方式不是最佳选择。

第二种是托管到发起银行或其他银行。这种方式具有建设周期短、资金成本节约等优势，但也存在独立权弱、自主权差、监管难、后续维护成本高等缺点。这种方式显然也不是最佳选择。

第三种是托管到专业性的公司。这种方式是先进国家较普遍采用的方式。其优点在于建设周期短，多则半月，少则几天；费用较低，不需要聘用大量的专业技术人员；村镇银行可以享受到专门的优质服务；专业性的公司的系统先进，可迅速解决结算渠道、金融产品创新等一系列问题；便于监管部门监管；通过专业性的托管公司便于村镇银行之间的横向交流等。显然，无论在现在，还是在将来，这种方式都是最好的选择。

随着村镇银行的不断发展，国内分化出几种比较主流的托管体系，各有优缺点，未来设立的村镇银行可以根据自身注册资本、资产规模、业务范围等实际情况，具体考虑采用哪种托管方式，在保证村镇银行正常运行的情况下最大限度地节约 IT 系统费用。

四种托管系统方案分别为：

方案一：神州数码融信 IT 外包业务

神州数码融信软件作为业内最早推出核心系统 SaaS 外包服务的 IT 厂商之一。SaaS 服务种类多、建设周期快、服务质量好、资源投入省，SaaS 服务模式的可行性和优越性得到了众多客户的验证。神州数码融信提供的 SaaS 服务，主要是针对银行 IT 的"心脏"核心系统的全面外包服务，门槛很高。村镇银行在选择相应的 IT 外包商时，要综合考虑企业规模、综合实力、公信力、行业经验、成功案例等多种因素。目前该数据中心为村镇银行提供着核心系统、信贷管理系统、网银系统、卡系统等外包服务，已有百余家村镇银行选择其业务服务。在过去的二十多年里，该公司为中国银行业设计和部署了数千个信息系统，既没有失败案例，也没有因为非客户原因而造成项目成本增加的先例。随着村镇银行 IT 外包服务需求呈爆发式增长，神州数码融信的 SaaS 业务也从"走步"转为"跑动"，投资近亿元在西安建设的神州数码软件大厦，里面先进的机房和云计算环境，将为 SaaS 业务的发展提供更优良的条件。据悉，除了村镇银行外，该服务模式还获得了一些中小城商行的青睐，并已成功签约。如今，无论村镇银行还是中小城商行都需要更加专注主业，快速提升市场竞争力。因此，有专家进一步预测，SaaS 服务模式将成为未来中小银行进行 IT 建设的主要方式之一。

方案二：东华软件郑州云计算服务中心

独立建设系统投资大村镇银行难以独自承担，同时由于村镇银行多是由商业银行发起，而村镇银行本身又是独立的法人，在整个后台数据的管理，包括以后的报表都和商业银行走的是不同的两条线，发起行不希望旗下的村镇银行和自己共用一个系统。随着这些问题的出现，SaaS 的全托管模式、东华软件郑州云计算服务中心在这种背景下应运而生。东华软件郑州云计算服务中心响应全国部分先进商业银行的要求，提出了业务托管服务的模式，从村镇银行业务处理的总体格局考虑，统一设计，集中建设，建立集数据采集、业务处理、信息共享为一身的综合业务处理系统。系统托管内容主要包括：客户信息系统、核心系统、卡业务系统、总账系统、信贷系统、财务系统、信息交换平台、上报系统、报表系统、现代化支付系统。各家村镇银行可通过远程登录使用该系统，银行只需部署柜员终端，便可获得所需要的 IT 系统支持和运行维护服务，从而很快实现挂牌营业。而且，这个服务是个全周期服务，不只是搭建起来，开通就可以了，还包括培训、日常的维护、升级。

全面的信息系统托管模式和严谨周密的数据安全体系结构、专业的技术服务使东华软件云计算服务中心得到了客户一致认同。东华软件云计算服务中心自 2010 年 10 月启动在郑州建立了全国区域云平台中心，已有中牟、荥阳、鹤壁、濮阳、宁夏、武汉等多家村镇银行上线应用云服务。目前，其他省市区域云平台中心和北京全国村镇银行计算机综合业务系统托管服务云计算中心也在规划之中。

方案三：兴业银行"村镇银行金融成长解决方案"

兴业银行积极为村镇银行提供包括支付结算、核心系统建设与托管、财富管理等在内的全面金融服务，为村镇银行破解了机构筹建、系统建设、合规管理、支付结算等诸多的技术门槛和现实难题，有效避免了 IT 系统的高额投入和重复建设，为广大村镇银行完善新型农村金融机构金融服务功能提供有力支持，取得了良好的社会与经济效益，实现了商业模式创新与企业社会责任的有机结合。2010 年度"中国金融营销奖"颁奖典礼上，兴业银行银银平台村镇银行服务方案从200多份参选案例中脱颖而出，一举荣获2010年度中国金融营销奖"金融产品十佳奖"。

更为重要的是，银银平台建立起超越竞争，实现共生共赢、共同发展的合作模式，对于我国金融业的发展也贡献着突出的价值。一方面，银银平台着眼于提升中小银行的经营管理水平、丰富产品线、提高竞争力，带动中小银行共同迈向经营管理现代化之路；另一方面，银银平台通过与中小银行在网络机构、金融功能等方面的优势互补和资源共享，避免了恶性竞争和重复建设，节约了社会资源，实现商业模式创新与企业社会责任的良好结合，同时，通过为农信社、村镇银行等提供代理支付、系统外包等支持，服务于新农村金融体系的建设，成为兴业银行承担企业社会责任的重要途径。例如银银平台近年来为村镇银行所提供的整体服务方案，为村镇银行破解了机构筹建、系统建设、合规管理、支付结算等诸多难题，目前已有26家村镇银行将核心系统交由兴业银行建设、托管，已有80多家村镇银行通过兴业银行代理接入现代化支付系统。

方案四：山东城商联盟网络

银监会批准筹建的第一家城商行合作联盟——山东城商行联盟2008年9月18日在济南挂牌开业。该联盟由山东省14家城市商业银行各出资1 000万元成立，注册资本1.4亿元，是专门从事银行后台服务的非银行金融机构。合作联盟是该省14家城市商业银行在保持现有法人地位不变的前提下，共同出资组建的一家新的联合体，是具有独立法人资格的金融性服务公司，目前业务已扩展到省外，长安银行为其第15家股东。合作联盟不经营具体银行业务，其主要职责是为该省各城商行提供后台支持服务，包括银行IT系统的开发和数据运营维护、支付结算及业务运营平台服务、金融产品研发以及信息咨询等，但其不具有管理职能，不直接参与股东行的业务运营和经营管理。1.4亿元的注册资本主要用于统一IT平台等基础性设施建设，该平台正式投入后，合作联盟将根据业务服务量来制定收费标准，维持正常运营。目前，已有多家村镇银行采用该结算联盟开展业务。

四、建立健全征信系统

现代市场经济以金融为轴心运转，金融实质是货币和信用活动的总和。信用活动已成为市场经济有序运行的重要组成部分。健全完善的征信系统有利于降低村镇银行的信贷风险，有利于村镇银行自身健康发展，有利于加强对村镇银行的外部监管，同时也有利于防范金融风险。村镇银行没有征信系统一方面会导致人民银行征信系统信息不完善，另一方面村镇银行也无法查询人民银行征信系统数据，在一定程度上会限制贷款的发放。村镇银行建立初期，应注重征信系统的建立工作，对客户信用档案进行妥善保管，积累自己的信用档案，同时充分利用母行的征信系统资料，减少自身信用档案积累成本，并适时加入人民银行征信系统，实现信用信息的共享，以此来防范信用风险，提高经营的安全性和经营成本。在征信系统建立过程中，应注重专业人才的培养，提高电子化水平，同时应提高内部管理水平，增强对征信系统的重视程度和信息运用程度。

五、建立健全风险防火墙

村镇银行需建立健全风险防火墙。风险防火墙包括两个层次，一是村镇银行内部的防火墙，增强风险防范意识，建立健全各种风险防范内部控制机制；二是村镇银行外部的防火墙，隔断村镇银行与母行、股东、所在地其他商业银行之间的风险传递通道，避免发生连锁反应造成的经营风险和区域金融风险。村镇银行应增强风险意识；坚持审慎经营原则；完善内控制度，构建高效的利率风险管理机制；查堵风险源头；建立完善风险预警和快速反应、处置机制，明确责任；建立风险考核指标体系；利用金融工程的风险分解、组合、整合技术对冲和化解风险。

六、鼓励业务创新，探索具有地域特色的信贷业务

创新是一个企业源源不竭的生命力。村镇银行应在传统存贷款业务的基础上，不断进行业务创新，产品设计坚持"适量、灵活、简单、快捷"的原则，实行差异化竞争策略，区别于农信社、农商行、邮政储蓄银行、农业银行等传统农村金融业务主体，形成独具特色的业务体系，以此赢得客户的支持和信赖，以此实现健康可持续发展。在农村金融市场上，快捷方便的贷款产品无疑是赢得认可的最佳途径，村镇银行应根据客户需求，尽量缩短审批时间，以合理的利率和简单快捷的贷款途径赢得市场认同；村镇银行可尝试产权抵押融资贷款业务，开设土地经营权抵押、农业生产设施抵押等业务，盘活农村资产，开拓业务面。同时，村镇银行应探索结合当地经济、农业主导产业发展状况，顺应农时，开展产业贷款，如苹果贷款、板栗贷款等具有区域特色的贷款品种，依托西北农林科技大学的技术支撑为农户提供资金支持，并以此来保证贷款偿还。

6.3 发展步骤与发展计划

一、启动发展期（2013 年）

全面启动杨凌农村商业银行设立村镇银行规划制定工作，做好村镇银行设立与监管等前期准备工作，引入担保、农业保险、农业龙头企业、高等院校、科研推广机构等战略合作伙伴，加快完善杨凌农商行设立村镇银行的扶持与鼓励政策。2013 年启动期，在陕西和四川设立 21 家注册资本在 300 万 ~ 1 000 万元的村镇银行，面向当地农村特色农业产业提供金融服务，提升当地农村金融服务水平，依托杨凌农村商业银行设立村镇银行的试验，探索推进村镇银行纵深发展。

二、加速发展期（2014—2015 年）

加快推进杨凌农村商业银行设立村镇银行发展建设步伐，初步建成区域性村镇银行网络，进一步向西部地区拓展，使村镇银行布局更加合理。大力推进村镇银行的规范化和规模化，提升服务质量，增强风险管控能力，加快构建"金融＋担保＋保险＋龙头企业＋科技"的综合性金融服务网络，提升地区金融服务水平。2014—2015 年在西北农林科技大学科技示范基地及部分金融服务水平低、金融竞争不充分的西部地区新设立 8 家注册资本在 1 001 万元 ~ 2 000 万元的村镇银行，在西部建立起有较强影响力和示范效应的村镇银行网络，业务范围向"关中—天水"经济区延伸，借力"关天经济区"经济发展实现地区经济发展与金融的互动协调共生。

三、体系形成期（2016—2018 年）

2016—2018 年，在以往设立村镇银行的基础上，总结经验教训，在西部地区选择主导产业明晰，经济发展潜力大，金融需求旺盛的部分地区开设 12 家注册资本在 2 001 万 ~ 3 000 万元的村镇银行，完成构建"金融＋担保＋保险＋龙头企业＋科技"的综合性金融服务网络，进一步增强村镇银行系统的服务能力和服务质量。至 2018 年，共计设立村镇银行 40 家，设立的村镇银行一般注册总资金达到 6 亿元，存款超过 400 亿元，贷款余额达到 300 亿元，资本金年实际平均放大倍数达到 5 倍以上，至此建立起成熟杨凌农商行控股、参股的村镇银行体系构架和"金融＋担保＋保险＋龙头企业＋科技"综合性服务网络，增加金融供给，提升西部地区金融服务水平。

6.4 分年度设立具体计划

6.4.1 2013 年设立村镇银行计划

2013 年拟在白水县、眉县、阎良区、山阳县、西乡县、乾县、清涧县、安康市汉滨区、合阳县、扶风县、凤翔县和四川省广元市利州区、元坝区、朝天区、青川县、剑阁县、苍溪县、旺苍县，及宜宾市临港开发区、成都市郫县与眉山市这 21 个县区发起设立村镇银行。

一、在白水县发起设立村镇银行

白水县位于陕西省东北部，处于关中平原与陕北高原的过渡地带，是连接关中与陕北的咽喉要地。东隔洛河与澄城县相望，南接蒲城县有五龙山相隔，西接铜川市郊区与渭北黑腰带相连，北以黄龙山、雁门山为界。全县辖 7 镇 3 乡，194 个行政村。全县围绕煤电、苹果、白酒、建材、旅游等优势特色产业，大力推行园区招商、以商招商、产业链招商，鼓励现有企业扩大规模。白水有着丰富的资源。水资源总量 4 956 万立方米，有多个水力、火力发电站提供充足的电力；煤炭总储量达 5.9 亿吨，年产原煤 200 万吨；青红砂石资源范围广，赋存条件和品质优良，裸露地表便于开发，总储量达 27.7 亿立方米，石灰石储量 1 亿吨，陶土 1 000 万吨，高岭土 1 918 万吨。2011 年，全县实现生产总值 45.5 亿元，同比增长 15%；完成固定资产投资 28 亿元，同比增长 33%，跨区域完成 5 亿元。全社会消费品零售总额完成 13 亿元，同比增长 19%。全县地方财政收入完成 1.4 亿元，同比增长 40%。全县金融机构各项存款余额 44.65 亿元，同比增长 16.7%；各项贷款余额 14.85 亿元，同比增长 18.9%。全县农民人均纯收入达到 5 100 元，同比增长 25%，较上年净增 1 030 元。城镇居民人均可支配收入 17 900 元，同比增长 16%。

此外，西北农林科技大学于 2005 年在白水县杜康镇建立了苹果试验示范站，投资 1 730 万元，建立试验示范园 150 亩，生活、工作用房 3 500 平方米及相关配套设施，初步具备了试验研究、示范展示、科技培训和学生实习等基本功能设施。在苹果试验示范站指导下，使白水苹果产值由建站前 2005 年的 5.25 亿元增加到 2011 年的 15.5 亿元。示范户由建站前亩均收入 3 300 元提高到 2011 年亩均收入 1 万元，20% 果农收入超过 1 万元。

目前，白水县尚无村镇银行，为促进白水社会主义新农村建设，结合白水县域经济金融发展实际，拟在白水县发起设立村镇银行。

二、在眉县发起设立村镇银行

眉县位于关中平原西部，地处秦岭主峰太白山下，行政区域横跨渭河两岸，被誉为"关中明珠"。西距宝鸡市 65 公里，东距省会西安市 120 公里。全县辖 10 镇 2 乡，155 个行政村。眉县自然资源极其丰富，水利充裕，雨量充沛，气温适中，以猕猴桃产业为主，驰名省内外，矿产资源总储量达 800 多万吨。2011 年全县实现生产总值（GDP）623 518 万元，比上年增长 14.8%；财政总收入 26 454 万元，比上年增长 39.7%。全县全社会固定资产投资完成额达 617 731 万元，比上年增长 32.4%；社会消费品零售总额达 140 001 万元，比上年增长 14.3%。全年完成地方财政收入13 143 万元，同比增长 64.2%。全县金融机构各项存款余额 611 765 万元，比上年增长 21.9%；全县金融机构各项贷款余额 203 874 万元，比上年增长 1.8%。全县农民人均纯收入达到 7 021 元，比上年增加 1 493 元，增长27%。全县城镇居民可支配收入达到 22 765 元，比上年增长 17.8%。

2006 年，西北农林科技大学在眉县青化乡建立了猕猴桃试验示范站，占地面积 172 亩，累计投资 591 万元，与当地县政府联合实施了"猕猴桃产业化科技示范与科技入户工程"，使示范村的优果率和果品质量大幅度提升，果农收入连年增长。全县猕猴桃由建站前 2005 年的 8.3 万亩发展到2011 年的 25 万亩，产值由 3.1 亿元增加到 12 亿元。示范户由建站前 2005年人均收入 3 100 元提高到 2011 年人均收入 1.2 万元。目前，眉县尚无村镇银行，金融供给不充分，需要更多的金融机构来支持当地金融业的发展。因此，拟在眉县发起设立村镇银行。

三、在阎良区发起设立村镇银行

西安市阎良区位于西安市东北部，距离市中心 50 公里。全区航空工业高度发达，是亚洲最大的集飞机设计、制造、鉴定、试飞、教学、研究于一体的著名中国航空城。全区以军民用飞机、汽车制造、生物提金为龙头，形成了新型材料、电子工业和食品工业等产业集群；农业以粮棉为主，已建成西甜瓜、芹菜等农副产品基地，各种专业市场具备，是渭北地区的商贸中心和物资集散地。2010 年，全区生产总值实现 100.15 亿元，比上年增长 15.8%。全区全社会固定资产投资完成 117.83 亿元，比上年增长 33.1%。全年实现社会消费品零售总额 19.07 亿元，比上年增长 19%，扣除价格因素，实际增长 15.9%。全区金融机构各项存款余额达到 107.6 亿元，比上年增长 10.2%；城乡居民储蓄存款余额达到 62.57 亿元，比上年增长 11.9%；金融机构各项贷款余额达到 31.4 亿元，比上年增长 2%。城镇居民人均可支配收入全年达到 22 927 元，比上年增长 17.5%。全年农民人均纯收入达到 8 969 元，比上年净增 1 736 元，增长 24.0%。

西北农林科技大学在阎良区关镇代家村和五屯镇西相村，分别建立了甜瓜试验示范站和蔬菜试验示范站，采取"专家＋示范户"、"专家＋合作社＋农户"的模式，重点示范推广了优良品种、工厂化育苗、标准化栽培等关键技术。在试验示范站技术指导下，使阎良区甜瓜规模由建站前 2006 年的 3 万亩发展到 2011 年的 12 万亩，产值增加到 7.2 亿元；示范户由建站前 2005 年亩均收入 4 500 元提高到 2011 年亩均收入 8 000 元。蔬菜规模 11 万亩，产值达到 8 亿元；示范户由建站前 2007 年人均收入 5 500 元提高到 2011 年人均收入 10 700 元。目前，阎良区尚无村镇银行，但当地政府正在大力扶持村镇银行等农村新型金融机构的发展，且当地经济发展活跃，金融发展前景广阔，故拟在阎良区发起设立村镇银行。

四、在山阳县发起设立村镇银行

山阳县位于陕西省商洛市，属陕西东南部，建县距今已 1 700 余年，山阳地处秦岭南麓、商洛市南部。森林覆盖率 62.9%，是国家级林业科技示范县。气候湿润，以农业、药材和矿产为经济支柱。有野生中药材 1 000 多种，中药材总面积 30 万亩；已探明矿产 49 种，其中钒储量 310 万金属吨，为亚洲最大矿床；此外，还有丰富的水力资源和旅游资源。2011 年，全县生产总值完成 47.81 亿元，实现四年年均增长 15.3%，人均生产总值达到 10 631 元，年均增长 20.2%，其中农业总产值 14.7 亿元，农民人均纯收入 4 505 元，年均增长 24.7%；工业总产值为 36.8 亿元，年均增长 34.1%；社会消费品零售总额 14.38 亿元，年均增长 17.7%。截至 2011 年底，全县各类金融机构存贷款分别达到 60.5 亿元和 22.6 亿元。

山阳县十里乡任家村有西北农林科技大学的核桃板栗试验示范站，自 2007 年建站以来，全县核桃规模已发展到 32 万亩；推广的良种与嫁接技术使当地农民核桃嫁接成活率提高到 95%，核桃示范园由亩收入提高到 3 000 元；板栗嫁接成活率从不到 60% 提高到 95%，板栗示范园由亩收入不足 100 元提高到 500 元，亩收入提高了 5 倍。目前，山阳县有小额贷款公司、担保公司，但无村镇银行，存在金融供给不足、竞争不充分等问题，故拟在眉县发起设立村镇银行。

五、在西乡县发起设立村镇银行

西乡位于汉中盆地东部，以山区丘陵为主，县境东邻石泉、汉阴，南接镇巴和四川通江，北连洋县，西接城固和南郑，自古有"秦岭南麓小江南"的美誉。西乡盆地是陕南最适宜农作物生长的地区之一，是全国茶叶、全省商品粮、高优高农业等基地县。全县现已探明可供开采矿种 27 种，50 余处，其中瓦道子石膏矿储量 4.7 亿吨，为亚洲第一大矿。2011 年，全县实现生产总值 44.311 亿元，同比增长 15.5%；人均生产总值 12 966 元，比上年增加 2 775 元，增长 27.2%。全县社会固定资产投资完成 440 000 万元，增长 7.7%；社会消费品零售总额 97 476 万元，增长 17.4%。2011 年全县财政总收入 22 384 万元，同比增长 21.36%。全年金融机构各项存款余额 613 919 万元，同比增长 21.6%；各项贷款余额 287 352 万元，同比增长 22.3%，其中涉农贷款 242 277 万元，同比增长 43.4%。全县城镇居民人均可支配收入 17 065 元，增长 17.4%；农民人均纯收入 4 905 元，增长 29%。

自 2006 年西北农林科技大学在西乡县沙河镇枣园村建立 145 亩的茶叶试验示范站以来，相关专家教授示范推广了茶叶优质栽培管理、适时采摘、精制加工等规范化技术和无性系良种茶苗繁育技术。西乡县的茶叶产值由建站前 2006 年的 1.3 亿元增加到 2011 年的 7.6 亿元；示范户由建站前 2006 年的亩产 17 公斤提高到 2011 年的亩产 35 公斤；亩均收入由原来的 3 000 元提高到 2011 年的亩均收入 12 000 元。目前，西乡暂无村镇银行，金融服务较为薄弱，且当地政府正面向全社会公开招商，其发展前景非常广阔，因此，拟在西乡县发起设立村镇银行。

六、在乾县发起设立村镇银行

乾县位于陕西省关中平原中段北侧，渭北高原南缘。全县辖 16 个镇，5 个社区管理服务中心，256 个行政村，8 个社区居委会。乾县历史悠久、人杰地灵，是陕西省历史文化名城。乾县自古商贸活跃、经济繁荣。"乾州四宝"——锅盔、挂面、豆腐脑、馇酥风味独特远近驰名，并有酱辣子、豆面糊等多种中华名小吃。此外，也是西部第一纺织城，全县 2010 年国内生产总值完成 73.5 亿元，较上年增长 15.9%；地方财政收入达到 10 587 万元，增长 21.5%；人均 GDP 超过 13 000 元；全县规模以上工业企业 2010 年完成总产值 49.42 亿元，同比增长 46.99%；全年全县固定资产投资完成 60.02 亿元，同比增长 32.7%；实现社会消费品零售总额 30.6 亿元，同比增长 18.21%；2010 年全县农民人均纯收入达到 5 665 元，增长 21.9%；城镇居民人均可支配收入 18 274 元，比上年同期增长 16.2%。全年金融机构各项存款余额 52.36 亿元，同比增长 16.7%，其中，城乡居民储蓄存款达 41.59 亿元，同比增长 25.45%，金融机构各项贷款余额为 24.08 亿元，同比增长 20.52%。

目前，乾县还没有科研示范基地和专家大院，但是其作为西部第一纺织城，有经济发展的空间，需要在区域科技发展上提供进一步扶持。全县尚无村镇银行，金融供给不充分，需要更多的金融供给。因此，结合乾县的发展实际、经济和金融情况，为支持当地的经济与金融发展，拟在乾县发起设立村镇银行。

七、在清涧县发起设立村镇银行

清涧县隶属陕西省榆林市，古名宽州，位于黄河陕晋峡谷西岸，榆林东南部与延安交界处及无定河、黄河交汇处，是扼守延安、关中之要地。全县下辖 7 乡 8 镇 1 街道办事处，640 个行政村，6 个居民委员会。清涧县是闻名遐迩的革命老区，以清涧红枣闻名，1995 年 5 月，在北京召开的首批百家中国名特产品之乡命名大会上，被命名为中国唯一的"中国红枣之乡"。清涧境内土地资源丰富，耕地面积 66.69 万亩。水能蕴藏量 3.5 万千瓦。经济性植物 300 多种，野生药材植物 100 余种，有高等动物资源 80 种以上。2011 年全县实现地区生产总值 26.13 亿元，增长 28.5%；固定资产投资 16.95 亿元，增长 22.3%；财政总收入 6 010 万元，增长 20%；地方财政收入 3 281 万元，增长 23.3%；城镇居民人均可支配收入 18 718 元，增长 17.8%；农民人均纯收入 5 465 元，增长 24.6%。

2007 年，西北农林科技大学启动建设清涧县红枣试验示范站，已投资 486 万元，建立了中心示范园、实验室、实验冷库、培训教室等设施。收集红枣品种和优系 80 个、建立 3 个综合示范点 260 亩，1 500 余亩山地红枣节水灌溉示范点，重点示范推广了"标准化栽培、山地节水灌溉、无公害病虫害防治"等关键技术。在红枣试验示范站的技术指导下，清涧县的红枣产值由建站前 2006 年的 4.5 亿元增加到 2011 年的 15 亿元；示范户由建站前 2006 年户均收入 1.8 万元提高到 2011 年户均收入 5 万元。目前，清涧县还没有村镇银行，当地金融业发展不充分，再加上当地经济实际，拟在清涧县发起设立村镇银行。

八、在安康市汉滨区发起设立村镇银行

安康市汉滨区位于陕西省安康市中部，跨汉江两岸。是市政府所在地，辖 47 个乡镇，3 个街道办事处，876 个行政村，69 个居委会。汉滨区交通发达，地理优势明显，是沟通中国西北、西南、中南的重要交通枢纽，也是陕西茶叶、蚕茧、油桐、生漆主产区，号称"巴山药乡"。2011 年全区生产总值 136.95 亿元，城镇居民人均可支配收入 18 710 元，农民人均纯收入 5 099 元。2010 年，全社会固定资产投资完成 56.84 亿元，比上年增长 23.8%；全区社会消费品零售总额 52.71 亿元，比上年增长 18.1%；全区金融机构各项存款余额 217.56 亿元，增长 24.8%，其中，储蓄存款余额 131.26 亿元，增长 21.4%；金融机构各项贷款余额 115.97 亿元，增长 20%。

西北农林科技大学于 2007 年在安康市汉滨区建立了水产试验示范站，投资 882 万元，建立了具备生活、办公、试验、生产、培训、学生实习等多种功能的基础设施。引进了美国滤食性鱼类新品种匙吻鲟，研究提出了汉江库区网箱生态养殖新技术，培训技术干部和农民 8 100 多人，指导带动汉江安康库区网箱养鱼发展到 24 000 多口，水产养殖总产量提高到 20 543 吨，使水产养殖成为陕南沿江农民增收致富的新兴产业。汉滨区目前尚无村镇银行，经济金融的发展容量大，由于水产等新兴产业的发展，需要更多的金融供给促进其发展，因此，拟在安康市汉滨区发起设立村镇银行。

九、在合阳县发起设立村镇银行

合阳县隶属陕西省渭南市，地处关中地区东部，黄河中游西侧，辖 12 镇 4 乡 353 个村民委员会。县域经济和各项社会事业持续快速发展，近年来煤炭等优势资源开发取得突破性进展，先后被评为中国最具特色金融生态示范县、中国著名文化旅游县。2011 年全县地区生产总值达到 50.69 亿元，城镇居民人均可支配收入达到 17 902 元，农民人均纯收入 4 867 元；人均 GDP 达到 11 593 元，增长 15.4%。地方财政收入完成 14 021 万元，

比上年增长 40.08%。全社会固定资产投资完成 55.07 亿元，增长 44.39%；规模以上企业实现工业总产值 24.3 亿元，增长 50.74%；全社会消费品零售总额达到 18.23 亿元，增长 16.4%；城镇居民人均可支配收入实现 17 902 元，增长 16.4%；农民人均纯收入达到 4 867 元，增长 29.4%。金融机构各项存款余额 59.44 亿元，增长 12.57%，储蓄存款占各项存款份额较大，占比 70.68%；各项贷款余额 20.35 亿元，增长 16.29%。

合阳县有西北农林科技大学建立的葡萄试验示范站和旱作农业示范推广基地。以葡萄试验示范站为例，自 2008 年建站以来，学校现已投资 815 万元，建立了 2 200 平方米综合楼，包括有专家公寓、培训教室、实验室窖等设施。将重点示范推广了"有机葡萄标准化栽培、优质酿酒葡萄栽培、葡萄酒酿造"等关键技术，并与当地政府和企业合作进行葡萄与葡萄酒产品开发，葡萄酒文化展示、葡萄休闲观光等相关产业开发，目标是将合阳建设成为渭北草原优质有机鲜食葡萄生产基地和葡萄酒产业科技示范中心。葡萄示范园亩收入 1 万元以上；带动了十几个省葡萄与葡萄酒产业发展。合阳县近年来经济持续稳步发展，需要金融业的大力支持，目前尚无村镇银行，故拟在合阳县发起设立村镇银行。

十、在扶风县发起设立村镇银行

扶风县为佛骨圣地，佛教圣地法门寺所在地，位于陕西省中西部，宝鸡市境东部漳河流域。全县辖 9 个镇，2 个乡，主要河流有渭河、漳河。矿产资源多为建材原料，矿藏有石灰岩、大理石等。2011 年全县地区生产总值（GDP）69.37 亿元，比上年增长 14.1%。全年全社会固定资产投资突破 60 亿元大关，达 60.68 亿元，比上年增长 30.4%；实现社会消费品零售总额 15.06 亿元，增长 13.1%。全年地方财政收入完成 16 088 万元，同比增长 39.6%。2011 年底全县金融机构存款余额达 82.5 亿元，比年初增加 11.15 亿元，其中城乡居民储蓄存款余额 60.35 亿元，比年初增加 8.6 亿元；年底各项贷款余额达 35.4 亿元，比年初增加 2.5 亿元。全年城镇居民人均可支配收入 20 902 元，增长 17.6%；全年农民人均纯收入 6 438元，增长 24.8%。

西北农林科技大学在扶风县建立了秦川牛专家大院和小麦育种专家大院。针对当地的地域、经济与气候优势，重点推广秦川牛的养殖技术和小麦育种技术，促使当地农民和农业企业提高收益，并将其向县外及省外辐射。目前，扶风县的经济发展起来了，农业发展技术也有了，不足之处是金融供给和金融服务不充足，而经济的发展、科技的带动离不开金融的支持，因此，拟在扶风县发起设立村镇银行。

十一、在凤翔县发起设立村镇银行

凤翔县地处关中平原西宝鸡市境内，是陕西省首批公布的省级历史文化名城。凤翔为中国著名的民间工艺美术之乡、青铜器之乡和西凤酒乡的美誉。凤府三绝（东湖柳、姑娘手、西凤酒）驰名中外。秦文化、凤文化等八大文化为凤翔历史文化的精粹所在，是我国少有的石灰石优质矿产地。2011 年全县地方生产总值 120.84 亿元，按可比价格计算同比增长 14.5%。全年实现县域财政总收入 10.49 亿元，同比增长 13.1%；全社会固定资产投资 102.79 亿元，同比增长 31%，实现社会消费品零售额 26.42 亿元，同比增长 13.3%。2011 年底全县金融机构各项存款余额 77.2 亿元，同比增长 15.2%；各项贷款余额 37.3 亿元，同比增长 12.9%。2011 年全县农民人均纯收入 7 896 元，比上年净增加 1 554 元，增长 24.5%；城镇居民人均可支配收入 23 096 元，比上年净增加 3 440 元，增长 17.5%。

凤翔县有西北农林科技大学建立的唐村蔬菜专家大院和果业专家大院。两所专家大院自建立以来，对凤翔的蔬菜和果业种植生产，提供了先进的生产技术，在当地推行了标准化种植、规模化生产，为当地农民的收入提高、相关企业的发展作了很大的贡献。凤翔县居民，特别是农民的收入增加了，掌握的技术也有了，但要扩大生产规模却受到了资金的限制，归根到底是缺乏金融业的支持。为支持当地金融业的发展，以一进步带动其经济的发展，拟在尚无村镇银行的凤翔县发起设立村镇银行。

十二、在广元市利州区发起设立村镇银行

广元市利州区地处四川盆地北部边缘，嘉陵江上游。地势东北、西北高、中部低，形成北部中山区，中部河谷浅丘及平坝区，南部低山区的特殊地理环境。广元市是汶川地震的受灾区。利州区是广元市市政府所在地，辖 3 街道 7 镇 3 乡，是连接中国西南地区和西北地区的重要交通枢纽。2011 年全区实现地区生产总值（GDP）1 385 634 万元，比上年同期增长 16.0%。全年辖区内全社会固定资产投资完成 1 319 951 万元，比上年增长 48.3%；实现社会消费品零售总额 714 634 万元，比上年增长 17.3%。12

月末，全社会金融机构人民币各项存款余额300.83亿元，比上年底增长5.5%，其中，城乡居民储蓄存款余额138.41亿元，增长16%；人民币各项贷款余额142.19亿元，比上年底增长19.4%。全年农民人均纯收入5 732元，比上年增加999元，增长21.1%；城镇居民人均可支配收入14 839元，比上年增加2 056元，增长16.1%。

利州区作为汶川地震受灾区，四年来，在当地政府的坚强领导下，牢牢把握"高位求进，加快发展"主基调，努力克服各种不利因素的影响，加快经济发展和经济结构调整，国民经济实现平稳较快发展，各项社会事业全面进步。全区三年完成重建规划项目656个，完工率达到98.2%，累计完成投资2 056 488万元，占计划总投资的110.1%。广元市于2011年底成立了广元市贵商村镇银行，目前，除总行营业部以外，在利州区西部的宝轮镇也建立了宝轮支行。但作为经济发展优秀、地区生产总值达138.6亿元的利州区来说，这根本无法满足其金融的发展需求。因此，结合当地的发展实际，拟在区东部拥有轻纺工业园的大石镇发起设立村镇银行。

十三、在广元市元坝区发起设立村镇银行

元坝区位于四川省北部广元市中南部，属低山地带，嘉陵江纵贯西部，有子云、工农、马蹄滩等中型水库，东邻旺苍县，西接剑阁县，南与苍溪县相连，北与利州区搭界，享有"广元后花园"之称。区位优势明显，有昭化历史文化古城等众多文物古迹，旅游资源丰富。2011年全区实现地区生产总值（GDP）296 069万元，按可比价格计算，比上年增长15.1%。全年全社会固定资产投资额24.05亿元，增长7.0%，其中固定资产投资17.55亿元，增长18.0%；累计实现社会消费品零售总额8.47亿元，增长17.1%。全年实现地方财政一般预算收入8 162万元，增长47.6%；全部金融机构各项存款余额39.46亿元，增长10.0%；各项贷款余额14.08亿元，增长11.1%。城镇居民可支配收入14 297元，增加2 046元，增长16.7%。农民人均纯收入4 866元，增加854元，增长21.3%，农村居民收入增速快于城镇。

元坝区作为广元市的一个行政区，同样为汶川地震受灾区。在区政府的坚强领导下，全区经过四年的大力建设，已基本恢复了当地的经济原貌。目前，元坝区正处在经济快速发展的时期，经济容量大，亟须金融方面的服务和支持。2011 年广元成立的贵商村镇银行，拟在元坝区成立村镇银行支行，村镇银行将会有所发展，但还无法满足当地的金融供给。因此，为了进一步促进当地的金融业发展，拟在广元市元坝区发起设立村镇银行。

十四、在广元市朝天区发起设立村镇银行

广元市朝天区踞川、陕、甘三省结合部，扼秦陇入蜀咽喉，全区辖 25 个乡镇，是秦岭南麓蜀道起点上的第一个政治、经济、文化中心，素有"秦蜀重镇"、"川北门户"之称。朝天境内现有各类矿产 30 多种，已探明的主要矿产有砂金、岩金和煤炭、黑墨玉等，矿藏量巨大。此外，森林资源、水力资源、旅游资源也相当丰富。2011 年，全区生产总值（GDP）实现 254 797 万元，按可比价格计算，比上年增长 19.5%。全年完成全社会固定资产投资 261 709 万元，比上年增长 7.6%；实现社会消费品零售总额 70 440 万元，同比增长 16.8%。年底全部金融机构各项存款余额 230 031 万元，比上年增长 9.8%；年底各项贷款余额 100 714 万元，比上年增长 12.0%。全年全区城镇居民人均可支配收入达 14 439 元，比上年净增 1 948 元，增长 15.6%；农民人均纯收入达 4 585 元，比上年净增 810 元，增长 21.5%。

朝天区同样为汶川地震受灾区，经过四年的灾后重建工作，全区的经济已基本恢复，呈现快速稳定的增长态势。经济的发展需要金融的支持，目前，朝天区的金融供给不足是影响当地经济发展的重要问题之一。因此，为支持朝天区社会主义新农村建设，结合朝天区经济金融发展实际，拟在广元市朝天区发起设立村镇银行。

十五、在广元市青川县发起设立村镇银行

青川县地处四川盆地北部边缘，白龙江下游，川、甘、陕三省结合部，处于我国中西部交接地带上。周围与陕西省汉中市宁强县，甘肃省陇南市文县、武都区，四川省绵阳市江油市、平武县，广元市利州区、朝天区、剑阁县等八县（区）相邻，素有"鸡鸣三省"、"金三角"之称。青川县自然资源丰富，地下矿藏资源有铁、铜、锌、金、汞、铀、石英、石灰石、锰、煤、天然沥青等，产地 70 余处。植物门类繁多，计有高等植物 180 多科、900 多属、3 000 多种，以珙桐、银杏、香樟、楠木等有名。2010 年，全县生产总值（GDP）实现 159 398 万元，比上年增长 17.3%；

社会消费品零售总额实现 80 349 万元，比上年增长 20.8%；全社会固定资产投资完成 837 795 万元，比上年增长 5.1%。年底全县各项存款余额 665 570 万元，比年初增加 101 813 万元，增长 18.1%；年底各项贷款余额 192 590 万元，比年初增加 34 584 万元，增长 21.9%。农民人均纯收入 3 871 元，比上年增加 507 元；城镇居民可支配收入实现 11 723 元，比去年增加 1 506 元。

青川县是汶川地震的重灾区之一，地震对当地的经济影响非常大。"5·12"地震后，青川县城于乔庄镇原地重建，县城部分功能向竹园镇分流。经过几年的重建工作，青川县的经济正步入快速发展的轨道，这正需要金融机构对当地经济的大力支持，这也是当地乃至中央政府的迫切需求。目前，广元贵商村镇银行青川支行正在建设中，但还无法弥补当地的金融供给不足问题。为支持青川的重建工作，发展当地的经济金融水平，拟在广元市青川县发起设立村镇银行。

十六、在广元市剑阁县发起设立村镇银行

剑阁县，位于四川盆地北缘，地处川、陕、甘三省结合部，守剑门天险，"剑阁峥嵘而崔嵬，一夫当关，万夫莫开"，有"川北金三角"、"蜀道明珠"之美誉。剑阁县旅游资源非常丰富，拥有国家首批重点风景名胜区剑门蜀道、国家 4A 级景区剑门关、翠云廊等。2009 年，该县被列为四川省"扩权强县"试点县。剑阁是农业大县，在全县的农村农业结构调整高潮中，涌现出了一批"小康户"和"小康村"。2010 年，全县实现生产总值（GDP）49.78 亿元，比上年同期增长 14.8%。全年投资规模突破 60 亿元，达到 60.57 亿元，增长 5.1%。全县金融机构存款余额达到 82.22 亿元，比年初增加 9.82 亿元，增长 13.6%；金融机构贷款余额达 26.63 亿元，增加 3.31 亿元，增长 14.2%。城镇居民人均可支配收入为 12 428 元，增加 1 665 元，增长 15.5%；农民人均纯收入 3 974 万元，增加 566 元，增长 16.6%。

剑阁县优秀的旅游文化资源，使得其经济长期保持稳定增长。近几年，剑阁县政府大力调整产业结构，使除旅游业以外的其他产业，如农业、农产品加工业等得到了有力的发展，其经济发展十分活跃，对金融机构来说，是投资发展当地金融的大好机会。目前，剑阁县成立了包商贵民村镇银行，且成立了两家分支行，但为了进一步增加当地的金融供给，发

展当地的农村金融市场，支持当地的经济建设和金融发展，拟在剑阁县发起设立村镇银行。

十七、在广元市苍溪县发起设立村镇银行

苍溪县位于四川盆地北缘深丘，巴山东障，剑门西横，古称秦陇锁钥，蜀北屏藩。整个地貌由低山和深丘及河谷平坝构成，处于四川绵阳、南充、广元、巴中川北四大城市的腹心地带，辖 64 个乡（镇）、734 个行政村。苍溪县农作物品种多，产量大，植物资源丰富；且地下资源开发前景广阔，拥有十分丰富的天然气资源。2011 年，全县实现生产总值 72.44 亿元，按可比价计算，比上年增长 14.3%。全年全社会固定资产投资总额 86.1 亿元，按可比口径增长 14.6%；实现社会消费品零售总额 25.4 亿元，增长 17.1%。全年财政总收入 60 966 万元，按同口径计算比上年增长 28.6%。年底全社会金融机构各项存款余额 131.5 亿元，比上年初增长 15%；全社会各项贷款余额 43.4 亿元，比年初增长 30.2%。城镇居民人均可支配收入 15 171 元，比上年增长 16.5%，扣除价格因素，实际增长 10.6%；农村居民人均纯收入 4 839 元，比上年增长 20.7%。

苍溪县是广元市发展较好的一个县，它的经济实力较强，经济容量较大，相对来说，它的金融发展情况就较为落后，应该大力扶持。目前，广元市贵商村镇银行在苍溪县成立了苍溪支行，进一步推动了新型金融机构在当地的发展。但这还不够，还需要进一步地增加当地金融供给，故拟在广元市苍溪县发起设立村镇银行。

十八、在广元市苍溪县发起设立村镇银行

旺苍地处四川盆地北缘，米仓山南麓，东邻巴中市南江县，南接广元市苍溪县，西连广元市朝天区、利州区、元坝区，北接陕西省宁强县、南郑县。旺苍历史悠久，文化底蕴深厚，有著名的爱国主义教育基地。矿产资源、植物资源、动物资源和旅游资源丰富，先后获"全国文化工作先进县"、"全国科普示范县"、"全国农村中医工作先进县"等殊荣。2011 年，全县实现生产总值 58.99 亿元，比上年增长 16.3%。全年实现全社会投资 45.77 亿元，其中：固定资产投资 35.77 亿元，比上年增长 1.6%；实现社会消费品零售总额 21.11 亿元，比上年增长 17.4%。年底全社会各项存款余额 82.64 亿元，比上年增长 5.7%；全社会各项贷款余额 20.08 亿元，比上年增长 7%。城镇居民人均可支配收入达到 15 793 元，比上年增加

2 375 元，增长 17.7%；农民人均纯收入 4 891 元，比上年增加 872 元，增长 21.7%。

旺苍县经济发展平稳运行，经济容量较大，是广元市受灾县区中发展较稳的县区。经过几年的重建工作，旺苍县的经济得到了提升，但其金融业的发展没有跟上。目前，广元市贵商村镇银行已在旺苍县成立了支行，对当地金融的发展起到了一定作用。但为了进一步促进旺苍县金融业的发展，提升其经济实力，拟在旺苍县发起设立村镇银行。

十九、在宜宾市临港开发区发起设立村镇银行

临港开发区在宜宾市翠屏区，位于四川盆地南缘，地处川、滇、黔三省结合部，金沙江和岷江在此汇聚成浩浩荡荡的长江，长江黄金水道由此开始，故有"万里长江第一城"之美誉。翠屏区具有五个显著特征：中国西南部地区的重要交通枢纽和商品集散地，发达的农业和初步规模的工作基础，完备的城市功能和繁荣的商贸环境，较强的区域经济综合实力，良好的投资环境。2009 年，全辖区完成地区生产总值 283.98 亿元，比上年增长 12.1%；全社会固定资产投资 70.15 亿元，比上年增长 9.1%。全年全社会消费品零售总额 90.23 亿元，比上年增长 18.8%。年底全辖区金融机构各项存款余额 394.28 亿元，比年初增加 97.99 亿元，增长 33.1%；金融机构各项贷款余额 163.86 亿元，比年初增加 48.1 亿元，增长 41.6%。全年城镇居民人均可支配收入 15 241 元，增长 13.8%；农民人均纯收入 5 512 元，比上年增收 366 元，增长 7.1%。

临港开发区是四川宜宾市翠屏区的新建区，是宜宾市的一个重要的经济开发区。全区的经济建设以科技力量为核心进行带动，这种带动力量是建立在资金的基础上的，即需要金融力量对当地经济建设的支持。对于这种新的经济开发区，金融供给是一个非常期望解决的问题，因此，拟在宜宾市临港开发区发起设立村镇银行。

二十、在成都市郫县发起设立村镇银行

郫县地处川西平原腹心地带，位于成都市西北近郊，东靠金牛区，西连都江堰市，北与彭州市和新都区接壤，南与温江区毗邻，是通往世界著名风景名胜区都江堰、青城山、黄龙和九寨沟的必经之路。全县辖 15 个镇（含合作等 4 个街道办事处），156 个村民委员会、40 个社区居委会。郫县先后被列入全国乡村城市化试点县、国家软件产业化基地、国家级出口加

工区、国家中药现代化科技产业园、国家生态示范区、全国蔬菜标准化生产示范区、中国盆景之乡等。2011 年全县实现地区生产总值 281.74 亿元，比上年增长 16.5%；全社会固定资产投资 250.98 亿元，调整口径后增长 25.8%；实现社会消费品零售总额 60.93 亿元，增长 16.9%。年底全部金融机构各项人民币存款余额 352.46 亿元，增长 6.8%；各项人民币贷款余额 204.74 亿元，增长 3.3%。全年城镇居民人均可支配收入 21 504 元，增长 13.4%；农民人均纯收入达到 11 107 元，增长 19.8%。

郫县地处成都市，是全国有名的乡村城市化试点县，农业生产、工业企业都发展得很好。总体上说，郫县的经济金融总量非常大，但金融业的竞争还不激烈，需要引入更多的金融企业以促进其进一步发展。目前，郫县已成立了郫县国开村镇银行，对当地金融业的发展起到了一定作用，但影响还不大。为了进一步促进当地金融业的发展，充实当地农村金融市场，拟在成都市郫县发起设立村镇银行。

二十一、在四川省眉山市发起设立村镇银行

眉山，作为一个地级市，眉山市属于四川省，位于成都平原西南部，岷江中游和青衣江下游的扇形地带，成都—乐山黄金走廊中段，是大文豪苏东坡的故乡，被称为中国诗书城。眉山市是全省最年轻地级市之一，眉山市是联合国开发计划署"21 世纪城市规划、管理与发展项目"示范城市和中国城市交通数字化建设试点城市，是"国家星火计划农村信息化试点市"和"四川省制造业信息化工程重点城市"。眉山具有丰富的矿产、森林、水力资源。境内矿藏有金、银、铜、铁、锌、煤、石膏、芒硝等 20 多种；全市有用材林 78 293.9 公顷，蓄积 711.9 万立方米，防护林 3 428.2 公顷，蓄积 465.9 万立方米，全市森林覆盖率为 29.8%；水电开发蕴藏量 106 万千瓦，可开发 92.2 万千瓦；全区养殖面积 14.8 万亩，水产品产量年达 31 050 万吨。

2011 年，全市 GDP 实现 673.34 亿元，居全省第 13 位，增长 15.3%，增速居全省第 8 位，人均 GDP 居全省第 9 位；固定资产投资 441.2 亿元，增长 24.3%，增速居全省第 6 位；第三产业增加值增长 13.5%，增速居全省第 1 位；地方财政一般预算收入 34.05 亿元，增长 37.9%，增速居全省第 5 位；城镇居民人均可支配收入 17 038 元，增长 16.3%，增速居全省第 8 位；农民人均纯收入 7 184 元，增长 20.9%，居全省第 4 位；眉山规模

以上工业企业销售收入突破千亿元大关，工业集中度超过 70%，工业化率突破 50%，实现从工业化初期到中期的嬗变；眉山市有实际投资的境外世界 500 强累计达到 7 家，是除成都外全省引进最多的市州。

6.4.2　2014—2018 年设立村镇银行计划

继 2013 年启动设立村镇银行之后，杨凌农村商业银行要进一步平稳有序地发展设立村镇银行，才能形成良好的局面。在接下来五年里，重点选取西北农林科技大学的科研试验基地或专家大院所在地和部分金融服务相对薄弱、经济活跃、发展前景广阔的地区，拟发起设立各村镇银行。

2014—2018 年的村镇银行设立计划，以表格的形式列出（见表 6-9）。

表 6-9　　　　2014—2018 年设立村镇银行计划

时间	村镇银行设立点	试验基地或专家大院	基本情况介绍
2014 年	千阳县	莎能奶山羊专家大院	千阳县地处陕西省关中西陲，为黄土高原区，地势北高南低，矿藏有大理石、石灰石、质佳埋浅。2011 年全县 GDP 达到 20.79 亿元，城镇居民可人均支配收入 19 536 元，农民人均纯收入 5 962 元。
	太白县	太白山蔬菜专家大院和太白高山无公害蔬菜示范基地	位于陕西省西部、宝鸡市东南部，地处秦岭腹地，是"国家级生态示范县"。2011 年实现地区生产总值 113 518 万元，城镇居民可支配收入 17 658 元，农民人均纯收入 5 640 元。
	青海省乐都县	青海乐都现代设施农业试验示范基地	青海省海东地区辖县，位于区境东部，是全省主要粮食和蔬菜生产基地县，并素有"文化县"之称。2010 年全县实现县域生产总值 35.31 亿元，城镇居民人均可支配收入 12 641 元，全年农牧民人均纯收入 4 582 元。
	杨凌区	杨凌小麦、玉米新品种示范推广基地等	杨凌区位于陕西关中平原中部，东距省会西安市 82 公里，西距宝鸡市 86 公里，是目前中国唯一的农业高新技术产业示范区。2010 年全区生产总值完成 47.294 亿元，城镇居民可支配收入 22 297 元，农民人均纯收入 7 128 元。

续表

时间	村镇银行设立点	试验基地或专家大院	基本情况介绍
2015 年	洛川县	黄土高原苹果专家大院	位于陕西省中部,延安市南部,是黄土高原的平坦地区,是黄土高原极为重要的农业区,也是誉满全国的最佳苹果生产基地。2011 年全县全口径实现生产总值 1 770 240 万元,农民人均纯收入 7 978 元,城镇居民可支配收入 19 875 元。
	麟游县	麟游布尔羊专家大院	位于陕西省宝鸡市东北部,地处渭北旱塬丘陵沟壑区,属特低灰、特低硫、特低磷、特高发热值的长焰煤开发地带,开发潜力大。2011 年全县生产总值 192 527 万元,城镇居民人均可支配收入 18 384 元,农民人均纯收入 5 684 元。
	凤县	花椒专家大院	凤县位于陕西省宝鸡市,矿藏有铅、锌、金、铜、钼、铁、煤、白云石等,盛产凤椒。2011 年实现地区生产总值91.15 亿元,农民人均纯收入 7 621 元,城镇居民人均可支配收入为 23 387 元。
	陇县	陇州奶牛专家大院	位于关中平原西部、宝鸡市西北,是全国商品粮基地县、秦艽 GAP 基地县。2011 年全县实现生产总值36.71 亿元,城镇居民人均可支配收入达到 17 739 元,农民人均纯收入达到 5 717 元。
2016 年	礼泉县	渭北旱塬苹果专家大院	咸阳市辖县,位于陕西省中部,地势西北高东南低。以果业发展的主导产业。2010 年全县国内生产总值累计实现 72.566 亿元,城镇居民人均可支配收入18 258 元,农村居民年人均纯收入 5 695 元。
	甘肃泾川县	甘肃泾川农业综合开发科技示范园	地处黄土高原中部秦陇交界处,古丝绸之路要冲,历史悠久,文物古迹多,旅游资源丰富。2011 年全县实现地区生产总值 36.70 亿元,城镇居民人均可支配收入 12 604.7 元,农民人均纯收入 3 714 元。
	铜川市耀州区	渭北旱塬苹果专家大院	位于陕西省中部,铜川市西南部,为铜川市政府所在地,是连接陕西关中地区和陕北地区的交通要道。2010 年全区 GDP 可完成 63.5 亿元,城镇居民人均可支配收入可达到 16 200 元,农民人均纯收入可完成 4 680 元。
	铜川市新区	铜川欧洲模式苹果示范基地	位于陕西省中部,铜川市西南部,为铜川市政府所在地,是连接陕西关中地区和陕北地区的交通要道。

时间	村镇银行设立点	试验基地或专家大院	基本情况介绍
2017年	靖边县	靖边白绒山羊试验示范基地	靖边县位于陕西省北部偏西，榆林市西南部，将是连接陕西、宁夏、内蒙古等地的交通枢纽。2011年全县实现生产总值292.96亿元，城镇居民人均可支配收入24 915元，农村居民人均纯收入9 689元。
	安徽省寿县	安徽寿县油菜示范园	位于安徽省中部，隶属安徽六安市，是国家历史文化名城和安徽省重要旅游城市。2011年全县地区生产总值103.6亿元，在岗职工工资总额62 533.5万元，农民人均纯收入5 433元。
	蒲城县	蒲城县大棚西瓜基地	位于陕西省关中平原东北部，属渭南市管辖，是中国著名的酥梨之乡和焰火之乡。2006年全县生产总值为43.31亿元。
	泾阳县	泾阳酿酒葡萄示范基地	地处陕西省"八百里秦川"的腹地，咸阳市中部，是中国领土的中心，素有"关中白菜心"之美称。2011年全县实现地区生产总值101.52亿元，城镇居民人均可支配收入22 915元，农民人均纯收入7 205元。
2018年	银川市贺兰县	宁夏葡萄与葡萄酒科技示范基地	位于宁夏北部，银川市区以北，是一座资源丰富的县城，是森林、野生动物等生物资源集中地区。2011年全县实现地区生产总值72.3亿元，城镇居民人均可支配收入17 290元，农村居民人均纯收入7 162.9元。
	长武县	黄土高原沟壑区综合农业示范基地	位于咸阳西北部，地处黄土高原渭北旱塬沟壑区，自然条件优越，属"陕西苹果"原产地域保护区，是全国苹果优生区之一。2011年全县地区生产总值实现34.98亿元，城镇居民人均可支配收入达18 869元，农村居民人均纯收入5 645元。
	石泉县	石泉蚕桑试验示范基地	石泉县位于陕西省南部，安康市西部，特产有香菇、黑木耳等。有千佛洞石窟等优秀名胜。2010年全县实现生产总值270 030万元，县城居民人均可支配收入14 794元，农民人均纯收入4 026元。
	平利县	茶叶专家大院	地处陕西东南，女娲故里，被称为绿色休闲家园，是典型的省际边关县。2011年全县地区生产总值29.326亿元，城镇居民年人均可支配收入17 159元，农民人均纯收入5 362元。

6.5　保障措施

6.5.1　加强组织领导

一、召开形势分析会

加强与人民银行、银监、工商等有关部门的合作，开展村镇银行运行形势分析会，及时分析当前农村经济发展情况，对融资性担保业务的质量和规模进行风险评估，对风险大的融资性担保业务及时提醒并明确各部门的分工职责，建立工作联系制度，及时沟通信息。另外，由于村镇银行服务的主要是农村地区，农业作为弱势产业，本身具有很大的风险，农业和农民对自然条件的依赖性强，抵御自然灾害的能力差，收入的不确定性大，加之农村相关的灾害保险不发达，一旦发生自然灾害，损失难以避免，行业风险不可避免，村镇银行更应该不定期召开形势分析会，考虑所设村镇银行面临风险，并根据不同的风险采取不同的措施，降低风险水平，防范金融风险。

二、坚持三级监管工作体系

构建适应分类监管的组织体系，完善监管运行机制。坚持担保行业监管的三级工作体系，进一步明确银监系统各级机构包括（银监局、银监分局及监管办）对村镇银行的监管事权划分，对村镇银行要明确以监管办为主，实行属地监管，合理配置监管资源，实现系统协调联动，发挥好整体监管优势，确保行业发展目标的实现。同时建立和健全监管流程和机制，合理设计市场准入监管，经营状况监管和市场退出监管，并通过严格的考核和问责，有效落实三个板块的监管责任。

6.5.2　注重规划引导

一、明确市场定位，确保良好发展

村镇银行定位准确与否，直接关系到村镇银行的业务发展方向。村镇银行的设立作用是延长金融服务链条，使得金融服务对象进一步下延，从而有效地弥补金融服务不足和空白的地区，提高农村金融服务覆盖面与农村金融服务的可获得性，推进建设农村金融服务体系，服务"三农"建设。偏离"三农"方向发展等于失去了自身的竞争优势，为此村镇银行应进一步明确服务"三农"的市场定位，端正经营方向，在机构布局方面要因地制宜，既不能离开"稳定城镇"这个基础，又不能脱离当地实际。尤其是在村镇银行发展的起步阶段，不宜盲目扩大规模、不宜超范围投放贷款，应该扎根农村，按照中心城区、城乡结合部以及远郊农村等三个区域市场，本着扩大金融服务覆盖面的原则，重点发展以农信社网点分布不到位和服务力量薄弱的贫困边远地区。

为有效发挥村镇银行在服务"三农"、支持城镇经济发展中的作用，需要地方政府、监管机构和中央银行不断加大政策扶持力度，引导村镇银行进一步明确市场定位、拓宽资金来源和网络渠道。在国家和省政府相关部门领导下，做好规划衔接工作，明确本区村镇银行发展规划、路径、主要目标和重点任务，依法施政，实现村镇银行的规范发展、规模发展和效益发展。

二、坚持"三性"统一，完善相关制度

由于是按照《公司法》结构经营的村镇银行，应该严格按照《公司法》相关规定，以及现代企业制度的要求，建立并不断完善公司章程及股东大会、董事会、监事会议事规则，以及总经理工作细则和董事会的授权范围、经理办公会议制度，确保村镇银行以安全性、流动性、效益性"三性"统一经营原则，自主经营，自担风险，自负盈亏，自我约束。

监督体制的建设，具体可以细化到四个方面：一是人民银行的配套制度建设，譬如对村镇银行的利率浮动、存款准备金、支付结算、反洗钱监测等方面要做出明确的规定。二是监管当局风险评估机制和内控制度的建设，进一步健全和完善信贷审批制度、财务管理制度，成本控制制度，柜面操作风险控制制度以及员工薪酬制度，建立信贷风险预警机制。三是考核机制的建设。为了确保村镇银行服务"三农"的市场定位不发生偏移，监管部门应考虑把村镇银行支农业务的情况纳入考核体系。四是信息披露制度。完善信息披露和监督机制，实施差别授权，实行信息披露制度，定期向股东和利益相关者披露公司治理的情况和数据，广泛接受监督。

6.5.3 强化队伍监督管理

一、加强队伍建设

尽快建立一支高素质的村镇银行工作人员队伍，具体可以从以下几个方面入手：

一是加大员工培训投入，为充分激活在岗人员潜能，促进整体素养的提升，将通过专业技能培训、上岗资格考试、技能证书年审等形式，保证各岗位的基本需求。通过外部交流、内部讲师带动、鼓励在岗学习，实现人员自我价值提升。通过与西北农林科技大学合作开办培训基地，定期组织员工培训，提高其业务素质，适应业务经营发展需要；对于重要岗位的管理人可组织其到国内外一流银行学习先进管理经验，进一步改善村镇银行的经营管理。全员普及业务知识，使其熟悉各项产品，从而有效进行营销，改进服务质量，确保村镇银行顺利实现经营转型和长期可持续发展。

二是加快人才引进机制建设。对外可以面向社会选拔引进一批专业化高端人才，吸引金融行业富有经验的优秀从业人员加入，面向新招录的大学生员工培养锻炼一批专业性人才，使员工成长和银行发展紧密相连，调动员工的积极；同时对内面向全体员工改造提升一批人才，实现对人力资源的深度开发和优化配置，力争干部和员工队伍在知识化、年轻化、专业化建设方面取得了较好成效。

三是训练出一支来自本地的优秀客户服务团队。当地的员工对村镇银行的环境、文化、业务所涉及的客户有清晰的了解，能够为今后的产品开发和贷款审批提供决策支持建议。每个客户可以配有自己专门的客户服务代表，能享受贴身的专业服务，客户代表通过对自己客户的了解，自然就能够降低成本，更好地开发城镇市场。

二、加大惩处力度

建立完善的村镇银行会计年审制度，引入注册会计师事务所进行独立的会计审计，防范村镇银行篡改账目、抽逃资金等行为，督促其严格按照经营范围合法、合规经营。根据贷款管理现状，要克服信贷投放过程中的道德风险，严格规范贷款操作，对贷款"三查"制度落实不到位、贷款手续不完备、信贷人员与贷款户恶意串通骗取贷款、违章贷款、人情贷款等行为，加大处罚和责任追究力度。可以视情节轻重分别给予警告、责令整改、约谈高管、风险提示、取消经营资质等处罚，并记入担保机构的监管档案，对违法经营行为零容忍，一经查出必依法处理，有效遏制贷款质量的劣变，确保本地区农村金融环境稳定发展。

6.5.4 加大扶持力度

一、加大财税政策支持力度

一是在资金方面给予扶持，将本级财政支农资金、上级财政支农政策配套资金优先存入村镇银行，壮大村镇银行的资金实力。对初创阶段的村镇银行减免营业税和所得税，支持其尽快发展壮大，应明确村镇银行在全国银行间同业拆借资格，增加资金补充渠道。

二是降低村镇银行的进入门槛，增加农村村镇银行的参与主体，完善资金来源体系：（1）把当地政府、外源资金、当地农户、当地中小企业主等各方面的利益结合起来，让地区性的资金能够合理流动，发挥各参与主体的特点，更好地为建设村镇银行服务。（2）探索和完善村镇银行的参股和持股比例，确保各参与主体能够分享村镇银行发展带来的好处，并且出台相关的政策和法规，提高当地农户和中小企业主参股投资的积极性，并保护他们从中获得的利益。

三是引导利率市场化，村镇银行存贷款利率需要更大的灵活性，通过农村市场的资金供求关系来确定利率，以实现利率市场化。并且允许通过利率杠杆，灵活运用各种金融工具来有效动员储蓄，促进贷款的偿还，进一步扩大贷款利率的浮动范围。

四是将村镇银行纳入存款保险体系，这是因为村镇银行作为新生的小银行，影响面小，没有历史包袱。拿村镇银行搞试点，即便失败了也不会引发金融危机，还可以为我国全面建立存款保险体系积累经验。目前，制约村镇银行发展的"瓶颈"因素是吸储困难，因为在存款领域，村镇银行面对的竞争对手是一些国字号的商业银行，而村镇银行有了存款保险这把"保护伞"，则可大大提高其自身的公信度和社会认可度。

二、提高贷款意识，增加金融服务产品种类，加大对当地金融扶持力度

由于长期以来受经济发展和社会观念等因素的影响，农民的受教育程度普遍较低，金融观念也较为保守，很多农民无法意识到自己已经存在的金融需求，贷款意识较低，而且单靠自身的理解也无法准确地了解村镇银行所提供的金融产品。因此，应对农民实行定期的金融知识普及教育，在提升农民金融素质的同时，使农村地区潜在的金融需求转化为有效需求，并使银行提供的金融产品能够很好地适应该需求。同时，对农民进行合理运用贷款的技能培训，如何正确获得贷款、运用贷款、归还贷款，减少村镇银行小额贷款的风险，促进村镇银行健康发展。

村镇银行的地域性较强，因此其所提供的金融产品应有较强的针对性，并且要求尽量能够满足农民多层次的金融需求。村镇银行金融产品的开发不应只拘泥于贷款产品，还应大力发展中间业务，努力推广适合本地区农民的保险产品、积极开发能被农民接受的理财产品，加大金融服务产品种类，在为农户的生产生活提供便利的同时，拉近自身和农民的距离，拓宽收入来源，增强自身发展的稳定性。

6.5.5　优化发展环境

一、建立良好金融生态环境

银行的发展，最终取决于银行本身的信誉，我国的国有四大商业银行在人们心中的地位之所以高是因为它们有着一定的时间沉淀，信誉度已经得到了广泛的认可。由于村镇银行是一个新鲜事物，农民对村镇银行有一个观望、观察、尝试的过程。在这个过程中，村镇银行必须秉持严谨诚信的作风，严格按照规程办理各项业务，在社会和客户中树立良好的诚信稳健的形象，以此获得社会和客户的信任。另外，还要加强自身的机构宣传，村镇银行应该利用广播、电视、报纸等新闻媒体广泛宣传其服务宗旨、特点，介绍政府出台的相关扶持政策，突出国家的支持力度。同时，在设立初期，村镇银行一定要通过为农户提供优质、快捷、方便的服务，形成自己的品牌，以扩大在当地的影响力，提高其社会认知度。

在不断发展自身的同时，应加快农村信用体系的建设，为村镇银行的发展提供良好的外部生态环境。首先，村镇银行应在开展业务的过程中注重对客户信用意识的培养，加大对农村居民的宣传教育工作。另外，还可以制定差别化的利率优惠制度，对于还款记录好，信用意识强的客户给予一定的利率优惠和额度优惠，引导农村居民逐步增强自身的信用意识。其次，村镇银行要完善信用档案的建立，积极推广信用联保组、信用村、信用乡的概念，增强农村居民的信用意识。最后，国家应建立适应农村地区特点的征信体系，为村镇银行开展业务提供良好的征信平台，防止有个别贷款户在某个银行违约后再想到村镇银行贷款的现象发生。

二、加强互利合作

村镇银行可以积极与当地政府合作，根据当地政府的部署，全方位、立体式地参与新农村建设，实现"政银合作"，主要是可以从两个方面着手，第一是村镇银行积极参与当地政府的新农村建设规划。根据自身优势，农民自愿原则，帮农民理财，提供高效的金融服务，从而降低新农村建设的各项成本。第二是将信贷资金与支农资金结合。整合扶持资金、农业产业发展资金与信贷资金，重点支持有致富意愿、致富能力、致富条件、适度规模的企业以及种养殖大户，推动农村产业向规模化、专业化、标准化方向发展，增加农村金融的有效需求。

按照等价有偿、诚实信用的原则，鼓励、支持与相关金融、担保机构加强互利合作。对于开展相关农地经营权抵押试点地区，国土和农业部门在农地确权、登记、颁证方面要优先照顾；工商部门要积极支持农地经营权的抵押登记；法院要在调解农地抵押贷款纠纷时，充分考虑保护各方利益；试点金融机构在贷款利率、保费收取等方面要给予相应的优惠政策等诸多方面，借助本行网点与人员优势为依托，在大中小企业、农村基础设施、城镇化贷款以及个人贷款业务方面与不同规模和背景的专业担保公司合作，在数量上和结构上有效分散风险，获取规模效益，稳妥渐进扩大市场份额。

三、完善监管信息平台

村镇银行应该建立完善的信息披露机制，加大对自身经营方式转变、董事会成员变更以及重大决策等信息的披露力度，使其股东、客户能准确及时地了解村镇银行的运营情况，增加股东、客户对银行的信任感。实现客户的信息共享，对于企业应逐步建立企业信用等级身份证明和企业信用档案制度，包括企业信用评价系统、查询系统、服务系统和管理系统；对于个人应建立个人信用档案、个人信用调查和报告制度，通过建立与市场经济相适应的个人经济行为规范，引导个人在经济活动中自觉按照市场规则办事，做到讲信用、重信用、守信用。同时加大行业联合惩罚失信行为的力度，尽快建立起同业间的联合制裁机制，建立"黑名单"管理制度，实施"黑名单"联网共享，对于不讲诚信的企业和个人，实行联合抵制和制裁，根据其情节轻重，采取降低信用等级、不再提供服务、依法处置抵押品、诉诸法律等手段来化解村镇银行的信用风险。

　　深化信息技术在管理决策方面的应用，引入客户关系管理系统，建立完整、统一的公司客户信息库和功能强大的客户分析工具，对客户信息进行分析，为经营提供有价值的数据，提高客户营销的针对性和成功率，提升管理决策的速度和质量。同时规范贷款审批流程和贷后调查的程序，做好贷款的追踪工作，及时了解贷款户的生产经营状况，灵活掌握还款方式，对于周期性和规律性较强的产业，必要时允许贷款展期，不仅能降低发生坏账的可能性，还能增强在客户上的信誉度。

7 杨凌示范区农村产权抵押
融资试验与支持政策研究

7.1 农村产权抵押融资的可行性和必要性

农村经济主体的信贷需求难以得到满足是困扰理论界和实践者的难点问题。为了解决农户以及涉农中小企业抵押物获取困难以有效化解农村金融市场上资金需求不均衡问题,农村产权抵押贷款试验在全国范围内择点展开。为了深入了解试点工作的开展背景以及评价政策推行的意义,更深层次地探讨产权抵押贷款试点工作开展的可行性和必要性十分必要,这对解决农村信贷约束问题、促进农村经济发展、实现农业现代化等方面有巨大价值和重要意义,也可为产权抵押贷款模式在全国范围内的推广以及农村金融市场金融服务创新发展提供理论依据,更好地为解决"三农"问题提供新的发展思路。

7.1.1 农村产权抵押融资的可行性分析

一、政策支持

1997 年 7 月 29 日,杨凌示范区经国务院批准为唯一一个国家级农业产业示范区,并逐步成为了全国农业科技和产业化发展的典范。随着科技转化为生产能力的不断提高,2011 年,杨凌示范区实现生产总值 60.79 亿元,是 2006 年的 2.9 倍,年均增长 16%;完成全社会固定资产投资 17.1 亿元,是 2006 年的 2 倍,年均增长 13.5%;财政总收入、地方财政收入分别完成 2.32 亿元和 1.29 亿元,是 2006 年的 3.1 倍和 2.9 倍,年均增长 25.5% 和 24.3%;城乡居民人均收入分别达到 25 999 元和 9 110 元,是 2006 年的 2.2 倍和 2.4 倍,年均增长 17.1% 和 18.7%,增速位居陕西省前列。但是,对于农业人口占总人口的 60%、总面积 135 平方公里的杨凌示范区,如何有效化解农村地区严重的信贷约束、促进城乡公共金融服务均等化,仍然是杨凌示范区在加快传统农业向现代农业转变、实现城乡一体化过程中亟待解决的问题。

2008 年 10 月 19 日，《中共中央关于推进农村改革发展若干重大问题的决定》（中发 ［2010］ 1 号）（以下简称《决定》）出台，标志着我国在解决"三农"问题的探索过程中又迈出了关键的一步。《决定》从建设中国特色社会主义全局出发，明确了新形势下推进农村改革发展的指导思想、目标任务、重大原则和战略举措，是反映农民诉求、适应现阶段农村发展要求的具有里程碑意义的重要指示。

《决定》指出："赋予农民更加充分而有保障的土地承包经营权，现有土地承包关系保持稳定并长久不变。"从过去的"土地承包经营权 30 年不变"到现在的"长久不变"政策的转变使得农民没有后顾之忧，引导农民走积极生产的致富道路。《决定》同时要求加强土地承包经营流转和服务，建立健全农村土地承包经营权市场，按照"依法、自愿、有偿"的原则，允许农民以转包、出租、互换、转让、股份合作等形式流转土地承包经营权，发展多种形式的适度规模经营。现阶段，土地对于农民来讲仍旧在不同程度上承载着社会保障功能，但是，随着市场经济的发展和社会保障体系的完善，土地所承载的社会保障功能应被逐渐弱化，从而提升资源利用效率，进而缩小城乡二元发展差距。国家允许土地流转，可以使农民逐渐脱离对土地的过度依赖，从事多元化经营活动，在提高收入水平的同时稳步改善生活水平。

杨凌示范区在《决定》的指引下，积极探索促进农民增产增收的新途径并取得了显著成绩。但是，农村金融发展相对落后的现状逐渐成为杨凌示范区快速发展的"瓶颈"。为了确保杨凌示范区能够继续领跑全国农业科技的发展，消除可能阻碍农业发展的因素，2010 年 1 月，国务院下发《关于支持继续办好杨凌农业高新技术产业示范区若干政策的批复》（国函［2010］ 2 号）（以下简称《批复》）。《批复》指出：支持杨凌示范区"深化农村金融改革与服务创新，支持在杨凌示范区开展知识产权等无形资产质押贷款试点和保险业创新试点。"杨凌示范区抓住《批复》提出的推进农村金融改革和创新的机遇，启动了农村产权抵押融资试验，大胆实践，积极探索，不断盘活农村资产，增强农民生产的积极性。

2010 年 5 月 19 日，人民银行、银监会、证监会、保监会联合下发了《关于全面推进农村金融产品和服务方式创新的指导意见》（以下简称《意见》)。《意见》指出：探索开展农村土地承包经营权和宅基地使用权抵押贷款业务。在城镇化和农业产业化程度高的地区，金融部门要积极支持和配合当地党委和政府组织推动的农村土地承包经营权流转和农房用地制度改革，按照"依法、自愿、有偿"的原则，在不改变土地集体所有性质、不改变土地用途和不损害农民土地承包权益的前提下，探索开展相应的抵押贷款试点，丰富"三农"贷款增信的有效方式和手段。杨凌示范区 2010年 8 月 18 日下发了《关于开展农村产权抵押贷款试点工作的意见》，明确了土地承包经营权抵押、房屋产权抵押、生物资产抵押、农业生产设施抵押四类贷款抵押方式并出台了四个制度办法，即《农村土地经营权抵押融资管理办法》、《农村房屋抵押融资管理办法》、《生物资产抵押融资管理办法》和《农业生产设施抵押融资管理办法》。

二、理论支持

杨凌示范区农村产权抵押贷款试点工作不仅受到政策层面的支持，从理论上分析，这种金融创新试验同样具备可行性。

1. 法律理论支持

由于农村产权抵押活动仍处于试验阶段，一切法律法规尚不健全，这些法律限制主要来自《担保法》和《物权法》，例如《担保法》明确规定了在发包人统一下的四类荒地（荒山、荒沟、荒丘、荒滩）的土地使用权可以抵押，乡（镇）、村企业的土地使用权与其上的厂房等建筑物可以一并抵押，但其余的耕地、宅基地、自留地、自留山等集体所有的土地使用权均不得抵押。虽然法律对耕地等农村产权用于抵押有所限制，但这不能说明农村产权抵押贷款中用房屋、土地等作为抵押物的尝试不符合理论条件。一方面，从 2002 年颁布的《农村土地承包法》中第四十九条的规定："通过招标、拍卖、公开协商等方式承包农村土地，经依法登记取得土地承包经营权可以依法采取转让、出租、入股、抵押或者其他方式流转"，可以看出农村产权抵押并非无法律依据可循，农民用所享有的最基本的用益物权——土地承包经营权用于抵押能够得到法律认可。另一方面，从法理的角度来看，转让和抵押同属于处分范畴，并且转让比抵押在对财产的处分上更彻底，法律规定可转让的财产当然也可以抵押。现实中，由于土地承包经营权、宅基地使用权、集体建设用地使用权的转让已是合法行为，因此对于以产权作为抵押物的创新形式也应得到法律的认可。随着政策支持力度的加大以及各项工作的完善，可以预见，农村产权抵押贷款试验所涉及的法律法规会逐渐明晰和完善，最终涉及抵押融资的农村产权都会成为受到法律保护的合法抵押物。

2. 产权理论支持

马克思认为："产权就是以法律所允许的最独断的方式处理事物的权利"。即所有权是确定物的最终归属，是主体对物的独占和垄断的财产权利，是同一物上不依存于其他权利而独立存在的财产权利。在法律允许的限度内，所有人可以自由地行使其对自己财产的各种权利，包括占有、使用、收益和处分的权能。从我国农村土地产权制度的变迁来看，农民作为土地使用权主体涵盖的各项权利的界定也逐渐明确，这对于搭建农户与农村金融机构的贷款合作非常重要。理论上讲，只有当产权及其各项子权利都是可以转让和分割的，这些权利的每一项或每一项的不同部分才可以与不同个人或团体之间相互交易。因此，研究农村产权抵押贷款模式的可行性首先是要从理论上探究农民拥有的土地承包经营权、宅基地使用权等是否具备了排他性、分割性和转让性。其次是要证明这些产权是否可以作为合法的抵押标的。如果这两个条件均可以满足，那么农村产权抵押贷款就能够得到理论支持。

(1) 农村产权具有排他性。我国农村土地制度的变迁对土地承包经营权的权利界定意义重大。随着土地制度的不断改革，农民所应该享有的权利逐渐均等化，与城镇居民所能享有的社会以及法律权利之间的差距在逐渐缩小。关于土地承包经营权，其首先以合同形式在法律上明确了土地承包期限，这对于发包人和承包人的权利义务的履行十分关键；大部分的农村居民拿到了《农村土地承包经营权证》等产权证明文件，其权利的排他性得到了法律上的认可。从以上两方面可得出，农民作为土地和宅基地等的使用权主体，其所拥有的土地承包经营权或者宅基地使用权等权利具备排他性，这在很大程度上减少了可能产生的外部性问题，对农民是否愿意通过将农村产权作为抵押物进行贷款至关重要。

(2) 农村产权具有可分割性。产权能够实现其价值的前提是要求其具备可分割性。由于产权的价值就体现在它能够给权利主体带来收益，而这种收益并不局限为一种类型，它可以以多种形式存在。如果一种产权是可分割的，那么就意味着它具备能够产生多种收益的能力，并且享有收益的主体需要为其收益的获取支付相应的成本。以土地承包经营权为例，我国农村土地承包经营权实现了土地所有权与经营权的地权分割，同时肯定了农户的"附加土地所有权"，因为土地承包经营权作为用益物权范畴的表现形式，用益物权人对他人所有的不动产或者动产依法享有占有、使用和收益的权利。土地承包经营权的权利主体可以在法律规定的范围内行使多项子权利，开发土地的多种功能，如利用其作为抵押物进行融资等。从土地所有权的可分割性可以看出农民具有其他农村产权如宅基地经营权等也是不同子权利的载体，可以为权利所有者带来多重收益。

（3）农村产权具有不完全转让性。《农村土地承包法》等相关法律文件明确规定，农民有权在不改变土地农用性质的前提下，将土地承包经营权采取转包、互换、转让等方式进行流转，但是流转的期限仅限于承包期的剩余期限。这一条款具有两层含义，首先是赋予了农民可以通过转让土地获得收益的权利；其次，虽然农民所享有的土地权利更加丰富，但是对于流转期限的规定从时间上限制了转让权的完全使用，一定程度上降低了农民土地的财产性收益。从目前来看农民的土地权利所体现出的转让特征并不完备。但是农村产权抵押试点地区土地流转市场的建立与健全可以在很大程度上弥补这种缺陷。因为健全的土地流转市场能够解决土地等农村产权的流转问题，所以，农民的土地产权能够被赋予更多的价值实现空间，从而土地承包经营权以及其他农村产权便可以以实体权利的形式进行抵押融资。

产权代表的是一项或几项权利，但是权利背后实际上是代表着对实物的拥有或者占有，在这种意义上，将产权用于抵押与用实物抵押实际上是相同的。因为大部分城镇开展房屋抵押贷款模式已经相当成熟，因此，用农村宅基地使用权作为抵押是此模式的借鉴和延伸。关于生物资产能否作为抵押物尚有争议，因为正处于生长期的牲畜和正处于培育期的果树等资产虽然具有一定的潜在市场价值，它们可以在市场上通过交换或者其他方式最终将价值外在化，但是这些生物资产价值能否实现存在很大变数，也就是说农户和银行都面临着不可预知的风险。因此，如果要把生物资产作为一种产权进行抵押贷款，必须要有保险机构和生物资产评估机构的参与和配合。杨凌示范区通过建立产权流转中心、不断完善产权评估体系以及积极扩大农业保险的范围，在实践中克服了客观条件的限制。因此，通过生物资产进行抵押贷款不仅在理论上，在实践中也具备可行性。

三、金融机构支持

由于农村金融机构偏少、农业生产模式较为单一及风险较大，开发适合农村地区金融产品和开展多样化的金融业务的动力明显不足。对于杨凌示范区来说，尽管有了政策的支持和大量的融资需求，如果现存的农村金融机构配合不足，涉农贷款的放贷激励依然缺乏，农户和涉农中小企业的经营资金困难问题仍然难以化解。

杨凌农村信用合作社经过股份改制于 2012 年 7 月 11 日正式更名为杨凌农村商业银行。杨凌农村商业银行，将成为由农民、农村工商户和其他经济组织入股，实行民主管理，主要为"三农"服务的股份制地方性金融机构。作为杨凌示范区内唯——家法人金融机构，将发挥经营上的灵活性和决策上的自主性，围绕杨凌示范区经济建设的重点领域和项目，突出城市基础设施建设、现代农业园区建设、交通、水利以及生物产业、食品加工、环保农资等重点，加大信贷服务支持力度，为杨凌示范区经济发展提供全方位、最大限度的金融支持，用实际行动打造杨凌农村商业银行融入地方经济，支持地方发展的新形象。杨凌农村商业银行近年来稳步推进农村产权抵押融资，不断出台双赢抵押贷款政策，创新抵押、质押物种类，农村产权抵押融资模式已经成为杨凌农村商业银行与农民、涉农中小企业之间资金流动的一种地方特色模式。

农业是我国国民经济的基础产业，农民是银行的一个庞大的客户群体，然而商业银行等金融机构在贷款发放中还是排斥农村市场，宁愿舍弃广大的农村市场而挤进容量已近饱和且竞争激烈的城市市场，致使农村金融市场上资金供求严重不足。但是，产权抵押贷款试验是解决信贷约束问题的一个新的突破口，其试点工作的推行不仅为农户和涉农中小企业带来了新的融资途径，同时也为金融机构注入了新鲜血液并且让其发现了拓展业务空间的机会。杨凌农村商业银行对产权抵押贷款试验的积极配合和参与不仅让亟须资金满足生产经营的农户、涉农中小企业以及农民资金互助社通过农村产权抵押贷款方式获得了资金并通过良好的经营、运作获得良好收益，同时也为杨凌农村商业银行提供了更广阔的发展空间。在全国范围内，农村产权抵押贷款试验在各试点地区的开展为当地金融发展以及"三农"问题的解决创造了互利双赢的局面。

虽然目前在杨凌示范区开展农村产权抵押贷款业务的办理都集中在杨

凌农村商业银行，其他农村金融机构如邮储银行，农业银行等金融机构均尚未参与，但是经考量，其他银行均有能力参与到产权抵押贷款中来，并且农信社对产权抵押贷款业务的开展已经让农村金融服务提供机构意识到其发展的巨大潜力。在未来的发展过程中有充分的理由预期随着双赢局面的展开，越来越多的金融机构将会参与到农村产权抵押贷款试点活动中来，使之真正成为推动农村金融以及经济发展的强大动力，为完成统筹城乡发展重大任务和"三农"问题的逐步解决作出贡献。

7.1.2 农村产权抵押融资的必要性分析

一、农村发展的客观需要

在国家出台的一系列农业高科技发展政策指导下，杨凌示范区在过去15年始终保持较快的发展速度，农民的收入水平显著提高，一大批现代农业企业，如秦宝牧业、杨凌本香集团、赛德有机蔬菜生产基地等也先后落户，不断为杨凌的发展创造着新的机遇。但是，在褒奖成绩的同时也应该注意到随着农业发展逐渐暴露出来的一些亟须化解的问题，如农户和涉农中小企业贷款难、农村土地利用效率低并且利用不合理、不规范等。

金融市场不仅为经济发展提供支撑作用，同时也在为经济发展创造着机遇并不断更新着经济发展的前景。中国作为农村人口占70%左右的农业大国，农村地区的经济发展始终关系着整个国民经济的发展，也正由于此，农村金融市场的发展在直接影响着农村地区经济发展的同时，也影响着一国宏观经济发展。如果农村金融市场发展良好，对农村经济发展起到促进作用，那么在农村经济得到发展的同时，整个国民经济也将会受益，反之则会起到阻碍作用。鉴于农村金融的发展对中国经济长期发展的重要性以及影响力，建立和完善有效的农村金融市场是实现国民经济稳定发展的关键。既然农村地区信贷供需不匹配的现状难以通过现有的制度安排和体系得到显著改善，那么现阶段应考虑并探索一种合理有效的途径化解这一困境。农村产权抵押贷款试验作为解决农村地区信贷供需矛盾的创新尝试，从理论上以及开展以来收到的良好效果两方面证明了其发生和发展是农村地区金融和经济发展的客观需要。

1. 解决农村金融市场信贷供求不均衡问题

农户和涉农中小企业作为农村金融市场的主要参与者，其利益的实现、生产积极性以及生产效益的提高直接关系到农村地区经济发展状况的改善。一个活跃且高效的农村金融市场应该能够为有信贷需求的经济参与主体提供高效的资源配置活动，为参与主体提供广阔的机会和发展空间，否则参与主体的消极态度和对利益不确定性的预期会在很大程度上成为农村地区的金融发展以致经济发展的障碍。虽然近年来，随着农业经济的发展和农村产业结构的调整，农户资金需求总量逐步扩大，需求范围进一步拓宽，但由于农村金融市场的不健全，农户合理的信贷需求并未得到有效满足，农户贷款问题依然突出，已经严重制约了农村经济及社会的发展。农村产权抵押贷款试验是在这种状况下为解决上述问题展开的创新探索；不仅能够解决农户抵押融资困难，而且能够激发银行的放贷动力，对于解决农村地区现存的信贷供需不均衡问题十分必要。

2. 提供生产经营资金

农民的生产和生活发展需要资金，但由于农业的固有性质，农民的资本积累是缓慢且易受自然等其他因素影响，导致农民的生产和生活普遍缺乏资金。以杨凌示范区农村地区的农民的生活状况为分析对象，绝大部分农户表示有不同方面的资金需求，比如供子女上学、家庭医疗支出，购买生产所需的投入要素等。上文提到，抵押物获取构成农户寻求资金来源的严重阻碍，因此农户被迫寻求其他途径，最普遍的是诉诸民间信贷。虽然农村金融市场充斥着巨大的资金需求，但是只有少部分可以通过正规金融渠道予以满足。而在城镇地区，普遍存在担保贷款、抵押贷款等金融机构鲜在农村区域施行的融资方式，城镇地区融资需求较易被满足。产权抵押贷款不断在实践中证明是农村金融需求方与金融机构有效对接的一个方式，并且为农民、涉农企业及金融机构所接受和采用，不断为农民、涉农企业提供生产经营所需资金，推动农业的可持续发展。

二、提高要素资源配置效率的途径

农业生产离不开土地、劳动力和资本这三种基本的生产要素，并且农业产业发展、进步取决于生产要素的配置效率。农村产权抵押贷款为农民解决了资金问题，使资本这一要素的获取成为可能。现阶段，农村土地流转市场还不健全。虽然土地制度变迁使土地承包、流转受到法律认可，但是土地承担的社会保障功能由于历史原因仍然十分显著，因此农民不愿意将从农村集体承包的土地流转给发展规模化经营的农民，即便所承包土地的利用价值不高，也不愿意进行流转，使规模化农业生产发展缓慢，资源不能得到合理配置，阻碍了农村经济发展。但是，当农户了解到自己承包的土地能够贷款且贷款限制条件减少时，有生产经营资金需求的农户均反映愿意尝试通过土地承包经营权抵押贷款。一般情况下农户通过土地承包经营权获得资金并获得可观的投资收益后倾向于扩大生产经营规模以获得更大回报，因此必然愿意组成合作组织，或者支付合理的价格承包其他农户的土地，以满足扩大投资规模的需要。这样，多数闲置的土地或者投入产出效率不高的土地资源便可以通过承包、流转、抵押贷款等方式得到更为有效的利用，从而实现土地资源的优化配置。我国新农村改造和农村劳动力向城市转移也促进了闲置土地的流转趋势。

土地配置效率的提高不仅为农业的规模化经营奠定了基础，同时也加快了劳动力这一生产要素的流动。首先，规模化经营需要更多的劳动力资源，过去由于土地资源利用效率不高而导致劳动力资源利用率不高的问题能够得到显著改善。其次，土地的发包方由于将土地承包出去，会寻求其他的收入途径，比如进城务工或者成为个体工商业主等。劳动力市场上劳动力要素的流动速度加快，对于推动城乡发展和城市化进程大有裨益。从以上两方面来看，以农村土地承包经营权抵押贷款方式为主的农村产权抵押贷款模式对于要素资源的配置效率提升有重要意义。

三、发展现代农业和迈向农业现代化的保障

1. 发展现代农业的保障

党的十七届五中全会提出，在工业化、城镇化深入发展中同步推进农业现代化，是"十二五"时期的一项重大任务。但是从实际发展状况来看，我国农业发展明显落后于工业化和城镇化的发展，不仅体现在广大农村地区经济发展过程中要素利用率不高，还体现在资源配置不甚合理且效率低下。从耕地利用角度来看，虽然全国大部分农村地区已经建立了农地流转市场，土地资源的利用率也较以前有了明显提高，但是土地仅仅是家庭或企业进行生产经营的一个投入要素，其他要素，比如农民种地需要的肥料、苗木等，企业需要的生产设备和原材料等仍旧需要资金获得。这时，农户和涉农中小企业最有可能想到的就是向银行申请贷款以满足这些要素投入资金的需求或者是扩大生产规模的需求。但是，面对贷款申请困难，大部分的农户和涉农中小企业选择放弃申请或者宁愿诉诸民间借贷或者其他没有得到法律认可的方式。这样，农户和企业的生产积极性自然会受到严重打击，并且如若土地流转费用和定价不能令其满意，那么资源非有效利用的问题仍然存在。因此，寻找有效解决抵押贷款难问题的途径是实现资源合理利用和有效配置的基础，从而也决定着农村地区现代化的进程。现阶段农村金融服务发展滞后并且对经济发展贡献微弱，实现农业现代化的进程受到严重阻碍。

已有的大量研究通过对农户有机肥施用的实证研究证明，土地产权状况对土地投入有重大的影响作用，因此对承包经营权是否完全对激发农户的土地投资欲望、提高土地边际产出率至关重要，并且，明晰、无争议和有法律保障的土地产权是土地进入市场的首要前提。农村产权抵押贷款作为保障农民实际产权价值实现的创新形式，成为了推动现代农业发展并逐步迈向农业现代化的重要保障。

2. 实现农业现代化的基础

农业现代化是解决农村发展问题的基石。发展中国家由于农业科技含量低、农业生产经营信息化落后等原因，农业发展始终无法摆脱"靠天吃饭"的历史枷锁，加之农业保险难以同农业投资形成合力从而为农业现代化提供保障，因此，不断探索实现农业现代化的途径是实现"十二五"规划关于现代农业设计的各项目标任务的前提。

在目前看来，农业科技含量不高、农村土地资源有限和粮食安全等问题作为农业现代化实现过程中要解决的首要问题，由于各种历史和现实因素的影响并未得到显著改善。虽然土地联产承包经营制度是解决土地资源匮乏、土地利用率不高以及流转困难等历史问题的成功实践，在农业现代化过程中作用十分关键。但是，农户和涉农企业实现土地规模扩大后，生产经营资金缺乏的困难却难以解决。从农户的视角来讲，发展以农地抵押为特征的农地金融具有现实意义。农村产权抵押贷款试验有助于解决农户和涉农中小企业生产经营资金困难。资金需求的满足意味着推动农村经济发展的信贷需求主体利益的实现，而利益的实现能够激发其生产积极性，使规模化生产经营成为农村经济发展的主要形式，从而在促进资源利用效率提高的同时为农业现代化发展奠定良好基础。

随着农村产权抵押融资政策试验的展开，投入要素所需要的生产经营资金可以由农民和企业具有的产权实现。由此看来，农村产权抵押融资以十分便利的形式保证了农户和企业前期要素投入资金的获取，不仅是农村经济发展的客观需要，同时也是发展现代农业和迈向农业现代化的保证。相信随着农村地区金融环境的不断改善，农村地区社保体系的不断完善，农村产权抵押贷款试验能够成为解决"三农"问题的成功实践和有效解决农民融资需求和信贷供给矛盾的创新之举。

7.2　杨凌示范区农村产权抵押融资的特点、操作流程与现有扶持政策

　　杨凌示范区是我国唯一一个经国务院批准建立的国家级农业高新技术产业示范区，2009 年以来，杨凌示范区积极推动农村产权抵押贷款试点工作，开展了农村土地经营权、农村房屋产权、农业生产设施、生物资产、知识产权等抵押、质押贷款工作，积极稳妥地推进农村土地流转改革和扩大农村信贷有效担保物范围，以此解决农户和涉农企业融资难题，不断满足多层次、多元化的"三农"金融服务需求。总结、研究杨凌示范区产权抵押改革路子，不但能对下一步杨凌示范区农村产权改革起到指导作用，还将对全国农村产权改革创新有参考价值。

7.2.1　杨凌示范区农村产权抵押融资的模式类型及特点

一、融资模式的基本类型

　　1. 农村土地承包经营权抵押贷款：农户、农业经济合作组织或涉农企业在不改变土地占有和农业用途的条件下，以土地承包经营权作为抵押向金融机构申请贷款的融资方式。抵押当事人按照土地承包经营权的市场评估价值或双方认可的价值签订抵押合同和贷款合同，办理抵押登记手续，金融机构据此发放贷款。

　　2. 农村房屋抵押贷款：农民在拥有合法取得的《集体土地使用证》（使用权类型为集体建设用地使用权）和《房屋所有权证》，且能够证明抵押房屋在依法偿债后有适当居住场所的条件下，经所在地农村集体经济组织同意，以房屋所有权作为抵押向金融机构申请贷款的融资方式。抵押当事人按照农村房屋的市场评估价值或双方认可的价格签订抵押合同和贷款合同，共同持有效材料到区政府房产登记机构办理抵押登记手续，金融机构据此发放贷款。

3. 大棚、养殖圈舍等农业生产设施抵押贷款：法人或个人对拥有所有权或经营权，并取得一定年限内的土地经营权的大棚、养殖圈舍等农业生产设施作为抵押担保物向金融机构申请贷款的融资方式。抵押当事人按照抵押物市场评估价值或双方认可的价格签订抵押合同和贷款合同，办理抵押登记手续，金融机构据此发放贷款。

4. 活体动物、果园、苗木等生物资产抵押贷款：农民或法人对拥有所有权的活体动物、果园、苗木等生物资产作为抵押担保物向金融机构申请贷款。抵押当事人按照生物资产市场评估价值或双方约定认可的价值签订抵押合同和贷款合同，办理抵押登记手续，金融机构据此发放贷款。

5. 农业知识产权、商标权等质押贷款：农民或者法人根据需要向金融机构提出申请，提交作质押知识产权、商标权等的相关证明、文件及贷款方需要的其他资料。抵押当事人按照知识产权市场评估价值或双方约定认可的价值签订质押合同和贷款合同，办理质押登记手续，金融机构据此发放贷款。

二、融资模式的主要特点

杨凌示范区在区政府主导下开展农村产权改革，就本研究调研所得的不完全统计数据显示：杨凌示范区已审批各类农村产权抵押贷款近50笔，金额3 000多万元。实际操作中抵押物多样化，有苗木（15亩，贷款30万元）、蔬菜大棚（650座，贷款1 160万元）、奶牛（290头，贷款30万元）。农村土地经营权抵押（贷款440万元）。农村住房抵押贷款（贷款60万元），商标质押贷款200万元，具体情况见表7-1。

表7-1　　2011年底农村产权抵押融资业务进展情况（调研数据）

单位：万元

创新产品名称	贷款累计金额	已还金额	农户贷款笔数	企业贷款笔数
农业设施	2 325.6	—	19	12
生物资产	210	60	0	3
农村房屋贷款	60	—	2	0
土地经营权	440	180	0	2
商标质押贷款	200	0	0	1
合计	3 235.6	240	21	18

资料来源：根据长江学者和创新团队发展计划资助项目"西部地区农村金融市场配置效率、供求均衡与产权抵押融资模式研究"的问卷调查整理所得。

杨凌示范区农村产权抵押贷款有以下特点：

1. 区政府主导，推进力度大。通过区政府，银监会等共同推动、引导和监督农村产权改革，制定确权、评估和贷款流程等规章制度，使杨凌示范区农村产权抵押融资顺利展开并取得良好成效。区政府加强宣传，提高了农户、涉农企业参与的积极性，一方面，在不降低贷款风险的前提下，使农村产权抵押贷款流程简单化，易于农户接受。另一方面，设立风险补偿基金，减小放贷金融机构贷款风险。

2. 农村产权改革效果显著，促进了示范区农业农产业的快速发展。在农村产权抵押信贷资金的支持下，占地 8.3 万亩的杨凌现代农业示范园区现已初具规模，设施蔬菜生产基地已建成日光温室 4 800 多座、中棚 4 300 多亩，建成猕猴桃精品示范园 1 500 亩；江苏雨润、北京汇源、黑牛豆奶、来富油脂等一大批涉农龙头企业建成投产；金鹏种苗公司番茄研发项目、台湾美庭公司台湾水果种植项目、瑞士先正达公司转基因玉米研发项目相继施工建设。杨凌示范区经济、人均收入增长情况见表 7 - 2。

表 7 - 2　　　　杨凌示范区经济、人均收入增长情况

年份	GDP（亿元）	同比增幅（%）	城镇居民收入（元）	同比增幅（%）	农村居民收入（元）	同比增幅（%）
2010	47.29	15.5	22 297	15	7 071	23.1
2011	60.79	16.5	25 999	16.6	9 110	28.8

资料来源：根据杨凌示范区 2010 年、2011 年国民经济和社会发展统计公报整理所得。

3. 农村产权抵押标的物的全面覆盖。通过完善农村土地经营权抵押、农村房屋抵押、农业生产设施抵押等登记制度，在农村土地经营权抵押的基础上，分别细化了农业生产设施抵押、苗木果树生物资产抵押，从而将农村产权抵押标的物扩展到：农村土地经营权、农村房屋、农业生产设施、活体动物及果树等生物资产和农业知识产权。

4. 抵押融资开展的范围大、额度高。为了提高示范区农村产权抵押融资的广度和深度，示范区相关金融机构在控制风险的基础上，将农村产权抵押融资制度在全区推广实行，单笔抵押贷款额度较高。现有参与抵押贷款中苗木单笔最高抵押 1 080 亩、大棚单笔最高 195 座、奶牛单笔最高 290 头，为农户及涉农企业提供了便捷的融资渠道，目前示范区抵押融资额已超 3 000 万元。

5. 农村产权抵押由农户向高科技涉农企业的提升。传统的农村产权抵

押一般面向农户的小规模生产，结合示范区涉农高科技企业较多实际情况，杨凌示范区开展的农村产权抵押贷款更重视与节约集约利用土地的高科技企业合作，目前参与抵押贷款融资的企业有杨凌康龙菌业公司、杨凌新大陆农业技术开发有限公司、陕西新世界果业有限公司等。农村产权抵押由农户向高科技涉农企业的提升，凸显了金融在促进农业结构升级和加快农业科技成果转化中的作用，对于示范区的农业发展带动作用更强，效果更明显。

6. 引入"三农"保险分散农村产权抵押风险。对于参与抵押的活体动物、果树、苗木等生物资源，实行"三农"保险和人保财险陕西分公司就育肥猪、能繁母猪、奶牛、大棚等保险的险种、保额、保费等达成协议，从而分散了农业生产的自然风险。

7. 设立农村产权抵押融资风险补偿资金。由示范区和杨凌区两级财政共同出资设立了农村产权抵押融资风险补偿资金，用于解决由于农村产权资产流动性较差带来的抵押权实现问题，从而减轻相关金融机构的贷款负担，激活农村产权抵押融资市场。

8. 设立农村产权交易中心。示范区设立了农村产权交易中心，组织产权流转、招拍挂等交易活动，培育农村产权交易市场主体，为贷款抵押物处置、抵押权利的实现提供平台，促进农村资源向资本转变，为示范区农村产权交易提供了有形的交易场所。

9. 加大相关金融衍生品的运用。为配合农村产权抵押融资的持续发展，示范区金融办联合陕西省信用再担保有限责任公司、杨凌示范区中小企业信用担保有限公司、西安恒信中小企业担保有限公司、陕西银联信用担保有限公司等多家金融机构，初步与陕西秦宝牧业发展有限公司、陕西当代蜂业有限责任公司、杨凌绿方生物工程有限公司、杨凌赛德高科股份有限公司商定，拟发行总计 8 100 万元的集合票据，从而为进一步深入挖掘了农村产权抵押的增值潜力奠定了基础。

7.2.2 杨凌示范区农村产权抵押融资模式操作流程

一、构建合理的组织和运作体系

1. 成立杨凌示范区农村产权抵押贷款工作领导小组。杨凌区政府、示范区金融办、示范区国土局、示范区农业局、示范区规划局、示范区法制办、示范区财政局、杨凌现代农业示范园区建设管理中心、中国人民银行杨凌区支行、咸阳银监分局杨凌监管办、杨凌区人民法院等有关单位负责人为成员的农村产权抵押贷款工作领导小组，全面负责示范区农村产权抵押贷款工作。

杨凌区政府负责制订抵押登记和管理的办法，并做好组织实施工作；示范区金融办负责制订农村产权抵押融资的具体实施办法，研究设立风险补偿资金，建立农村产权抵押融资风险补偿机制和激励机制，协调金融机构开展农村产权抵押融资业务；财政部门负责对风险补偿资金设立、流转试点经费提供财政支持；国土资源管理部门、农业部门、房产管理部门负责制订相关抵押登记管理的办法；各金融机构负责制订农村产权抵押贷款的具体操作细则。

2. 采取多种形式，多渠道、多角度开展农村产权抵押贷款试点工作的宣传报道。广泛深入宣传农村产权抵押贷款的重要意义和业务流程，提高广大农户、农业企业、专业合作社参与农村产权抵押贷款的积极性。

二、通过政策法规明确产权

杨凌示范区以党的十七届三中全会《中共中央关于推进农村改革发展若干重大问题的决定》和国务院《关于支持继续办好杨凌农业高新技术产业示范区若干政策的批复》为指导，将市场化运作和政策引导相结合，在保障农村居民基本生产生活条件的情况下，通过制定抵押贷款扶持政策，开展农村土地承包经营权抵押贷款、农村房屋抵押贷款、大棚、养殖圈舍等农业生产设施抵押贷款和活体动物、果园、苗木等生物资产抵押贷款和农业知识产权，商标权等质押贷款，实现农村产权直（间）接向金融机构抵押、质押融资。杨凌示范区农村产权抵押融资均遵循自愿、互利、公平和诚实信用原则，遵守国家法律法规及有关信贷规章制度，在平等的基础上签订抵押贷款合同。依法设定的抵押物，受国家法律保护。

1. 农村土地承包经营权抵押贷款

按照《物权法》规定，土地承包经营权由承包权和经营权复合而成，属于用益物权，其物权属性已经比较完备，土地承包经营权人依法对其承包经营的土地享有占用、使用和收益的权力。但是为了防范农民失地风险，造成农民土地经营权物权属性上的残缺。在这种情况下，要实现农地产权抵押融资功能，又不形成与法律对抗，必须有对现有农村土地产权进行市场经济条件的适应性构造，建立具备主体性、完整性、可让渡性和交易规范性等特征的现代农村土地产权制度。

基于上述思路，为了进一步稳定农村基本经营制度，明确农村土地承包经营权的权属，根据《中华人民共和国土地管理法》、《中华人民共和国农村土地承包法》、《中华人民共和国物权法》、农业部《农村土地承包经营权证管理办法》等相关法律、法规和政策规定，杨凌示范区出台了《杨凌示范区农村土地经营权抵押融资管理办法（试行）》，使农地产权改革有法可依并尝试性地进行了农地产权改革，该办法规定：农村土地经营权抵押融资是指借款人在不改变土地所有权性质、不转移农村土地占有和农业用途的条件下，将农村土地经营权作为抵押担保向金融机构申请贷款的行为。当借款人到期不履行债务时，抵押权人有权依法处置该农村土地经营权（含地上设施），并用处置所得价款优先受偿。

2. 农村房屋抵押贷款

为明确集体土地上房屋权属，保护房屋所有人的合法权益，根据《中华人民共和国物权法》、《中华人民共和国城市房地产管理法》、《房屋登记办法》（中华人民共和国建设部令第 168 号）等法律、法规和相关文件，杨凌示范区制定了《杨凌示范区农村房屋抵押融资管理办法（试行）》，使区农村房屋抵押工作有法可依，杨凌示范区所涉及的农村房屋产权抵押，是指农民拥有合法取得的《宅基地使用权证》和《房屋所有权证》，且证明抵押房屋的在依法偿债后有适当居住场所的条件下，经所在农村集体经济组织统一，以农村房屋所有权作为抵押担保向金融机构申请贷款的融资方式。抵押人按照农村房屋的市场评估价值或双方认可的价值签订抵押合同和贷款合同，共同持有效资料到区政府房产登记机构办理抵押登记手续，金融机构据此发放贷款。

3. 大棚、养殖圈舍等农业生产设施抵押贷款

大棚、养殖圈舍等农业生产设施抵押贷款是指抵押人根据符合抵押条件的大棚、养殖圈舍等农业生产设施，必须依法取得由区农林局、区畜牧局颁发的所有权证和村委会与农户或区政府与法人（个人）签订的土地承包合同，并出具设定抵押的大棚、养殖圈舍符合区域农业发展规划证明，在此基础上依法向金融机构申请生产流动资金的贷款。抵押物受法律保护。

4. 活体动物、果园、苗木等生物资产抵押贷款

活体动物、果园、苗木等生物资产抵押贷款是指示范区范围内的农

户、农村经济合作组织或涉农企业以具有一定规模的活体动物、果树、苗木等生物资产作抵押，依法向金融机构申请生产流动资金。办理活体动物抵押贷款，必须拥有保障活体动物生存的饲料，且附带饲料同时抵押，养殖圈舍在债务清偿期间可以使用。果树、苗木抵押贷款的同时，抵押期内土地使用权同时抵押，抵押物受法律保护。

三、确定和明晰操作流程

杨凌示范区所涉及四类农村产权抵押融资操作流程分别严格按照《杨凌示范区农村土地经营权抵押融资管理办法（试行）》、《杨凌示范区农村房屋抵押融资管理办法（试行）》、《杨凌示范区农业生产设施抵押融资管理办法（试行）》和《杨凌示范区生物资产抵押融资管理办法（试行）》四个管理办法实行，如图 7 - 1 所示。

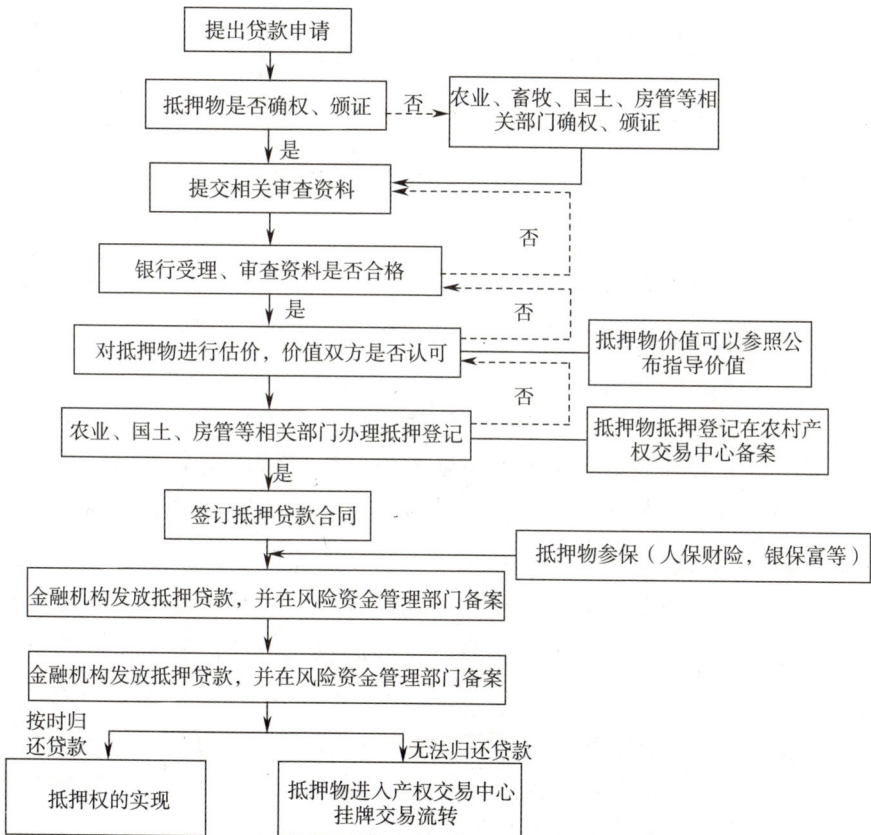

图 7 - 1 杨凌示范区农村产权抵押贷款基本流程

1. 农户、合作社或公司提出贷款申请。

2. 抵押物、质押物确权（抵押物、质押物必须拥有完善的产权证明。农村土地承包经营权及农村房屋抵押需征得所在农村集体经济组织同意，并到抵押物所在地房产登记管理部门办理抵押登记手续，活体动物等生物资产抵押还应办理相应的农业保险）。

3. 金融机构调查农户、合作社或公司经营及资信情况，审查借款人风险、资产、信用等级及贷款真实用途。

4. 对抵押物、质押物价值进行评估。

5. 办理抵押、质押登记手续。

6. 审议确定期限、金额，签订抵押贷款合同。

7. 在农村产权抵押、质押融资风险资金管理部门登记备案。

8. 发放贷款。

9. 贷后管理。金融机构及经办机构共同监督资金使用，确保抵押、质押贷款能够收回。

10. 收回贷款。

7.2.3 现有扶持政策与存在的问题

农村产权抵押融资在各国均有涉及，农业生产设施，生物资产、住房等抵押融资由于产权明晰，各国对此类农村产权抵押融资模式类似。国内外农村产权抵押融资模式的区别主要在于农地抵押融资的差异化。就我国而言，土地所有权、承包权和使用权三权分离，而西方国家土地均已私有化，我国农地抵押融资模式不能照搬西方国家的历史经验。我国农村产权改革中首要问题就在于农村产权改革的内容不能与法律规定有冲突，必须处理好各方面的利益与关系，杨凌示范区产权抵押存在抵押物流转、风险控制等问题。操作层面上，应从政策、流程、风险等方面层层把关，逐步打破城乡体制障碍，盘活农村资产，解放和发展农村潜在生产力。

一、国内外已有政策

发达国家对农地抵押融资的实践起步比较早，形成了整套完善而成熟的做法，对这一问题的研究较多且较为深入。大多数发展中国家由于实践起步较晚，理论研究较为薄弱。中国大陆也对此进行了早期的探索。

1. 国外实践与现状

当今世界上，大多数发达的市场经济国家或地区都建立了完善的农地抵押融资制度。德国在 1770 年就率先发展抵押土地证券化，先组织各地的土地抵押合作社，然后向上发展为联合社和联合银行。美国在 20 世纪初发起了农地产权改革，采取自上而下的政策，由政府拨款充当联邦土地银行股份，发行土地债券，同时分区辅助农民组织联邦土地银行合作社，采用了银行合作社双重机制。日本农地产权改革实践开始于 19 世纪末期，它充分借鉴了欧洲经验，并结合本国实际大胆创新，特设立国家土地银行，向农、林、渔业永久性提供长期低息贷款。

从产权角度分析，美国联邦和州政府对农地享有三项权利，即土地征用权、土地管理的规划权和税收权。农场主对农地具有完备的产权。土地所有者在分区法规定的范围内有充分的自主经营和使用的权利；土地收益除了按国家和地方政府的规定交纳比较固定的土地税、农产品销售所得税、房产税等之外，没有任何其他税费；土地所有者在土地转让、租赁、抵押、继承等各方面也都具备完全不受干扰和侵犯的权利。美国农地买卖市场和租赁市场较发达。美国农业以家庭农场为基本生产单位，实现规模化经营。几乎所有的农场不仅都能够完整地保持原有的土地不被分割，而且能够得以扩张和发展，这主要与宽松的人地关系和稳定而且有保障的土地私人所有权有关。美国地多人少，全美土地总面积 936.3 万平方公里，其中耕地面积 18 514.2 万公顷，1991 年底人口 2.6764 亿人，非城市人口 0.5428 亿人，人均可耕地面积 10.4 亩，为中国当时人均耕地面积 1.66 亩的 6.27 倍，这为美国农村新增人口和新增劳动力提供了充足的耕地资源。家庭成员可以拥有或者继承农场土地股份，但土地股份不能退也不能抵押，只允许在家庭成员内部转让。这些法律规定保证了农场土地在代际传承中不被细分碎化，使家庭农场有长年积累起来的足够资本进行扩张。

2. 国内实践与现状

越来越多的发展中国家开始准备试办农地改革业务。从世界各国发展情况来看，农地产权改革有利于保护土地投入，迅速发展农业生产，推行有关农业土地政策。由于各国土地制度、金融制度等的差异，各国做法存在差异。

20 世纪 80 年代，我国大陆开始进行农村产权抵押融资的探索，就实际操作层面来看，我国现有农地产权改革从内在驱动力来看分为两种：市场主导型与政府主导型。

宁夏同心在市场的推动下发展农地产权改革，属于市场主导型。出于农业发展的需要，2006年，宁夏同心县就已着手农村产权改革。2010年，在总结以往经验并在进一步规范管理的基础上，同心县开始进行"农村土地承包经营权反担保贷款"，完全规避了之前操作过程中存在的法律风险问题。该业务是营业网点所在乡镇的行政村成立"农户土地承包经营权流转合作社"，并注册登记为合法主体；农户将自己所拥有的部分土地承包经营权向合作社入股而成为社员；入股社员需要贷款时，选择三户已加入合作社的农户作为联保贷款保证人。同时土地承包经营权流转合作社为贷款农户提供担保，贷款农户以其入股的土地承包经营权向土地承包经营权流转合作社提供反担保，并签订协议。

成都市主要进行三项农村产权抵押贷款，包括集体建设用地使用权抵押融资，农村房屋抵押融资，农村土地承包经营权抵押融资。成都市出台了一系列配套措施，有效支持农村产权流转工作开展。一是建立农村产权价值评估机制。区（市）县政府负责制定并公布本区域内农村土地承包经营权基准价格、集体建设用地使用权基准价格和最低保护价，为农村产权的价值评估提供依据和基础；大力发展农村产权价值评估、法律咨询等中介组织，为农村产权流转和抵押融资提供服务。二是完善农村产权流转体系。依托成都农村产权交易所，在全市各区（市）县设立农村产权流转交易服务中心并实现联网，及时收集和发布各类产权流转交易信息，组织产权流转、招拍挂等交易活动，为贷款抵押物处置、抵押权利的实现提供平台。国土资源管理部门、房产管理部门和农业行政主管部门为农村产权的流转办理变更登记手续。三是完善农村产权抵押融资风险分担机制。为推动农村产权抵押融资，由市和区（市）县政府按一定比例出资设立农村产权抵押融资风险基金，用于收购抵债资产。逐步扩大政策性农业保险试点范围，增加涉农保险产品，增强农业和农户的抗风险能力；采取风险补偿、政府资源配置等方式引导商业保险机构开发面向农户的小额信贷保证保险产品，并与银行共同制定合理的风险分摊机制；建立健全农村产权流转担保服务体系，开发符合农业产业化发展的涉农担保新产品，拓宽农村产权抵押融资的风险覆盖面。

陕西高陵县在政府主导下发展农地产权改革。原来是五户联保的方式，手续比较复杂。2008 年以后也开始搞贷款试点，在试点的过程中农民集中地发土地承包经营权证。在改革中大胆创新和运用科技手段，由县委、县政府和相关部门牵头，委托专业机构实地测绘，运用 GPS 定位系统，将农民房屋、土地的分布绘制成图，并在图上直接标注权利人和属性，然后由每家的农户家庭代表在图纸上捺手印确认各自耕地、宅基地、建设用地等的面积和位置，具有法律效力。为避免自然风险，农民可以参加农业保险。截至 2011 年 8 月底全县共流转土地 5.96 万亩，其中出租 27 178 亩，占流转面积的 45.6%。其中互换 23 959 亩，占流转面积的 40.2%。其中转包 5 960 亩，占流转面积的 10%。其中出租 2 503 亩，占流转面积的 4.2%，成果较为显著。

二、杨凌示范区现有政策分析

2010 年 6 月 5 日，陕西省委省政府作出贯彻落实国务院《关于支持继续办好杨凌农业高新技术产业示范区若干政策的批复》的意见，支持在杨凌示范区开展农村土地承包经营权、农户房屋产权和知识产权等无形资产抵（质）押担保贷款试点，探索扩大贷款担保物范畴。为了保证杨凌示范区农村产权抵押工作的顺利开展，保障各方面的利益，区政府有以下四大支持政策：

1. 扩大农业保险覆盖面。对已有农业保险品种，做到应保尽保。探索建立针对设施大棚、活体动物等的新型农业保险，创新农业保险品种，不断扩大保险覆盖面，充分发挥保险的风险保障作用，分散抵押贷款风险。

2. 完善农村产权流转体系。由杨凌区人民政府负责设立农村产权交易中心，发展农村产权流转中介服务，及时收集和发布各类产权流转交易信息，定期公布各类农村产权指导价格。构建农村产权交易平台，组织产权流转、招拍挂等交易活动，培育农村产权交易市场主体，为贷款抵押物处置、抵押权利的实现提供平台，促进农村资源向资本转变。

3. 设立农村产权抵押融资风险补偿资金。由示范区和杨凌区两级财政共同出资设立农村产权抵押融资风险补偿资金，并对贷款风险补偿资金使用情况进行监督。在债权无法实现时，先通过挂牌交易处置抵押物偿还贷款，不足部分由农村产权抵押融资风险资金按 80% 的比例进行代偿，农村产权抵押融资风险资金管理机构向抵押人追偿；挂牌交易的抵押物三个月内没有流转的，按照 80%：20% 的比例由风险补偿资金和金融机构分别负担未偿贷款。挂牌交易的抵押物流转出去，银行应退还相应的补偿资金。

4. 完善农村产权抵押贷款激励机制。由相关部门定期对开展试点的乡镇村进行评比，对试点工作开展较好的，扩大支持额度；对试点工作开展较差的，减少支持额度。

三、现有政策存在的问题

1. 扶持政策滞后。政策创新是创造农村产权抵押融资实现的基础条件。各级政府在政策上应积极支持和鼓励农户、涉农企业和农村金融主体进行创新金融工具的使用和推广，对农村金融机构进行税收和政策上的倾斜，推进当地农村金融体制改革，促进经济发展。随着杨凌示范区产权改革的不断深入，不断增加了抵押、质押品种类，增设了专利、商标、订单等质押、抵押贷款，但还需要制定和进一步完善与之配套的相关支持政策，保证农村产权抵押融资顺利推展。

2. 产权价值评估办法不明确。目前杨凌示范区并无专门为产权抵押贷款服务的产权价值评估机构。抵押物价格由政府制定或者农户和涉农企业与放贷金融机构协商决定，由于农户和涉农企业是借贷者，处于弱势地位，这就会产生人为压低抵押物价值的情况，导致抵押物价格非市场化，势必影响农户和涉农企业进行产权抵押的积极性，影响产权改革创新的效果。

3. 抵押物、质押物流转渠道不顺畅。目前，杨凌示范区没有较为完善的农村产权流转、交易平台。杨凌示范区农村产权抵押风险控制良好，没有一笔不良贷款，抵押物、质押物于还款后均归属原贷款者，并没有引起抵押物、质押物流转问题。但这并不能保证后续放贷中没有不良贷款，随着农村产权抵押规模的不断扩大，应出台政策，设立相关部门，疏通质押物、抵押物流转渠道，最大化降低农村产权改革风险。

4. 风险补偿机制有待完善。目前，杨凌示范区设立农村产权抵押贷款风险补偿金 200 万元，无配套风险补偿具体办法，导致虽然存在风险补偿资金，但无法用于风险补偿的问题。同时，随着农村产权抵押贷款笔数增大、金额增多，金融机构风险上升，应相应提高风险补偿金由 200 万元到 500 万元。

5. 农村信用环境差。在农村产权改革试验中，农民信用观念不强的现象存在，农民对自身信用重视程度差，应不断优化农村信用环境，重视农村信用环境，从每家每户做起。

7.3　杨凌示范区农村产权抵押融资与中部六省和东北三省农村金融产品与服务方式创新的比较分析

随着农村经济环境的快速转变，金融产品与服务方式的创新已成为农村金融发展的焦点和内在要求。为此，众多学者以农村房屋产权抵押贷款为切入点，对农村金融产品与服务方式进行了大量的研究和探讨。张庆君（2010）基于辽宁省法库县农村金融创新试点的实证观察，认为法库县的土地承包经营权抵押贷款对其他地区有重要的借鉴意义。中国人民银行程度分行营业管理部课题组（2011）在研究农村金融产权抵押融资改革时，从交易费用视角出发，分析了农村土地和房屋若不能抵押，会增加金融机构的各种交易成本，从而造成农村金融抑制的现象。李志强、赵凯和李林（2011）以杨凌示范区为例，提出通过农村房屋抵押贷款可以撬动宅基地流转，扩大农村居民融资渠道。罗剑朝（2011）指出，杨凌农村产权抵押，初步解决了农民贷款抵押难、资金筹措难、农村产权变现难等突出难题，建议探索建立"现代农业产业—科技—人才—金融—财政—保险"一体化大平台，推动农村金融改革向纵深发展。

杨凌示范区近年来作为农村产权抵押融资模式的主要试点地区之一，如何优化农村金融工具和金融模式，完善示范区农村产权抵押融资模式，整合出一条完整的、易推广、能复制的"杨凌模式"，值得探讨。

7.3.1　中部六省和东北三省农村金融产品与服务方式

一、金融产品和服务的类型

2008年，中国人民银行和中国银监会联合发布了《关于加快农村金融产品和服务方式创新的意见》（银发〔2008〕295号），决定在中部六省（河南、山西、湖北、安徽、湖南、江西）和东北三省（黑龙江、吉林、辽宁）选择粮食主产区或县域经济发展有扎实基础的部分县、市，开展农村金融产品和服务方式创新试点，试点以来，各地纷纷探索农村金融产品与服务方式，涌现出许多新的类型，有关的农村金融产品和服务方式创新见表7-3，各地区具体进展情况见表7-4。

表 7 - 3　　中部六省和东北三省农村金融产品和服务方式创新形式

创新形式		具体品种
信贷产品创新	1. 信用贷款	①农户小额信用贷款 ②农户大额信用贷款 ③农户联保贷款 ④小企业连带联保贷款 ⑤信用共同体贷款
	2. 质押贷款	①"公司+农户"贷款 ②"订单+信贷"贷款 ③农业企业和农户拥有的货物、仓单、应收账款及其他动产质押贷款
	3. 抵押贷款	①林权抵押贷款 ②林业企业联保贷款 ③"公司+基地+林农"贷款
	4. 特殊贷款	①外出务工人员回乡创业贷款 ②下岗失业小额贷款
	5. 扶贫贷款	①扶贫到户贴息贷款 ②产业化扶贫龙头企业和基础设施等项目贷款 ③"公司+基地+农户"扶贫贷款
信贷模式创新		1. "行业协会+联保基金+银行信贷"的信用创新模式
		2. "集中担保、分散贷款模式"、"农户经营权质押贷款"、"信用乡(村)农户集中授信"模式
		3. 农户贷款,龙头公司担保、保险公司投保、农户联保等信贷安全模式
		4. 中小企业贷款,固定资产抵押担保、中小企业担保中心担保、行业协会担保等信贷安全模式
		5. 农村基础设施贷款,由国家级或省级公司承贷的统贷统还、银团贷款和收费权质押等模式
		6. 成立商业性贷款担保公司和互助性贷款担保组织(农民贷款担保协会、行业贷款担保协会、个体工商户互助担保协会)

资料来源:根据《人民银行、银监会关于加快农村金融产品和服务方式创新的意见》资料整理。

表 7 - 4　　　　　中部六省和东北三省农村金融产品
和服务方式具体进展情况表

地区		主要试点地区	主办机构	主要创新品种	试点情况
中部六省	河南	信阳市固始县	农村金融机构	回乡创业贷款、林权抵押贷款、国外劳务输出贷款、公司+农村专业合作组织+农户小额贷款、企业经营权质押贷款、订单质押贷款、龙头企业+农户+信贷、企业联保贷款、动产抵押贷款、土地经营权质押贷款	2010 年底,各类贷款余额累计 194.81 亿元为,农户累计 18 497 户,企业累计182 家

续表

地区		主要试点地区	主办机构	主要创新品种	试点情况
中部六省	山西	尧都吉县	涉农金融机构	农户小额信用贷款、农业订单贷款、农村专业经济组织贷款、商标权质押贷款、惠农卡、林权抵押贷款、仓单抵押贷款、信贷+保险、农民工回乡创业贷款	2010 年底，农信社农业贷款余额 153.66 亿元；33.8 万个农户获得贷款授信 500 303 万元；商标权质押贷款余额 1.56 亿元
	湖北	武当山	农村信用社	水域滩涂经营权质押贷款、门票收费权质押、应收账款质押贷款	370 余农户在当地农信社开户，账户累计 1 250 万元，月均现金流量达 3 860 万元；2010 年 9 月末存款余额达 90 927 万元，贷款余额达 66 912 万元
	安徽	桐城	农村信用社	农村中小银行流程银行工程	截至 2011 年 11 月底，各项存款余额 43.02 亿元，较上年增幅为 21.35%，各项贷款余额 35.8 亿元
	湖南	宜章县嘉禾县	涉农金融机构	农户联保贷款+农户贷记卡一卡通贷款、信贷+保险贷款、订单农业贷款、农户林权抵押贷款、惠农卡、农户贷记卡	2009 年 9 月末，农户余额同比增长 45.85%；农村企业贷款余额同比增长 13.69%；对 42 787 户农户开展信用登记评级，并建立信用档案
	江西	2006 年在赣州率先试办；2007 年在全省推广	涉农金融机构	信用共同体贷款、林权抵押贷款、农业大额信用贷款、农户小额贷款、文明信用农户贷款、担保公司担保贷款、惠农卡、邮政绿卡、百福卡	创新项目累计超过 90 余种；2009 年邮储贷款为 12.22 亿元；成立四家村镇银行
东北三省	黑龙江	依安县克山县甘南县	农村信用社	①农村土地承包经营权②农户联保③农户住宅抵押贷款	2010 年贷款余额 370 万元 2011 年上半年贷款余额 3 亿元 住宅价值 50 亿元

续表

地区	主要试点地区	主办机构	主要创新品种	试点情况
东北三省 — 吉林	全省范围内	涉农金融机构	农民直补资金担保贷款	2011 年全省直补金额达 68.9 亿元，2012 年 6 月突破 90 亿元
东北三省 — 辽宁	本溪市、丹东市、抚顺市	合作社、农村金融机构	土地承包经营权抵押、水域滩涂经营权质押贷款、林权抵押贷款、"龙头企业＋农户"信贷模式、乡镇企业联保贷款、"农业保险＋信贷"、小企业资信档案评定	2008 年入社农户人均收入近 1 万元；给予贷款农户 50% 的贴息；给予全额保险费用补贴

资料来源：根据《农村金融产品和服务方式创新研究——基于常德市农村金融产品和服务方式创新现状》、《农村金融产品和服务方式创新工作研究——湘潭市实证分析》、《辽宁省农村金融产品创新实践及启示》等文献整理，详见参考。

二、金融产品和服务的特点

1. 采用以政府推动的供给主导型改革模式

由于农村基层金融机构受人员素质等限制，难以开展自下而上的创新，也难有大的突破。因此，中部六省和东北三省大多数试点地区主要采取以供给主导型的改革模式，其典型的特征是自上而下并以政府推动，通过省级相关部门高位推动，加大了创新工作扶持力度及配套措施。以河南省农村改革发展综合试验区农村金融产品与服务方式为例，2009 年河南信阳市启动了农村金融创新试点工作，当地政府通过成立了创新试点领导小组，并形成了以政府主抓的工作机制，通过政府的领导作用全面辐射，细化工作环节，同时配套出台了相关的政策性文件，为推进农村金融创新构建了强有力的组织机构，这明显体现了农村金融改革创新的行政推动特征。

2. 形式多样化

（1）农村金融产品形式创新占较大比例

形式创新指只注重名称的创新，而忽略了其实质性的内容，如特殊类贷款和部分信用贷款类，大多数试点地区推出的创新品种都有"回乡创业贷款"、"下岗失业小额贷款"以及"信用共同体贷款"，但由于此类贷款是根据特定的群体进行冠名，把劳务人员贷款归集于一个品牌，仍然面临着如何创新品种、切实突破"瓶颈"制约、扩大贷款支持回归企业与劳务人员的问题。因此，此类创新仅仅停留在形式和表面上，不具实质性内容。以山西省为例，截至2009年底，特殊类贷款余额高达10亿元，占全部农村创新贷款的36.1%。

目前，如创新担保体系类的担保公司贷款、农户联保贷款，在中部六省和东北三省改革试点区域，均早已存在，从这个意义上来说，此类贷款不应归于创新贷款行列。以黑龙江省为例，截至2009年底，担保类贷款余额15.3亿元，占农村创新贷款的34.5%。

（2）较好的创新品种分散于各个试点县（区），尚未全面推广和广泛运用

在中部六省和东北三省各试点地区都开展各种各样不同的创新品种，而同区域其他县（区）基本上开展了1~2个创新品种，而且还处于试点阶段，有的县（区）甚至只有形式上或担保体系类创新，金融创新品种还未大规模推广和运用，这在一定程度上制约着金融产品和服务创新对农村经济发展的推动作用。如辽宁省本溪市、丹东市、抚顺市三地在集体林权制度改革的不断深化的过程中，主要开展了林权抵押贷款业务，农业订单质押贷款仅在河南省商城县试点开展，土地经营权抵押贷款仅在湖南、江西和河南等部分县（区）试点开展等。

3. 金融产品的创新以信贷产品创新为主

目前，中部六省和东北三省各试点地区农村金融产品的创新集中在信贷产品创新上，如农户联保信用贷款、林权抵押贷款等，而在储蓄产品、汇兑产品、理财产品等其他农村金融产品的创新力度比较缺乏。

4. 立足本地优势和特色资源

农村金融产品创新需要根据农村经济的发展特点，结合本地资源优势和区位优势，打造特色产业和特色品牌，为金融支持经济发展提供良好的载体。以辽宁省为例，从其已经开办的农村金融产品创新业务来看，多数都建立在本地优势和特色资源的基础上。例如，本溪市、丹东市、抚顺市三地都是省内林业资源较为丰富的地区，随着当地集体林权制度改革的不断深入，林业资源确权到户，同时，林权流转市场也已初步发挥功能，这些都为林权抵押贷款业务的开展提供了必要条件；阜新市是辽宁省农户信

用评价体系试点地区，试点工作开展以来已收集录入农户信息超过 12 万户，当地农村信用社充分利用这一资源，以农户信用评价体系为依据发放信用贷款。

5. 缓解金融缺失问题，扩大金融服务覆盖范围

针对贫困地区金融服务缺失的问题，各省都将便利的金融服务送到农村。以山西省临汾市为例，其当地农村信用社率先在全国农村金融领域提出并创建了"村周银行"——信合便利店，定期为农户提供信贷咨询、办理贷款、清贷结息、开办农户通、办理天河卡、代理代办等"一揽子"服务。这一便利店的创建为当地农户和中小企业提供便利的服务，使农村区域金融缺失问题得到了部分的缓解。

三、金融产品和服务的运作流程

自开展农村金融产品和服务方式创新试点以来，中部六省和东北三省根据其现行的农村金融产品和服务方式创新先后制定出台了多个试行办法，并明确了其各个不同类型的创新型信贷产品和信贷模式的范畴以及相关的贷款基本操作流程。以辽宁省的林权抵押贷款为例，其基本的贷款流程为：贷款申请—颁发证书—金融机构受理—在农村产权交易中心登记并进行价值评估—向金融机构出具评估报告—发放贷款—收回贷款（无法归还贷款时抵押物进入产权交易中心挂牌交易偿还），其具体操作流程见图7–2。

四、金融产品和服务的相关支持政策

中部六省和东北三省为了确保和推进试点地区农村金融产品和服务方式创新工作的顺利开展，各试点地区当地政府和省政府，按照"政府引导、市场运作、保费共担、协同推进"的原则，颁布和实施了一些相关支持政策，主要有以下三个方面。

1. 建立正向激励机制，拓宽农村金融机构资金来源

对参与创新的金融机构优先给予支农再贷款、再贴现支持。优先为参与创新的金融机构资金头寸不足提供流动性再贷款支持。对支农贷款发放比例高的农村信用社，可根据其增加支农信贷投放的合理需求，通过允许其灵活支取特种存款等手段，拓宽支农信贷资金来源；支持农业产业化龙头企业发行短期融资券和中期票据，支持涉农中小企业发行集合债券，支持参与创新的金融机构进入银行间债券市场。

借款人申请、填写《林权抵押贷款申请表》

当地金融部门、林权交易中心初步审核

抵押物是否确权、颁证 → 否 → 林权交易中心确权、颁证

是

再次提交相关审核资料

经银行审核受理 ← 合格 不合格 → 经审核不受理，说明不受理的原因

否

林权交易中心出具评估报告并保管权证 → 当地林权交易中心办理抵押登记，抵押人、抵押权人提供抵押人身份证明等相关资料

否

借款人与金融部门签订借款合同、抵押合同以及森林保险合同

材料齐全合法有效 ← 材料不全，要求补充完善材料

归还权证

林权交易中心发放林权抵押他项权利登记证

金融部门发放林权抵押贷款

金融机构备案，记入诚信系统中

按时归还贷款 无法归还贷款

抵押权的实现 → 抵押物进入林权交易中心挂牌交易流转

金融部门贷款回收 ---- 撤销抵押登记

符合条件后重新提出申请

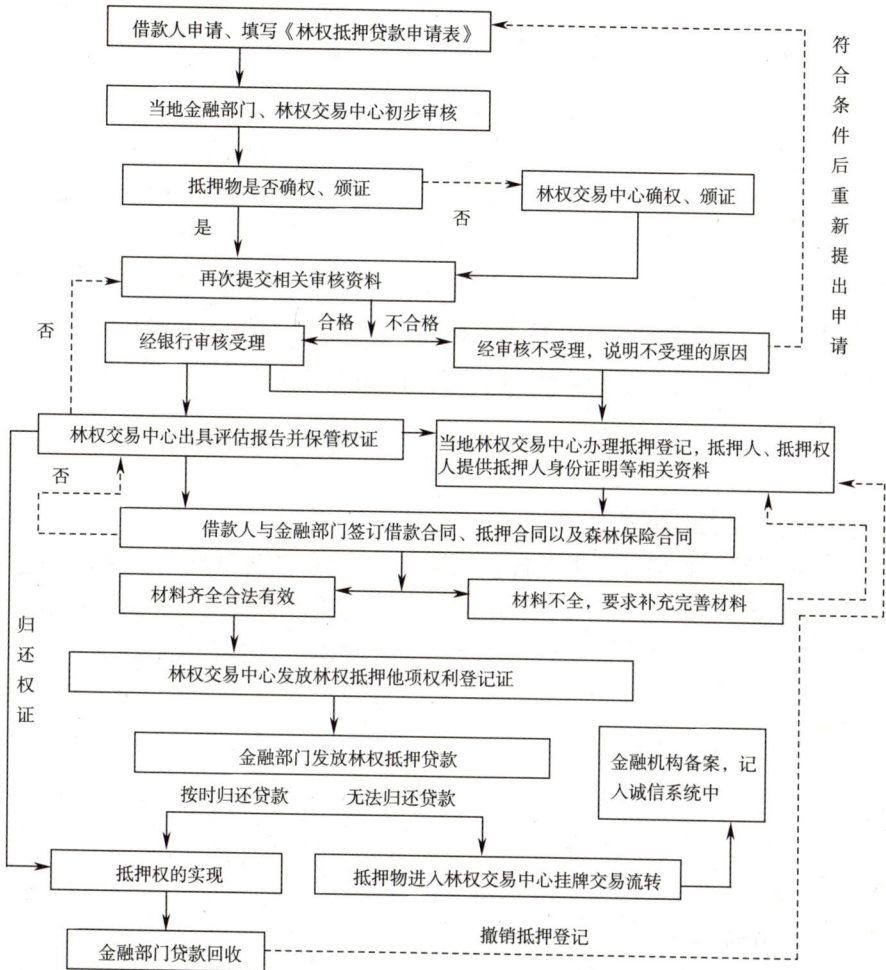

图7-2 辽宁省林权抵押贷款基本流程

2. 提高农村地区支付结算业务的便利程度，改善区域金融生态

支持涉农金融机构建设和完善支付清算系统和业务处理系统。鼓励和引导涉农金融机构开发和推广适合农村实际的支付结算服务品种。加快推进农村地区支付服务基础设施建设，逐步扩展和延伸支付清算网络在农村地区的辐射范围；进一步扩大企业和个人信用信息基础数据库在农村地区的信息采集和使用范围，引导金融机构建立健全农户、农民专业合作社和涉农企业的电子信用档案，设计客观、有效的信用信息指标体系，建立和完善科学、合理的资信打分和信用积分制度，推动建立农村信用信息共享

机制。

3. 发挥财政性资金的杠杆作用，加强银保合作

落实财政县域金融机构涉农贷款增量奖励和省政府进一步加强对小企业个体工商户和农户金融服务等相关政策。鼓励地方政府建立涉农贷款风险补偿制度，用于补偿涉农金融机构由于自然风险和市场风险等原因形成的信贷损失，同时，也可对涉农企业与农户的贷款实行贴息；鼓励和引导金融机构加强与保险公司之间的合作，运用"信贷＋保险"模式，有效防范和分散涉农信贷风险。建立保险补贴金制度，为提供涉农业务的保险公司和参保企业与农户提供保费、经营费用和超赔补贴。

7.3.2 与杨凌示范区农村产权抵押融资比较分析

一、类型上的比较

杨凌示范区目前开展了农村土地承包经营权、农村房屋、农业生产设施、生物资产等抵押贷款以及知识产权与专利质押贷款这五种类型的创新型金融产品，并在此基础上引入了"银行＋保险"的信贷模式，由于试点时间较短，与中部六省和东北三省农村金融产品和服务方式相比，类型还比较单一。当地农村金融机构（如农村商业银行）将在2012年下半年试点引入新的贷款产品和模式，如农业专利、农药批号以及农业订单、商标等质押贷款，这些新贷款模式的试点将进一步缓解区内农户和中小企业贷款难的问题。

二、特点上的比较

示范区通过农村产权抵押融资试点，一方面，从农户和企业土地流转的角度为切入点，借鉴中部六省和东北三省成功的经验和模式，吸纳了部分地区农村土地承保经营权和房屋产权融资模式，另一方面，结合区内经济特性和农业发展现状，首次创新性地提出了活体生物资产以及农业生产设施等抵押贷款，这些农村产权抵押融资的创新现已形成了以农村土地经营权、农村住房、活体动物、设施大棚、苗木为载体的农村产权抵押融资体系，基本覆盖了所有农业生产资料，凡是产权明晰、可评估定价的农业生产资料都可根据杨凌示范区管委会《关于开展农村产权抵押贷款试点工作的意见》进行抵押融资，最大范围地盘活农业生产资料资产。将生物资产等农业生产要素有效激活，进入融资市场。但是，与中部六省和东北三

省的农村金融产品与服务创新一样，杨凌示范区农村金融机构大多以信贷产品创新为主，仅仅开展存、贷、汇等传统商业银行业务，并且贷款的期限、额度、利率等都不能满足现代农村经济对资金的需求，新兴的中间业务在农村根本没有普及。

与此同时，一方面为加速推进农村产权抵押融资模式创新工作，与中部六省和东北三省一样，示范区同样采取政府推动的供给主导型改革模式，由陕西省政府相关部门高位辅助推动，再通过杨凌示范区政府全面自主试点推行，这样不但能够保证新融资模式的权威性，而且能够大大减少基层部门之间的协调难度，进而提高了推行效率。另一方面，示范区在全面推行新融资模式的过程中，大力宣传创新试点的必要性和可行性，同时主办金融机构加强了对一线员工信贷产品创新理念的教育，调动他们对产品和服务方式创新的积极性，对创新中容易引起误解的政策也进行了正面的引导，充分激活了区内农民和中小企业的金融需求。

三、操作流程上的比较

自杨凌示范区农村产权开展以来，2010 年先后就各种类型的抵押模式制定出台了多种办法，与中部六省和东北三省的基本贷款操作流程相比大同小异，但是在操作流程的细化的过程中仍然存在一定的不足之处，比如在杨凌农村产权流转中心对农户和中小企业抵押物的确权登记以及价值评估等问题都还有一定的缺陷，与此同时，杨凌农村金融机构内部控制机制尚不健全，信贷审批、监管制度存在漏洞，内部风险控制能力较弱，发放贷款风险较大。

四、相关支持政策与实施效果上的比较

为加快和促进农村产权抵押融资模式的进展工作，杨凌示范区政府首先依托《农村土地经营权产权抵押融资管理办法（试行）》等四个办法，设立 200 万元的农村产权抵押融资试点风险补偿资金，同时成立农村产权流转中心，配合不同载体的农村产权融资业务活动的开展。截至 2011 年底，农村产权抵押融资贷款业务共计发放 3 235.6 万元，其中农业设施类贷款金额累计 2 325.6 万元，生物资产贷款金额累计 210 万元，农村房屋贷款金额 60 万元，土地经营权贷款金额累计 440 万元，商标质押贷款金额累计 200 万元。

杨凌示范区引入"三农"保险，通过与农业保险的嫁接，扩大农业保险覆盖面，对参与抵押试点的活体动物、苗木、果树等生物资产由人保公司实行应保尽保。探索建立针对设施大棚、活体动物等的新型农业保险，分散抵押贷款风险。截至 2011 年底示范区实现政策性奶牛、能繁母猪保险 100% 的覆盖，其中能繁母猪保险参保 2 820 头，"银保富"设施大棚6 000 亩，实现保费收入 256.9 万元。与其他地区相比，通过政策性农业保险的介入，在降低农业生产风险的同时，大力推广"保险 + 信贷"组合金融服务模式，不仅可以防范农业生产风险、化解农业灾害损失，解决银行对活体动物、苗木等生物资产抵押的后顾之忧，同时也完善了银行贷款损失补偿机制，实现了风险补偿资金的可持续。

自农村产权抵押融资业务开展以来，示范区领导小组结合目前区内的发展现状和特点，以整合和构建农村金融体系为依托点，积极开展了各项农村金融工作，一是 2010 年初，正式启动"加快推动杨凌农信社改制组建农商行"工作，并于 2012 年 7 月正式挂牌成立；二是积极联系汇丰银行、农业银行、民生银行、兰州银行，启动了村镇银行和小额贷款公司等新型农村金融机构的组建工作，目前杨凌已有 2 家小额贷款公司；三是杨凌现代农业开发集团有限公司公开发行了 15 亿元公司涉农债券，标志着杨凌农业科技企业成功登陆全国债券市场；四是中国银行间市场交易商协会核准发行国内首只总额 8 100 万元的纯农业类集合票据——杨凌现代农业中小企业 2012 年度集合票据。与中部六省和东北三省相比，示范区为进一步满足农村金融市场的资金需求，初步解决了农民贷款抵押难、资金筹措难、农村产权变现难等突出难题，走出了一条具有"杨凌模式"的农村金融创新特色的新路子。中部六省和东北三省与杨凌示范区农村产权抵押融资比较情况见表 7 – 5。

表 7 – 5 　　　　　中部六省和东北三省与杨凌示范区
农村产权抵押融资比较情况表

	中部六省和东北三省	杨凌示范区
类型	信贷产品种类多，模式多样化	试点时间较短，类型单一
特点	创新能力强，立足本地优势和特色资源，金融服务面较广	吸纳了部分地区融资模式；开展比较独特的活体动物和设施大棚贷款，信贷业务创新力度大，而中间业务力度低，引入"保险 + 信贷"机制

	中部六省和东北三省	杨凌示范区
操作流程	内控机制相对成熟	内控机制不健全，信贷审批、监管制度存在漏洞
相关支持政策与实施效果	建立正向激励机制，提高业务便利程度，加强银保合作	实施四套办法，农业保险覆盖面广，建立风险补偿基金，加快农商行改制，引入新型金融机构，发行涉农债券和农业票据

7.3.3 杨凌示范区农村产权抵押融资模式优化方案

通过以上分析和对比，杨凌示范区农村产权抵押融资模式还存在着一定的缺陷和不足，要优化农村金融工具和金融模式，形成一条完整的、易推广、能复制的"杨凌模式"仍需不断完善，主要包括支持政策方案的优化、金融机构管理方案的优化和搭建农村金融服务平台。其中，支持政策方案的优化是保障农村产权抵押融资模式顺利运行的重要环节和前提；金融机构管理方案的优化是开展农村产权抵押融资业务的根本、目标和基础；农村金融服务平台的优化是提升农村产权抵押融资的具体途径。

一、优化支持政策，深化农村产权改革

农村金融的发展离不开政府的支持政策的扶持。杨凌示范区管委会应通过税收优惠、财政补贴、金融政策支持、加强金融监管等途径，支持农村金融机构、涉农企业壮大经营实力，使农村产权改革可持续发展。其具体方案为：

1. 召开讨论会议，总结以往工作

召集开展农村产权抵押融资模式的相关部门领导人参加讨论会，对以往开展农村产权抵押融资模式的现状、存在的问题等进行认真总结和提炼，制定并形成日后农村产权抵押实施工作方案。由示范区金融办、农村商业银行以及农业局等相关部门对区内各农户、农业合作经济组织以及涉农企业进行全面调查，掌握现有的融资情况和确权情况。

2. 成立相关领导小组，建立动态考核机制

制定相关工作方案，明确牵头部门，落实责任；确定具体试点区域和试点规模，并督促、协调有关部门在规定时间内完成各项试点工作。在此基础上，建立试点区域及主办金融机构能进能退的管理机制，对农村产权

抵押融资开展好的机构和单位给予表彰奖励。

3. 给予金融机构充分的政策支持

杨凌示范区政府要制定出台金融支农扶持政策，通过税收引导、政策补贴等形式，强化涉农金融机构增加农村产权抵押贷款的积极性，同时吸引更多金融机构参与到农村产权改革中来，各金融机构之间资源共享，形成良性竞争和互动促进机制。

4. 建立农村产权抵押规章制度

制定适合全区银行业参与农村产权改革的规章制度，使金融机构有章可循，更加规范地参与到农村产权改革中来，为农村金融创新安全运行提供强有力的制度保障。

5. 进一步完善相关管理办法

及时掌握《农村土地经营权抵押融资管理办法》、《农村房屋抵押融资管理办法》等四套管理办法实施中所遇到的具体问题，探索最新解决办法，并应及时修改、完善管理办法，对于农业知识产权等质押贷款，应尽快出台相关管理办法，确保无空缺、无遗漏。

二、优化金融机构管理，促进农村产权改革

金融机构是农村产权改革中的重要参与者，其业务素质直接影响农村金融服务水平。杨凌示范区农村金融机构应更新经营观念，重视市场开拓，扩展农村产权抵押业务范围，进一步满足广大农户基本的生产、生活资金的需要。

1. 鼓励引导，提高农村产权抵押贷款覆盖率

各分支机构应积极开展农村产权抵押业务，通过颁布的优惠政策措施，吸引更多金融机构参与农村金融创新，开展农村产权抵押贷款业务。加快涉农金融机构改革进程：国有商业银行特别是农业银行应加强机构内部建设，扩大涉农服务范围；农村商业银行应加快改革进程，切实办成为农村、农民、农业服务的社区银行；邮政储蓄银行要完善服务功能，在有效防范信贷风险的前提下，参与各项产权抵押等业务。预计到 2015 年底，农村产权抵押贷款占涉农贷款总量的 70% 左右，使需要资金的农民、涉农企业都能顺利贷到款，促进农户、涉农企业和金融机构实现"多赢"。

2. 加大农村金融供给，满足贷款需求

扭转农业银行近年来出现的"离农"倾向，切实加大农业银行对农业

和农村经济的支持力度，办成全面支持农业和农村经济的综合性银行，为农业和农村经济发展提供综合性金融服务。农业银行在农村吸收的存款必须拿出一定的比例用于农村信贷，应通过税收等政策引导商业银行把一定比例的资金用于农业。开放邮政储蓄银行自主运用资金渠道，同时把邮政储蓄银行在人民银行的存款利率降到与其他金融机构相同的水平，加快邮政储蓄银行农村产权抵押贷款试点，使其资金做到取之于农、用之于农。拓宽农业发展银行的业务范围，加大支农贷款力度；扩大农业发展银行的资金来源渠道；严格监管防止支农资金外流，确保农村金融资金充足稳定。

3. 推进多元化经营，扩大支农范围

允许金融机构从事保险、证券、代理等中间业务，实现由负债式向多元化金融支农服务转变，满足农村经济发展的多元化需求；积极探索抵押、质押和联保等多种形式的贷款办法，并大力开办消费贷款业务，以此促进农业生产的发展，使农民的生活切实得到改善和提高。要制定专项金融服务方案，加大对涉农企业和农民专业合作社的支持力度，开发业主联保贷款、订单贷款、供应链融资、厂房按揭贷款、通用设备贷款等多种信贷品种，大力支持有市场、有效益、符合国家产业政策的中小企业。探索建立"统贷统还"、"先支后收"等专业服务模式，为农村基础设施建设和农村城镇化建设提供配套金融服务。

三、优化农村金融服务平台，巩固农村产权改革成果

以农村产权改革为基础，完善农村金融服务体制，探索建立"现代农业产业—金融—财政—保险"一体化大平台，环环相扣，解决农业科技服务的金融瓶颈的制约，在农民融资、农村产权金融、公共财政、农业保险、农村社会保障等领域先行先试，积累经验，切实解决我国北方干旱半干旱地区"三农"问题，为全国农村产权改革提供一个可借鉴、易推广的优化方案。

1. 加强银企保合作，扩大产权抵押范围

积极搭建银企、银保合作平台，试行涉农企业资产的联合抵押贷款，有效降低不同生产周期、不同类型涉农企业联保抵押贷款风险。结合杨凌示范区农作物、养殖业品种及现状，扩大抵押物覆盖面，引入保险机制，做到应保尽保，扩大当地金融机构与种养殖企业在农村产权和农业保险方面试点范围，通过"信贷＋保险"金融产品进一步支持农村产权抵押融资试验。利用杨凌示范区优势，动用财政杠杆，扩大"银保富"、人保财险业务面，使由于风险等原因而"够不着"抵押融资标准的抵押物先保后抵，使其"够得着"金融机构贷款抵押物标准。

2. 加大投入，改善农村金融生态

通过财政直接投入或利用财政资金的杠杆作用带动政策性、商业性资金的投入，加强包括交通、水利、电力、教育、医疗等农村基础设施建设以及农业科技服务的投入，借此改善杨凌示范区农村产权抵押融资运作的外部环境。

3. 建立农村产权流转交易平台

因地制宜建立村级农村产权流转平台，通过成立各类经济合作组织提高农民生产的组织化程度，获取农业生产过程中的规模收益，切实增强农村经济的盈利能力，为地方商业性金融机构增加涉农信贷资金投入奠定良好的经济基础。

4. 优化农村金融生态环境

大力推进信用村镇、信用企业和信用农户创建活动，在农村开展诚信教育，大力倡导信用文化，切实增强农民的金融法制意识，营造稳定、和谐的融资环境。把农村金融生态环境建设纳入到部门考核范围中，形成优化农村金融生态环境的长效机制，巩固农村产权抵押融资成果。

7.4 杨凌示范区农村产权抵押融资模式创新：土地银行模式

缺少可靠的抵押物来防范违约风险一直是广大农民融资难、贷款难的主要原因，如果农村各类产权如农村土地承包经营权、农村房屋所有权等能够成为合法的抵押物，对于农民来说无疑是一件好事。虽然目前部分地区（如重庆、成都、高陵、杨凌等）已经开始试行农村产权抵押融资，但从实际运作的情况来看，试点地区存在农村产权抵押贷款覆盖面小，资金量少，金融机构积极性不够等问题，条件成熟的情况下在农村产权改革试点地区设立综合性的土地银行很有必要。

7.4.1 我国农村土地银行的基本情况与实践经验

一、我国现有农村土地银行的特点

我国建立的土地银行多以促进土地经营权流转、优化土地资源配置为

目的。农村土地银行的具体运作模式是政府出面组织，把一定区域内，分散的土地集中起来，经过整理后，转包给其他人，这种做法类似于"零存整贷"，对加快农地流转，促进农业产业化和规模化具有重要的意义。具体来说，有以下一些特点：

1. 农村土地银行的本质是土地承包经营权流转的交易平台，规范土地承包经营权流转，特别是为土地集中提供了很好的渠道。

2. 农村土地银行实际上并不是真正意义上的金融机构，不能办理抵押贷款等金融业务。

我国农村土地银行几乎没有涉及任何和金融相关的业务，尽管在部分农村土地银行章程中涉及存地证可抵押等条款，但并没有实际的运作。因此，我国目前的农村土地银行实际上是土地承包经营权出租者和租入者之间的中介组织，促成流转业务规范完成，并不是通常意义上的金融机构。

3. 农村土地银行的运作主体是村委会。作为一个土地承包经营权流转的中介组织，其注册、运行的过程需要一定的沉淀成本，而依托村委会则边际成本较低；另外，对于土地需求方而言，往往要求土地是连片的，在土地零碎化比较严重的情况下，土地的连片必然涉及地块的调整等，因此，从土地所有权的角度来看，村委会是解决上述问题成本最小化的主体。

4. 农村土地银行尽可能与国家法规保持一致性。从目前的各农村土地银行章程来看，均明文规定遵守《中华人民共和国土地管理法》和《中华人民共和国农村土地承包法》等涉及农地制度的法律规定，特别提出了保持农民土地承包权的稳定，以及集体土地存入和贷出要严格执行土地利用总体规划，不得擅自改变土地性质，不得擅自改变土地用途。为此，农村土地银行提出了存贷自由、坚持农民自愿的原则，农民自愿则表明其认可信用社章程规定的利益分配，自然也不会产生农民利益受损的问题。当然，在所有集体主导型的土地承包经营权流转中，几乎都强调农民自愿的原则，但不少模式在具体运作过程中仍会出现损害农民利益的现象。

5. 地方政府在农村土地银行的成立和推广过程中起到主导作用。农村土地银行由于涉及历来敏感的土地问题，其成立和发展势必会采取自上而下的方式，由地方政府来主导推动。地方政府的主导作用一方面有利于土地银行规范有序地成立和经营，而且政府的公信力有助于存地农户和贷地方形成稳定的预期，促进土地银行经营规模和土地承包经营权流转规模的扩张。

我国农村土地银行与国外土地银行的比较见表7-6。

表7-6　　　　　我国农村土地银行与国外土地银行的比较

	中国	国外
土地制度	公有制（城市土地国有、农用地集体所有）	以土地私有为主
主要目标	促进土地流转、增加农民收入	缓解农村融资困难
组织形态	中介组织（以合作社为主）	独立银行
主要业务	土地流转、土地存贷服务、贷款担保服务	土地抵押贷款
政府支持	侧重于组织引导	注资或购买股份，制度和政策支持

二、农村土地银行的功能

从国际经验来看，农村土地银行最主要的作用是缓解农村资金瓶颈制约。例如，20世纪初美国联邦土地银行由政府财政通过购买土地银行股票的形式扶持建立，利用农户拥有的土地融通资金，为农业生产和与农业生产有关的活动提供长期信贷资金和服务；以土地抵押信用合作社为主体的德国农村土地金融体系，主要通过贷款协助农民兴建水利、道路、耕地平整和造林（高伟，2007）。农村土地银行把农民的土地和信贷资金结合起来，建立了农民与银行的新型关系。土地银行可为农民提供土地担保和抵押贷款，既有利于农民获得发展资金，又有利于土地流转。土地银行还可以办理土地信托业务，在政府支持下发行土地债券，筹措社会资金用于发展农业生产。

但是，由于国情不同，我国目前存在的各类农村土地信用社尚不具备为农民提供土地抵押贷款和发行土地债券的职能。总的来说，目前我国的农村土地银行的功能主要有以下几个方面：

1. 有利于规模化经营，促进现代农业的发展。通过土地银行这个中介可以把土地集中起来，进行规模经营，增加农业投入，推广使用先进技术，不仅是农业结构调整的需要，也是发展现代农业的需要。

2. 解决抛荒撂荒问题，确保国家粮食安全。建立土地银行，既可以鼓励农民将闲置或不愿耕种的土地存入银行，又能够鼓励愿意多种地的农民把土地从银行贷出去，既可以解决抛荒撂荒问题，又可以促进土地的规模经营，形成确保国家粮食安全的长效机制。

3. 促进了土地流转和农村剩余劳动力的转移。建立土地银行后，进城的农民可以把自己承包经营的土地的经营权让渡给土地银行，从土地银行获取贷款作为创业的启动资金；土地银行把这些土地租赁给有需求的农民和其他创业者，提高土地的使用效益；新回乡的农民也可以从土地信用社提取土地进行耕作，维持基本的生活来源。这样，农民可以在很大程度上摆脱土地的束缚，有了更多的迁移空间与择业自由。

4. 改善农村生产结构，建立农民增收长效机制。农民通过贷出土地，培植了一大批经营土地几十亩到几百亩的承包大户。这些大户提高了土地的投入产业效率，将会取得良好的经济效益。

5. 为农户向金融机构（主要是农村信用社）贷款时提供总担保，解决农民贷款抵押物不足的难题，从而在一定程度上缓解了农民融资难贷款难的问题。

三、农村土地银行的实践经验与存在的不足

1. 实践经验

中国试点中的农村土地银行，主要是以"土地信用合作社"、"土地股份合作社""土地承包经营权抵押协会"、"农村产权交易中心"等形式存在。

（1）宁夏平罗"土地信用合作社"

2006 年以来，在宁夏平罗县政府的推动下，一些村镇成立了土地信用合作社，由村领导担任合作社负责人。具体做法是：农民自愿把自己的耕地（使用权）存入合作社，由合作社向存地农民支付"存地费"；合作社再把土地"贷"给经营企业或大户，并收取"贷地费"。土地信用合作社的经营宗旨是适应市场经济发展需要盘活农村集体土地资源，促进土地有序流转和规模经营实现农民生产和生活方式的转变。其经营范围包括集体土地使用权流转服务，即农村集体土地承包经营权依法转让、托管、转包、互换、出租、承租、转租等服务；农民集体所有土地建设用地使用权的入股、联营、出租的服务及法律法规允许经营的其他项目。

（2）浙江绍兴南岸村"土地股份合作社"

2007 年南岸村建立土地股份合作社，农民将自己的土地承包经营权投资入股，每 1 亩田为 1 股，农民无须种地即可获得每亩租金收益。如果土地股份合作社经营情况好，年底还可以拿到分红。土地股份合作社成立董

事会和监事会，并从入股农户中选出股东代表行使股东权利。该社坚持"民投资、民管理、民受益"的原则，争取让农民通过土地转让获得更多实惠。在实行土地股份合作制的运行过程中，着重做好三方面工作：一是公开选定流转受让单位（大户）。在公平、公开环境下，引入有一定规模和实力的萧山弘阳农场承租农户流出的土地，建立出口蔬菜基地。对经土地整理后的山地，实行公开招标、择优发包。二是合理商定流转期限和价格。对于农户承包田的流转，经与萧山弘阳农场商定，期限为10年，并约定灵活性承租政策，在租赁期内如农户学会技术后，提出自行连片种植要求的，可分包田块，其种子、技术、产品销路由农场负责，以保护农民的合法权益。流转价格实行灵活的租金政策，租金每亩每年随着市场粮价的提高将相应增加租金。对土地整理后的山地的流转租期分别商定为20年、10年。三是规范签订流转合同。南岸村土地股份合作社与萧山弘阳农场及2户大户签订规范的土地租赁合同，明确土地流转形式、流转期限及双方的权利和义务。

（3）宁夏同心土地承包经营权抵押协会

同心县是国家重点扶持开发的贫困县之一，当地农民普遍贫困拿不出抵押物，农信社与农户普遍难以有效对接，农民"贷款难"，农信社"难贷款"问题突出。而土地承包经营权抵押协会的出现则能有效解决这个问题。同心县通过成立土地抵押协会获得贷款包括以下五个步骤：成立农户土地抵押协会；农户以承包经营权入股方式成为会员；贷款会员与其他会员多户联保，并与担保人和协会签订土地营权抵押协议；农户向信用社贷款，协会进行总担保，信用社发放贷款；贷款农户如未能及时还贷，由担保人替其还贷，并同时获得贷款农户抵押的土地承包经营权。可以看出，同心县土地承包经营权抵押协会的主要功能是帮助农民获取融资提供抵押的，所以其主要目的是缓解农民融资难、贷款难的问题，而不是简单地以促进土地流转为目的。这种模式相对于前面的几种模式是一种大的进步。

（4）陕西高陵县"农村产权交易中心"

为适应高陵县农村产权制度改革工作的需要，建立健全农村产权交易市场，高陵县于2009年5月成立了农村产权交易中心，主要开展林权、农村土地承包经营权、农村房屋产权、集体建设用地使用权、农业类知识产权、农村经济组织股权等农村产权流转和农业产业化项目投融资服务。具体职责是：制定土地流转规划，依法引导农民积极参与土地经营权流转工作；积极接受土地转出、转入双方的委托申请，做好登记，建立信息库并及时发布土地流转供求信息，为土地流转双方提供指导和服务；公平、合理评估流转土地收益，为土地流转双方协商土地流转价格提供参考；帮助指导土地流转双方洽谈流转价格、方式、期限等有关事宜；依法仲裁土地流转合同纠纷。

实践表明，农村"土地银行"这种新的制度安排不仅提高了当地农民的收入，还解放了农村剩余劳动力，为破除城乡二元结构、促进城乡一体化发展奠定了良好的基础。但问题在于，目前大多还是地方政府主导土地流转，因而为促进土地流转所建立的土地银行也都是由地方政府或集体担任负责人，这就难以避免在某种情况下为了追求自身利益而出现过渡干预农户的行为，违背了土地流转的自愿性，同时也侵害了农民的合法权益。另外，由于受到法律和政策的限制，我国各地建立的土地银行多以促进土地经营权流转、优化土地资源配置为目的，所进行的业务表面看似银行的存贷款业务，但实际上并没有实现银行的土地抵押贷款功能，因而不能称之为完全意义上的土地银行，而只能称为"准土地银行"。

2. 存在的不足

虽然目前我国各地都在纷纷成立土地银行，并且通过这种形式来推动农村土地流转，但是，我们还必须清楚地认识到，土地银行还处于发展的初级阶段，在实际的探索之中，仍然有诸多政策、资金上的问题制约着土地银行的发展。

（1）由于我国土地抵押行为仍受到限制，相应地缺少土地经营权抵押贷款业务，中国目前农村土地银行在名称上叫做"银行"，其实不具备银行最基本的贷款功能，这点与国外通行的农村土地银行差别明显。

（2）由于功能残缺，试点中的农村土地银行在促进土地流转和农民增收方面也面临挑战：一方面，由于难以利用土地财产作为抵押取得去城镇务工和创业所需的资金，农民存贷土地积极性降低，土地流转和规模经营受到限制。另一方面，贷地种植大户在获得土地以后，往往需要花费大量的资金来改善生产条件、进行基础设施投资、改良品种和购买大型农业机械等，而在现有的制度安排下，大户通常难以从商业银行获得贷款支持，政府财政支持力度有限，农村融资困难也使大户对"贷地"望而却步，这也反过来影响农民收入的增加。

（3）我国现有的农村土地银行多在村一级成立，权力小，业务少，影响力小，功能单一而分散，农民的认可度不高，难以形成规模效应，也难以吸引相关高水平人才。

7.4.2 杨凌示范区农村产权抵押融资模式构想：土地银行模式

一、现有模式

2008 年底，杨凌工业园区建设管理中心产业发展部下发《关于组建土地银行加快现代农业示范园区土地流转工作的实施意见》，并制定了《杨凌区农村土地银行章程》、《杨凌区农村土地银行机构设置及主要职责》等文件，以确保土地银行顺利组建，为农业现代化、规模化提供用地保障。土地银行实行会员代表大会制度，会员代表大会是其权力机构，会员代表由土地银行全体会员大会选举产生，每届任期 3 年。理事会是土地银行的决策机构，一般由 5 人组成，设理事长 1 人，理事 4 人，理事长为土地银行法定代表人；监事会是土地银行的监督机构，监事会一般由 3 人组成，设监事长 1 人，监事 2 人。在土地流转过程中，土地银行主要服务功能包括统收统包土地、与转入转出两方签订协议、提供供需信息、征收及发放地租等。

杨凌土地银行一般是以行政村为单位进行组建。截至 2011 年 6 月，杨凌示范区共成立土地银行 36 家，涉及 3 个乡镇 36 个行政村 1 万多户农民，累计流转土地 3.5 万亩。杨凌示范区土地银行是在村两委领导下的农村集体合作组织，其工作业务受乡镇人民政府、杨凌示范区土地流转办公室等政府部门的指导。各村土地银行作为中介方，与转入方（合作社或企业）直接签订合同，以集体信用的形式为土地流转提供担保。土地银行运行不以盈利为目的，而是推动土地流转和规模经营，保证流转后的土地必须发展现代农业。

虽然杨凌示范区已经建立了农村土地银行，在增加完善土地流转等方面取得了一定的成效，但是其发展还不成熟，存在一些明显的缺陷。目前杨凌示范区已经建立的农村土地银行并没有成立专门的农村土地银行机构。即使成立了专门性机构，其主要工作人员都是由村委会或村级经济合作组织的工作人员兼任，制度不够完善，没有形成一种现代企业制度。组织结构不合理、规章制度不够完善，这成为制约农村土地银行发展的主要瓶颈。此外，镇级、村级土地流转服务中心零零散散地分散于各个不同的地方，既有政府参与，也有集体参与、个人参与，没有一个统一的监管机构，极易滋生腐败甚至会发生各类群体性事件。土地银行土地存贷、土地等级评估等功能都还不完全具备，往往受行政指令控制，其行为偏好明显倾向于政府和企业，主要负责签订协议、提供信息、收发租金等有限服务，尚不具备土地整理、地价评估、监管维护等职能。

二、过渡模式——农村产权交易中心＋农村信用社

这种模式使土地银行从原来局限于土地存贷业务的基础上发展到包括土地金融服务的功能更加完善的土地银行，具体运作上，土地存贷等传统职能由专门成立的土地流转服务中心（农村产权交易中心）来承担。而土地金融服务，如土地承包经营权抵押贷款等则由土地流转服务中心（农村产权交易中心）和农村信用社合作完成，前者负责对农村各项产权的确权登记和颁证工作，明晰各项农村产权，以便于抵押，此外还承担事后纠纷调节与仲裁的职能；后者在手续齐全的条件下发放各项农村产权抵押贷款并监督贷款的使用，具体流程见图7-3。

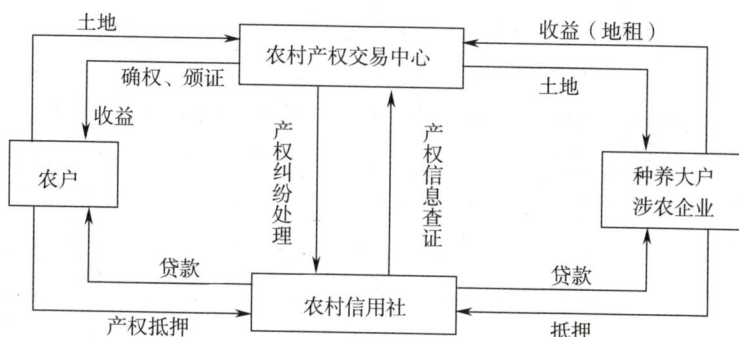

图7-3 农村产权交易中心＋农村信用社模式运作流程

杨凌现阶段试点的农村产权抵押贷款是由杨凌区农村信用合作社来开展，土地金融服务的行使需要依靠农村信用社，缺乏独立性，但在短期相关条件还不具备的情况下，借助农村信用社在农民中的知名度，依托其成熟的信贷体系和可靠的信贷风险控制技术来推行农村产权抵押贷款有其合理性。

1. 有利于节省资源、优化配置

因为目前农村信用社分布于区内各地，基本上是每个镇都有一个。这些农村信用社数量庞大、分布广泛、经营业务单一，人力资源浪费严重。经过多年的发展，目前农信社在传统的综合业务系统网络上与商业银行的差距已大为缩小。在农村信用社上加挂农村土地银行的牌子就可以把现有的农村信用社的资源用起来又可以开展农村土地银行业务，这样可以节省大量的人力、物力成本、节省资源、优化配置。

2. 有利于接近农民、服务"三农"

目前各地农村信用社主要经营一些国家涉农资金的发放以及办理一些农民的贷款，农村信用社和广大农民群众的联系是比较多的。农信社长期以来扎根农村，与地方建立了深厚的人缘，广大农民群众比较信任农村信用社。在农村信用社上加挂农村土地银行的牌子，有利于进一步加强这种联系，接近农民、了解农村，服务"三农"建设，建设社会主义新农村。

3. 有利于因地制宜、加强管理

农村信用社对本地区的实际情况比较了解，而且具有人缘、地缘优势，给农信社广泛收集地方信息提供了条件。农村信用社容易获得农户的第一手资料。这样各农村信用社暨农村土地银行根据所掌握的资料对各项业务进行增减，并进行有效合理的管理。

但是，农村信用社的商业化经营和自身固有问题决定了依附于农村信用社的模式不是长久之计，只能是土地银行发展过程中的一种过渡模式。

农村信用社已经走向商业化经营，若由其提供土地抵押贷款，面对众多抵押的土地产权不容易处理，银行的利益得不到保障，增加了信用社的经营风险。农村信用社行使抵押权的过程中，也可能一味地追求自己的利益，不考虑农民的切身利益和村庄稳定，而使农村集体失地的情况发生。

虽然成立了农村产权交易中心，使土地经营权等产权有了流通变现的平台，降低了抵押土地的处理难度，但毕竟它是一个政策性机构，不具备独立经营和自负盈亏的能力，而农村信用社是追求利润最大化的商业机构。在发生贷款违约时，产权交易中心一方考虑的是如何确保农民不失地以免影响社会稳定，农信社一方考虑的是如何最大限度地收回贷款本息，二者的诉求不同，双方之间存在一个协调的问题，虽然现在试行的农村土地承包经营权抵押贷款没有出现类似的问题，但这种风险长期存在。

由于农村产权抵押贷款业务既是涉农业务，又是新生事物，风险大，收益小，农村信用社的积极性不高，不利于产权抵押贷款的快速发展和推广，这样缓解农民资金瓶颈，促进"三农"发展的初衷就得不到体现。

综上所述，杨凌示范区的土地银行模式不能再走以前的土地储备中心或土地合作社的老路子，最终也不能走"土地流转服务中心＋农村信用社"的过渡模式。根据杨凌示范区现在的发展实际，依托农村产权制度改革的大背景，整合各种资源，组建一个综合性的基于农村产权抵押融资的土地银行是合理的选择。

三、最终模式——基于农村产权抵押融资的综合性土地银行

单独设立股份制的杨凌土地银行，向社会发行股份，通过政府资本和民间资本相结合的方式募集资本，建立综合性的农村土地银行是一个循序渐进的过程，不可能一蹴而就，虽然有了过渡模式的发展和完善，但仍需考虑多方因素并结合地方实际情况分步、分块完成。

1. 将土地流转服务中心转变为自负盈亏的市场主体，开展土地存贷业务和土地开发经营，并与农信社合作开展农村产权抵押贷款业务，通过土地存贷息差、土地开发经营投资收益和少部分产权抵押贷款利息分成作为资金来源，基本实现自负盈亏。与此同时，不断完善外部支持系统，引入保险公司开展农业保险，设立农村产权抵押融资风险补偿资金，建立产权抵押担保中心，分散农村产权抵押风险。

2. 在运行成熟的土地流转服务中心（农村产权交易中心）的基础上挂牌成立一级法人机构——杨凌土地银行，并将过渡模式中由农村信用社行使的土地金融业务独立出来划入杨凌土地银行。

3. 待杨凌土地银行的各项业务整合完毕后，在各乡镇成立土地银行支行，各支行负责整合已经存在的各村级土地银行，将它们改制为村一级控股的产权抵押贷款合作社。这样，在整合以前已经存在和现在正在发展的各种资源之后，形成了涵盖土地存贷、土地整理开发、土地确权登记、土地价值评估等多个业务线条，包含村级产权抵押贷款合作社、乡镇土地银行支行、杨凌示范区土地银行的三级综合性土地银行机制。

具体运作上，村一级在上级土地银行的指导下，对原来的功能残缺的

村级土地银行进行改制，改变其政府主导的模式，转变为村民入股、村一级控股的土地抵押贷款合作社。产权抵押贷款合作社的社员须承担一定的法律义务，包括资信评估、土地估价、土地产权登记和按照贷款额的5%认购股本等。社员每获得100元贷款，必须认购一股股票，每股股票面额5元。社员每认购一股股票，得到一个投票权。乡镇一级土地银行分支机构及以上级别的土地银行才能发放农村产权抵押贷款，当地土地银行可以派一名工作人员常驻所辖产权抵押贷款合作社，负责指导其工作和代办村民的产权抵押贷款业务。合作社在收到村民的贷款申请和协会章程后，该工作人员负责调查申请人的偿债能力、人品以及土地的价值，然后由其判断是否应该发放贷款。在作出判断以后该工作人员把其建议以及相关资料一起呈送上级土地银行。这样，村一级运作模式与同心县的土地抵押贷款合作社的模式相似，并且可以适当借鉴。只不过二者的主办银行不同，同心县的主办银行是农村信用社，而杨凌区的主办银行是上级土地银行及分行。当然，除了产权抵押贷款业务外，产权抵押贷款合作社依然行使土地流转、土地存贷、土地整理和土地开发经营等服务于"三农"业务。

乡镇一级，成立分支机构，整合各乡镇农村信用社的土地金融业务，指导村级土地银行改制成为村级控股的产权抵押贷款合作社，监督管理指导村级土地抵押合作社的运行。杨凌土地银行作为一级法人机构，统一管理辖区内的所有土地银行分支机构，制定银行章程和相关规章制度，指导、管理和监督辖区内分支机构的运行，处理相关风险暴露和法律上的纠纷。

杨凌土地银行可以从以下渠道获取资金支持：一是农民或农村集体的投资入股。其中，农民主要是以土地承包经营权的形式和贷款金额的5%入股，农村集体主要以资金的形式投资入股。二是来自于政府财政支持的投资或补贴以及相关机构和业务整合时原来的资本金（在土地银行成立初期，这部分应为主要资金支持）。三是以向社会发放债券的形式进行融资，这可以很好地解决农业生产及农村建设中的资金问题。在土地银行的收益分配方面，首先是土地存贷业务所带来的存地、贷地利息，其中的差额部分则为银行的净收益；其次是土地金融（发放贷款，如农村产权抵押贷款）业务的开展和土地整理与开发所带来的投资收益，这部分将是杨凌土地银行发展到高级阶段的主要收益来源。土地银行功能业务见图7-4。农地经营循环贷款和相关中间业务；外部支持系统主要用来防范和降低风险，包括农业保险公司、担保公司、土地流转风险基金、产权抵押担保中心等。土地银行各个组成部分之间是相互支持、互相联动的，有利于充分发挥其规模效应，并有效防范风险。杨凌土地银行经过一段时间的运作，不断修改和完善直至发展成熟后，争取能形成一种可复制、易推广、看得见、摸得着、可操作、能带走的"杨凌模式"。

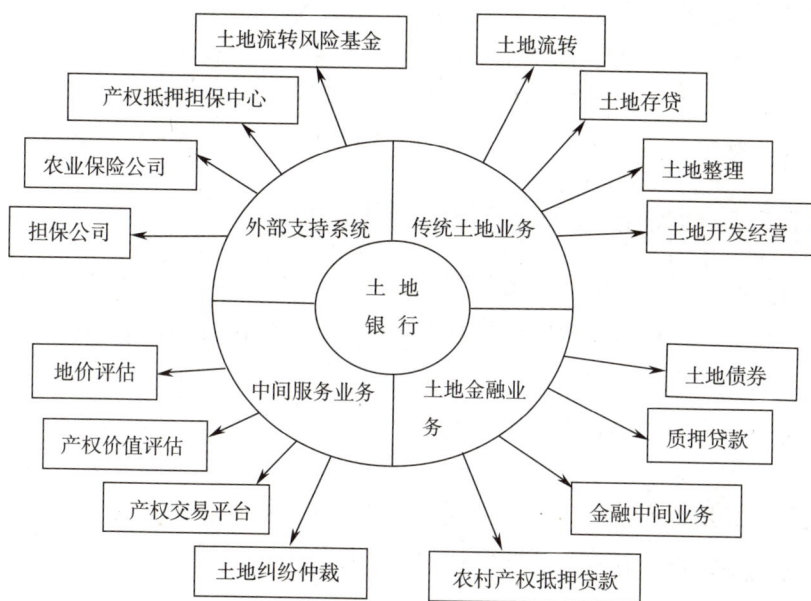

图7-4 杨凌土地银行功能业务图

7.5 杨凌示范区农村产权抵押融资后续政策支持体系

杨凌示范区作为我国的高新技术产业示范区，在农村产权抵押融资方面探索较早，对后续全国范围内农村产权抵押融资的发展、改革和推广，具有示范指导意义。根据我国农村发展现状，要大力推广产权抵押，主要需从基础保障和资金提供者两方面做起，一是要从政府层面做好产权抵押的政策保障；二是要引导鼓励农村金融机构加大对农村产权抵押创新力度，明确贷款流程和贷款责任，提供贷款保障。

7.5.1　扩大农业保险覆盖面

由于在很大程度上受自然环境的影响，农业具有了高风险性，为弥补风险发生可能带来的损失，进行农业保险对促进农村产权抵押的发展具有保障支撑作用。农业保险是农村保险的主要形式，是一种政府补助的政策性保险业务。但目前我国农业保险发展很滞后，而农业保险的夭折，主要是没有农地金融制度这一生长根基。因此，需要进一步发展农业保险，扩大农业保险品种。比如，进一步建立与发展生猪保险、大棚保险、奶牛保险、耕牛保险、蔬菜保险、林木保险等农业保险，做到应保尽保。探索建立针对设施大棚、活体动物等的新型农业保险，创新农业保险品种，不断扩大保险覆盖面，充分发挥保险的风险保障作用，分散抵押贷款风险。

7.5.2　加快推进农村产权流转体系建设

在农村产权抵押融资的建设过程中，由当地人民政府负责设立农村产权交易中心，发展农村产权流转中介服务，在提供贷款的金融机构与获得贷款的农户和中小企业之间，建立起支撑农村产权抵押融资的桥梁。交易中心及时收集和发布各类产权流转交易信息，定期公布各类农村产权指导价格，为农户和中小企业进行产权抵押贷款提供决策依据。构建农村产权交易平台，组织产权流转、招拍挂等交易活动，培育农村产权交易市场主体，为贷款抵押物处置、抵押权利的实现提供平台，促进农村资源向资本转变。

7.5.3　构建农村产权抵押贷款激励机制

产权抵押贷款所涉及的品种较新，且在实际操作过程中可能比已有的贷款品种更麻烦，但它是农村能获得贷款的一个重要方面，对增加农村金融供给、发展农村经济具有重要作用。因此，需要对农村产权抵押贷款提供相应的激励机制。由相关部门定期对开展试点的乡镇村进行评比，对试点工作开展较好的，扩大支持额度；对试点工作开展较差的，减少支持额度。比如，政府可由产权交易中心对开办农村产权抵押的各个机构进行业务评估，针对农村产权抵押贷款业务，以其实际提供的农村产权抵押贷款额为考核标准，提供一定的政策奖励或财政补贴。

7.5.4 完善产权制度、建立确权、产权价值评估机构

农村产权的明晰，是做好包括抵押融资在内的农村产权流转的重要前提。促进农村产权流转，必须权属清晰、归属明确，否则，产权流转所导致的产权纠纷不可避免。建立产权价值评估机构，对农民抵押的产权进行有效、准确的估价。比如，可在产权交易中心里设立一个价值评估的窗口，专门针对农民的各项产权，开展价值评估业务，对农户合格的抵押物进行确权登记颁证，使其获得向金融机构申请抵押贷款的凭证依据。在对农村产权进行确权登记颁证方面，应建立严格的标准，加强内部监控，严格按照规定执行，防范"人情"颁证和交易颁证等不法行为。在确权和产权价值评估方面，要严格按照"公开、公平、公正"的原则办理，及时让老百姓特别是广大农民群众知道，对所有的确权和产权价值评估对象要同等对待，为金融机构对农村进行产权抵押做好铺垫。

7.5.5 健全农村产权抵押融资法律法规及配套措施

以杨凌为例，在推进其农村产权抵押融资发展的过程中，政府应进行相应的配套法律制度建设，跟上农村产权流转交易的发展步伐，从法律层面控制违法违纪行为的发生，规范农村产权流转体系的健康发展。首先，建立清晰、明确的法律保障制度。应先在国家层面，制定《中国农村产权抵押融资法》及配套法律，再由各地政府根据所辖地区的实际情况，细化落实相关的法律措施。分别从抵押人和抵押权人两方面入手，当某一方的权益受到损害时，能有理有据地保护受害者的权益，并且让制度在实践中逐步完善。其次，出台相应政策，创造农村产权抵押融资的基础条件。各级政府要对农村产权抵押融资予以高度重视，在政策上要积极支持和鼓励农户和农村中小企业进行创新金融工具的使用和推广，对农村金融机构进行税收和政策上的倾斜，推进当地农村金融体制改革，促进经济发展。最后，明细并严格实行农村产权抵押融资具体细则。从规范农村产权抵押的角度，制定农村产权抵押融资的具体实施细则和流程，并严格实行，保障产权抵押的合法性，以保护提供资金的各类金融机构的利益，减少他们的顾虑，从而方便农户和农村中小企业融资。

参考文献

［1］白广玉．农户信贷融资有效需求不足问题分析［J］．中国金融，2006（22）．

［2］包全永．银行系统性风险及其防范与控制研究［M］．北京：中国财政经济出版社，2006．

［3］北京大学国家发展研究院综合课题组．还权赋能：奠定长期发展的可靠基础——成都市统筹城乡综合改革实践的调查研究［M］．北京：北京大学出版社，2010．

［4］卞靖．我国农村金融供求失衡深层机理研究［D］．中共中央党校博士论文，2010．

［5］曹观法．关于宅基地问题的若干思考［J］．经济研究导刊，2008（18）．

［6］曾康霖．我国农村合作模式的选择［J］．金融研究，2001（10）．

［7］产权抵押融资在全区推广［EB/OL］．新华网陕西频道，http：//www. sn. xinhuanet. com/2011－02/10/content_22026167. htm.

［8］陈柏峰．农村宅基地限制交易的正当性［J］．中国土地科学，2007（8）．

［9］陈飞，刘飞鹏．农村合作金融机构管理体制改革的回顾［J］．中国金融，2008（15）．

［10］陈希敏．经济落后地区农户金融合作意愿的实证研究——对陕西省66个县区、111个自然村调查结果分析［J］．中国软科学，2006（3）．

［11］陈雪飞．农村合作金融机构制度：理论与实践［M］．北京：中国经济出版社，2005．

［12］陈宜民，邢衍栋．农地产权分类与资本化：枣庄农村土地经营收益权抵押贷款案例［J］．发展研究，2010（5）．

［13］仇焕厂，王济民，苏旭霞．衡量我国农村金融风险的指标体系

[J]．农业技术经济，2003（1）．

[14] 褚保金．农村合作金融机构扶贫小额贷款的实证分析——以江苏省为例 [J]．中国农村经济，2008（5）．

[15] 褚保金，张兰，王娟．中国农村信用社运行效率及其影响因素分析——以苏北地区为例 [J]．中国农村观察，2007（1）．

[16] 邓刚．我国农村产权抵押融资制度改革的问题与前景——基于成都市相关新政的分析 [J]．农业经济问题，2010（11）．

[17] 董晓林，洪慧娟．中国农村经济发展中的金融支持研究 [M]．北京：中国农业出版社，2006.

[18] 董晓林，杨小丽．农村金融市场结构与中小企业信贷可获性——基于江苏县域的经济数据 [J]．中国农村经济，2011（5）．

[19] 董晓林，张景顺．我国农村经济发展中的金融支持研究 [D]．南京农业大学博士论文，2005.

[20] 高汗．论农村土地金融制度的建立与发展 [J]．金融与经济，2005（10）．

[21] 高圣平，刘萍．农村金融制度中的信贷担保物：困境与出路 [J]．金融研究，2009（2）．

[22] 戈德史密斯．金融结构与金融发展 [M]．上海：上海三联书店，1990.

[23] 郭田勇，郭修瑞．农村合作银行信贷风险管理 [M]．北京：中国金融出版社，2004.

[24] 郭翔宇等．中国农业与农村经济发展前沿问题研究 [M]．北京：中国农业出版社，2007.

[25] 郭延安．浙江省小型农村金融机构发展的现状、障碍与对策 [J]．经济研究导刊，2011（8）．

[26] 郭妍．我国商业银行效率决定因素的理论探讨与实证检验 [J]．金融研究，2005（2）．

[27] 韩正清．我国农村金融发展水平的实证分析——基于农村与全国的对比 [J]．农村经济，2007（1）．

[28] 赫尔曼，穆多克，斯蒂格利茨．金融约束：一个新的分析框架 [M]．北京：中国经济出版社，1998.

［29］何广文．合作金融发展模式与运行机制研究［M］．北京：中国金融出版社，2001．

［30］何韧．银行业市场结构、效率和绩效的相关性研究——基于上海地区银行业的考察［J］．财经研究，2005（12）．

［31］洪丹丹．我国民间利率的市场缺陷及因应之策［J］．上海金融学院学报，2007（3）．

［32］侯俊华，汤作华．村镇银行可持续发展的对策分析［J］．农村经济，2009（7）．

［33］胡秋灵，王菲菲．西部地区村镇银行发展中存在的问题及解决途径［J］．农村经济，2010（11）．

［34］霍学喜，屈小博．西部传统农业区域农户资金借贷需求与供给分析——对陕西渭北地区农户资金借贷的调查与思考［J］．中国农村经济，2005（8）．

［35］霍学喜，王静，王蕊娟，李桦．西部地区农户资金借贷的调查与思考——以陕西泾阳、洛川县为例［J］．西北农林科技大学学报（社会科学版），2010（5）．

［36］姜波．商业银行资本充足率管理［M］．北京：中国金融出版社，2004．

［37］蒋定之．农村合作金融改革发展中的几个重大问题［J］．中国金融，2008（14）．

［38］蒋定之．探寻农村合作金融机构改革发展之路［J］．中国金融，2008（19）．

［39］姜福来．对完善农村合作金融机构治理结构的思考［J］．管理科学文摘，2008（21）．

［40］姜丽雅．农户金融抑制及其福利损失的实证研究［D］．西北大学硕士论文，2012．

［41］姜雅莉．农村民间借贷研究［D］．西北农林科技大学硕士论文，2006．

［42］金宏，刘红生．小型农村金融机构激励不相容现状分析［J］．银行家，2011（7）．

［43］柯武则，史曼飞．制度经济学［M］．北京：商务印书馆，2000．

［44］孔荣，Calum G. Turvey，霍学喜．信任、内疚与农户借贷选择的实证分析——基于甘肃、河南、陕西三省的问卷调查［J］．中国农村经济，2009（11）.

［45］孔荣，陈传梅，衣明卉．农户正规信贷可得性影响因素的实证分析——以陕西省 756 户农户的调查为例［J］．农业经济与管理，2010（3）.

［46］孔荣，衣明卉，尚宗元．农户融资偏好及其成因研究——陕西、甘肃 897 份调查问卷分析［J］．重庆大学学报（社会科学版），2011（6）.

［47］李富有，冯平涛．发达国家农村合作金融发展的外生性特征及其启示［J］．经济体制改革，2005（5）.

［48］李富有，韩国栋，董天信．民间金融进入我国银行业的模式研究——一个新的分析框架［J］．当代经济科学，2013（2）.

［49］李富有，李新军．民间金融的比较优势、发展动因与前景探析［J］．经济体制改革，2008（4）.

［50］李富有，刘奕．民间资本供求与民营企业融资：对陕西的实证分析［J］．当代经济科学，2005（1）.

［51］李怀，高磊．我国农地流转中的多重委托代理结构及其制度失衡解析［J］．农业经济问题，2009（11）.

［52］李莉等．林权抵押贷款借贷双方的行为分析［J］．林业经济问题，2008（2）.

［53］李明贤，周孟亮．我国小额信贷公司的扩张与目标偏移研究［J］．农业经济问题（月刊），2010（12）.

［54］李明珠．陕西农村资金互助社发展研究［D］．西北农林科技大学硕士论文，2011.

［55］李勤，孙国玉．农村"空心村"现象的深层次剖析［J］．中国城市经济，2009（10）.

［56］李燕凌．基于 DEA - Tobit 模型的财政支农效率分析——以湖南省为例［J］．中国农村经济，2008（9）.

［57］梁琪．商业银行信贷风险度量研究［M］．北京：中国金融出版社，2005.

［58］林毅夫．关于制度变迁的经济学理论：诱致性变迁与强制性变

迁. A. R. H. 科斯等. 财产权利与制度变迁 [M]. 上海：上海三联书店，2003.

[59] 刘娟. 农村土地承包经营权抵押制度研究 [D]. 中国政法大学硕士学位论文，2008.

[60] 刘娟. 我国西部地区农户金融服务需求研究 [D]. 重庆大学硕士学位论文，2009.

[61] 刘璐筠，冯宗容. 推行农地承包经营权抵押贷款制度的制约因素及对策探析 [J]. 经济体制改革，2010（5）.

[62] 刘敏楼，宗颖. 中国农村金融发展的现状及地区差距——基于机构信贷的视角 [J]. 经济经纬，2008（3）.

[63] 刘锡良. 中国转型期农村金融体系研究 [M]. 北京：中国金融出版社，2006.

[64] 罗楚亮，李实，赵人伟. 我国居民的财产分布及其国际比较 [J]. 经济学家，2009（9）.

[65] 罗剑朝. 杨凌农业高新技术产业示范区农村金融改革试验与政策建议 [J]. 沈阳农业大学学报（社会科学版），2011（6）.

[66] 罗剑朝等. 中国农地金融制度研究 [M]. 北京：中国农业出版社，2005.

[67] 罗剑朝等. 中国政府财政对农业投资的增长方式与监督研究 [M]. 北京：中国农业出版社，2004.

[68] 罗纳德·I. 麦金农. 经济发展中的货币和资本 [M]. 上海：上海三联书店，1998.

[69] 马宇，许晓阳，韩存，张广现. 经营环境、治理机制与农村信用社经营绩效——来自安徽省亳州市的证据 [J]. 金融研究，2009（7）.

[70] MBA 智库·百科. 金融机构市场退出 [EB/OL]. http：// wiki. mbalib. com/wiki/% E9% 87% 91% E8% 9E% 8D% E6% 9C% BA% E6% 9E% 84% E7% 9A% 84% E5% B8% 82% E5% 9C% BA% E9% 80% 80% E5% 87% BA.

[71] 马忠富. 农村合作金融机构改革成本及制度创新 [J]. 金融研究，2001（4）.

[72] 孟全省. 我国农户房屋抵押贷款融资方式的探讨 [J]. 农业经

济问题，2006（6）.

［73］穆争社. 农村信用社改革政策设计理念［M］. 北京：中国金融出版社，2006.

［74］牛荣，罗剑朝，张珩. 陕西省农户借贷行为研究［J］. 农业技术经济，2012（4）.

［75］牛荣. 陕西省农户借贷行为研究［D］. 西北农林科技大学博士论文，2013.

［76］钱忠好. 农村土地承包经营权残缺与市场流转困境：理论与政策分析［J］. 管理世界，2002（6）.

［77］秦宛顺，欧阳俊. 中国商业银行市场结构、效率和绩效［J］. 经济科学，2001（4）.

［78］权威发布：改革开放以来约有 85% 的农户新建了住房［EB/OL］. 国家统计局"三农"数据网，http：//www. sannong. gov. cn/qwfb/ncjj/200806130039. htm，2008.

［79］阮勇. 村镇银行发展的制约因素及改善建议——从村镇银行在农村金融市场中的定位入手［J］. 农村经济，2009（1）.

［80］陕西省"十一五"金融业发展专项规划［J］. 陕西省人民公报，2007（16）.

［81］盛荣. 农村宅基地制度改革的目标及方案分析［J］. 中国农业大学学报（社会科学版），2005（4）.

［82］师荣蓉. 基于 SFA 的陕西省农村信用社效率及影响因素研究［D］. 西北大学硕士论文，2010.

［83］史清华，陈凯. 欠发达地区农民借贷行为的实证分析——山西745 户农民家庭的借贷行为的调查［J］. 农业经济问题，2002（10）.

［84］宋浩平，王益君. 基于产品创新的农村合作金融机构信贷管理模式优化研究［J］. 国务院发展研究中心信息网，http：//www. drc. gov. cn.

［85］宋磊，王家传. 山东省农村信用社产权改革绩效评价的实证研究［J］. 农业经济问题，2007（8）.

［86］宋磊，李俊丽. 农户信贷需求与农村金融市场非均衡态势的实证分析——基于泰安市农户信贷供求现状的调查［J］. 农业经济问题，2006（7）.

［87］孙晨辉，李富有．民间金融与正规金融的比较优势与均衡发展——基于 Logistic 模型的研究［J］．大连理工大学学报（社会科学版），2014（1）．

［88］谭文培．湖南农村小型金融组织创新发展研究［J］．金融经济，2012（22）．

［89］唐景明．推动农村产权抵押融资深化农村产权制度改革——以成都市温江区为例［J］．资源与人居环境，2010（1）．

［90］田力，胡改导等．中国农村金融融量问题研究［J］．金融研究，2003（3）．

［91］涂万春，陈奉先．产权、市场结构与中国银行业绩效［J］．产业经济研究，2006（4）．

［92］王芳，罗剑朝，Yvon Martel．农户金融需求影响因素及其差异性——基于 Probit 模型和陕西 286 户农户调查数据的分析［J］．西北农林科技大学学报（社会科学版），2012（6）．

［93］王杰．小额贷款公司运行效率分析——以黑龙江省为例［J］．经济研究导刊，2010（8）．

［94］王军军．我国农村资金互助社发展问题研究［D］．云南财经大学硕士论文，2011．

［95］王磊玲，罗剑朝．农户借贷需求调查与分析：以陕西省为例［J］．开发研究，2012（1）．

［96］王磊玲，张云燕，罗剑朝．基于农户增收视角的融资渠道绩效比较研究［J］．西北农林科技大学学报（社会科学版），2014（1）．

［97］王丽萍，李平，霍学喜．西部地区农户借贷行为分析——基于陕西 248 家农户的调查与思考［J］．电子科技大学学报（社会科学版），2007（1）．

［98］王群琳．中国农村金融制度——缺陷与创新［M］．北京：经济管理出版社，2006．

［99］王曙光，乔郁．农村金融机构管理［M］．北京：中国金融出版社，2009．

［100］王玮，何广文．社区规范与农村资金互助社运行机制研究［J］．农业经济问题，2008（8）．

［101］王西星．基于 PLS 的企业经营绩效影响因素研究［J］．统计与决策，2008（21）．

［102］王修华，贺小金，何婧．村镇银行发展的制度约束及优化设计［J］．农业经济问题，2010（8）．

［103］王学忠．小型农村金融机构市场准入法律制度研究［D］．安徽大学博士论文，2010．

［104］吴国华．进一步完善中国农村普惠金融体系［J］．经济社会体制比较，2013（4）．

［105］吴少新，李建华．基于 DEA 超效率模型的村镇银行经营效率研究［J］．财贸经济，2009（12）．

［106］伍振军，张云华，孔祥智．土地经营权抵押解决贷款问题运行机制探析——宁夏同心县土地抵押协会调查［J］．农业经济与管理，2011（1）．

［107］仵洁，陈希敏．西部地区农户资金借贷行为影响因素研究——对西部地区 49 个自然村调查结果的实证分析［J］．西北农林科技大学学报（社会科学版），2010（6）．

［108］肖建中．林权制度改革与抵押贷款的政策分析——以浙江省丽水市为例［J］．农业经济问题，2009（10）．

［109］肖诗顺，高峰．农村金融机构农户贷款模式研究——基于农村土地产权的视角［J］．农业经济问题，2011（4）．

［110］谢平，徐忠，沈明高．农村合作金融机构改革绩效评价［J］．金融研究，2006（1）．

［111］谢平．中国农村信用合作社体制改革的争论［J］．金融研究，2001（1）．

［112］谢升峰．微型金融与低收入群体信贷——理论及对我国新型农村金融机构的解析［J］．宏观经济研究，2010（9）．

［113］谢志忠，刘海明等．福建省农村信用社经营效率变动的测度评价分析［J］．农业技术经济，2011（6）．

［114］熊德平．农村小额信贷：模式、经验与启示［J］．财经理论与实践，2005（2）．

［115］许国玉．苏北地区农村信用社改革绩效的实证研究［D］．南京

农业大学博士论文，2008.

［116］徐小青，樊雪志．村镇银行试点的成效、问题与建议［J］．中国农村金融，2010（3）．

［117］徐璋勇，郭梅亮．转型时期农村非正规金融生成逻辑的理论分析——兼对农村二元金融结构现象的解释［J］．经济学家，2008（5）．

［118］徐璋勇，王红莉．基于农户金融需求视角的金融抑制问题研究——来自陕西2 098户农户调研的实证研究［J］．西北大学学报（哲学社会科学版），2009（5）．

［119］闫力．辽宁省农村金融产品创新实践及启示［J］．中国金融，2009（3）．

［120］阎庆民，向恒．农村合作金融产权制度改革研究［J］．金融研究，2001（7）．

［121］杨小丽，董晓林．农村小额贷款公司的贷款结构与经营绩效——以江苏省为例［J］．农业技术经济，2012（5）．

［122］杨羽飞，梁山．深化农村信用社改革若干问题探讨［J］．金融研究，2005（3）．

［123］杨兆廷，马彦丽．农村金融供给与需求协调研究［M］．北京：中国金融出版社，2013.

［124］杨子强．股东选择与权利实现：农村信用社改革的基础性问题［J］．金融研究，2005（2）．

［125］姚冬．博弈视角的农村合作金融机构高级管理人员监管机制设计［J］．金融发展研究，2008（9）．

［126］姚树洁，冯根福，姜春霞．中国银行业效率的实证分析［J］．经济研究，2004（8）．

［127］姚耀军．中国农村金融发展状况分析［J］．财经研究，2006（4）．

［128］叶茜茜．影响民间金融利率波动因素分析——以温州为例［J］．经济学家，2011（5）．

［129］易丹辉．数据分析与EViews应用［M］．北京：中国人民大学出版社，2008.

［130］殷孟波，翁州杰．从交易费用看农村信用社的制度选择［J］．

财经科学，2005（6）.

［131］于卫平．陕西省村镇银行发展现状、问题与支持政策研究［D］．西北农林科技大学硕士论文，2012.

［132］于转利，罗剑朝．小额信贷机构的全要素生产率——基于30家小额信贷机构的实证分析［J］．金融论坛，2011（6）.

［133］张兵．发达地区农村合作金融机构改革的政策效果评价——以江苏省农村商业银行模式为例［J］．农业技术经济，2008（5）.

［134］张健华．我国商业银行效率研究的 DEA 方法及 1997—2001 年效率的实证分析［J］．金融研究，2003（3）.

［135］张杰．中国金融改革的检讨与进一步改革的途径［J］．经济研究，1995（5）.

［136］张杰．解读中国农贷制度［J］．金融研究，2004（2）.

［137］张乐柱．农村合作金融制度研究［M］．北京：中国农业出版社，2005.

［138］张立焕．农户信贷市场供求失衡研究［D］．吉林农业大学硕士论文，2008.

［139］张庆佳，郑庆昌．农村中小企业信贷需求影响因素的实证研究［J］．经济研究，2010（4）.

［140］张庆君．关于农村金融创新中土地抵押贷款模式的思考——基于辽宁省法库县农村金融创新试点的实证观察［J］．农村经济，2010（11）.

［141］张晓艳，罗剑朝．西部农区农户民间借贷现状与对策——基于陕西省大荔县 128 户农户的调查［J］．经济纵横，2007（7）.

［142］张转方．农村信用建设与小额贷款［M］．北京：中国金融出版社，2008.

［143］赵胜民，卫韦．基于风险调整的银行绩效影响因素实证分析［J］．财经理论与实践，2008（3）.

［144］赵翔．银行分支机构效率测度及影响因素分析——基于超效率 DEA 与 Tobit 模型的实证研究［J］．经济科学，2010（1）.

［145］赵旭，蒋振声，周军民．中国银行业市场结构与绩效实证研究［J］．金融研究，2001（3）.

［146］赵旭，凌亢．国有银行效率决定因素实证分析［J］．统计研究，2000（8）.

［147］中国人民银行成都分行金融研究处课题组．股权异质下的农村合作金融机构法人治理结构——基于资格股与投资股冲突共存的视角［J］．财经科学，2008（11）.

［148］中国人民银行成都分行金融研究处课题组．农村合作金融机构法人治理与绩效的关系研究——基于四川的经验分析［J］．农村经济，2008（11）.

［149］中国人民银行网．人民银行、银监会关于加快农村金融产品和服务方式创新的意见［EB/OL］．http：//www. gov. cn/gongbao/content/2009/content _ 1266000. htm，2008.

［150］中国人民银行湘潭市中心支行课题组．农村金融产品和服务方式创新工作研究——湘潭市实证分析［J］．金融经济，2009（11）.

［151］中国银行业监督管理委员会统计调查司．中国银行业监督管理委员会年报（2008—2011 年）［R］．http：//www. cbrc. gov. cn/chinese/home/docViewPage/110007. html.

［152］中国银监网［EB/OL］．http：//www. cbrc. gov. cn/chinese/home/docDOC _ ReadView/DFE5AB17109640328DDB1BE3A223228C. html.

［153］周立．中国农村金融：市场体系与实践调查［M］．北京：中国农业科技出版社，2010.

［154］周脉伏．农村合作金融机构制度变迁与创新［M］．北京：中国金融出版社，2006。

［155］周明栋．欠发达地区农村信用社效率评价及影响因素分析［D］．南京农业大学硕士论文，2009.

［156］周妮笛．基于 AHP - DEA 模型的农村金融生态环境评价——以湖南省为例［J］．中国农村观察，2010（4）.

［157］周庆海，刘灿辉．村镇银行发展存在的问题及对策建议［N］．金融时报，2008 - 06 - 16（006）.

［158］周小斌，耿洁，李秉龙．影响中国农户借贷需求的因素分析［J］．中国农村经济，2004（8）.

［159］Altman E I. Financial ratios, discriminant analysis and the prediction of corporate bankr – uptcy [J]. The Journal of Finance, 1968 (4).

[160] Andersen P, Petersen N C. A procedure for ranking efficient units in data envelopment analysis [J]. Management Science, 1993 (10).

[161] Bassem B S. Efficiency of microfinance institutions in the Mediterranean: An application of DEA [J]. Transition Studies Review, 2008 (2).

[162] Bayes A. Infrastructure and rural development: Insights from a Grameen Bank village phone initiative in Bangladesh [J]. Agricultural Economics, 2001 (2 – 3).

[163] Beckerath U. Public insurance and compensation money [J]. Annals of Public and Cooperative Economics, 1937 (2).

[164] Berger A N, Hannan T H. Using efficiency measures to distinguish among alternative explanations of the structure – performance relationship in banking [J]. Managerial Finance, 1997 (1).

[165] Berger A N, Klapper L F, Udell G F. The ability of banks to lend to informationally opaque small businesses [J]. Journal of Banking & Finance, 2001 (12).

[166] Berger A N, Udell G F. Small business credit availability and relationship lending: The importance of bank organisational structure [J]. The Economic Journal, 2002 (477).

[167] Berger A N, Udell G F. The economics of small business finance: The roles of private equity and debt markets in the financial growth cycle [J]. Journal of Banking & Finance, 1998 (6).

[168] Binswanger H P, Khandker S R. The impact of formal finance on the rural economy of India [J]. The Journal of Development Studies, 1995 (2).

[169] Buchenau J. Remittances and microfinance: A practical application [J]. Washington, DC: IADB, Microenterprise Development Review, 2004 (1).

[170] Charnes A, Cooper W W, Rhodes E. Measuring the efficiency of decision making units [J]. European Journal of Operational Research, 1978 (6).

[171] Chaves R A, Gonzalez – Vega C. The design of successful rural financial intermediaries: Evidence from Indonesia [J]. World Development, 1996 (1).

[172] Coleman W D, Grant W P. Policy convergence and policy feedback: Agricultural finance policies in a globalizing era [J]. European Journal of Political Research, 1998 (2).

[173] Cozzarin B P, Barry P J. Organizational structure in agricultural production alliances [J]. The International Food and Agribusiness Management Review, 1998 (2).

[174] Davis J R, Gaburici A. Rural finance and private farming in Romania [J]. Europe – Asia Studies, 1999 (5).

[175] Davis J R, Hare P G. Reforming the Systems of Rural Finance Provision in Romania: Some Options for Privatisation and Change [R]. Centre for Economic Reform and Transformation, Heriot Watt University, 1997.

[176] Devaney M, Weber B. Local characteristics, contestability, and the dynamic structure of rural banking: A market study [J]. The Quarterly Review of Economics and Finance, 1995 (3).

[177] Gonzalez – Vega C. Deepening rural financial markets: Macroeconomic, policy and political dimensions [C] //conference "Paving the Way Forward: An International Conference on Best Practices in Rural Finance." Washington, DC. 2003.

[178] Grant W, MacNamara A. The relationship between bankers and farmers: An analysis of Britain and Ireland [J]. Journal of Rural Studies, 1996 (4).

[179] Hassan M K, Sanchez B. Efficiency Analysis of Microfinance Institutions in Developing Countries [R]. Indiana State University, Scott College of Business, Networks Financial Institute, 2009.

[180] Hays F H, De Lurgio S A, Gilbert Jr A H. Efficiency ratios and community bank performance [J]. Journal of Finance and Accountancy, 2009 (1).

[181] Heidhues F, Davis J R, Schrieder G. Agricultural transformation

and implications for designing rural financial policies in Romania [J]. European Review of Agricultural Economics, 1998 (3).

[182] Heidhues F, Schrieder G, etc. Rural Financial Market Development for the Small Private Farm Sector [J]. Research Project Between University of Hohenheim, Academy of Science, and Centre for Economic Reform and Transformation, Phare ACE P95 – 2170 – R, 1998b.

[183] Hoff K, Stiglitz J E. Introduction: Imperfect Information and Rural Credit Markets—Puzzles and Policy Perspectives [J]. The World Bank Economic Review, 1990 (3).

[184] Khandker S R, Faruqee R R. The impact of farm credit in Pakistan [J]. Agricultural Economics, 2003 (3).

[185] Khandker S R. Fighting poverty with microcredit: experience in Bangladesh [M]. Oxford University Press, 1998.

[186] Li G, Rozelle S, Brandt L. Tenure, land rights, and farmer investment incentives in China [J]. Agricultural Economics, 1998 (1).

[187] Mendes V, Rebelo J. Structure and performance in the Portuguese banking industry in the nineties [J]. Portuguese Economic Journal, 2003 (1).

[188] Myers F, Spong K. Community Bank Performancein Slower Growing Markets: Finding Sound Strategies for Success [J]. Financial Industry Perspectives, 2003 (10).

[189] Paxton J. Depth of outreach and its relation to the sustainability of microfinance institutions [J]. Savings and Development, 2002 (1).

[190] Pettigrew A M. Longitudinal field research on change: Theory and practice [J]. Organization science, 1990 (3).

[191] Pitt M M, Khandker S R. The impact of group – based credit programs on poor households in Bangladesh: Does the gender of participants matter? [J]. Journal of political economy, 1998 (5).

[192] Qayyum, A. and Ahmad, M. Efficiency and Sustainability of Microfinance Institutions in South Asia [C]. Germany: University Library of Munich, 2006.

[193] Ramachandran V K, Swaminathan M. Rural banking and landless

labour households: institutional reform and rural credit markets in India [J]. Journal of Agrarian Change, 2002 (4).

[194] Raymond G. Financial structure and development [J]. New Haven: Yale University Press, 1969.

[195] Seibel H D. Mainstreaming informal financial institutions [R]. Working Paper/University of Cologne, Development Research Center, 2001.

[196] Stein J C. Information production and capital allocation: Decentralized versus hierarchical firms [J]. The Journal of Finance, 2002 (5).

[197] Tsai K S. Back – alley banking: Private entrepreneurs in China [M]. Cornell University Press, 2004.

[198] Tsai K S. Imperfect substitutes: the local political economy of informal finance and microfinance in rural China and India [J]. World Development, 2004 (9).

[199] Vinelli A G. The Management and Performance of Microfinance Organizations [D]. Harvard University, 2002.

[200] Stanford University. Review of Finaneial studies [J], Working paper, 1997 (5).

[201] Worthington A C. The determinants of non – bank financial institution efficiency: A stochastic cost frontier approach [J]. Applied Financial Economics, 1998 (3).

[202] Yaron J, Benjamin M D, Charitonenko S. Promoting efficient rural financial intermediation [J]. The World Bank Research Observer, 1998 (2).

[203] Yaron J. Successful Rural Finance Institutions [J]. Finance & Development, 1994 (1).

后 记

  《农村金融发展报告》是我最近几年来作为主持人完成的高等学校博士学科点专项科研基金（博士生导师类）（项目编号：20100204110030）、国际农业发展基金中国农村金融项目（项目编号：20080716－1）、陕西省金融会计学会重点研究课题、陕西省金融学会2013—2014年度重点研究课题、陕西省金融学会2011—2012年度重点研究课题、杨凌农村商业银行横向委托项目等课题结题报告的汇集，之所以结集出版，主要是出于以下考虑：一是上述研究成果重点瞄准农村金融现实热点问题，为解决农村金融实际操作提供了较有价值的应用性建议，可以供同类或同地区农村金融机构提供借鉴与参考，能够起到抛砖引玉之作用。二是《农村金融发展报告》在本套系列丛书中能够与此前出版的《中国农村金融前沿问题研究（1990—2014）》相互呼应，后者重点瞄准农村金融理论前沿与学术问题，二者能够形成有效支撑，使本套丛书既体现学术前沿性、前瞻性和理论性，也能够体现应用性、操作性和实际指导价值。三是收入本书的"陕西农村合作金融机构中长期发展战略研究（2009—2010）"、"杨凌农村商业银行发展规划"、"杨凌农村商业银行设立村镇银行发展规划"以及"杨凌示范区农村产权抵押融资试验与支持政策研究"等研究报告提出的咨询建议和政策设计，已经被陕西省农村信用社联合社、杨凌示范区管委会、杨凌农村商业银行等单位采纳，运用在农村金融实际工作中，成效显著。

  本专著同时也是我率领的教育部2011年度"长江学者和创新团队发展计划"创新团队项目（IRT1176）"西部地区农村金融市场配置效率、供求均衡与产权抵押融资模式研究"集体合作研究的成果。在上述课题申报、制订调查方案、实地调查与问卷调查、数据整理和分析、专题报告撰写、总报告撰写等课题全环节，我指导的博士后常伟、陈蓉、博士生王磊玲、张云燕、王芳、占治民、王佳楣、黎毅、房启明、张珩、杨希、曹燕子、牛晓东、曹瓅、硕士生王仁伟、刘焕、王瑶、谷芳芳、张伟、周莉、何然、于卫平、李瑾、杨婷怡、游龙、刘浩、马鹏举、武德朋、徐佳璟、武臻、庸晖、赵雯、李瑾、庞玺成、吕琳等参与了各分课题调查研究、报告撰写等任务，在该书付梓出版之际，对他们付出的劳动表示衷心感谢，也祝愿他们在此后的农村金融学术研究领域取得更大成就。

同时，借此机会向为课题调查工作给予大力支持配合的陕西省农村信用社联合社、中国人民银行西安分行、渭南分行、宝鸡分行、榆林分行、汉中分行、商洛分行、杨凌支行、宁夏同心县支行、陕西宝鸡岐山硕丰村镇银行、高陵阳光村镇银行、洛南阳光村镇银行、渭南潼关县聚邦小额贷款有限责任公司、杨凌海洋小额贷款公司、宁夏同心县新华村扶贫资金互助社、杨凌示范区金融工作办公室、杨凌示范区农村商业银行等机构领导及相关工作人员表示崇高敬意。

我们还要向在调研过程中积极配合实地调查和问卷调查的农民朋友以及中小企业主、个体工商户致以最诚挚的谢意，感谢他们配合我们的调查，并为我们研究工作提供了极大的帮助。

同时我们深感，"三农"金融发展空间广阔，金融服务"三农"光荣而艰辛。"路漫漫其修远兮，吾将上下而求索。"虽然上述课题已结题，但农村金融问题的研究与探索远远没有终止。我们将以此为新的起点，继续关注农村金融发展问题，为破解农村金融"哥德巴赫猜想"和"穷人金融"持续努力，不懈奋斗，再创新的辉煌！

罗剑朝
2015 年 3 月 25 日